# 公司法学

Corporate Law

王作全 著

图书在版编目(CIP)数据

公司法学/王作全著. —北京:北京大学出版社,2015.11
(21世纪法学规划教材)
ISBN 978-7-301-27132-2

Ⅰ.①公… Ⅱ.①王… Ⅲ.①公司法—法的理论—中国—高等学校—教材 Ⅳ.①D922.291.911

中国版本图书馆 CIP 数据核字(2016)第 100001 号

| | |
|---|---|
| 书　　　名 | 公司法学<br>GONGSIFAXUE |
| 著作责任者 | 王作全　著 |
| 责 任 编 辑 | 郭薇薇 |
| 标 准 书 号 | ISBN 978-7-301-27132-2 |
| 出 版 发 行 | 北京大学出版社 |
| 地　　　址 | 北京市海淀区成府路 205 号　100871 |
| 网　　　址 | http://www.pup.cn |
| 电 子 信 箱 | law@pup.pku.edu.cn |
| 新 浪 微 博 | @北京大学出版社　@北大出版社法律图书 |
| 电　　　话 | 邮购部 62752015　发行部 62750672　编辑部 62752027 |
| 印 刷 者 | 北京鑫海金澳胶印有限公司 |
| 经 销 者 | 新华书店 |
| | 787 毫米×1092 毫米　16 开本　20 印张　481 千字<br>2015 年 11 月第 1 版　2015 年 11 月第 1 次印刷 |
| 定　　　价 | 38.00 元 |

未经许可,不得以任何方式复制或抄袭本书之部分或全部内容。
**版权所有,侵权必究**
举报电话:010-62752024　电子信箱:fd@pup.pku.edu.cn
图书如有印装质量问题,请与出版部联系,电话:010-62756370

# 丛书出版前言

秉承"学术的尊严,精神的魅力"的理念,北京大学出版社多年来在文史、社科、法律、经管等领域出版了不同层次、不同品种的大学教材,获得了广大读者好评。

但一些院校和读者面对多种教材时出现选择上的困惑,因此北京大学出版社对全社教材进行了整合优化。集全社之力,推出一套统一的精品教材。

《21世纪法学规划教材》即是本套精品教材的法律部分。本系列教材在全社法律教材中选取了精品之作,均由我国法学领域颇具影响力和潜力的专家学者编写而成,力求结合教学实践,推动我国法律教育的发展。

《21世纪法学规划教材》面向各高等院校法学专业学生,内容不仅包括了16门核心课教材,还包括多门传统专业课教材,以及新兴课程教材;在注重系统性和全面性的同时,强调与司法实践、研究生教育接轨,培养学生的法律思维和法学素质,帮助学生打下扎实的专业基础和掌握最新的学科前沿知识。

本系列教材在保持相对一致的风格和体例的基础上,以精品课程建设的标准严格要求各教材的编写;汲取同类教材特别是国外优秀教材的经验和精华,同时具有中国当下的问题意识;增加支持先进教学手段和多元化教学方法的内容,努力配备丰富、多元的教辅材料,如电子课件、配套案例等。

为了使本系列教材具有持续的生命力,我们将积极与作者沟通,结合立法和司法实践,对教材不断进行修订。

无论您是教师还是学生,在适用本系列教材的过程中,如果发现任何问题或有任何意见、建议,欢迎及时与我们联系(发送邮件至bjdxcbs1979@163.com)。我们会将您的意见或建议及时反馈给作者,供作者在修订再版时进行参考,从而进一步完善教材内容。

最后,感谢所有参与编写和为我们出谋划策提供帮助的专家学者,以及广大使用本系列教材的师生,希望本系列教材能够为我国高等院校法学专业教育和我国的法治建设贡献绵薄之力。

北京大学出版社<br>2012年3月

# 前 言

本书是本人在长期从事公司法教学和研究的基础上,根据自己对法学教材,尤其是作为部门法的教材应当具备的特点的理解,费时两年多所完成的有关公司法的系统性教材。

本书共由 4 编 14 章组成,基本体例严格遵守法解释学的要求,基本与我国现行《公司法》体例保持一致。在结构体系安排上,本书第一编"公司与公司法"属于总论部分,全面系统地论述了有关"公司"和"公司法"这两个最基本概念、相关理论问题以及相互间关系,属于其他内容的基础部分。第二编至第四编属于本书的分论部分,是本书严格按照我国现行《公司法》的体例,对所有概念、制度规定及沿革、基本理论、学术观点和比较法知识等给出力所能及准确的解释和分析的部分,应该说,是本书的重点部分。

具体而言,如本书目录所示,第二编"公司的设立和组织机构",不仅全面系统地论述了有限责任公司和股份有限公司的设立和组织机构制度,而且以《公司法》的规定为主,结合相关法规的规定,全面介绍了"上市公司"及其有关组织机构的特别制度。第三编"公司的股东和股东权",除了对"股东"以及"股东权"这两个重要概念力求作出较准确的界定外,重点论述了有限责任公司的"股权转让"和股份有限公司的"股份发行与转让"制度及其相关理论问题。第四编"有限责任公司和股份有限公司的通用规则",针对我国现行《公司法》第六章"公司董事、监事、高级管理人员的资格和义务"、第七章"公司债券"、第八章"公司财务、会计"、第九章"公司合并、分立、增资、减资"、第十章"公司的解散和清算"、第十一章"外国公司的分支机构"等,都属于我国《公司法》所规定的两类公司,即有限责任公司和股份有限公司的通用制度的体例安排,参照权威学者的做法,将我国现行《公司法》第六章至第十一章的规定放在一编中进行论述,在体例安排上更加自然顺当。在具体的章节安排上,在《公司法》第九章"公司合并、分立、增资、减资"之上另加"公司组织形式变更"的内容合为一章,即本书第十二章"公司基本事项变更",其他体例安排基本上与我国现行《公司法》的体例保持了一致。

此外,为了保证本书在严格遵守我国现行《公司法》体例基础上的分析论证的全面性和系统性以及知识、信息、规范解释等的准确性,并能让读者大致掌握应有的学术理论,并增强其实用性以及使用的方便性,本书在撰写过程中突出了如下几点:

**一是严格遵守法解释学原则,确保体现本国法的基本面貌**。按照国际通常做法,法学教材,尤其是作为部门法的系统性教科书,应属于法解释学范畴内的成果。换言之,部门法的教科书属于全面、系统解释该部门法的概念、规范以及建立在此基础上的制度和支撑这些制度的部门法理论等的体系性著作,严守法解释学,就成了相关部门法教科书能够保持本国法面貌的重要原则。否则,就会出现远离本国法,不知所安排内容属于哪国法的现象,不利于读者使用。为此,本书严格遵守法解释学原则,从体系安排到所有概念、规范以及理论分析等都紧紧围绕我国现行《公司法》的体例安排进行,尽力确保我国《公司法》的本来面貌。这一点不仅可从本书的篇章结构安排(目录)中一目了然,而且在该原则的指导下,本书的论述无一缺漏地囊括了与论述部分相关的《公司法》的所有规定以及其他相关法规的规定。

**二是参考多方权威观点，保证解释和论述的全面性、系统性以及准确性。**在法律规定的基础上，如何对每一个法律概念、规范的制度内容以及发挥支撑作用的法学理论给出全面、系统且准确并具有一定深度的解释和论述，属于法学、尤其是部门法教科书必须用心着力的方面。为做好这一点，除了作者的专业素养和平时的积累外，主要在撰写过程中应该大量参考权威文献的观点，站在巨人的肩膀上，努力形成自己的系统观点，并按照科学合理的逻辑关系进行解释和论述。否则，难免顾此失彼、丢三落四、只见树木不见森林，很难做到全面、系统、准确并能较好地体现应有的理论水准和学术价值。在撰写过程中，努力按上述理解推进，力争解释和论述的全面性、系统性以及准确性且能达到一定的深度。这一点可从本书丰富的脚注中有所感受，至少也为读者深入学习和研究提供了必要的文献线索。

**三是确立了独特的比较法方式，明晰内外有别，增强学习兴趣和借鉴价值。**众所周知，中国公司法制度正处在成长且逐步走向成熟的阶段，如何借鉴发达国家的公司法制度及其司法实践经验尤为重要。但如果不能很好地处理本国法内容与借鉴外国法的关系，可能会出现混同二者，不易区分本国法与外国法内容的现象，不利于使读者达到在掌握本国法内容的基础上借鉴外国法成功制度和经验的学习目的。为解决该问题，本书每章根据内容专设若干"比较法知识"栏目，介绍外国独具特色且具有借鉴价值的相关制度或理论，并对该栏目进行独立编目，便于读者索引。但愿这种做法能增强读者的学习兴趣，并能使读者从中得到某种启发。

**四是制作"词条索引"页码编目，便于读者高效率掌握主要概念。**国外学者的法学著作，尤其是部门法著作，都会在书末设置"事项索引"编目，增强其著作的实用性。但"事项索引"内容过于庞杂且出处页码过多，不利于编排，也因出处页码过多反而不利于读者锁定关键词条的内容所在。本书汲取这些做法的得失利弊，参照部分权威学者的做法，在书末设置"词条索引"编目，每一词条仅显示其关键性内容所在页码，这样利于读者高效率查找主要概念。

**五是在章末集中"司法考试真题"，增强读者的学习积极性以及本书的实用性。**章末"司法考试真题"的设置，不仅能突显公司法的重要性，更重要的是结合"司法考试真题"的解答，巩固所学知识，提高知识应用能力。

尽管笔者按照上述的特色定位做了努力，并力求取得应有的效果，但必须要明确的是，通过彰显这些特色所要达到的目标，不可能一次性实现，肯定是一个需要不断努力，多次修改完善才能接近这个目标的过程。加之受笔者能力所限，书中难免存在众多不足之处，恳切希望读者不吝赐教，批评指正。

尽管如此，在本书的出版发行方面，北京大学出版社的杨立范副总编辑、法律图书事业部的邹记东主任，一如既往地给予了高度关注和大力支持。特别是郭薇薇编辑，认真负责的工作态度、一丝不苟的编辑作风、精益求精的质量和品牌意识，给了笔者莫大的鼓励和自信。此外，青海师范大学法学与社会学学院的马旭东副院长对书中部分引用法规条款的核对给予了无私的帮助。在此，对这些朋友和同仁们所给予的关注、鼓励、支持和帮助表示衷心感谢。

期盼本书能够对我国的公司法教学与研究事业，以及公司法实务的推进等有所裨益。

王作全

2015 年 11 月

# 凡　　例

本书所使用的法规、司法解释、部门规章,以及所引用的著作类文献等相对较多,为减少重复和节约资源,自主确定了法规和文献等的简称,等号左边黑体部分为引用的简称,故设"凡例"列示如下。法规等以法律、行政法规、司法解释、部门规章的顺序,以拼音为序相对集中,著作等文献,国内部分以拼音为序,国外部分以国别相对集中。另外,正文括弧中只出现条文序号者大部分为公司法条文。

**【法规简称】**

**《担保法》**=《中华人民共和国担保法》(1995年颁布)
**《公司法》**=《中华人民共和国公司法》(2013年修改)
**《继承法》**=《中华人民共和国继承法》(1985年颁布)
**《合伙企业法》**=《中华人民共和国合伙企业法》(2006年修改)
**《合同法》**=《中华人民共和国合同法》(1999年颁布)
**《会计法》**=《中华人民共和国会计法》(1999年修改)
**《民法通则》**=《中华人民共和国民法通则》(2009年修改)
**《破产法》**=《中华人民共和国企业破产法》(2006年颁布)
**《商业银行法》**=《中华人民共和国商业银行法》(2015年修改)
**《物权法》**=《中华人民共和国物权法》(2007年颁布)
**《信托法》**=《中华人民共和国信托法》(2001年颁布)
**《证券法》**=《中华人民共和国证券法》(2014年修改)
**《公司登记条例》**=《中华人民共和国公司登记管理条例》(2014年修改)
**《公司法司法解释(二)》**=《最高人民法院关于适用〈中华人民共和国公司法〉若干问题的规定(二)》(2014年修改)
**《公司法司法解释(三)》**=《最高人民法院关于适用〈中华人民共和国公司法〉若干问题的规定(三)》(2014年修改)
**《民法通则意见》**=《最高人民法院关于贯彻执行〈中华人民共和国民法通则〉若干问题的意见》(1988年发布)
**《债券试点办法》**=《公司债券发行试点办法》(2007年中国证监会发布)
**《证券管理办法》**=《上市公司证券发行管理办法》(2006年中国证监会发布)
**《合并与分立规定》**=《关于外商投资企业合并与分立的规定》(2001年修改)
**《公司注册资本规定》**=《公司注册资本登记管理规定》(2014年国家工商行政管理总局发布)

**【文献简称】**

邓峰:《普通公司法》= 邓峰 著:《普通公司法》,中国人民大学出版社2009年版。

范健:《商法》= 范健 主编:《商法》(第三版),高等教育出版社、北京大学出版社2007年版。

范健、王建文:《公司法》= 范健、王建文 著:《公司法》(第三版),法律出版社2011年版。

葛伟军:《英国公司法要义》= 葛伟军 著:《英国公司法要义》,法律出版社2014年版。

顾功耘:《公司法》= 顾功耘 主编:《公司法》,北京大学出版社1999年版。

顾功耘:《最新公司法解读》= 顾功耘 主编:《最新公司法解读》,北京大学出版社2006年版。

胡果威:《美国公司法》= 胡果威 著:《美国公司法》,法律出版社1999年版。

江平:《新编公司法教程》= 江平 主编:《新编公司法教程》,法律出版社1994年版。

李建伟:《公司法学》= 李建伟 著:《公司法学》(第三版),中国人民大学出版社2014年版。

刘俊海:《现代公司法》= 刘俊海 著:《现代公司法》,法律出版社2008年版。

刘俊海:《公司法学》= 刘俊海 著:《公司法学》(第二版),北京大学出版社2013年版。

柯芳枝:《公司法论》= 柯芳枝 著:《公司法论》,中国政法大学出版社2004年版。

毛亚敏:《公司法比较研究》= 毛亚敏 著:《公司法比较研究》,中国法制出版社2001年版。

覃有土:《商法学》= 覃有土 主编:《商法学》(第二版),高等教育出版社2008年版。

史际春:《企业和公司法》= 史际春 著:《企业和公司法》(第四版),中国人民大学出版社2014年版。

石少侠:《公司法概论》= 石少侠 主编:《公司法概论》,当代世界出版社2000年版。

施天涛:《公司法论》= 施天涛 著:《公司法论》(第三版),法律出版社2014年版。

施天涛:《商法学》= 施天涛 著:《商法学》(第四版),法律出版社2010年版。

王保树:《中国商法》= 王保树 主编:《中国商法》,人民法院出版社2010年版。

王保树:《商法》= 王保树 主编:《商法》,北京大学出版社2011年版。

王保树、崔勤之:《中国公司法原理》= 王保树、崔勤之 著:《中国公司法原理》(最新修订第三版),社会科学文献出版社2006年版。

王建文:《商法教程》= 王建文 著:《商法教程》(第二版),中国人民大学出版社2013年版。

王文宇:《公司法论》= 王文宇 著:《公司法论》,中国政法大学出版社2004年版。

王作全:《商法学》= 王作全 主编:《商法学》(第三版),北京大学出版社2011年版。

王作全等:《公司利益相关者法律保护及实证分析》= 王作全、马旭东、牛丽云 著:《公司利益相关者法律保护及实证分析》,法律出版社2010年版。

魏振瀛:《民法》= 魏振瀛 主编:《民法》(第四版),北京大学出版社、高等教育出版社2010年版。

叶林、黎建飞:《商法学原理与案例教程》= 叶林、黎建飞 主编:《商法学原理与案例教程》,中国人民大学出版社2006年版。

张文显:《法理学》= 张文显主编:《法理学》(第四版),高等教育出版社、北京大学出版社2011年版。

赵旭东:《公司法学》= 赵旭东 主编:《公司法学》(第四版),高等教育出版社2015年版。

赵旭东:《商法学》= 赵旭东 主编《商法学》,高等教育出版社2007年版。

朱慈蕴:《公司法原论》= 朱慈蕴 著:《公司法原论》,清华大学出版社2011年版。

朱炎生:《公司法》= 朱炎生 著:《公司法》(新版),厦门大学出版社2006年版。

〔日〕青竹正一:《新会社法》=〔日〕青竹正一 著:《新会社法》(第四版),日本信山社2015年版。

〔日〕伊藤靖史等:《会社法》=〔日〕伊藤靖史、大杉谦一、田中亘、松井秀征 著《会社法》(第3版),日本有斐阁2015年版。

〔日〕江頭憲治郎:《株式会社法》=〔日〕江頭憲治郎 著:《株式会社法》(第六版),日本有斐阁2015年版。

〔日〕大隅健一郎:《新版株式社会法变迁论》=〔日〕大隅健一郎大隅 著:《新版株式社会法变迁论》,日本有斐阁1987年版。

〔日〕加美和照:《新订会社法》=〔日〕加美和照 著:《新订会社法》(第五版),日本劲草书房1996年版。

〔日〕神田秀樹:《会社法》=〔日〕神田秀樹 著:《会社法》(第十六版),日本弘文堂2014年版。

〔日〕北沢正啓:《会社法》=〔日〕北沢正啓 著:《会社法》(第六版),日本青林书院2001年版。

〔日〕龍田節:《会社法大要》=〔日〕龍田節 著:《会社法大要》,日本有斐阁2007年版。

〔日〕田中誠二:《会社法详论》= 田中誠二 著:《会社法详论》(三全订,上卷),日本劲草书房1993年版。

〔日〕前田庸:《公司法入门》,王作全译 =〔日〕前田庸 著:《公司法入门》(第12版),王作全译,北京大学出版社2012年版。

〔日〕末永敏和:《商法总则、商行为法——基础与展开》=〔日〕末永敏和 著:《商法总则、商行为法——基础与展开》(第二版),日本中央经济社2006年版。

〔日〕森本滋:《会社法》=〔日〕森本滋 著:《会社法》(第二版),日本有信堂1995年版。

〔韩〕李哲松:《韩国公司法》,吴日焕译 =〔韩〕李哲松 著:《韩国公司法》,吴日焕译,中国政法大学出版社2000年版。

〔美〕罗伯塔·罗曼诺:《公司法基础》,罗培新 译 =〔美〕罗伯塔·罗曼诺 编著:《公司法基础》(第二版),罗培新 译,北京大学出版社2013年版。

〔德〕格茨·怀可等:《德国公司法》,殷盛译 =〔德〕格茨·怀可、克里斯蒂娜·温德比西勒 著:《德国公司法》(第二十一版),殷盛译,法律出版社2010年版。

〔德〕托马斯·莱塞尔等:《德国资合公司法》,高旭军等译 =〔德〕托马斯·莱塞尔、吕迪格·法伊尔 著:《德国资合公司法》(第三版),高旭军等译,法律出版社2005年版。

〔法〕伊夫·居荣:《法国商法》,罗结珍、赵海峰译 =〔法〕伊夫·居荣 著:《法国商法》

(第1卷),罗结珍、赵海峰译,法律出版社2004年版。

〔挪威〕马德斯·安登斯、〔英〕弗兰克·伍尔德里奇:《欧洲比较公司法》,汪丽丽等译=〔挪威〕马德斯·安登斯、〔英〕弗兰克·伍尔德里奇 著:《欧洲比较公司法》,汪丽丽、汪晨、胡曦彦译,法律出版社2014年版。

# 目 录

## 第一编 公司与公司法

### 第一章 公司概述 (3)
#### 第一节 公司的概念与特征 (3)
一、公司的概念 (3)　　二、公司的特征 (6)
#### 第二节 公司的分类 (11)
一、无限公司、两合公司、股份有限公司和有限责任公司 (12)
二、公开公司与封闭公司 (14)　　三、人合公司与资合公司 (14)
四、母公司与子公司 (15)　　五、总公司与分公司 (16)
六、本国公司与外国公司 (16)
#### 第三节 公司的产生和发展 (18)
一、从个人企业到公司的演进机制 (18)　　二、近现代公司的形成及其发展 (20)
三、公司在中国的产生和发展 (21)
#### 第四节 公司制度的作用与弊端 (22)
一、公司制度本身的积极作用 (22)　　二、公司制度的积极社会效应 (24)
三、公司制度的弊端及其克服 (26)

### 第二章 公司法概述 (29)
#### 第一节 公司法的概念与特征 (29)
一、公司法的概念 (29)　　二、公司法的特征 (30)
#### 第二节 公司法的地位与立法体例 (33)
一、公司法的地位 (33)　　二、公司法的立法体例 (36)
#### 第三节 公司法的产生和发展 (39)
一、西方主要国家近现代公司法的形成 (39)　　二、我国公司法的历史沿革 (44)

## 第二编 公司的设立和组织机构

### 第三章 有限责任公司的设立和组织机构 (51)
#### 第一节 有限责任公司的设立 (51)

一、公司设立概述（51）　　　　二、有限责任公司的设立（58）
　第二节　有限责任公司的组织机构……………………………………………（62）
　　一、公司组织机构概述（62）　　二、有限责任公司的组织机构（63）
　第三节　有关一人有限责任公司和国有独资公司的特别规定………………（73）
　　一、有关一人有限责任公司的特别规定（73）　二、有关国有独资公司的特别规定（77）

## 第四章　股份有限公司的设立和组织机构……………………………………（83）
　第一节　股份有限公司的设立…………………………………………………（83）
　　一、股份有限公司的设立条件（83）　二、股份有限公司的设立程序（87）
　　三、股份有限公司设立的法律责任（92）
　第二节　股份有限公司的组织机构……………………………………………（95）
　　一、股东大会（96）　　　　　　二、董事会及其经理（99）
　　三、监事会（102）
　第三节　上市公司组织机构的特别规定………………………………………（104）
　　一、上市公司概述（104）　　　　二、上市公司组织机构的特别规定（107）

# 第三编　公司的股东与股东权

## 第五章　公司的股东……………………………………………………………（117）
　第一节　股东概念………………………………………………………………（117）
　第二节　股东类别………………………………………………………………（118）
　　一、实业股东、投资股东和投机股东（118）　二、原始股东和继受股东（119）
　　三、自然人股东、法人股东和国有股东（119）　四、普通股东和特别股东（119）
　第三节　股东资格的取得、认定与丧失………………………………………（121）
　　一、股东资格的取得（121）　　二、股东资格认定（121）
　　三、股东资格丧失（125）

## 第六章　股东权…………………………………………………………………（127）
　第一节　股东权概念……………………………………………………………（127）
　　一、股东权及其所有权性质的权利（127）　二、股东权中债权性质的权利（127）
　第二节　股东权的基本内容及其分类…………………………………………（128）
　　一、股东权的基本内容（128）　二、股东权的分类（129）
　第三节　股东义务………………………………………………………………（132）
　　一、股东的出资义务与诚信义务（132）　二、我国《公司法》所规定的股东义务（133）
　第四节　股东平等原则…………………………………………………………（134）
　　一、股东平等原则的含义及其意义（134）　二、违反股东平等原则的后果（136）

## 第七章　有限责任公司的股权转让……………………………………………（139）
　第一节　有限责任公司股东股权转让类型及其原则…………………………（139）

一、有限责任公司股权的自愿转让及其原则（139）
　　二、强制执行程序中的股权转让及其原则（140）
　第二节　有限责任公司股权转让中的股东优先购买权…………………（141）
　　一、股东自愿转让股权中的股东优先购买权（141）
　　二、强制执行转让股权中的股东优先购买权（142）
　第三节　异议股东的股权回购请求权……………………………………（143）
　　一、异议股东股权回购请求权及其范围（143）
　　二、异议股东股权回购请求权的行使方式（143）
　第四节　股东资格的继承及其限制………………………………………（144）
　第五节　股权变动的变更登记程序………………………………………（145）

第八章　股份有限公司的股份发行与转让……………………………………（147）
　第一节　股份有限公司的股份发行………………………………………（147）
　　一、股份与股票（147）
　　二、股份有限公司股份的发行原则、种类及其价格确定（151）
　第二节　股份有限公司的股份转让………………………………………（154）
　　一、股份有限公司股份转让自由原则及其限制（154）
　　二、股份有限公司股份转让的方式（157）　　三、股票上市交易及其信息披露（158）

# 第四编　有限责任公司和股份有限公司的通用规则

第九章　公司董事、监事、高级管理人员的资格和义务……………………（163）
　第一节　董事、监事以及高级管理人员的任职资格……………………（163）
　　一、董事、监事以及高级管理人员的积极任职资格（163）
　　二、董事、监事以及高级管理人员的消极任职资格（166）
　第二节　董事、监事以及高级管理人员的义务…………………………（168）
　　一、董事、监事以及高级管理人员义务产生的根据（168）
　　二、董事等的义务（170）
　　三、董事、监事以及高级管理人员的责任（176）

第十章　公司债券………………………………………………………………（182）
　第一节　公司债券的概念、特征以及种类………………………………（182）
　　一、公司债券的概念（182）　　二、公司债券的特征（183）
　　三、公司债券的种类（186）
　第二节　公司债券发行……………………………………………………（191）
　　一、公司债券的发行主体（191）　　二、公司债券的发行条件（191）
　　三、公司债券的发行程序（194）
　第三节　公司债券的转让、质押、偿还及管理…………………………（199）
　　一、公司债券的转让（199）　　二、公司债券的质押（202）

三、公司债券的偿还（204）　　　　　　四、公司债券管理制度及其借鉴（205）
　　第四节　公司债券持有人保护制度……………………………………………（206）
　　　一、基于保护必要性的各国基本做法（206）
　　　二、我国有关保护公司债券持有人的基本制度（209）

# 第十一章　公司财务会计……………………………………………………（213）
　　第一节　公司财务会计制度概述………………………………………………（213）
　　　一、公司财务会计制度的概念（213）　　二、公司财务会计制度的法律意义（214）
　　　三、确保公司财务会计信息质量的一般原则（215）
　　　四、作为公司财务会计制度基础的财务管理（219）
　　第二节　公司财务会计报告制度………………………………………………（221）
　　　一、公司财务会计报告的编制（221）　　二、公司财务会计报告的内容（223）
　　　三、公司财务会计报告的监督、批准以及公示制度（226）
　　第三节　公司税后利润的分配…………………………………………………（229）
　　　一、对公司税后利润分配进行法规制的意义（229）
　　　二、公司税后利润以及分配顺序（230）
　　　三、具有重要法律意义的公司公积金制度（230）
　　　四、可分配利润额的分配及其违法分配的法律后果（233）

# 第十二章　公司基本事项变更…………………………………………………（238）
　　第一节　公司章程变更…………………………………………………………（238）
　　　一、公司章程变更的意义（238）　　　　二、公司章程变更的原因与程序（239）
　　　三、公司章程变更的效力（242）
　　第二节　公司合并与分立………………………………………………………（244）
　　　一、公司合并（244）　　　　　　　　　二、公司分立（251）
　　第三节　公司资本变更…………………………………………………………（254）
　　　一、公司资本变更的概念以及意义（254）　二、增加资本（255）
　　　三、减少资本（257）
　　第四节　公司组织形式变更……………………………………………………（259）
　　　一、公司组织形式变更的概念及其意义（259）
　　　二、公司组织形式变更的范围、条件与程序（259）
　　　三、公司组织形式变更的法律效果（262）

# 第十三章　公司解散和清算……………………………………………………（266）
　　第一节　公司解散和清算概述…………………………………………………（266）
　　　一、公司解散与清算的制度含义（266）　二、公司解散与清算的关系（267）
　　　三、公司解散与清算制度的宗旨（267）
　　第二节　公司解散………………………………………………………………（267）
　　　一、公司解散的概念与特征（267）　　　二、公司解散的事由（269）

三、法院裁判解散公司之诉（274）
     四、法院裁判解散公司之诉与公司僵局（275）
     五、公司解散的法律后果（276）
   第三节 公司清算 ················································································ （278）
     一、公司清算的概念与特征（278）　　二、公司清算的分类（279）
     三、清算组（281）　　　　　　　　　四、公司清算程序（285）

# 第十四章 外国公司的分支机构 ······································································ （290）
   第一节 外国公司分支机构的概念与特征 ······················································ （290）
     一、外国公司分支机构的概念（290）　　二、外国公司分支机构的法律特征（291）
   第二节 外国公司分支机构的设立 ································································ （293）
     一、设立条件（293）　　　　　　　　二、设立程序（293）
   第三节 外国公司分支机构的权利、义务与责任 ············································· （293）
     一、外国公司分支机构的权利（294）　　二、外国公司分支机构的义务（294）
     三、外国公司分支机构的责任（294）
   第四节 外国公司分支机构的撤销与清算 ······················································ （295）
     一、外国公司分支机构撤销（296）　　二、外国公司分支机构清算（296）
     三、外国公司分支机构的撤销与清算须遵守的义务（296）

# 词条索引 ····································································································· （297）

# 司法考试真题参考答案 ················································································· （301）

# 【比较法知识】编目

| | | | |
|---|---|---|---|
| 比较法知识1—1 | 5 | 比较法知识8—1 | 150 |
| 比较法知识1—2 | 17 | 比较法知识8—2 | 153 |
| 比较法知识1—3 | 25 | 比较法知识8—3 | 156 |
| | | | |
| 比较法知识2—1 | 31 | 比较法知识9—1 | 165 |
| 比较法知识2—2 | 38 | 比较法知识9—2 | 169 |
| 比较法知识2—3 | 43 | 比较法知识9—3 | 173 |
| | | 比较法知识9—4 | 178 |
| 比较法知识3—1 | 52 | | |
| 比较法知识3—2 | 57 | 比较法知识10—1 | 185 |
| 比较法知识3—3 | 66 | 比较法知识10—2 | 190 |
| 比较法知识3—4 | 70 | 比较法知识10—3 | 198 |
| 比较法知识3—5 | 72 | 比较法知识10—4 | 203 |
| | | 比较法知识10—5 | 208 |
| 比较法知识4—1 | 86 | | |
| 比较法知识4—2 | 94 | 比较法知识11—1 | 218 |
| 比较法知识4—3 | 102 | 比较法知识11—2 | 225 |
| 比较法知识4—4 | 106 | 比较法知识11—3 | 228 |
| 比较法知识4—5 | 109 | 比较法知识11—4 | 232 |
| | | | |
| 比较法知识5—1 | 117 | 比较法知识12—1 | 243 |
| 比较法知识5—2 | 120 | 比较法知识12—2 | 250 |
| 比较法知识5—3 | 122 | 比较法知识12—3 | 258 |
| | | 比较法知识12—4 | 261 |
| 比较法知识6—1 | 131 | | |
| 比较法知识6—2 | 133 | 比较法知识13—1 | 268 |
| 比较法知识6—3 | 135 | 比较法知识13—2 | 273 |
| | | 比较法知识13—3 | 279 |
| 比较法知识7—1 | 140 | 比较法知识13—4 | 284 |
| 比较法知识7—2 | 142 | | |
| 比较法知识7—3 | 144 | 比较法知识14—1 | 292 |
| | | 比较法知识14—2 | 295 |

# 第一编 | 公司与公司法

第一章 公司概述
第二章 公司法概述

# 第一章

# 公 司 概 述

## 第一节 公司的概念与特征

在人类适应、改造自然和建设社会的过程中,有无数的发明和创造极大地增强了人类的生存和发展能力。其中,从经济发展的角度看,公司作为一种最有效的发展经济的组织形式,可以说不亚于人类的任何其他发明和创造。因为,在众多发展经济的组织形式中,公司凭借其自身所具有的绝对优势,成为市场经济的主力军,为社会的发展注入了无限生机与活力。[①]

充分认识公司的概念含义、法律特征、公司种类以及公司发展的历史沿革等,不仅是学习公司法必须掌握的基础知识,而且也对全面了解公司这种经济组织形式在社会中的地位和作用等具有重要意义。

### 一、公司的概念

(一)"公司"一词的使用习惯

"公司"一词,是否是汉语固有的词汇,并无定论。但公司制度肯定不是我国固有的制度,属于"舶来品"[②],当这个起源于欧洲的产物传入各国时,接受者基于对它的认识,再结合本国实际纷纷创造出了该国相对固定的概念。当公司制度进入我国时,当时的有识之士们就使用了"公司"这一术语。[③] 从词汇组成看,其中的"公"字,应该是公权力机构的意思,指"官方"。而"司"字具有主持、掌管、管理的意思。将这二字结合使用,充分表达了公司这种

---

① 有学者使用一组鲜活的数字,对公司存在的价值做了如下描述:"在现代市场经济体制国家中公司已成为占绝对统治地位的企业组织形式,在政治、经济、文化和社会生活中扮演着非常重要的角色。据统计,美国有注册企业2100万家,其中,股份公司的数量虽然只占企业的15%,但股份公司的资产却占全国企业总资产的85%,销售额占销售总额的88%,职工工资占全国职工工资总额70%。德国的股份公司虽然仅2500家,但其拥有的资本却占社会资本的70%。此外,商业企业的规模越大,就越有可能采取公司组织形式。1991年6月,日本资本金在10亿日元以上的4195家大企业中,股份公司和有限公司占99.7%。"参见王红一:《公司法功能与结构法社会学分析——公司立法问题研究》,北京大学出版社2002年版,第1—2页。

② 著名民商法学者江平教授非常明确地指出:"对于中国人来说,公司制度当然是一种舶来品,它并不源于本土文化,也不扎根于本国历史"。参见虞政平:《股东有限责任现代公司法律之基石》,法律出版社2001年版,"序",第1页。

③ 有趣的是,同样使用汉字的日本,从发达的欧美引进公司制度时,创制出了"会社"一词,从一开始就突出了公司为平等主体的集合体的特点,并未充分表达与公权力机构之间的关系。而在我国从一开始就使用了"公司"一词,就像有学者所说,"似乎含有商业组织与政府之间的互动关系的意思"。转引自朱慈蕴:《公司法原论》,第2页。

企业组织与官方之间千丝万缕的关联关系。

其实,最早的公司,几乎都是在国王颁发特许状或者根据国会的特别法案所设立的,并且多为"官办官营"或为"官办民营"性质的。只是后来随着市场经济和民主法治的深入发展,公司所包含的"官方"色彩才逐步弱化,公司才成为具有法人资格,原则上不受公权力机构左右的独立市场主体。英语对公司的表述或使用 company 一词,或使用 corporation 一词,在多数情况下是个语言使用的习惯问题。相比较而言,"美国习惯于使用 corporation 一词,而英国以及受英国影响的国家和地区则习惯于使用 company 一词"。①

(二) 各国公司法上的公司概念

需要明确的是,与多数情况下属于经济学用语的"企业"概念相比,"公司"一词属于明确的法律概念,因为在市场经济国家几乎都有以公司法命名的正规法律或者法典。尽管如此,并不是所有公司法都对公司概念的含义进行了法律界定。据介绍,大陆法系国家和地区有在相关法律中界定公司概念的习惯,而英美法系国家和地区"一般不在法律条文中对公司概念进行界定"。② 在大陆法系的国家中,比如,《德国股份法》第 1 条规定,股份有限公司是具有自己的法律人格的公司。对公司债务,只以公司的财产向债权人负责任。在法国,公司概念的法律含义,首先在《法国民法典》有关民事公司的条款中进行了界定,该法典第 1832 条规定,"公司由二人或数人依据一项契约约定将其财产或技艺用于共同事业,以期分享利润或获取由此可得之经济利益而设立"。③ 2005 年进行大修改前的《日本商法典》第 52 条第 1 款对公司概念的法律界定是,"本法所称公司,是指从事商行为为业的目的而设立的社团"。该法第 54 条第 1 款同时规定,"公司是法人"。但通过此次大修改从《日本商法》中独立出来,且汇集了其他相关法规而成立的新《日本公司法》并未对公司概念进行统一的法律界定,其第 2 条第 1 款只是规定,"公司,指股份公司、无限公司、两合公司或合同公司"④,其第 3 条规定,"公司为法人"。要说法律对公司概念最清晰的界定,还是我国台湾地区的"公司法",该法第 1 条明确规定,"公司谓以营利为目的,依照本法组织、登记、成立之社团法人"。

我国于 1993 年颁布的新中国的第一部《公司法》,根据当时对公司组织形式的立法政策判断,只规定了有限责任公司和股份有限公司两种组织形式,因而在明确了公司法人资格的前提下,分别规定了公司的性质和特征。其第 3 条第 1 款规定,"有限责任公司和股份有限

---

① 参见施天涛:《商法学》,第 125 页。
② 朱慈蕴:《公司法原论》,第 3 页。
③ 《法国公司法典》,罗结珍译,北京大学出版社 2010 年版,第 423 页。
④ 合同公司是 2005 年新颁布的《日本公司法》所创设的一种新的公司组织形式,并在分类上将这种公司与无限公司、两合公司一道统称为所谓的"份额公司"(见《日本公司法》第三编)。合同公司的股东仍然享有有限责任原则的恩惠,对公司债务同样只承担有限责任。对于合同公司的特别之处,首先日本官方给出的对应英语词汇为"Limited Liability Company",简称为日本版的 LLC。从制度设计看,主要是为了避免对公司的双重征税所创设的公司组织形式。换言之,在合同公司的情况下,对公司法人不再征收法人所得税,公司经营所得利润被视为公司股东的盈利,只向股东征收利润所得税。参见〔日〕前田庸:《公司法入门》,王作全译,第 10 页。

公司是企业法人。① 有限责任公司,股东以其出资额为限对公司承担责任,公司以其全部资产对公司的债务承担责任。股份有限公司,其全部资本分为等额股份,股东以其所持股份为限对公司承担责任,公司以其全部资产对公司的债务承担责任。"2005 年修改后的我国《公司法》,对公司性质及特征等的规定,采取了更加概括和简练的方法。该法第 3 条规定,"公司是企业法人,有独立的法人财产,享有法人财产权。公司以其全部财产对公司的债务承担责任。有限责任公司的股东以其所认缴的出资额为限对公司承担责任;股份有限公司的股东以其所认购的股份为限对公司承担责任"。尽管法条的表述更加精炼、准确,但所界定的内容与 1993 年《公司法》并无本质区别。准确说,只是较好地表述了公司的性质和特征等,但还不是对公司概念含义的法律界定。

（三）学界对公司概念的界定

在法学教育界,学者们根据公司法对公司性质等的规定,结合公司制度的实践经验,对公司概念进行了学理上的界定。在我国,具有代表性的观点有:① 公司是依照法律规定,以营利为目的,由股东投资而设立的企业法人;② 公司是依照公司法在中国境内设立的企业法人;③ 公司是股东依照公司法的规定,以出资方式设立,股东以其认缴的出资额或认购的股份为限对公司承担责任,公司以其全部独立法人财产对公司债务承担责任的企业法人;④ 公司是依照公司法设立的、以营利为目的、以有限责任公司和股份有限公司为表现形式的企业法人;⑤ 公司是一种营利性的社团法人。公司概念由独立的人格;个人结合的社团;以营利为目的三个要素构成。②

应该说,以上有关公司概念的代表性观点,都较好地概括了公司的本质特征,都包括了公司必须依法设立、以营利为目的、原则上由复数股东投资形成的集合体、且具有法人资格等构成公司的核心要素,是我国目前对公司概念所进行的较权威的学理界定。

实际上,最简单地说,依照公司法规定所设立的法人就叫公司。在传统意义上,法人性、营利性以及社团性是公司最显著的法律特征。综合各国公司法规定,公司较典型的组织形式有无限公司、两合公司、有限责任公司和股份有限公司等。我国《公司法》只规定了其中最具代表性的有限责任公司和股份有限公司两种。

## 比较法知识1-1

### 法国商法学者有关"公司是一种合同,更是一种制度"的观点

对于公司的法律本质,向来有许多争论。法国商法学者认为,从传统认识论看,公司被

---

① 应该说"企业法人"一词作为一个法律概念,是 1986 年颁布的我国《民法通则》用来给法人分类时所创设的一个重要概念,其基本意思就是在众多企业中取得法人资格的企业就是企业法人。之后,我国诸多与企业、公司相关的法律、法规都使用这一概念。比如,我国《公司法》就明确规定"公司是企业法人"（见该法 3 条）。但从一般公司法理论看,企业能否成为公司,判断的关键因素在于该企业是否具有法人资格。换言之,企业具有法人资格是该企业成为公司的最重要条件,企业不具有法人资格就不能成为公司,所谓的企业法人就是公司本身。以此判断,"企业法人"一词对这一基本理论造成了一定的混乱,即现实中出现了不少不是公司而具有法人资格的企业,影响了法人确定标准的统一性。可能也正因为这样,新公布的《民法典民法总则专家建议稿》在法人分类上放弃了"企业法人"这一概念。

② 上述观点,①见江平:《新编公司法教程》,第 25 页;②见王保树、崔勤之:《中国公司法原理》,第 33 页;③见赵旭东:《公司法学》,第 2 页;④见朱慈蕴:《公司法原论》,第 4 页;⑤施天涛:《商法学》,第 125 页。

看成是一种可以"产生法人"的合同。① 但是,这种传统的认识论首先因法律明确认可"一人公司"而受到了相应的挑战。因为,"一人公司"制度明确地告诉人们,一个人不能"自己与自己订立合同",合同的基本含义应该是双方或多个当事人意思表示的一致。所以,设立一人公司的行为就不能是一种合同行为,最多只能是一种单方的义务承诺而已。

当然,不管从法律有关"一人公司"的规定看,还是从现实公司数量看,"一人公司"属于法律普通规范的例外,也是现实存在的例外。所以,公司合同论者同样会相信,公司从其普遍意义看仍然是一种合同,只不过这种合同与其他类合同相比具有明显的特殊之处。其特殊之处就在于公司这种"产生法人"的合同是一种较典型的"组织性合同",而不是以买卖合同为典型的"交易性合同"。区别就在于在"组织性合同"中,当事人的利益是共同的而不是对立的,所有参股人共同盈利、共负亏损,而不像"交易性合同"那样,往往一方盈利,而另一方亏损。

再从公司章程的制定过程看,参股人的意志仅能发挥有限的作用,公司章程往往要按照法律的强制规定制定,多数内容不能按照参股人的意思而进行变更。所以,公司在更多层面上是一种制度。因为,只要是合同,各当事人就可以在遵守公共秩序的条件下自由地规定将他们联系起来的各种义务,自由是原则,公共秩序是例外。而在参股人创设公司乃至营运公司时,公司机制的"不可变更性"是原则,而可变更性则是例外。在这一点上,公司类似于婚姻。婚姻是一种制度,而不是一种合同。只要是制度,法律明文允许的除外,当事人都要从总体上采用,而不能变更这些规则。比如,夫妇双方一旦同意结婚,就当然有义务共同居住、相互忠诚、相互帮助与相互救助,而不能将这些义务分割开来。公司成立导致一种法人资格诞生的效果,更是一般合同技术永远无法达到的,这也从一个角度说明,公司更是一种制度,其次才是一项合同。②

法国学者有关公司本质的讨论很有意义。因为,我们通常将公司解释为以营利为目的的社团法人,而对法人给出的定义则是"法人是具有民事权利能力和民事行为能力,依法独立享有民事权利,和承担民事义务的组织"(《民法通则》36条1款),特别强调了法人的团体性。日本民法学者对法人的解释是,就像法律赋予自然人权利能力一样,当法律给某种团体赋予这种权利能力时该团体就是法人。③ 世界各国公司法对"一人公司"的认可同样对法人的这种解释形成了挑战,所以,将公司理解为上述意义上的一种制度,可能更有道理。

## 二、公司的特征

公司的特征就是公司本质属性的外在表现,对于更加准确认识公司这一重要经济组织意义重大。在法治社会不断深入发展的今天,应当从法律有关公司的基本规定中去把握。综观各国公司法的基本规定,如上所述,公司是企业的一种,是以营利为目的的社

---

① 在法国,将公司理解为一种合同,在某种意义上是有法律根据的。因为,如上述,《法国民法典》第1832条就明确规定,"公司由二人或数人依据一项合同约定,将财产或技艺用于共同的事业,以其分享利润或获得由此可以得到的经济利益而设立"。
② 以上讨论,详见〔法〕伊夫·居荣:《法国商法》,罗结珍、赵海峰译,第91—94页。
③ 〔日〕内田贵著:《民法Ⅰ——总则、物权法总论》(第2版),东京大学出版会1999年版,第192页。

团法人组织。① 尽管随着时代的发展变化,公司的上述本质属性遇到了一些新的挑战,公司的传统概念也被赋予了一些新的内涵,②但应该说"营利性""法人格"以及"社团性"仍然是公司最基本的法律特征。结合传统公司概念的最新发展,准确把握公司的基本特征十分重要。

(一) 公司的营利性特征与"股东利益最大化原则"

1. 公司的营利性特征

如上所述,公司是企业的一种,企业,实际上就是以营利为目的的投资计划,当这种以营利为目的的投资行为被有计划地、连续地并独立地进行时就是企业。所以,正如有学者所定义的那样,所谓企业是指根据一定的计划,以连续进行的意思实施营利行为的经济单位,计划性、连续性、营利性和独立性就成了企业的基本要素。③ 一般来说,这种意义上的营利具有很大的不确定性,这就是平常所说的投资风险。另外,这种投资营利的价值大小还与所消耗的时间密切相关。所以,投资兴业的回报一般取决于回报额、风险(不确定性)以及时间三大因素。

需要注意的是,公司概念层面的营利性与上述一般意义上的企业或曰商人概念层面上的营利性有所不同。通过对外的经营活动取得经济利益是包括公司在内所有企业或商人的共同特征,但公司概念层面上的营利性,不仅注重通过经营活动取得经济利益,更为重要的是将这些利益分配给投资者即股东。所以,对股东而言,公司通过对外的经营活动取得利益仅是手段而已,自己能够得到利益分配才是投资于公司的根本目的。④ 可以说,这种意义上的营利性是公司的一大本质特征,与公司的基本性质密切相关。

2. 基于公司营利性特征的"股东利益最大化原则"

公司的营利性特征,最终会表现为"股东利益最大化原则"。该原则既是公司法律制度构建的重要指导原则,更是目前公认的调整公司所有参与者利益关系的重要原则。该原则的法律效果不仅表现在违反股东利益最大化的股东大会等的决议自然无效,而且还表现在公司的董事、经理等经营者的善管注意义务以及忠实义务,实际上都成了确保股东利益最大化的义务责任制度。

之所以说该原则同时又是调整公司所有参与者利益关系的重要原则,是因为随着社会发展所出现的公司社会责任理论以及公司利益相关者理论等,尽管都注重了股东以外公司其他参与者的利益实现和保护问题,提出了保护这些参与者,比如债权人、职工、消费者以及社区公共利益的重要性,但如果放弃或者削弱"股东利益最大化原则",就有可能造成影响公司经济利益、社会财富减少,或者过多地认可公司经营者的自由裁量权致使公司处在无人监管状态中的局面。再从现行公司法的角度看,判断公司经营者是否履行了善管注意义务以

---

① 我国就有公司法权威学者,根据我国民法将法人组织划分为企业法人、机关法人、事业单位法人以及社会团体法人,而未采用大陆法系国家常见的将私法人划分为社团法人和财团法人的做法,认为在我国"公司为企业的一种"是公司的一大特征。详见王保树、崔勤之:《中国公司法原理》,第34页。

② 对于传统公司概念所遇到的这些新挑战,有的学者在其相关教材中,以"对传统公司观念的修正"为标题,列专节从"揭开公司面纱""一人公司""公司的社会责任"几个方面进行详细分析。见施天涛:《商法学》,第133页以下。也有学者以"公司社团性之反思与一人公司""公司法人性的维护及其法人格否认"以及"公司营利性目标与公司社会责任的协调"为标题,分列三章进行了更加详尽的研究。见朱慈蕴:《公司法原论》,第24页以下。

③ 〔日〕末永敏和:《商法总则、商行为法——基础与展开》,第4页。

④ 〔日〕北泽正启:《会社法》,第12页。

及忠实义务的标准,激励和约束经营者的机制原则,也应该坚持"股东利益最大化原则"。至于公司其他参与者的利益保护,应当按照现行法律部门的分工去完成,应由劳动法、债权法、消费者权益保护法、反不正当竞争法以及环境保护法等去实现。①

(二) 公司的法人格特征与"法人格否认之法理"

1. 公司的法人格特征

各国公司法都明确规定,公司是法人。其实,是否法人,是判断一种企业是否是公司的重要标志。换言之,在法律制度体系构建比较严谨的条件下,公司必然是法人,是否具有法人资格,是公司形式的企业与其他形式的企业相区别的首要因素。法律赋予公司法人格,是保障公司具有独立性的核心要素。同时也是实现公司与其成员在人格、财产以及责任方面分离,使公司能够为成员即股东管理投入到公司的财产,实现营利目的的重要制度。因为现代民法所创制的法人,是指自然人以外权利义务的归属主体。在严谨的现代法律制度体系中,完整的权利义务主体只有两种,即自然人和法人。仅此可观法律赋予公司法人格的重要性。

赋予公司法人格的最大功效,就在于使公司活动所产生的权利义务归属清晰,公司的管理更加简明。对于投资兴业的股东而言,不仅通过法人的独立性能够减少投资的风险,而且通过法人独立的经营管理制度能够借用他人力量,发挥规模经营的优势,实现更加稳妥的营利目的。

按照现代民法理论,法人应当具有如下本质属性:① 法人以自己的名义享有权利,承担义务;② 法人以自己的名义成为诉讼当事人;③ 仅对法人自身的债务才能对法人的财产进行强制执行;④ 法人的财产不能成为法人成员个人债权人的责任财产,只能成为法人自己债权人的排他性责任财产;⑤ 从法人的债权人角度而言,只有法人的财产成为责任财产,而与法人成员的个人财产无关。当然,法人的这些本质属性因公司的组织形态不同而有所不同。由于无限公司的股东和两合公司中的部分股东对公司债务承担无限连带责任,所以上述法人本质属性中的只有法人财产才是法人债权人的排他性责任财产,法人成员的个人财产不能成为法人债务的责任财产的属性等,要受到一定的限制或者被不同程度地弱化,这也是这些公司组织形式未能得到充分发展的根本原因。相比较而言,有限责任公司和股份有限公司的股东,不仅不能因公司债权人权能的发挥遭到强迫退出公司的命运②,而且确立了股东的有限责任原则,所以,完全具备法人的上述本质属性,也是这两种公司形式能够得到最快、最迅猛发展的根本原因所在。

2. 公司法人格的维护与"法人格否认之法理"

尽管公司的法人格的确是公司的一大本质特征,与股东的有限责任原则一道,构成了现代公司制度的两大基石,两者互为表里、互相依存,在现代公司制度发展中发挥着极其重要的作用。③ 但随着公司制度的发展,实践中股东特别是处于控制地位的股东,滥用公司的法

---

① 有关这方面的论述,参见〔日〕江頭憲治郎:《株式会社法》,第 24 页注(3)。
② 按照有些国家商法的规定,股东个人的债权人在股东不能清偿到期债务时,可以扣押股东所持有的对公司的投资份额,并且按法律规定的程序让该股东退出公司。比如,2005 年修改前《日本商法》有关无限公司的第 91 条 1 款就明确规定,"扣押股东所持份额的债权人,可在营业年度结束时让该股东退出公司。但要在 6 个月前告知公司及该股东"。又在有关两合公司的第 147 条中规定,除有关两合公司的规定外,准用有关无限公司的规定。
③ 朱慈蕴:《公司法人格否认法理研究》,法律出版社 1998 年版,第 1 页;刘俊海:《现代公司法》,第 14 页。

人格损害他人权益的情况日益增多,严重影响了公司制度的健康发展。为了解决此类问题,由美国的判例和学说确立了法人格否认之法理,后迅速扩大到世界各国,都纷纷引入该法理,有的甚至实现了该法理的法定化。① 该法理在司法实践中的基本做法,就在于尽量确定否认公司法人格的例外情形,以此来限制公司法人格本质特征的绝对性,在公司的法人格本质特征方面坚持相对性原则。

所谓公司法人格否认之法理,是指当出现继续贯彻公司法人的独立性地位,就会造成明显不公平结果的情形时,就特定的事案可以否认公司法人的独立性,根据隐藏在公司法人背后的实情进行处理的理论。尽管该法理出自于美国,目前正在更加广泛的范围内演进和热烈讨论,但大量的案例和学说在公司法人格被完全形式化或者被股东滥用的情况下适用该法理方面取得了高度的一致。

公司法人格的形式化,是指公司虽然是法人但实质上只不过是股东个人企业或母公司的某个营业部门而已的情形。其判断的标准有公司财产与股东个人财产或与其他公司财产的混同、业务活动的长期混同以及有关业务活动收支的混同、股东大会等机构会议不按程序召集等。公司法人格的滥用,是指公司股东特别是处在支配地位的股东,利用公司法人格从事违法行为,或为了不正当目的而利用公司法人格的情形。比如,负有法定竞业避止义务者,为了规避该义务让自己所支配的公司从事竞业业务;为了达到驱逐工会活跃分子的目的而解散公司、解雇职员后再设立新公司继续相同营业的行为;为了逃避交易债务解散公司再组建相同公司的行为等,都属于公司法人格滥用行为。

需要注意的是,公司法人格否认之法理以及基于该法理的立法、判例等,仅限于上述公司法人格被完全形式化或被滥用情形下,且就个别事案对公司法人格的否认,而与基于公司解散命令、公司设立无效诉讼、撤销公司设立的诉讼等原因引起的公司完全消灭,不复存在的情形完全不同。② 所以,公司法人格否认之法理,只是对公司法人格本质特征的例外规定,坚持了公司法人格问题上的相对性原则,并不是对公司法人格本质特征的否认,甚至有学者指出,"适用公司法人格否认除保护债权人合法权益外,还在维护公司法人制度上有重要意义。同时,在公司法中,公司法人制度是最基本的,公司人格和股东有限责任是股份有限公司制度和有限责任公司制度的基石,必须积极坚持并加以保护。"③

(三) 公司的社团性特征与"一人公司"

1. 公司的社团性特征

公司的社团性主要指公司是由数个具有相同目的的股东所组成的团体。尽管普遍认为,公司的社团性主要是针对民法上的合伙组织而言的,但法律规定仍然注重的是公司成员的

---

① 比如,我国《公司法》通过 2005 年修改在这方面迈出了重要一步,率先实现了公司法人格否认之法理的法定化。该法第 20 条第 1 款后段规定,公司股东"不得滥用公司法人独立地位和股东有限责任损害公司债权人的利益"。其第 3 款规定,"公司股东滥用公司法人独立地位和股东有限责任,逃避债务,严重损害公司债权人利益的,应当对公司债务承担连带责任"。
② 〔日〕北泽正启:《会社法》,第 16 页。
③ 王保树、崔勤之:《中国公司法原理》,第 49 页。

复数性,即公司由复数成员组成这一本质属性。① 作为与股东完全独立存在的权利义务主体,应该说有数个成员组成不仅是公司这一组织的最本质要求,而且也应该是彰显公司作为独立权利义务主体功能的需要。

首先,公司只有保持其社团性,即能够募集到大量的成员,才能发挥独特的集资功能,成为募集资本发展事业的最佳组织形式。② 从本质而言,公司特别是有限责任公司和股份有限公司本身就是作为集中资本的最佳组织形式而诞生和发展起来的,具有不以人的意志为转移的客观必然性。

其次,公司作为社团,通过数个股东的结合还可实现人力资源的有机组合,从而发挥结集人力资源的优势。法律尽管认可了一人公司的成立和存续,但还有诸多重要制度仍然在维持公司社团性本质特征。比如,保障股份自由交易的股份转让制度和证券交易制度,在本质上就是维持公司集资功能的重要手段,通过这一手段使公司就能成为集中大量闲散资金的投资兴业的组织形式。就是看起来似乎与此相反的制度,比如,限制股份转让制度,在一般股份公司以及所有的有限责任公司中非常普遍,而制度的目的就在于具有不同能力与个性成员结集的公司制度优势得以巩固和发挥,也是公司具有社团性特征的重要体现。

以保障公司健康发展为使命的公司法,正是着眼于公司的这一本质特征,在其创制和发展的大部分时期,通过众多制度构建突出了公司的社团性本质特征。一方面明确规定公司是以营利为目的社团法人,必须以数个股东组成。另一方面也都将股东人数不足法定人数或成为一人规定为公司解散的法定事由。比如,我国公司法在2005年修改前,对有限责任公司和股份有限公司都坚持了必须有数个股东组成的原则,突显了公司的社团性特征。2005年修改前《公司法》第20条第1款规定,"有限责任公司由2个以上50个以下股东共同出资设立。"其第75条第1款规定,"设立股份有限公司,应当有5人以上为发起人,其中须有过半数的发起人在中国境内有住所。"

2. "一人公司"对公司社团性特征的挑战

在公司制度发展的历史中,因"经济发展而带来的社会需求和公司运营中股份结构的变化"③,出现了"一人公司",即股东(自然人或法人)只有一人的公司。对于"一人公司"各国立法采取了不同态度④,我国由于受外商投资企业立法以及其他发达国家公司立法承认一人公司的影响,通过修改公司法,仅限于有限责任公司,取消了设立公司时最低股东人数的限

---

① 对于公司作为社团与民法上的合伙组织的区别,日本学者一般都认为,社团概念常常是针对合伙组织而言的。由少数成员组成,注重成员的个性,对组织重要事项的决策要求全体成员意见一致,这类组织就是民法上所说的合伙组织。相比较而言,社团指的是由众多成员组成,一般不关注成员的个性,即便是重要事项能够由多数成员决定(即实行多数决定原则)的团体组织。以此来判断,有限责任公司和股份有限公司是社团,而无限公司其实质为合伙组织。但公司法将所有公司视为社团,关注的显然是公司由数个成员组成这一本质特征。详见〔日〕北沢正啓:《会社法》,第13页;〔日〕江頭憲治郎:《株式会社法》,第27页注(1);〔日〕龍田節:《会社法大要》,第54页等。

② 当然,发展事业所需的大量资金,也可以通过借款的方式来解决。但一般而言,借款也必须以某种程度的自己资本存在为前提。所以,最好的方式当然是向多数人募集资本,公司就是适应这一客观要求而出现的组织体(即社团),上市公司的公开募集资本最为典型。

③ 朱慈蕴:《公司法原理》,第29页。

④ 大致有三种态度,即完全承认、完全不承认和有限制的承认。坚持前两种态度的国家较少,而坚持限制承认的国家居多。见赵旭东主编:《商法学》,第148页。

制,实际上承认了公司设立阶段的一人公司。① 另外,也未将公司在发展过程中出现股东人数不足法定人数或者股东只有一人的情形规定为公司解散的事由,所以,在有限责任公司的情况下,对公司设立阶段的一人公司和公司成立后出现的一人公司都予以承认,并且分别设专节对"一人有限责任公司"和"国有独资公司"作了特别规定。而在股份有限公司的情况下,对公司设立时的发起人规定了2人以上200人以下的上下限(《公司法》第78条),但同样并未将公司成立后股东人数不足法定人数或者股东成为一人的情形规定为公司解散事由(《公司法》第180—182条),这是否意味着股份有限公司在设立阶段不能设立一人公司,但认可公司成立后的一人公司,值得深入研究。

《日本商法》从1899年颁布实施至1938年修改为止,不仅坚持公司必须由数个股东组成的社团性原则,而且明确规定股东人数少于法定人数为公司必须解散之事由。1938年《日本商法》修改才删除了这一规定,承认了股份有限公司成立后的一人股份有限公司。而于1938年公布实施的《日本有限公司法》明确规定股东人数在2人以上50人以下,并且规定当股东成为一人为公司解散事由,所以,从设立阶段到成立后都未认可一人公司。②

但是,以有限责任原则为基础的公司制度,存在明显的由有限责任原则所带来的利益和优势,因而在现实中始终就存在着要求扩大有限责任原则适用范围的要求,不具有法人资格的个人企业、私营企业乃至个人投资者都希望能够成立或经营有限责任公司或股份有限公司。另一方面,大型公司从经营战略上也存在将部分事业由全资的子公司经营管理的需求。一人公司就是公司法为了满足上述要求,通过制度修改而逐渐承认的一种公司制度,无疑是对公司社团性本质特征的某种限制,属于公司社团性本质特征的例外情形。

但无论从公司的本质功能看,还是从公司的历史沿革、公司数量以及公司统治链条体系中处于统治地位公司的优势来看,社团性或曰团体性仍然是公司的一大本质特征,具有客观必然性。就像法人格否认之法理的成立不能否认公司的法人性本质特征一样,我们也同样不能因承认一人公司就来否认公司的社团性本质特征,公司法律制度的建设,不仅仍需坚持公司社团性原则,也无法回避这一重要原则。③

## 第二节 公司的分类

公司作为投资营利的最佳企业组织形式,从无到有,从小到大经历了波澜壮阔的发展历史,至今出现了丰富多彩的种类形式。公司的分类就是以不同标准对形态各异的公司所做的种类划分,目的在于以此深化对公司制度的认识,依法进行区别对待。划分公司种类的标准,有些是法定的,而有些是根据学理确定的。根据不同标准,对公司可作如下分类:

---

① 因为,2005年修改前《公司法》第20条第1款规定,有限责任公司由2人以上50人以下股东共同出资设立。而2005年修改后的《公司法》第24条规定,有限责任公司由50人以下股东出资设立。
② 所以日本有学者明确指出,在公司制度创设时期,对于所有的公司类型,都将股东成为一人的情形规定为公司解散的法定事由。见〔日〕江頭宪治郎:《株式会社法》,第28页注(2)。
③ 在有关一人公司性质的讨论中,也有不少观点坚持了一人公司潜在的社团性属性,认为只要进行部分股份的转让,公司的股东就会瞬间变成数人。见〔日〕龍田節:《会社法大要》,第54页。比如,《日本商法》和《有限公司法》全面承认一人公司是通过1990年的修改实现的。两法的修改采取了不直接规定公司可由一人设立,而以不规定发起人人数以及删除股东为一人时公司解散的规定的方式。对此,有学者认为不仅是为了与当时商法有关"社团"的规定不矛盾,更是为了为公司的社团性解释留有余地。详见〔日〕北沢正启:《会社法》,第15页。

### 一、无限公司、两合公司、股份有限公司和有限责任公司

这是根据法律所规定的公司股东对公司债务的责任形式所作的分类[①],标准具有明确的法定性,也是大陆法系国家公司法上常见的分类。

（一）股东的责任形式

股东的责任形式指的是公司股东对公司债务是否直接向债权人承担责任,如果承担将承担何种程度的责任的问题。据此可将股东责任形式分为直接责任与间接责任以及无限责任与有限责任。

1. 直接责任与间接责任

说到股东对公司债务的责任,首先需要明确的是直接责任还是间接责任。前者是指股东就公司债务向债权人承担直接清偿责任的情形,扩大了债权人的选择权。而后者是指股东就公司债务向债权人不承担直接清偿责任的情形,限制了债权人的直接向股东的清偿请求。可见,在间接责任的情况下,就股东与债权人关系而言,股东属于无责任者。但由于股东对公司出资所形成的财产,对债权人具有担保意义,所以,实际上通过公司承担的是间接责任。

2. 无限责任与有限责任

股东的上述直接责任又可分为无限责任和有限责任。前者指股东以其全部财产就公司债务向债权人承担清偿责任的情形,而后者指股东以其出资额为限度就公司债务向债权人承担清偿责任的情形。需要注意的是,"有限责任"一词本来指的是直接责任中的有限责任,但也用于间接责任,而且在间接责任状态中获得了极大的价值利益。比如,两合公司的有限责任股东所要承担的有限责任,多指直接责任中的有限责任[②],而股份有限公司（有限责任公司亦同）股东的有限责任,指的是间接责任中的有限责任,即股东就公司债务不承担向债权人清偿的责任,这种有限责任也就变成了股东对公司承担一定额的出资义务而已。

（二）各自的含义及特点

1. 无限公司

是无限责任公司的简称,是指由对公司承担一定额的出资义务的同时,对公司债权人承担直接且无限连带责任的两个以上股东组成的公司。其特点是,由于股东对公司债务承担直接且无限连带责任这种相当沉重的责任,所以股东一般既是公司的业务执行机构也是公司的代表机构,而且公司基本事项的决定需要全体股东的同意（即普遍享有业务决策权、执行权及代表权等）。股东的股权转让须有其他股东的同意。可见,无限公司是一种适合于相

---

① 我国《公司法》对有限责任公司和股份有限公司的出资者都使用了"股东"一词,而在《日本公司法》中,只将股份有限公司的出资者称为股东,所用词为"株主",而将其他公司,比如,无限公司、两个公司以及合同公司等的出资者统称为"社员",进行了区别处理。

② 因我国不存在两合公司,以《日本公司法》的规定为例,其第580条第2款规定,两合公司的有限责任股东以其出资额（已对两合公司履行的出资额除外）为限,承担清偿公司债务的责任。需要注意的是,作为无限公司的股东以及两合公司中承担无限责任的股东所承担的这种直接责任,从日本公司法的规定看,具有明显的从属性和补充性。前者指的是只要公司的债务不存在了,股东的这种责任也随之而消灭;尽管公司的债务仍然存在,但只要存在公司能够拒绝债权人行使权利的事由时,股东同样可以此事由拒绝债权人对其的履行请求。这类股东责任的补充性指的是当公司的财产不足以清偿公司债务或者对公司财产的强制执行无法奏效时,股东就得以自己的财产承担清偿责任或者被强制执行的责任。当然,此时只要股东能够证明公司具有偿债能力且能够强制执行时,可免除其责任。详见《日本公司法》第581、第580条第1款1、2项等的规定。

互存在信赖关系的少数人共同经营营利事业的企业组织形式。

2. 两合公司

是指由无限责任股东和有限责任股东(承担直接责任中的有限责任)①组成的公司。其特点在于与无限责任股东相比,由于有限责任股东的责任较轻,所以不享有业务执行权以及公司代表权,仅享有一定的监督权而已。但公司基本事项的决定仍然需要全体股东的同意。另外,有限责任股东的股权转让需要取得无限责任股东的同意,但不需要其他有限责任股东的同意。可见,两合公司是一种适合于有限责任股东通过资本参与分享由无限责任股东所经营的事业中产生的利益的企业组织形式。

3. 股份有限公司

简称股份公司,一般而言,是指由对公司只承担以其所认购的股份额为限度的出资义务,对公司债权人不承担任何责任的股东所组成的公司。将这种对公司只承担有限的出资义务的情形就叫做股份公司股东的有限责任。其特点是,由于股东承担的是间接的有限责任这种最轻的责任,往往会吸引大量股东加入,导致股东直接经营公司变得十分困难,其结果使股份有限公司成了最具所有权与经营权分离特征的公司组织形式了。换言之,在股份有限公司,股东只通过在股东大会上行使表决权并以多数决定原则的方式,就公司基本事项作出决定,而将公司的业务执行(含业务执行方面的决策权)委托给在股东大会上选任的董事所组成的董事会以及由董事会选出的代表董事等。原则上也不直接监督公司的业务执行,而将其委托于在股东大会上选任的监事或由监事组成的监事会。当然,这也不排除为了防止业务执行机构与监督机构之间的暧昧关系,或监督机构的职责懈怠,股东同时享有诸多不需经过股东大会的监督纠正权。另外,与股东人数众多,股东间无法建立也不需要建立信赖关系有关,所以原则上股东可自由转让股份。可见,股份有限公司是一种不需要股东间信赖关系,可将大量投资人结合到一起的企业组织形式,适合于大型企业。

4. 有限责任公司

简称有限公司,最早由德国立法者创制,后普及世界各国。② 是指由对公司只承担一定额出资义务,对公司债权人不承担任何责任的股东所组成的公司。其特点是,其股东的责任形式基本与股份有限公司相同,正因为如此,也具有所有权与经营权分离的特点,只不过没有股份有限公司那么彻底。因为,有限责任公司的情况下,业务执行机构的设计没有股份有限公司那么细致,监事会甚至监事属任意机构。另外,股东人数受限制,原则上不得超过50人,股东不能自由转让股权。可见,有限责任公司是一种股东能够享受有限责任原则利益的同时,又实现了内部组织机构以及其他程序简单化的企业组织形式,适合于中小企业。

(三) 我国公司法的选择及其规定

我国现行公司法在制定过程中,根据立法者的判断,在上述的各种公司形式中,只规定了有限责任公司和股份有限公司这两种最重要的公司形式。对此,我国《公司法》首先规定,本法所称公司是指依照本法在中国境内设立的有限责任公司和股份有限公司(2条)。接着规定到,公司是企业法人,有独立的法人财产,享有法人财产权。公司以其全部财产对公司

---

① 我国有公司法学专家提出了两合公司的有限责任股东也承担间接责任的观点,值得商榷。参见刘俊海:《现代公司法》,第32页。

② 参见王作全等:《公司利益相关者法律保护及实证分析》,第8页。

债务承担责任(3条1款)。有限责任公司的股东以其认缴的出资额为限对公司承担责任;股份有限公司的股东以其认购的股份为限对公司承担责任(3条2款)。

此外,在有些大陆法系国家的公司法上还有一种名为"股份两合公司"的公司,是指由无限责任股东和与股份有限公司股东相同的有限责任股东组成的公司。但这种公司由于结构过于复杂等原因,被有的国家废止。① 还需关注的是,2005年新颁布的《日本公司法》,在公司组织形式方面不仅实现了将有限责任公司与股份有限公司合二为一的目标,另外还规定了一种名为"合同公司"的新公司形式。是指由对公司债务承担间接、有限责任的股东组成,这一点与股份有限公司相同。但公司的经营管理制度借用了合伙组织的规则,将公司的有限责任原则与合伙组织规则糅合到一起的一种企业组织形式,目的在于避免对企业利益的双重课税②,其发展前景如何,可拭目以待。

## 二、公开公司与封闭公司

亦称开放式公司与封闭式公司,这是根据公司的股份是否允许公开上市发行和交易或者根据股东股份的转让是否受到限制,对公司所作的分类。一般而言,这是英美法系国家公司法上的基本分类③,当然,这并不排除大陆法系国家公司法对此类标准的参考使用。比如,我国公司法就将股份有限公司划分为上市公司与非上市公司,并对上市公司给出的定义是,"本法所称上市公司,是指其股份在证券交易所上市交易的股份有限公司"(121条),类似于这里所说的开放式公司。公司法的这条规定有两点是很明确的,一是划分标准就是公司股份能否在证券交易所公开交易,二是其股份不能进行这种交易的股份有限公司就是非上市公司,类似于这里所说的封闭式公司。

其实,公开公司与封闭公司一词,使用于多方面。比如,被证券交易法等规定了定期向社会公开主要信息义务的公司,就叫做公开公司,而没有这种义务的公司就是封闭公司。公司法或者公司章程没有限制股份转让的公司可能就是公开公司,而股份转让受到限制的公司就是封闭公司。比如,日本现行公司法就坚持了这一标准,对公开公司的规定是,"对转让取得其发行的全部或部分股份,没有在章程中规定需要取得股份公司同意的股份公司"(见该法2条5款)。但公开公司与封闭公司最基本的含义是,其股份能够在证券交易所公开交易的公司就是公开公司,亦称上市公司、公众公司或者公开招股公司,类似于大陆法系国家股份有限公司中的上市公司。而其股份不能在证券交易所公开交易的公司就是封闭公司,也称非上市公司、私公司或非公开招股公司。

## 三、人合公司与资合公司

这是根据公司的相对交易人以及债权人信赖公司的基础不同所作的划分,属于学理性

---

① 比如,至1950年《日本商法》上就有这种公司形式,通过同年的商法修改废除了这种公司形式。详见〔日〕龍田節:《会社法大要》,第11页。
② 有关日本公司法上的合同公司,详见〔日〕前田庸:《公司法入门》,王作全译,第10、618—622页;〔日〕龍田節:《会社法大要》,第12—13页等。
③ 据介绍,英美法系国家公司法除了将公司划分为封闭式公司和开放式公司外,尤其是英国,首先将公司划分为注册公司与非注册公司,进一步又将注册公司划分为股份有限公司、担保责任有限公司和无限公司等。详见朱慈蕴:《公司法原论》,第11页;施天涛:《商法学》,第143—144页。

标准而非法定标准,但这种分类对公司法等如何通过有效制度配置维护好不同公司的不同信赖基础具有重要意义。

凡是在公司的内外关系中,注重股东个人的人品,交易相对人以及债权人等将是否信赖公司的重点放在股东是谁以及股东之间的关系这种人的因素上的公司就是人合公司。反之,根本不关注股东个人因素,将是否信赖公司的重点放在公司有多少财产这种物的因素上的公司就叫做资合公司。以此来看,无限公司是典型的人合公司,因为在这种公司的情况下,股东承担的是直接的无限连带责任,只要把握好了股东,就可避免相应的风险。相比较,股份有限公司就是典型的资合公司,因为在这种公司的情况下,股东只承担间接的有限责任,甚至面对债权人股东不承担任何责任,所以只有把握好公司的财产状况,才能避免风险。

至于两合公司和有限责任公司,应该说处在无限公司和股份有限公司的中间,所以我国不少学者将其归入了人合公司和资合公司以外的所谓的"人合兼资合公司"的类别中了。① 但细分析,有限责任公司只不过是制度实现了简化,规模缩小了的股份有限公司而已,与股份有限公司相近,在内外关系中其信赖关系的基点还是在公司的财产上,而非股东个人,所以应该属于资合公司的一种。而两合公司,其实就是有限责任股东通过资本参加而分得无限责任股东所经营公司的利益的一种企业形式,从其制度设计以及经营管理看,与无限公司相近,所以应该属于人合公司的一种。

**四、母公司与子公司**

这是根据公司间的支配与被支配或控制与被控制的程度对公司所作的分类。尽管各国法律对母子公司及其关系的规定存在较大差异,但都根据法律规定进行划分和规制,是法律上的一种分类。认可公司间的母子公司关系,对实现公司的集团化经营,扩大经营规模等具有重要意义。但母子公司在法律上毕竟是两个完全独立的法人主体,如何防止两个权利义务主体的一体化所带来的弊端,是各国公司法处理公司间关联关系的重要课题之一。

从广义上讲,当一个公司通过资本参加、委派主要负责人或签订合同等方式,达到控制其他公司的程度时,前者就叫母公司,后者即被控制的公司就叫做子公司。所以母公司也被称作控制公司、支配公司等,而子公司也就被称为从属公司。狭义的母子公司关系主要指通过资本参加实现的控股关系,即持有其他公司半数以上股份的公司就是母公司,而被持有的公司就是子公司。所以,将这种关系中的母公司也叫做控股公司。需注意,由这种控股关系形成的母子公司关系,还包括由母公司和子公司共同持有其他公司半数以上股份,或者仅由子公司持有时所形成的母子公司关系。② 我国《公司法》仅对子公司作了相应规定,其第14条第2款规定,"公司可以设立子公司,子公司具有法人资格,依法独立承担民事责任",而对划分母子公司关系的标准以及如何规范这种关系,都未作出必要的规定。

---

① 赵旭东:《商法学》,第169页;范健:《商法》,第102页。
② 比如,日本2001年修改前的商法就明确规定,持有其他股份有限公司已发行股份总数过半数的股份或者有限责任公司资本总数过半数资本的公司就是母公司,被持有公司就是子公司。2001年商法修改将此标准修改为股东表决权总数的过半数了,更加关注控制公司的实质因素。但通过2005年商法修改而独立出来的日本现行公司法典,不仅明确界定母子公司的概念,而且废止了以往界定母子公司的形式标准(即持有股份数或表决权数的标准),而采用实质标准,即"控制其他公司的财务以及经营方针的决策"者为母公司,被控制者为子公司。见2001年修改前《日本商法》第211条之2第1、3款,2005年修改前《日本商法》第211条之2第1、3款,现行《日本公司法》第2条第3、4项,《日本公司法施行规则》第3、4条。详见〔日〕神田秀树:《会社法》,第30页注1。

法律调整母子公司关系的难点在于,一是如何掌握一公司对他公司的控制程度。理论上讲,控制其他公司的股权达50%以上时必然形成控制,所以不少国家法律规定了这种标准。比如,上述2005年修改前的日本商法就明确坚持了这一标准。而实际上这种控制力完全受制于公司股权的分散情况。所以,正如有学者所说,我国证券监督管理委员会(以下简称"证监会")发布的《上市公司收购管理办法》第84条就规定,投资者实际支配上市公司股份表决权超过30%的,可视为拥有上市公司控制权。二是对不同程度的控制应采取何种法规制的问题。对此,从2005年修改前的《日本商法》到2005年颁布的《日本公司法》,为保证正常的母子公司关系,至少设置了如下法规制:① 对子公司取得母公司股份的限制;② 母子公司相互持股的规制;③ 禁止为母公司股东行使权利提供利益;④ 母公司的监事等监督机构不得兼任子公司的董事、执行官、清算人或其他商业使用人;⑤ 母公司的监事等对子公司享有必要的调查权等。① 相比较而言,我国公司法在这方面的规定明显不足,需进一步改进。

## 五、总公司与分公司

这是根据公司内部的管辖关系对公司所作的分类,对于明确公司群体内容的管辖,正确处理相互的法律关系具有重要意义。大多国家的公司法都对总公司与子公司的关系作出了规定,所以这种分类也是法律上的分类。

所谓总公司,亦称本公司,是指在一公司内部开展经营业务活动的若干机构中,一般首先依法设立的具有法人资格的公司,处在公司内部各经营业务机构的中心地位,管辖该公司全部组织机构的总机构,有关公司内部各机构的生产经营、资金和财产的调配以及人事安排等,均有总公司统一决定。所谓分公司是指在业务、资金、人事等诸方面都由总公司统一管辖,开展公司某一方面业务的分支机构。需注意的是,尽管这类分支机构有时也冠以"公司"称谓,但它不是法律意义上的公司。所以,不是法律上的权利义务主体,既没有法人资格,也就不可能有自己独立的财产,自然也就不存在独立的责任能力,其所开展业务活动的后果归属总公司。可见,从支配与被支配或控制与被控制的关系看,总公司与分公司之间的关系与母子公司之间的关系基本相同,但母子公司在法律上是两个完全独立的公司,而总公司与分公司并非是两个独立的公司,而是公司与分支机构之间的关系。

尽管如此,有些国家的法律对分公司的性质以及公司设立分公司的某些程序等,同样作了明确规定。比如,我国《公司法》第14条第1款就规定,"公司可以设立分公司。设立分公司,应当向公司登记机关申请登记,领取营业执照。分公司不具有法人资格,其民事责任由公司承担"。

## 六、本国公司与外国公司

这是根据公司的国籍对公司所作的分类,各国公司法等都对本国公司与外国公司都有明确界定,所以这也是法律上的分类。这种分类对于是否允许外国公司在本国开展经营活动,以及如果允许时如何明确实际上不具有法人资格的外国公司(分支机构)的法律地位及权利能力等,具有重要意义。

---

① 详见〔日〕北沢正啓:《会社法》,第36页;〔日〕神田秀樹:《会社法》,第384页等。

对公司国籍的认定,综观各国做法,大致有:① 以公司设立所依据的准据法确定国籍的标准(公司设立准据法主义);② 依据公司设立登记地确定国籍的标准(公司设立登记地主义);③ 以股东国籍确定的标准(股东国籍主义);以及④ 以公司住所地确定的标准(公司住所地主义)等,但大多数国家兼采设立准据法和设立登记地标准,我国亦同。

所以,根据我国《公司法》的规定,所谓本国公司,就是依照中国法律在中国境内登记设立的公司(参见2条),所谓外国公司,就是依照外国法律在中国境外设立的公司(191条)。需要注意的是,一国公司法之所以对外国公司作出必要界定,是因为在经济交易日益国际化的背景下,须对是否允许国外公司到本国开展经营活动,以及在允许时对外国公司设立在本国内的分支机构的法律地位以及权利能力等有必要作出法律规定。所以,我国公司法,如上述不仅对外国公司进行了法律界定,而且对允许外国公司在我国境内设立分支机构以及该分支机构的性质等作了明确规定。比如,我国《公司法》第195条规定,外国公司在中国境内设立的分支机构不具有中国法人资格。外国公司对其分支机构在中国境内进行经营活动承担民事责任。

一般来讲,外国公司经获准设立在他国境内的分支机构,除了不能享有独立的权利能力以及法律限制的其他权能外(包括对其某些经营范围的限制),都会获得国民平等待遇,与本国公司平等享有民商事权利。①

对于公司,除了上述的主要分类,还有基于其他标准的一些分类。比如,根据作为公司一般法的公司法设立的公司,还是在遵守公司法规定的同时,主要依据特别法,如银行法、保险法、证券法等设立的公司,可将公司划分为一般法上的公司与特别法上的公司。根据公司的经营主体是国家、还是其他公共机构或者民间主体,还可将公司划分为国营公司、公营公司和民营公司,等等。

### 比较法知识1-2

### 英国法上的私人公司与公众公司

将公司分为私人公司与公众公司,是英国公司法上常见的公司分类之一。按照概念定义,所谓的公众公司(public company),是指具有股本,在公司章程中载明为公众公司,并须依法进行登记的股份有限公司或者保证有限公司。② 具有股本并在作为公司最权威法律文件的公司章程中载明自己是公众公司,还须依法登记,是判断一种公司是否是公众公司的主要形式要件。对私人公司(private company)的概念解释就更加简单,即公众公司以外的任何公司都是私人公司。

两者的区别表现在以下方面:一是私人公司的股份既不能向社会公众发行,更不能上市交易,而公众公司的股份不仅可以向社会公众发行,而且只要具备上市交易的条件,完全可

---

① 比如,对此《日本民法》第35条就明确规定,根据法律或者条约的规定所认可的外国法人,同在日本成立的相同法人享有相同的私权。但外国人不得享有的权利以及法律或条约作了特别规定的权利,不在此限。
② 根据公司有无股本将公司分为股份有限公司和保证有限公司也是英国法上的一种分类。相对于具有股本的股份有限公司,保证有限公司就是一种没有股本的有限公司。这种保证有限公司就是指股东承诺公司清算时或者自己停止做股东时按照公司章程载明的固定数额向公司承担缴付责任而成立的公司。详见葛伟军:《英国公司法要义》,第25—26页。

以上市交易;二是由于法律对私人公司的最低资本额没有要求,所以,私人公司往往是资本数额较少的公司。相反,对于公众公司的最低资本额法律有明确要求,现在的英国公司法规定最低资本额不得少于 5 万英镑,但公司设立时只完成其中四分之一的缴纳任务公司就可成立。

对于这两种公司概念的法律界定方式,英国公司法在不同时期采取了不同做法。据介绍,1908 年《英国公司法》采取了先专门界定私人公司的判断标准,对公众公司进行排除界定,即不是私人公司的公司都是公众公司。根据当时《英国公司法》的规定,以下三点是判断公司是否是私人公司的主要要件:① 成员不超过 50 人;② 对股份转让加以限制;③ 禁止向社会公众发行股份。并且 1908 年《英国公司法》还对私人公司规定了两项豁免,一是免除向登记注册机关提交年度财务报表的义务;二是公司可对董事贷款。但 1967 年《英国公司法》取消了这两项对私人公司的特殊规定。对于这两种公司概念的法律界定,接受了《欧洲共同体公司法指令第二号令》的 1980 年《英国公司法》转而采用先界定公众公司的判断标准,再做相反解释,即凡不是公众公司的公司皆为私人公司。依据 1980 年《英国公司法》的规定,公众公司需满足以下四要件:① 须在公司组织大纲中明确规定自己是公众公司;② 遵守公司法有关登记注册的要求;③ 在公司名称中须表明"公众有限公司"等的字样;④ 公司正式营业前必须满足法定资本额的要求。

对于这两种公司股东人数的规定,英国公司法大致经历了如下沿革:对于私人公司的股东人数,1908 年《英国公司法》规定须在 50 人以内,1980 年《英国公司法》删除了有关私人公司股东人数的要求,并将公众公司的最少股东人数从 7 人减少到 2 人。根据 1992 年 EEC 第 12 号公司法指令,私人公司的最少股东人数从 2 人减少到 1 人,根据 2006 年《英国公司法》的规定,公众公司的最少股东人数也减少到了 1 人。截至 2008 年 3 月底,英国 99.6% 的公司为私人公司,2000 年的研究表明,90% 的公众公司股东只有 4 人或更少。①

## 第三节 公司的产生和发展

如上述,公司只不过是企业的一种。所以,对公司制度形成以及不断发展壮大历史的了解,应从与企业的关系说起。

### 一、从个人企业到公司的演进机制

其实,只要人们开展某种交易活动,为了获取利益而经营某种事业,并有计划地反复开展这种经营活动,就是企业。其核心是它的经营性和营利性目的。② 公司也是一种以营利为目的的,从事某种经营性活动的主体,因而它也是企业。一种企业要成为公司,最为关键的要件是获得法人资格,即成为与自然人完全平等的一种权利义务的归属主体。所以简单说,公司就是企业中获得了法人资格的企业。

尽管企业与公司是种属关系,但从历史发展过程来看,毫无疑问企业远远早于公司。因

---

① 有关英国法上的私人公司与公众公司的分类,详见施天涛:《公司法论》,第 61 页;葛伟军:《英国公司法要义》,第 25—27 页。

② 正因为如此,有学者指出,企业是经营性的从事生产、流通或服务的某种主体。企业主要不是法律概念,它基本上是一个经济概念。见史际春:《企业和公司法》,第 2 页。

为企业、尤其是个人企业由于其简便易行的特征似乎无法考查它的起源,正如有学者所说,"个人企业是迄今为止最为古老、最为简便的一种企业形式"①。从个人企业到公司的演进历程看,作为一种营利性主体,最早出现的肯定是简便易行、自然人一人筹资、一人独资经营、一人筹划经营内容等的个人企业。克服了这种个人企业在资本能力和人力方面存在的局限性而诞生的,是由2个以上自然人②通过共同出资、共同经营的一种契约,即合伙企业。克服了合伙企业因没有独立的权利义务主体资格带来的不便而出现的是具有独立权利义务主体资格的公司。

尽管这种前后交替的历史演进过程,并不意味着后者完全取代了前者,而是前者生命不停,自强不息发展至今。甚至就企业数量而言,可能个人企业数量仍然最多。③ 但不可否认的是,这种前后交替的演进过程呈现出后者总是在克服前者不足的基础上应运而生,但自身又有着意想不到的不足被后来者加以克服的规律性现象。比如,个人企业尽管有所有权与经营权统一,利益由所有者独享且简便灵活等优点,但个人企业因不是独立的权利义务主体,无法分散投资风险,加之集中资本和凝聚人力的能力十分有限,在竞争中常常处于劣势地位。为克服个人企业的这些弊端而历史地走上舞台的便是合伙企业。合伙企业作为共同企业形态的一种,至少有数人共同承担盈亏、共同出资、共同经营,所以能发挥"众人拾柴火焰高"的功效等,在这些方面明显地优于个人企业。

但合伙企业同样不是法人,合伙人对合伙债务仍然要承担连带的无限责任。所以,在分散投资风险和经营管理风险方面虽强于个人企业,但仍然有限。应该说从根本上克服了这些弊端走向历史前台的便是公司。公司作为企业的一种现代组织形式,就是睿智的立法者看到了上述企业形式存在各种弊端的核心在于没能取得权利义务主体资格,也就毫不吝啬地对发展较好的共同企业赋予了法人资格。

可见,公司就是以营利为目的社团法人,并且是否具有法人资格也就成了判断企业是否是公司的一个重要标志了。公司本身又在丰富多彩的实践中,出现了多种组织形式,尽管不同法系国家间存在一定的差异,但立法者们基于对社会价值的判断,实现了对社会有益的公司组织形式的法定化,并在实践中根据需要不断地调整完善公司的组织形式。④ 总体而言,

---

① 覃有土主编:《商法学》,高等教育出版社2005年版,第85页。
② 至于自然人以外的具有独立权利义务主体资格的法人,如公司能否成为合伙企业的成员,一直是一个争论不息的问题,赞成与反对者共存,随着时代的前进,赞成者渐占上风。我国法律的态度也符合这种潮流。比如,我国于1986年颁布的《民法通则》有关合伙的规定直接使用了"个人合伙"一语,明确规定,"个人合伙是指两个以上公民按照协议,各自提供资金、实物、技术等,合伙经营,共同劳动"(30条),而到了1997年颁布、2006年进行了修订的我国《合伙企业法》,以创立普通合伙企业和有限合伙企业的方式,在其第2条明确规定,"本法所称合伙企业,是指自然人、法人和其他组织依照本法在中国境内设立的普通合伙企业和有限合伙企业"。
③ 日本有学者就本国的各类企业数做了如下的统计,即能够称得上营利企业的个人企业在2002年约有500万家,如果也包括医生等独立的专业职业人以及家庭作坊式的职业人,其数达562万个,而2003年统计的股份公司和有限责任公司分别约是104万和142万家。可能各国都应该存在类似的情况。详见〔日〕江头宪治郎:《株式会社法》,日本有斐阁2006年版,第3页(1)(2)。
④ 比如,对大陆法系商法制度的形成和发展影响最大的德国商法及相关法就规定了无限公司、两合公司、股份公司、股份两合公司以及有限责任公司等5种基本形态。受其影响,日本、韩国、我国台湾地区的商法以及新中国成立初期的商事立法等也都规定了类似的公司组织形态。当然,在之后的实践中,各国法律根据本国的实际对这些公司组织形态进行了必要的调整和完善。德国一段时间内甚至废除了股份有限公司和股份两合公司。日本也在发展中废除了股份两合公司,2005年的商法大修改又废除了有限责任公司,增加了所谓的"合同公司"。而改革开放后的我国公司立法只采用了有限责任公司和股份有限公司两种组织形态。但德国商法及相关法率先规定的公司的5种组织形态,仍然以各种形式延续至今。有关这方面的论述,参见〔韩〕李哲松:《韩国公司法》,吴日焕译,第11页以下;〔日〕前田庸:《会社法入门》,王作全译,第9页。

公司不管采取何种组织形式,但因确立了作为权利义务主体的法人制度,实现了投资人财产与公司财产的分离,在分散投资风险,实现经营管理组织化,扩大资本,凝聚人力等方面,具有了明显的优势。在此基础上,股东有限责任制度的创立,使公司制度的上述优势更加明显。其中,充分实现股权自由转让的股份有限公司,更是发展成了当今世界独占鳌头的企业组织形式了。①

## 二、近现代公司的形成及其发展

再从公司实际产生和发展的历史来看,近现代意义的公司起源于欧洲已是定论。现在仍然存在的无限公司、两合公司、有限责任公司以及股份有限公司等公司组织形式,几乎都起源于欧洲,然后遍布世界各地。人们普遍认为,在古希腊罗马时代,特别在罗马时代尽管也有过多种形式的合伙组织,但当时罗马人的主导思想倾向于个人主义,加之大家族制度以及奴隶制度的存在,没有出现公司制度的客观需求。到了欧洲中世纪,根据海运事业需要,作为海运企业形式出现的"船舶共有"和"康明达组织",普遍认为这是近现代公司的起源。其船舶共有组织或因继承父辈们的船舶而形成,或通过特别的契约而形成。而康明达组织是通过个别契约的形式,将其商品或资本委托给船主及其他经营者,参与利益分配的一种组织。这种组织从海上贸易发展到其他事业经营领域,成了当时最有发展实力的企业形式。

尽管这两种组织形式已经孕育并正在催生着隐名合伙,乃至后来的两合公司以及股份有限公司等的诞生,但仍属合伙性质,也不具有独立承担权利义务的资格,所以,还不是近现代意义上的公司。② 到了欧洲中世纪的后期,随着城邦制国家的兴起繁荣,市场经济有了快速发展。商人的地位得到了巩固,他们不仅要求能够连续地发展自己的营业,同时也因为继承关系希望连续不断地发展家族企业。

之后在15、16世纪,尤其在德国等国,这种永续性的家族企业得到迅速发展。可以说代替临时性契约关系的船舶共有以及康明达组织形态出现的这种永续性家族企业就是现在无限公司的起源。而船舶共有以及康明达组织也就演变成了现在所说的隐名合伙以及两合公司了。至于其机制构造最具优势的股份有限公司,其产生和发展与资本主义市场经济迅猛发展对资本聚集的需要密不可分。但对它的起源人们一般要追溯到1602年通过特许状而成立的荷兰东印度公司。由于这种公司对新型资产阶级国家扩张殖民统治发挥着不可替代的作用,所以产生了放射状效应,迅速发展到了欧洲各国。

这种最初的股份有限公司,属于早期商业资本的一种独立形态,是国王或国家特许的结果。因扩张殖民统治等特殊目的需要,其组织机构存在非民主的专制色彩③,具有浓厚的公法性质。之后随着相对开放和民主的产业资本的兴起,国家从早期重视商业资本开始转向

---

① 有学者指出,"公司法人人格独立和股东有限责任原则始终被作为公司法人制度的两大基石,发挥着积极的作用"。见朱慈蕴:《公司法人人格否认法理研究》,法律出版社1998年版,"导言"第1页。在众多的公司组织形态中,有限责任公司和股份公司之所以发展得最快,可以说主要得益于这两大基石。其中股份公司还因为在此基础上通过证券交易所等又确立了股份转让自由原则,因而使其占据了独领风骚,独占鳌头的霸主地位。

② 正因为如此,有学者就明确断言,"两种均为时效性的契约关系,与当今以企业的独立性和永续性为前提的公司距离甚远"。〔韩〕李哲松:《韩国公司法》,吴日焕译,第9页。

③ 对荷兰东印度公司的组织机构,有学者写到,在荷兰东印度公司,根本不存在股东大会这样的机构,董事的选任以及公司的经营都与股东的意思无关。参见〔日〕大隅健一郎:《新版株式社会法变迁论》,第16页;〔日〕北泽正启:《会社法》,第51页。

重视以工业为主导的产业资本,社会和政治层面的民主进程也在加快。这些因素促使股份有限公司开始转型,从早期的国家主导型转变为由产业资本组织经营的主要企业形式了。与此相适应,其设立也从特许主义原则逐步转变为准则主义原则,公司的组织机构也从原来的专制型组织体系发展成了以股东大会中心主义为主要内容的民主型组织机构了。这种公司的大量出现意味着近现代意义上的股份有限公司制度正式形成,并从19世纪中下叶开始迅速普及到欧洲各国,伴随着资本主义经济的发展,成为近现代以来大型企业普遍采取的最主要的企业组织形式了。①

与上述的无限公司、两合公司以及股份有限公司不同,有限责任公司则是在19世纪末,德国的立法者为了寻求一种能够较好地综合无限公司和股份有限公司的长处,适应中小企业需求的简便易行的公司组织形式,在参照了英国公司法上的"私公司"②机制的基础上创造出来,并通过1892年制定颁布的《德国有限责任公司法》而实现的。有限责任公司一经创制,不仅在德国获得了成功发展,并迅速普及到近邻的法国以及欧洲其他各国,甚至通过西班牙、葡萄牙等国发展到了南美洲。在亚洲,日本也通过1938年《有限公司法》的制定,使该类公司得到迅速发展。③

### 三、公司在中国的产生和发展

中国自鸦片战争以来,进入长期激烈变动和社会转型时期,与此相适应,作为现代资本主义市场经济产物的公司,在中国的产生和发展同样经历了极其复杂的过程。

在新中国成立以前,由于长期处在封建社会,以商品交易为核心的市场经济很不发达,因而公司在中国出现得较晚。据介绍,18世纪70年代兴起的洋务运动催生了一批以招商集股方式产生的新式企业,属于在中国最早出现的公司。④ 之后,随着中国社会演变为半封建半殖民地社会,"中华民国"的成立,公司作为新兴企业有了一定发展,但仍然比较缓慢。比如,1933年,在上海的1883家华商工厂中,公司仅有330家,占比为17.53%。公司发展缓慢的根本原因在于中国资本主义不发达,没有市场经济的基本环境。⑤

新中国成立后,以1978年国家实现改革开放政策为分水岭,公司在中国经历了不同的发展阶段。在改革开放以前,新中国向社会主义过渡时期(1949—1956年),民国时期发展起来的各种公司依然存在,但由于新中国废除了国民政府的所有法律,所以,为了维护当时的私营公司的利益,1950年"政务院"颁布了《私营企业暂行条例》,规定了无限公司、两合公

---

① 详见〔日〕田中誠二:《会社法详论》,第13页。
② "私公司"是英国公司法上的一种特殊公司,英国1908年公司法对此做了一些特殊规定。即该类公司股东不得超过50人,限制股东出资份额的转让,不允许公开募集股份以及公司债等。而从1980年以后,一般都认为,凡在章程上规定是公开公司并进行了登记的公司以外的公司都是"私公司"。英国法上的"私公司"类似于德国和法国法上的有限责任公司。参见〔日〕田中誠二:《会社法详论》(上卷),第24页;〔日〕龍田節:《会社法大要》,第14页。
③ 据有关统计,到2005年日本新公司法颁布为止,依据有限公司法设立的有限责任公司就有143万家,而股份公司约为104万家。见〔日〕江頭憲治郎:《株式会社法》,第1页。日本通过2005年新公司法典的颁布,废除了从1938年至2005年近70年的有限公司法,将有限责任公司作为股份公司的一种形式由新公司法典统一规范。对此有学者指出,继续将股份公司和有限责任公司作为两种公司组织形式时,二者间的转变需要组织变更的程序。如果在股份公司中将其属性稍加改变,不仅可以省去解散以及设立的麻烦,也不再需要组织变更的程序了。但所不可避免的章程变更与变更登记到底比组织变更会简单多少仍属未知数。详见〔日〕龍田節:《会社法大要》,第14页。
④ 参见朱慈蕴:《公司法原论》,第20页;赵旭东:《商法学》,第165页。
⑤ 朱慈蕴:《公司法原论》,第20页。

司、有限公司、股份有限公司以及股份两合公司五种公司形式,公司仍在该条例规定的框架内存在。随着社会主义改造步伐的加快,公私合营成了改造私营公司企业的主要方式,并为此于1954年政务院颁布了《公私合营工业企业暂行条例》。根据该条例,公司的存在形式只剩下有限责任公司一种,公司存在的空间已变得相当狭窄了。随着社会主义改造任务的完成,公有制企业建设步伐的加快,从1956年社会主义改造完成到1978年实行改革开放政策为止的20多年间,公司被单一公有制的全民所有制企业和集团所有制企业所取代,本质意义上的公司在当时的中国不复存在。

自1978年中国实行改革开放政策以来,特别是随着社会主义市场经济体制的确立和发展,公司在中国再次兴起并迎来了全面发展的高峰期。以1979年制定的《中外合资经营企业》为代表的有关外商投资企业的法制建设,基本上以有限责任公司的形式,极大地推动了公司在中国的发展。以广东、上海、福建以及海南省为代表的沿海改革开放前沿地区的地方公司立法,有效推动了这些地方以有限责任公司和股份有限公司为主要形式的公司的发展。在此基础上,以1993年底新中国第一部公司法,即《中华人民共和国公司法》的诞生为契机,公司在中国以国家统一公司法为指导,进入到了高速全面发展阶段。

## 第四节 公司制度的作用与弊端

公司是众多企业组织形式中最具优势的企业制度。以设立准则主义、法人资格、有限责任乃至股权的有价证券化等为核心内容的现代公司制度,是人类伴随着市场经济的发展,经过长期探索,在各种企业组织形式的优劣比较中创制的一种企业制度。[①] 与其他企业组织形式相比,公司首先具有明显的制度优势,而且在法律制度的精心呵护下得到了很大的发展,给人类社会带来了诸多积极效应。

### 一、公司制度本身的积极作用

与其他企业组织形式相比,公司制度本身具有明显的优势,具有如下的积极作用。

**第一,公司是集聚资本和劳力最有效的企业形式。**从本质上看,公司就是在复数个资本需要结合时产生的企业组织形式,不仅天然具有社团性[②],而且本身就是资本集中的产物。甚至可以说没有资本集中的需求,也许就没有今天的公司制度。正因为如此,日本著名公司

---

[①] 有学者认为,股份制企业中的所有权与经营权相分离的秘密、作为股份制企业重要基础的"有限责任原则"乃至作为股份制组织灵魂的"信托责任"等的形成和确立,都与中世纪欧洲,特别是与当时英国发达的宗教组织、教会实力以及神权中心对人们的极大影响分不开。教会的神父们控制着丰富的土地等资源,但又不能由自己亲自经营,加之不能结婚组成家庭,没有合法的继承人,无奈只能聘请职业经理为其经营,这必然造成所有权与经营权的分离。由于神权思想对人们的极大影响,债权人对教会企业的债权常常得不到实现,面对至高无上的神权只能自认倒霉,"这就是有限责任制的由来"。职业经理人是面对上帝受托于公司的经营,必须尽心尽责经营好企业,这就是以良知为基础的"信托责任"的由来。详见郎咸平:《郎咸平说公司的秘密》,东方出版社2008年版,第1—3页。

[②] 就是在各国公司法陆续认可了一人公司的今天,社团性仍然是公司制度的一大本质特征。因为一人公司并不自古有之,只是在公司制度发展比较发达,公司制度获得了极高声誉,证券交易市场日趋成熟的条件下出现的现象,到底能取得多大成功,也还在实践当中。就是在承认了一人公司的今天,大多数公司仍然由复数的股东在支撑,至于那些在整个企业体系中处于统治地位的股份公司,更是充分彰显着公司的社团性特征。所以,那种认为"公司法的社团理论直接压抑了一人公司的成长,致使实质意义上的一人公司遍地生花,徒增名义股东的道德风险与法官的裁判风险"的说法,值得推敲。见刘俊海:《现代公司法》,第19页。

法学者就明确指出,"公司制度是作为资本集中的组织形式形成和发展起来的,它首先出现在由企业资本家组成的无限公司的组织形式中,接着出现在由企业资本家和非企业资本家组成的两合公司的组织形式中,最后在只有由作为非企业资本家的持股资本家组成的股份公司中实现了最完整的组织形式。"[①]公司的这种功能,有利于企业不断扩大规模,提高效率,使投资兴业者获取更大利益。

当然,并非所有形式的公司都均等地具有这种功能,而是因公司组织形式不同而有所不同。一般而言,越是人合性特征明显的公司,由于注重的是股东之间的信赖关系,债权人看重的也是股东个人的诚信度,所以结合资本与劳力的能力十分有限。而作为典型资合公司的股份有限公司,由于看重的是资本的集中能力,而非股东间的信赖关系,所以,这种集聚资本和劳力,尤其是集中资本的能力得到了最充分发挥。

**第二,公司是分散和减轻投资兴业风险最有效的企业形式。**公司是具有法人资格的企业,公司的法人格特征有效地保护了投资者的个人财产,较好地分散和减轻了投资风险。而有限责任原则的确立又极大地强化了公司分散和减轻投资风险的功能。在此基础上实现了股权有价证券化的公司,更是将这一功能发挥到了最高程度。

公司的这一功能,同样因公司的组织形式不同而有所不同。因股东承担连带无限责任使规模受限的无限公司等,分散和减轻投资风险的功能十分有限,相比较,因股东的有限责任乃至股份自由转让制度等,具有无限扩大规模可能性的股份有限公司等,将分散和减轻投资兴业的功能仍然发挥到了最佳程度。[②]

**第三,公司是维持企业永续发展最有效的企业形式。**如上所述,个人企业等因企业主的死亡等个人因素对企业会造成极大影响,甚至导致破产倒闭。相比较而言,公司由于法人制度的确立以及多个资本结合所形成的社团性等原因,内部一般都要建立较完整的组织制度,股东个人因素对公司的影响十分有限,所以公司制度有利于企业的永续发展。

在各类公司中,作为典型的人合性公司的无限公司和作为典型的资合性公司的股份有限公司,占据着公司制度这种功能的两端,其他公司形式如两合公司和有限责任公司等则处在二者之间。特别是股份有限公司,在法人制度和有限责任原则的基础上,通过股权的有价证券化,一般都会发展成为拥有大量股东的大型企业。由于股东高度分散,股东个人色彩对公司的影响十分有限,加之大型公司的营运制度非常发达。所以,正如有学者所言,"股份公司不仅最大限度地发挥着结合资本、分散和减少风险以及维持企业的功能,而且使经营才能的发挥变得易行,规模巨大且永续发展的企业成为可能。与此同时,也为企业集中提供了基

---

① 〔日〕大隅健一郎:《新版株式社会法变迁论》,第1—2页。需要注意的是,教授在论述中所使用的不是"企业资本家"和"非企业资本家"的术语,而是"机能资本家"和"无机能资本家"术语。区别应该是前者指除了投资还直接经营企业的资本家,而后指只投资不经营企业的资本家,故笔者将其翻译为上述术语。相同意思的观点,参见〔日〕田中诚二:《会社法详论》,第13页以下。

② 所以,正如有学者所介绍的那样,"有许多学者认为,有限责任改变了整个人类社会的经济史,其产生的意义甚至超过了蒸汽机和电的发明"。但在说到有限责任的功能时,指出具有极为重要的三大功能:一是风险减少和转移功能。二是鼓励投资功能。三是资本流动促进功能。还指出股东对公司承担有限责任的规定也使得公司的所有权和经营权分离的可行性加大。详见高程德主编:《现代公司理论》,北京大学出版社2000年版,第34、64页。应该说有限责任制度所具有的减少投资风险,提高投资积极性的功能,是十分明显的,也可能是该制度的最大功效所在。但所涉及的所谓的风险"移转功能""资本流动促进功能"以及促使"所有权和经营权分离"的功能等,如果抛开股权的证券化而仅从有限责任制度挖掘,恐怕有所不妥。

础,为资本主义经济发展作出了重要贡献,因而成了担当现代经济最重要的企业组织形态。"①

**二、公司制度的积极社会效应**

从公司制度对社会发展的贡献来看,公司至少对社会具有如下的积极效应。

**第一,公司是推动市场经济社会发展的主力军。**无论何种形式的企业,都以营利为目的而存在,这是所有企业的共性,公司最为典型。按照经济学原理,劳动产品只有在具备了社会分工和不同所有制存在这两大条件时才能成为商品。有了商品的频繁交换才形成了以交换劳动产品为内容的市场以及市场经济。

以营利为目的的企业只能通过对外的经营活动实现营利目的。如果没有市场经济这个道场,企业的确无处修道。但可能更重要的是企业的这种以营利为目的的修道行为,似乎说的就是市场经济本身。另外,如上述,资本是一种内含不断增长冲动和欲望的价值,而企业中的公司则是资本集中和扩展的最佳组织形式,自然与市场经济是一种水乳交融、相得益彰的关系,必然会成为推动市场经济全面深入发展的主力军。②

**第二,公司是人类赖以生存和发展所必需条件的提供者。**公司以其优越的制度构建成了集中资本、发展大规模企业的最佳形式。控制整个企业体系统的大型企业,几乎毫无例外地采取了公司形式。当今世界,我们居住的房屋、工作生活的各种场所设施、出门使用的各种交通手段、衣食住行所需的种种消费品、乃至超越空间限制的通讯手段以及所享受的五花八门的服务等,几乎都是由公司率领的企业群提供的。没有公司企业存在的世界已经变得很难想象。更为重要的是,我们人类赖以生存和发展的上述各种设施、手段、消费品以及服务,之所以能以惊人的速度取得如此巨大的进步,也与公司是最有效的聚集资本的组织形式这一制度优势密切相关。③

**第三,公司是解决社会就业问题的重要渠道。**有效募集资金,不断扩大规模,增强市场竞争能力,可以说是公司的天然属性。日益繁荣发达的公司企业,为社会成员生存发展创造了巨大的就业机会,提供了无数工作岗位。无以计数的人们通过在公司企业的就业,不仅有了生存和发展的基本保障,而且也在不断实现着自己的人生价值,有利于社会稳定与和谐发展。我们同样不能想象,没有企业尤其是大量规模可观的公司群的存在,社会成员求生存求发展的本能需求将会面临何种局面。

**第四,公司是科技创新和进步的生力军。**创造发明是人类不断进步、走向文明的杠杆,其中科技创新和进步是核心。公司以营利为目的,这一根本目的的实现只能通过对外的经营活动。这种经营活动所提供的各种产品和服务,只有被大量不确定的消费者所接受才能

---

① 〔日〕北沢正启:《会社法》,第48页。
② 可以说对于市场经济本身的认识,我们经历了历史的洗礼。多少年来,我们总认为市场经济与私有制,尤其是资本主义的生产资料私有制密不可分。因而在探索社会主义社会建设的一段历程中,对它采取了排斥乃至消灭的态度。从根本上扭转了这种局面的是发生在1992年初的邓小平同志著名的"南巡谈话"。这篇具有革命意义的谈话,从战略高度精辟地指出了市场经济体制相对于人类社会整体所具有的模式性质或曰手段性质,彻底扭转了人们对市场经济的看法。
③ 说到公司聚集资本的能力,有分析认为,资金是一切企业经营的重要条件,资金越雄厚,企业越能在市场竞争中处于有利地位,公司则是筹集资金的有效组织形式。组建和成立公司本身就是募集资金的重要手段,公司成立后亦具有优越的融资能力,公司的融资具有融资成本低,融资手段灵活和规模大、速度快的特点。详见赵旭东:《公司法学》,第32页。

达到目的。而人类本身天生具有求新、求便捷的心理偏好。所以人类的这种心理偏和公司营利目的不谋而合,成了公司不断推动科技创新和进步的内生动力,公司也就成了科技创新和进步的生力军,在整个人类创造发明体系中占有重要地位。可以肯定地说,没有公司企业的科技创新和进步,以创造发明为杠杆的人类社会的进步和文明必然会黯然失色。正是在这个意义上,我们都可以看到,在任何国家的创新型体系构建中,公司企业的科技创新和进步必然占有极为重要的地位。

第五,公司是实现现代科学管理的典范。"管理"一词,含义十分广泛。就一般意义而言,是指主体为了实现某种目的,使自己掌控的各种资源能够处在一种最佳状态,发挥最大效能,通过必要的手段有效驾驭这些资源对象物的活动。管理的核心是对效益效率的追求。效益主要是对投入与产出的要求,目标始终是以最小的投入取得最大的产出,即活动的经济性。效率主要是投入产出过程对速度或时间的要求,在不影响质量的前提下以最快速度或最短时间取得最大产出效果。如上述,所有企业都是以营利为目的的组织,但因其规模和组织机构复杂程度的不同,对管理主体责权利关系的安排和对管理效果的核算要求也就自然不同。相对于个人企业和合伙企业等这些主体单一或参与主体较少,责权利关系等自然简单明了的小企业来说,因参与主体众多、复杂,必然导致责权利职能分化,关系错综复杂的公司,尤其是规模较大的股份有限公司,唯有做到责权利关系的合理安排和对运行效益效率的有效掌控,才能实现营利目标。公司正是实现了责权利关系合理配置和对运行效益效率有效掌控的最佳企业组织形式,因而公司管理制度也是社会各领域中最科学最行之有效的现代科学管理制度。这不仅保证了公司组织体的有力发展,也为社会其他领域实现现代科学管理提供了典范。①

---

## 比较法知识1-3

### 韩国公司法学者眼中的企业社会责任论

与公司制度的社会功能相关联,20世纪二三十年代兴起的有关企业社会责任的讨论值得关注。据介绍,企业的社会责任问题最早由德国公司法学者所提出,并且以企业的"公共性"理论为基础,被1937年的《德国股份法》实现了法定化,该法第70条第1款就明确规定,"董事有责任根据企业和职工的福利和国家、国民的共同利益的要求运营公司"。但这一规定后来被认为与当时的纳粹政权有关,被1965年的《德国股份法》所删除。不过,德国后来有关劳动者共同参与企业经营管理的所谓共同决定法又强化了企业劳动者的经营参与权,认为也是受公司"社会性"理论影响的结果。

企业社会责任问题在20世纪30年代的美国同样引起了广泛关注和讨论,只不过将重点放在了企业对社会、国家等的捐助行为上,并且具有独立立法权的州很快在州公司法中对此作出了规定。比如,特拉华州公司法就明确规定,公司有为了支援战时及其他的国家紧急

---

① 说到公司的现代化管理,有学者明确指出,"企业的现代化管理是民主管理和科学管理的结合,公司是现代化企业管理的典型组织形式"。在公司里,"各机构的产生、权限的规定充分贯彻了分权与制衡以及权利、义务和责任统一的原则,使公司的管理达到了高度的民主化和科学化"。见赵旭东主编:《公司法学》,第32页。

状态而捐助的能力。就连美国的《标准商事公司法》也规定,公司可以"为公共福利、慈善以及科学和教育进行捐助"。

对于企业的社会责任问题,韩国公司法学者认为,企业社会责任在多数情况下主要说的是公司、尤其是那些规模巨大的上市公司的事情。这些实力雄厚的大公司一方面通过经营积累了庞大的财富,在国民经济中有着举足轻重的作用,另一方面对利润的极端追求导致种种弊端。所以,人们就有理由认为应该让公司承担社会责任,为公益事业作出贡献。需注意的是公司法学者讨论该问题的焦点在于"能否将其作为企业之新的责任形态反映于立法中,或者能否将其作为关于企业的法律责任进行解释的指导思想"。

对此,形成了观点明显对立的赞否两论。赞成论者认为,公司从其本质而言只不过是国民财富的管理者,公司财产具有一定的公共性。而且从上市公司的股份构成等看,公司控股股东以外的机构投资者和公众持有的股份占股份总数的70%—80%,公司财产的所有关系也具有明显的公共性。此外,大公司的经营决策以及经营活动对社会一般公众必然产生影响,尤其是它们的价格决定对社会物价影响明显,所以,大公司的利害关系具有不可否认的社会性,就是这些公司的利润获取也与政府的保护与扶持,以及社会公众的忍耐及让步有关。

而反对论者认为,不仅企业社会责任的提法与公司的本质相悖,正如自由主义经济学者所说的那样,"企业的社会责任就是不断增加利润",而且与社会责任相对应的企业或公司的义务到底是什么,企业或公司应对谁承担这种义务或责任等基本问题都是十分模糊的。这与责任就是主体违反义务所要承担的法律后果,在私法领域权利、义务的相对人必须要具体化等的基本法律理念也是极其相悖的。[①]

### 三、公司制度的弊端及其克服

任何事物都是一分为二的,公司制度也不例外。如上所述,公司制度由于其自身优势对社会经济产生了积极效应,但与此同时,公司制度本身又是投资者追逐利益的产物,更是资本通过集中为获取更大利益的历史选择。公司制度整体架构也是以投资者利益最大化为目标,均衡其他参与者利益关系的基础上形成的。可以说,在公司制度框架内,以股东为主,每一个参与者都有自身的利益诉求,某种意义上公司就是相关者追逐利益的结合体。所以在公司内部,利己主义倾向严重,容易发生一部分相关者以牺牲他人利益来满足自己利益的情况。在对外关系上,损害债权人、消费者等的利益来追逐利益的情况也经常出现。不仅如此,在股权实现了有价证券化的股份有限公司的情况下,股东也分化为企业家股东、投资股东、投机股东、大股东、小股东以及普通股东、优先股东等等。这种情况不仅很容易导致不同利益群股东之间利益的冲突,损害弱势股东群的利益,更有甚者股份有限公司内含引诱投资冲动的因素,容易导致泡沫经济现象的出现,成为整个社会经济恐慌和危机的根源。

但综合看,公司制度的积极效应远大于公司制度的弊端,公司制度不仅在过去和现在,

---

① 详见〔韩〕李哲松:《韩国公司法》,吴日焕译,第49—56页。

而且在将来无疑是市场经济社会中最具代表性的企业组织形式。① 所以,在积极保护公司制度正面效应的同时,要不断克服和抑制公司制度的上述弊端。在法治社会的背景下,这些都应通过以公司法为主的法律制度体系去完成。正如德国著名法学家 Norber Reich 所明确指出的那样,"如果没有立法者在努力支持和促进股份有限公司的设立带给社会的效用的同时,尽力阻止股份有限公司的设立所带来的滥用及其弊端这两方面的努力,股份有限公司法的创立和发展是无法想象的。效用与滥用之间的这种紧张关系正是股份有限公司法必须考虑的根本性问题,对此的深入探究才是法史的重要研究课题"。②

**【司法考试真题】**③

**1-1** 下列关于公司分类的哪一种表述是错误的?(　　)(2006 年)

A. 一人公司是典型的人合公司

B. 上市公司是典型的资合公司

C. 非上市股份公司是资合为主兼具人合性质的公司

D. 有限责任公司是以人合为主兼具资合性质的公司

**1-2** 张某打算自己投资设立一企业从事商贸业务,下列哪一选项是错误的?(　　)(2007 年)

A. 张某可以设立一个一人有限责任公司从事商贸业务

B. 张某可以设立一个个人独资企业从事商贸业务

C. 如果张某设立独资个人企业,则该企业不能再入伙普通合伙企业

D. 如果张某设立一人有限责任公司,则该公司可以再入伙普通合伙企业

**1-3** 下列所作的各种关于公司分类中,哪一种是以公司的信用基础为标准的分类?(　　)(2008 年)

A. 总公司与分公司　　　　　　　　B. 母公司与子公司

C. 人合公司与资合公司　　　　　　D. 封闭式公司与开放式公司

**1-4** 甲公司出资 20 万元、乙公司出资 10 万元共同设立丙有限责任公司。丁公司系甲公司的子公司。在丙公司经营过程中,甲公司多次利用其股东地位通过公司决议让丙公司以高于市场同等水平的价格从丁公司进货,致使丙公司产品因成本过高而严重滞销,造成公司亏损。下列哪一选项是正确的?(　　)(2008 年)

A. 丁公司应当对丙公司承担赔偿责任

B. 甲公司应当对乙公司承担赔偿责任

C. 甲公司应当对丙公司承担赔偿责任

D. 丁公司、甲公司共同对丙公司承担赔偿责任

**1-5** 关于有限责任公司和股份有限公司,下列哪些表述是正确的?(　　)(2009 年)

A. 有限责任公司体现更多的人合性,股份有限公司体现更多的资合性

---

① 〔日〕北沢正啓:《会社法》,第 6 页。

② 转引自〔日〕森淳二郎、上村達男编:『会社法における主要論点の評価』,中央经济社 2006 年,第 23 页注 13。

③ 本书选用的 2005 年以前的"司法考试真题",引自王建文:《商法教程》(第二版,中国人民大学出版社 2013 年版)一书,2005 年以后的,引自中国政法大学出版社发行的《国家司法考试 2005～2015 年真题分年详解》(全十册)等,特此说明。

B. 有限责任公司具有更多的强制性规范，股份有限公司通过公司章程享有更多的意思自治

C. 有限责任公司和股份有限公司的注册资本都可以在公司成立后分期缴纳，但发起设立的股份有限公司除外

D. 有限责任公司和股份有限公司的股东在例外情况下都有可能对公司债务承担连带责任

# 第二章

# 公司法概述

从公司与公司法的关系看,实践意义上的公司的出现和发展,无疑促成了公司法制的诞生和成长,但公司本身之所以又能在符合人类价值判断的制度[①]框架内发展壮大,不得不说是公司法诞生和不断发展完善的结果。二者是互为表里、相得益彰、相辅相成的辩证关系。

## 第一节 公司法的概念与特征

### 一、公司法的概念

简单说,公司法是指规定公司组织和行为的法律规范的总称。具体而言,公司法是指规定公司的设立、组织、治理、活动、消灭等本身以及由此产生的内外关系的法律规范的总称。

对这种意义上的公司法,可进行广义和狭义、实质意义和形式意义上的理解。广义的公司法也就是实质意义上的公司法,是指有关公司的所有法律规范的总称,不仅表现在各种制定法中,还广泛表现在判例、司法解释以及习惯和法理中。从具体法规而言,除了公司法,还包括民法、证券法、保险法、商事登记法等诸多法规中有关公司的法律规范。狭义的公司法也就是形式意义上的公司法,简单说就是指以"公司法"命名的公司法典或公司法,《中华人民共和国公司法》就是我国形式意义上的公司法。

对于公司法的概念含义,还可从公司法的调整对象加以理解。从调整对象看,公司法就是"调整公司在设立、组织、活动和解散过程中所发生的社会关系的法律规范的总称"。[②] 围绕公司所形成的这种社会关系又可分为公司的内部关系和外部关系。前者主要指公司发起人、股东以及公司内部组织机构等相互之间的关系,后者主要指公司与政府管理部门、交易相对人等外部机构和当事人之间的关系。本质上这些关系都表现为围绕公司的各机构以及当事人之间形成的财产关系、监管关系或者人身关系。[③]

---

[①] 对于"制度"一词,《辞海》的解释是:一是要求成员共同遵守的、按一定程序办事的规程;二是在一定历史条件下形成的政治、经济、文化等各方面的体系,如社会主义制度、资本主义制度;三是旧指政治上的规模法度。见《辞海》(缩印本),上海辞书出版社1979年版,第185页。需要说明的是,当法治文明发展成为社会的主流价值取向时,这种规程和社会宏观方面的体系,其主要内容应该来自于法的规范。也就是说大多应该具有法律制度的性质,制度就成了从人们行为所遵守的规程到社会各大体系由法律所规定的规范的体系或系统。当然,在任何时候,制度的含义要大于法律制度的含义,但后者应该是法治社会的主流。

[②] 范健:《商法》,第97页。

[③] 参见朱炎生:《公司法》,第12页。

从性质看,公司法是私法,是商事法。主要功能在于确立和规范公司这一主要的商事主体,所以,公司法应该是商事法中的商事组织法或曰商事主体法。

### 二、公司法的特征

公司法的特征,在我国公司法学者的语境中有不同表述,有的将其称为公司法的性质,有的将其称为公司法的特性,更多的学者还是使用了公司法的特征一词。[①] 其实,有关公司法性质、特性或特征的论述,旨在明确公司法作为一种部门法所具有的能够区别于其他部门的最显著特点,这些特点肯定是公司法内在本质属性的外在表现而已。所以,可能使用公司法的特征一词更为合适。

与其他部门法相比,公司法是具有如下显著特征的部门法:

(一)公司法是兼具公法性特点的私法

将法律划分为公法和私法,是大陆法系国家常见的法律基本分类。简单说,公法就是调整公共主体或者与公共主体有关的社会关系的法律,而私法则是调整平等民商事主体之间所形成的社会关系的法律。从这个意义上看,公司法首先是私法。因为,公司法是商法的核心内容,而商法是典型的有关平等商人之间关系的私法,公司法自然就是私法。再从公司法的职责和制度内容看,公司法主要是规范公司这一典型的商事主体的法律,并且许多制度体现了公司及股东的意思自治,对公司股东等实施平等保护。另外,公司法的众多制度充分体现了私法最基本的原则,即意思自治原则。比如,公司法充分保证了主体自由设立公司、自由确定经营范围、自由开展经营活动,以及自由解散公司、股东原则上可自由转让股份、有关公司的诸多事项公司可通过章程自由决定等,体现了私法意思自治原则。我国公司法,尤其是经过2005年大修改、2013年部分制度修改的我国现行公司法,更是充分体现了私法特点,正如学者所言,"2005年《公司法》已充分考虑了公司法的私法属性,赋予了较多的公司和股东的自主权,尤其是对有限责任公司的管制放松极为明显"。[②]

但随着市场经济的深入发展,社会本位和公共利益观念的增强,国家对私法关系从以往的放任主义态度转变为积极的干预主义态度,从而使包括公司法在内的许多私法同时具有了公法性特点。加之公司等商事主体所开展的交易活动本身存在滥用职权、追逐利益以及损害普通消费者利益等的弊端和风险,也需要公权力的监督管理。这些因素都增强了公司法的公法性,表现在公司法中存在诸多强制性规范以及公法性规范。比如、公司类型、章程绝对记载事项、公司设立条件和程序、公司主要机关、财务报告等实现了强制性规范的法定化,而且还规定了相关主体的行政责任乃至刑事责任。当然,公司法的这些公法性规范始终处在为平等商事主体的公司能够意思自治地进行公平且安全交易提供保障和服务的地位上,不能从根本上改变公司法的私法属性。所以,公司法是兼具公法特点的私法。

需要注意的是,也有不少公司法教材将强制性规范和任意性规范的结合认定为公司法

---

[①] 有学者对我国公司法学者选用性质、特征或兼用二者的情况,以及学者们列举公司法性质或特征的观点进行了较详尽介绍,值得深入学习。见范健、王建文:《公司法》,第46页以下。

[②] 范健、王建文:《公司法》,第49页。还有学者从我国现行公司法如何弘扬公司自治、突出公司章程的地位和作用、公司经营范围选定弹性化以及可自由承包经营等方面,分析了公司法的自治特征,从而得出了现行公司法是"鼓励公司自治的市场型公司法"的结论。详见刘俊海:《新公司法的制度创新:立法争点与解释难点》,法律出版社2006年版,第二章的内容。

的一大特征。其实,公司法的强制性规范大致体现的就是公司法的公法性,而任意性规范更多地表达了公司法的私法属性,二者具有某种意义的一致性,不必分开去说。

 **比较法知识2—1**

### 德国公司法学者对公司法概念边界的界定

德国公司学者从公司法的私法性质、有关调整对象所有具有的人的团体性以及进入该团体中的人们的共同目的性等方面,将公司法明确界定为"公司法是为实现一定的共同目的而由法律行为设立的私法上的人的联合体法"。在该总括性定义之下,德国学者尤其关注了公司法的如下两大特性。一是作为私法的公司法与其他私法不同,它不是以保护和满足"单个人的个人利益"为目的,而是调整"多个人的共同利益"。所以,这种意义上的公司法必然要关注以私法上的合同为基础的针对特定目的的团体内人们之间的共同协作关系及其协作效果。从这一点上看,"公司法是私法上的合作法"。二是正是为了这种共同协作的长期性和有效性,必须要有共同协作的程序规则、行为规则以及职权划分。这就要求公司法须对私人联合的内部关系和外部关系进行规范,即须明确成员相互之间的及其与公司本身之间的法律关系,以及相对于第三人,特别是公司债权人的法律地位。"就这一点而言,公司法是组织法"。

对公司法的含义边界所作的上述界定,不因法律认可"一人公司"而受到影响。因为,尽管"一人公司"不是人的共同体,但它仍属于公司法调整的范畴,只不过公司法允许特别的利益载体继续利用公司法上的团体法人组织形式而已。另外,"企业法"概念不仅因为它往往会忽视那些不是追求企业目的的公司形式的存在,而且把那些不是公司形式的企业载体也会纳入其中。所以,"企业法的关注角度是不同的""它与公司法有众多交叉,但不重叠"。

从德国法的规定看,广义上的公司,不仅有《德国商法》所规定的无限公司、两合公司、隐名公司以及海运合作公司,《德国股份法》所规定的股份有限公司、股份两合公司以及由《德国有限责任公司法》所规定的有限责任公司等,还有《德国民法》所规定的社团和合伙组织。不管是哪种形式的公司,都是私法上的团体,而且都以法律行为所创设。公司的这一特征,不仅将公司与公法上的团体,如国家、乡镇、教会等加以区别,而且也能很好地与那些不是基于法律行为而设立的团体,比如家庭法上的共同体、遗产共同体等加以区别。

以私法上的合作法和组织法来界定公司法时,还应该注意公司法与民法、商法、会计法、卡特尔法和竞争法、劳动法以及破产法之间的关系。简单说,公司法经常与这些法律领域"非常紧密地交织在一起"。①

(二) 公司法是兼具行为法内容的组织法

将法律分为组织法和行为法,也是法律的一种基本分类。组织法,也称为主体法,简单说是指规定某种社会主体或组织体设立、变更、运行、消灭以及内部组织机构、成员的权利、

---

① 有关上述公司法概念边界界定的详细分析,见〔德〕格茨·怀可等:《德国公司法》,殷盛译,第3—11页。

义务等的法律,宗旨在于确立某种主体,并保证该主体或组织体正常运转以及按程序退出社会。而行为法,也称为活动法,简单说是指规范和约束主体或组织体行为或活动的法律,宗旨在于保障行为公平正义,利于社会正常秩序。从这个意义上说,公司法是典型的组织法或市场主体法,因为公司法就是旨在创立公司这一市场最主要的商事主体,并保障其正常运行以及有序退出市场的基本法。为此,公司法不仅规定了公司设立制度、公司内部组织机构制度、公司存在基本条件的资本制度、以财务会计制度为代表的诸多管理制度、公司重大事项变更制度,以及公司有序退出市场的解散与清算制度等,而且还对公司成员等的权利、义务以及相互间的关系等作了系统规定。这些制度内容都与公司作为一种组织体的产生、运行以及消灭密切相关。所以,从组织法和行为法的角度看,公司法首先是组织法。但公司作为典型的商事主体,必然要从事以营利为目的的经营活动,这些经营活动或经营行为的大部分会由专门的商行为法规范,而有一些与公司组织的运行密切相关的行为,比如,公司股票、债券的发行与交易行为、股东转让股份的行为等,多数情况下都由公司法作出规定。所以,公司法又具有了某些行为法的性质,成了兼具行为法内容的组织法。

（三）公司法是兼具程序法内容的实体法

在法律的分类中,法律还可划分为实体法和程序法。简单说,实体法就是规定主体权利和义务的法律,而程序法就是规定保证这些权利和义务得以实现的步骤、方法等的法律。比如,宪法、民法、刑法等是典型的实体法,而行政诉讼法、民事诉讼法和刑事诉讼法等就是典型的程序法。从这种意义上看,公司法主要通过设立制度、资本制度、内部组织机构制度、重大事项变更制度以及解散与清算制度等,明确规定了与这些制度相关主体的权利、义务以及责任,所以,在本质上公司法首先是权利义务法,即实体法。但为了保障公司及参与者权利、义务以及责任的实现和落实,也同时规定了相关程序。比如,公司法有关公司设立的程序、公司机关运行程序、重大事项变更程序以及公司解散与清算程序等的规定,就属于程序法的内容。但需明确,围绕公司的大量程序性问题,仍然由专门的程序法,如民事诉讼法等作出规定,公司法仅限于与公司组织体运行密切联系的部分程序作出基本规定。所以,从实体法和程序法的关系看,公司法当然属于实体法,只是包括部分程序法内容,是兼具程序法内容的实体法。

（四）公司法是具有国际性特点的国内法

将法律划分为国内法与国际法也是对法律的一种基本分类。所谓国内法,是指由一国的立法机关制定或认可并适用于本国主权范围内的法律,而国际法,是指作为国际关系主体的国家、地区或国际组织之间缔结或参加并在缔结者或参加者的国家、地区范围内适用的法律。[①] 从这种意义上看,各国的公司法都是由各国立法机关制定,并在本国境内适用的法律,我国公司法也不例外。所以,从国内法与国际法的关系看,公司法毫无疑问是国内法,是一国有关商事主体最重要的法律之一。但是,公司法又是商法中直接有关商人的法律。以商人为基本支撑的市场经济天然具有跨地域、跨国界、超越民族文化限制而逐步趋于统一的本

---

① 张文显:《法理学》,第 58 页。

质属性。① 特别是自20世纪以来，随着世界经济全球化进程的加快，世界商事一体化和国际统一大市场的形成，必然促使商法规范，尤其是其中的公司法在全球范围内高度趋同化，具有日益显著的国际性特征。比如，各国公司法"关于公司概念、类型、资本制度、组织机构及其职权、股份与债券的发行、解散与清算等内容都大同小异并日益趋同"②，所以，从结论而言，公司法是具有国际性特点的国内法。

（五）公司法是技术性和进步性特征非常显著的法律

法律的技术性是相对于法律的伦理性或理性而言的，主要指的是法律所具有的其规定直接、具体，对这种规定的理解和应用，与其只需要一般社会常识的伦理性或理性规定相比，需要相应的专业知识能力的一种特性。与民法、商法等相比，公司法是具有显著技术性特点的法律，因为公司法的诸多规范，比如有关设立程序、资本构成与变动、股份与债券发行和交易、财务会计，以及解散与清算等的规定，对其理解和判断需要相应的专业知识能力。

法律的进步性是相对于法律不易随时变动的稳定性而言的，主要指法律所具有的根据调整对象的千变万化而随时需要变动，而且这种变动对更大的法律系统乃至整个法律体系具有引领作用的一种特性。与民法，尤其是其中的亲属继承法以及商法总则制度等相比，公司法由于其调整对象，即公司制度的千变万化而不断发生变动，且这种变动对民商法制度的进步和现代化产生积极影响。公司法的这种发展进步性主要表现在整个民商事法律中，公司法是修改变动最频繁，制度变化最激烈的法律。就我国1993年颁布的公司法而言，至今已经历了1999年、2004年、2005年以及2013年等四次修改，恐怕是在全部法律中发展变化最大的法律之一。而且公司法不断放宽管制、强化公司及股东自治、扩大主体自由选择空间、完善公司治理机制以及与国际先进制度接轨等的所谓现代化发展势头，对民商事法律制度乃至整个法律制度体系的现代化产生了积极推动作用。所以，公司法还是发展、进步性特征十分显著的法律。

# 第二节　公司法的地位与立法体例

公司法的地位反映的是公司法在整个法律体系，尤其在民商事以及经济法律体系中的位置和隶属关系。这种意义上的公司法的地位，既要通过与邻近法律以及相关法律之间的关系去把握，还有必要了解公司法的立法体例。

**一、公司法的地位**

对于公司法在法律体系中的地位问题，在我国存在不同的认识。多数观点认为，公司法是商法的重要组成部分，如果实行单行法立法体制，公司法就是商法的特别法。但也有观点

---

① 对于市场经济的这种自发性扩展本质，马克思曾非常形象地描述道："资产阶级，由于开拓了世界市场，使一切国家的生产和消费都成了世界性的了。使反动派大为惋惜的是，资产阶级挖掉了工业脚下的民族基础。古老的民族工业被消灭了，并且每天都还在被消灭。他们被新的工业排挤掉了，新的工业的建立已经成为一切文明民族的生命攸关的问题；这些工业所加工的，已经不是本地的原料，而是来自极其遥远的地区的原料；它们的产品不仅供本国消费，而且同时供世界各地消费。旧的、靠本国产品来满足的需要，被新的、要靠极其遥远的国家和地带的产品来满足的需要所代替了"。见《马克思恩格斯选集》（第一卷），人民出版社1995年版，第276页。
② 范健、王建文：《公司法》，第52页。

认为,公司法是民法的特别法,这在没有商法典,公司法作为单行法存在的国家尤为明显。再从商法本身又是民法的特别法的关系看,公司法更是民法的特别法。还有的观点主张,公司法应该属于经济法,是经济法有关企业的法律制度体系的一种。① 由此可见,要正确理解公司法的地位,需要关注公司法与这些邻近法律,如商法、民法、经济法、企业法等法律之间的关系。此外,公司法多处涉及当事人的刑事责任,所以也有关注与刑法关系的必要。

### (一) 公司法与商法

在错综复杂的法律体系中,公司法与商法关系最密切,在大陆法系国家传统的法律体系中,公司法本来就是商法的重要组成部分,二者是一般法与特别法的关系,也是一种哲学上的种属关系。② 但二者也存在明显的功能区分。商法是有关商人和商行为的规范体系,不仅包括有关商人,即商个人和商法人的丰富制度内容,还包括大量有关商行为,比如商事买卖、运输、保管、仓储以及商事中介行为的法律制度内容,是商事组织法和商事行为法的结合。而公司法尽管也包括一些行为法的内容,但在本质上是典型的商事组织法,而且仅限于商法人这一重要商事主体,担当商事组织法功能。此外,从实质意义上的商法内容看,有关保险、证券、票据、破产以及海商等的商事法律制度都是商法的组成部分,"公司法是其中基本的组成部分"。③

### (二) 公司法与民法

公司法和民法都为私法,是民商事法律体系中的重要法律,二者关系十分密切,通过商法,尤其是实质意义上的商法的中介,二者同样是一般法与特别法的关系。简单说,民法是调整一般民事主体之间财产关系和人身关系的基本法律,而公司法则是仅调整民事主体中的特殊主体即公司的基本法律。民法的许多制度和原则对于公司都是适用的。比如,民法有关民事权利能力和行为能力、法人、物权、债权以及委托、代理等的规定,不仅同样适用于公司,而且构成了公司法的基础制度。而公司法的许多制度就是对民法制度的进一步具体化和延伸。比如,公司法上的公司法人制度就是对民法一般法人制度的具体化,公司法上的股权制度就是对民法财产所有权制度的具体化,公司法所规定的董事等经营者的勤勉义务就源自于民法上的委托代理制度等,二者相辅相成,相得益彰。

但公司法与民法之间的区别也是明显的。民法作为民事关系的一般法,围绕财产关系和人身关系适用于所有民事主体,适用范围较广,而公司法仅适用于公司这一特殊的民事主体,适用范围有限。另外,民法作为民事关系的一般法,注重的是主体的平等和自由,而公司法作为商事组织法,除了保证公司这种商人的平等和自由外,更关注公司的营利性,因而营利性原则成了公司法的最主要原则。

### (三) 公司法与经济法

公司法与经济法的关系,也是商法学者和经济法学者经常讨论的问题。简单说,经济法是国家宏观调控和管理经济的法律体系,主要包括反垄断法、反不正当竞争法以及消费者权益保护法等。从调整对象以及国家意志的体现等方面看,二者具有某些共同性。比如,二者

---

① 范健、王建文:《公司法》,第 72 页。
② 有些教科书在分析公司法的地位时,还分析了公司法与证券法、破产法等的关系。见朱炎生:《公司法》,第 16—17 页。其实,只要了解了与商法的关系,再无必要论及与这些法律的关系。
③ 赵旭东:《商法学》,第 163 页。

都是与公司企业的经济活动有关的法律,公司法也包括大量体现国家意志的强制性规范而具有一定的公法性等。但公司法与经济法的区别也是明显的,不能混为一谈,以此明确公司法在法律体系中应有的地位。简单说,经济法属于公法范畴,是典型的公法。而公司法尽管具有一定的公法性,但在本质上属于私法。具体而言,首先,二者的调整对象范围有很大不同。公司法仅以公司及其成员基于营利性行为所形成的商事关系为调整对象,而经济法以国家适度干预企业经济活动所形成的调控关系为调整对象。其次,二者所使用的调解机制或方法也很不相同。公司法使用的是营利性调节机制,保证公司合法营利,而经济法使用的则是国家适度干预的调节机制,保证国家能够适度干预主体的市场行为。最后,二者的价值目标也完全不同。公司法以有效保护公司及其成员等个体的合法权益为价值目标,而经济法以实现社会公共利益和维护市场竞争秩序为价值目标。

(四) 公司法与企业法

对公司法与企业法关系的把握,应从理解公司与企业的关系开始。一般意义上讲,企业就是有计划、反复地开展以营利为目的的经营活动的经济实体。[1] 这种意义上的企业大致可分为两大类。一类是个人企业,另一类是由多个投资者共同投资组成的合作性企业。后者又可分为合伙企业与公司制企业。公司制企业在我国只有有限责任公司和股份有限公司两种,在其他国家除这两种形式外还有无限公司、两合公司、合同公司等多种形式的公司。可见,公司只是企业的一种组织形式,二者属于种属关系。有关企业公司的立法,在法治发达国家,尤其是成文法制度较发达的大陆法系国家,企业等同于商人,有关企业的立法都被纳入商法,不仅规定了商个人(个人企业),而且重点对公司作出系统制度安排。所以,"在立法体例上,世界上没有一个国家曾经制定过统一命名为'企业法'的法律,在多数国家和地区的立法和实践中'企业法'这一术语也不存在"。"关于企业的立法主要是关于商主体的立法。"[2]可见,公司法与企业法都是有关商主体的法律,公司法仅是对其中的商法人进行规定的法律,二者紧密相连,企业法系统包括了公司法。但公司法是一部具体的法律,相应的"公司"就是法律概念,而企业法泛指一切有关企业即商主体的法律,在一般意义上并不指一部具体的法律,所以相应的"企业"也就不是法律概念,多数情况下是经济学或管理学上的概念。

在我国,由于受计划经济时代单一公有制企业体制的影响,改革开放以后的企业立法,坚持了企业和公司并行立法的体制,形成了由多部以"企业法"命名的法律,并与公司法一道构成了比较独特的企业法律体系。该体系除了公司法外,还包括国有企业法、集体所有制企业法、个人独资企业法、合伙企业法以及外商投资企业法(即"三资企业法")等。对于公司法与其他企业法的适用关系,凡依照公司法设立的企业(公司),都由公司法调整,其他企业法调整公司以外的企业。[3]

(五) 公司法与刑法

本来,公司法与刑法,从立法目的以及法律性质而言,公司法是典型的私法,而刑法是公

---

[1] 《辞海》对企业概念给出的定义是,"从事生产、流通或服务性活动的独立核算的经济单位"。尽管强调了企业的独立性和经济性,但对企业的营利性以及业务的计划性、反复性等重要特征关注不够。见《辞海》(缩印本),上海辞书出版社1980年版,第319页。

[2] 范健、王建文:《公司法》,第74页。

[3] 对此,有学者指出,"此后,凡是符合《公司法》规定的条件,依《公司法》规定的程序设立的企业,无论其所有制性质如何,都归公司法调整。其他企业法只调整有限责任公司和股份有限公司以外的企业"。赵旭东:《商法学》,第164页。

法的典型代表。前者规范和调整以营利为目的的商事关系,后者是规定犯罪及其刑罚的法律,二者关系相去甚远,似乎不值得关注。但是,公司是商主体中最具营利性特征的商主体,为追逐利益不时实施犯罪行为,且具有不同于其他主体犯罪的特殊性。所以,许多国家的公司法都规定了有关公司犯罪的条款,这些条款构成了刑法的特别法①,而且以此在公司法与刑法之间形成了相互协调、相互补充的关系。在我国的公司法中,尽管未直接而具体地规定有关公司犯罪的罪名及其量刑标准等,但同样考虑了与刑法之间的衔接关系,明确了公司法与刑法的连接点,确立了二者相互协调、相互补充的关系,共同构建了防止和惩处公司特殊犯罪行为的刑事法规范体系。

为此,《公司法》第 215 条明确规定,"违反本法规定,构成犯罪的,依法追究刑事责任"。我国《刑法》分则所规定的大量罪名中,不少与公司企业的特殊犯罪有关。其中,分则第 3 章(破坏社会主义市场经济秩序罪)第 1 节"生产、销售伪劣商品罪",第 3 节"妨害对公司、企业的管理秩序罪"所规定的犯罪,几乎都与公司等商事主体有关。比如,《刑法》第 158 条第 1 款规定,"申请公司登记使用虚假证明文件或者采取其他欺诈手段虚报注册资本,欺骗公司登记主管部门,取得公司登记,虚报注册资本数额巨大、后果严重或者有其他严重情节的,处三年以下有期徒刑或者拘役,并处或者单处虚报注册资本金额百分之一以上百分之五以下罚金。"其第 163 条第 1 款规定,"公司、企业或者其他单位的工作人员利用职务上的便利,索取他人财物或者非法收受他人财物,为他人谋取利益,数额较大的,处五年以下有期徒刑或者拘役;数额巨大的,处五年以上有期徒刑,可以并处没收财产。"

## 二、公司法的立法体例

### (一) 立法体例的含义

立法体例也叫做立法模式,多指形式意义上的法律的外在表现形式或者外在存在形式,实质上主要解决的是处在特别法地位上的法律与一般法之间在外在表现形式方面的关系,或者作为一般法的组成部分而存在,或者在一般法之外单独存在,或者在没有形式意义上的一般法的情况下作为完全独立的单行法而存在。一部法律的立法体例在某种意义上反映的是该部法律在整个法律体系中的地位,其立法体例,即外在表现形式的变化同样能够从中看到该部法律的重要性及其社会作用。由此可见,公司法的立法体例或立法模式指的就是作为形式意义上的公司法的外在表现形式,其本质在于如何处理与作为公司法的一般法的商法乃至民法在外在表现形式上的关系,从这种外在表现形式关系的确立及其变迁中,可以窥见公司法的法律地位及其社会作用。

### (二) 公司法立法体例的多样性

从实质意义上的法律关系来看,公司法是商法的组成部分,不管其立法体例即外在的表现形式如何,公司法必定是商法的特别法,更是民法的特别法,只要是有关公司的事项,首先要适用作为特别法的公司法,公司法没有规定的适用商法,商法也没有规定的适用民法。但

---

① 比如,《日本公司法》就明确规定了公司发起人、董事以及业务执行官等的"特别渎职罪、危害公司财产罪;使用虚假文书罪、合谋罪、股份超额发行罪、行贿受贿罪、股东行使权利权益提供罪、违反停业命令罪以及虚假申报罪等,详见该法 960、963—967、970、973、974 条等的规定。举一例而言,该法第 960 条规定,公司发起人、设立时的董事或者监事等(列举了 14 种人),以为自己或者第三人谋取利益或损害股份有限公司为目的,实施渎职行为给该公司造成财产损失的,处 10 年以下有期徒刑或 1000 万日元罚金,或二者并处。

从形式意义上的法律关系而言,公司法的外在表现形式,即立法体例,因各国立法传统以及民商事法律关系沿革历史的不同等,表现出明显的多样性,存在不同类型的立法体例,可大致作如下归类:

1. 商法典模式

在这种模式下,公司法被作为商法典的一部分编入商法典中,或作为其中的一编或者作为其中的一章等。采用这种立法模式的大多是实行"民商分立"体制的大陆法系国家,如西班牙、葡萄牙以及我国的澳门地区等,日本以及韩国等在很长时期也基本上坚持这种立法模式。① 这种立法模式的特点,一是一般公司法在外在表现形式方面不独立存在,而是作为商法典的一部分而存在,在形式方面与商法典是整体与部分的关系;二是公司法制度的任何变动都通过商法典的变动实现,公司法制度的修改完善与商法典的修改、变动是同步的。比如,日本 2005 年前多达几十次的公司法制度修改完善都是通过修改商法实现的。

2. 商法典和单行法相结合的模式

在这种模式下,本国所认可的大多公司组织形式仍然由商法典规定,换言之,普通公司法编入商法典,对于一些特种公司在商法典之外制定单行法,让其以单行法方式存在。或者随着公司组织体地位的提升,社会作用的突显,将以前规定在商法典中的某些公司组织形式从商法典中拿出,制定专门的单行法,以更加丰富的条款规范这些公司组织体。这种立法模式由实行"民商分立"体制的部分大陆法系国家采用,比如,1899 年颁布的《日本商法典》规定了无限公司、两合公司、股份有限公司等,于 1938 年制定的《有限公司法》以单行法的方式规定了有限责任公司。在 1937 年前,《德国商法典》规定了无限公司、两合公司、股份有限公司以及股份两合公司等,于 1892 年颁布的《有限责任公司法》又以单行法的方式确立了有限责任公司。1937 年德国制定了所谓的《股份法》,以单行法方式专门对股份有限公司和股份两合公司作出规定,《德国商法典》中不再有股份有限公司和股份两合公司。于 1966 年制定了《商事公司法》的法国也存在相同的情况。

这种立法模式的特点,一是部分组织形态的公司实现了单独立法,其制度的修改完善也可独立完成,不受商法典的束缚;二是以单行法方式存在的公司法,在商法典框架外建立了与商法之间的一般法与特别法的关系,丰富了商法的制度内容。

3. 民法典模式

在这种模式下,有关公司的法律规范全部被编入民法典中,公司法是作为民法的组成部分存在的。一般来讲,公司法的这种立法模式由实行了彻底的"民法合一"体制的大陆法系国家所采用,其中,将公司法编入民法典之中的意大利、荷兰以及将公司法编入债务法典中的瑞士最具代表性。由于这些国家不存在形式意义上的商法,所以,公司法就成了民法的直接特别法,无需再坚持公司法无规定的适用商法的规定,商法无规定的适用民法的规定的法律适用原则,而需要坚持的原则是公司法无规定的适用民法的规定。

这种模式的特点,一是彰显了"民商合一"体制的现实性,表达了民法与商法作为私法领域两大基本法的共同性;二是民事主体与商事主体共同存在于民法典的框架范围内,民事法律基本原则与商事法律基本原则的明确划分将存在一定困难。

---

① 参见李建伟:《公司法学》,第 47 页;王保树、崔勤之:《中国公司法原理》,第 5 页。

#### 4. 单行公司法模式

在这种模式下,公司法既不被编入商法典中,也不被编入民法典中,而是被单独制定,即与有无商法典和民法典无关,单独制定独立的公司法,由该公司法调整所有类型的公司。采用这种立法模式的国家大致有以下三类情况:一是英美法系国家,在这些国家中,既不存在大陆法系意义上的民法与商法的划分,也不存在大陆法系意义上的民法典和商法典,但通常都有单行立法的公司法,调整各种类型的公司。如《英国公司法》《美国标准公司法》以及美国各州的《商事公司法》等。二是部分实行"民商合一"体制的大陆法系国家,如瑞典、中国以及我国台湾地区。我国自有正规的公司法以来,一直坚持的是单行公司法立法模式。三是部分实行"民商分立"体制的大陆法系国家,如日本,于 2005 年制定了独立的公司法典,调整本国所有类型的公司,作为商法典组成部分存在了很长时间(1899—2005 年)的公司法,实现了独立存在的立法模式,不再是商法典的组成部分了。

据介绍,采用单行公司法模式的国家在不断增加,突显了公司法的重要性和自成体系的发展趋势。① 这种模式的特点,一是公司法的外在表现形式完全独立存在,与商法典以及民法典无关,并且公司法制度的修改完善也完全独立进行,不受商法以及民法的影响;二是突显了公司法的重要性,代表了公司法立法体例的发展趋势。

### 比较法知识2-2

### 日本公司法立法体例的历史变迁

如上述,公司法的立法体例也叫公司法立法模式,主要指的是一国形式意义上的公司法的外在表现形式,并且综观各国公司法的立法体例,大致有商法模式、商法和单行法相结合的模式、民法模式以及单行公司法模式等。从这个意义上看日本公司法立法体例的历史变迁,可以说,从 1867 年的明治维新以来,日本公司法立法体例经历了商法模式、商法和单行法相结合的模式以及单行公司法模式的历史演变过程。

在 1867 年的明治维新以前,日本也同中国漫长的封建社会相同,因商品经济不发达几乎不存在现代意义的公司制度。日本的公司制度从明治维新开始从欧洲引进。但起初并没有制定一般意义上的公司法,政府只是针对大多由官方举办的一些特殊公司制定相应的单行条例,比如从 1872 年起陆续制定颁布了《日本银行条例》《国立银行条例》《私设铁道条例》等。当时也有一部分公司并无相应的政府条例而是在政府的特别许可下所设立的。

日本公司法实现社会化,最早制定适用于所有公司的一般公司法走的是商法模式,即在商法中规定公司类型及其相应制度。日本这一公司法立法体例首先表现在 1893 年(明治二十六年)公布的所谓"旧商法"中。该法在第一编"商法之通则"中专设"商事公司以及统一决算商事合伙"一章(第 6 章),对无限公司、两合公司以及股份有限公司三类公司作出了制度安排。但当时的日本明治政府很快停止了"旧商法"的施行,于 1899 年(明治 32 年)颁布

---

① 有学者明确指出,"目前,多数国家(地区)公司立法采公司法典模式。有的国家废止其他模式来改采这一模式,如法国、日本、韩国;这表明越来越多的公司法在形式上脱离了商法典、民法典而自成一体,可能从一个侧面反映了公司法日益受到重视与独立化的发展趋势"。李建伟:《公司法学》,第 47 页。另参见朱炎生:《公司法》,第 15 页。

了所谓的"新商法",也就是现行《日本商法》,该法仍然坚持公司法立法体例的商法模式,其第二编为公司,对无限公司、两合公司、股份有限公司以及股份两合公司四类公司作出了全面的制度安排。

日本上述的商法模式的公司法立法体例一直坚持到了1938年,该年日本仿照《德国有限责任公司法》制定颁布了《有限公司法》,由该法在《商法》之外对有限责任公司制度作出了全面安排,由此日本的公司法立法走上了商法和单行法相结合的立法模式,其公司类型除了《商法》规定的上述四种公司外,又有了由《有限公司法》所规定的有限责任公司。但在进行1950年《商法》大修改时,因投资兴业者都不太愿意选择其结构较为复杂的"股份两合公司"形式,故此次修改从商法中删除了该类公司。

众所周知的是2005年日本以实现公司法制现代化为目标,将《商法》中的第二编公司部分和《有限公司法》以及《商法特例法》等整合为一体,制定颁布了其条文多达979条的独立的《公司法典》,同时删除了《商法》第二编公司部分,废止了《有限公司法》以及《商法特例法》等,彻底走上了公司法立法的单行公司法模式,实现了公司法立法体例的重大历史变革。日本新《公司法典》在股份有限公司外,在第三编"份额公司"名下规定了无限公司、两合公司以及合同公司(即特殊有限责任公司)三类公司,共对四类公司制度作出了全面安排。[①]

## 第三节　公司法的产生和发展

公司是企业的一种,但公司尤其是其中的有限责任公司和股份有限公司,凭借法人格制度、有限责任制度以及股权的证券化等优越制度,成了众多企业形式中最具发展优势和潜力的企业组织形式。但公司制度所具有的这些优越性与公司法尤其是近现代公司法的形成和发展密切相关。

**一、西方主要国家近现代公司法的形成**

在西方,率先通过资产阶级革命建立了资产阶级政权的法国、德国、英国,通过1779年的独立战争走向新型资产阶级国家发展道路的美国,以及在亚洲通过明治维新率先走上资本主义道路的日本,迅速顺应了新型资产阶级对不断完善公司制度的社会需求,通过各自的立法过程,伴随着整个19世纪资本主义经济的迅猛发展,完成了确立近现代公司法的历史任务。

(一)法国

一般认为,最早从一般法的角度对公司尤其是股份有限公司做了较系统规制的是1807年颁布的法国商法典。[②] 尽管对公司设立尤其是股份有限公司的设立坚持的仍然是行政许可主义,但毫无疑问开辟了近现代公司法的先河,对其后主要国家特别是大陆法系国家的近现代公司法的形成产生了重要影响。该法典不仅规定了无限公司、两合公司以及股份有限

---

① 有关日本公司法立法体例的历史变迁情况,详见〔日〕北泽正啓:《会社法》,第7—9、第51—52页;〔日〕田中誠二:《会社法详论》,第15—17页;〔日〕前田庸:《公司法入门》,王作全译,第3—6页等。

② 见〔日〕北泽正啓:《会社法》,第51页;〔日〕大隅健一郎:《新版株式会社法变迁论》,第48页等。

公司等多种公司组织形式,而且尽管条款内容简单,但确立了作为股份有限公司最基本特征的股东有限责任原则和股份自由转让原则,还对公司由受任者经营管理作出了规定,充分发挥了近现代公司法诞生过程中的先河之功。①

法国商法典的诞生,无疑极大地促进了公司制度在法国的发展。但是,对于其中最重要的股份有限公司而言,一方面因商法典对股份有限公司严格而对股份两合公司宽大的不同态度,导致了规避法律、名为股份两合公司实为股份有限公司滥立的现象。另一方面早已采取公司设立准则主义原则的英国对法国的商事活动形成了明显的威胁。所以,为了从根本上解决问题,促进公司尤其是股份有限公司的发展,法国又于1867年颁布了《法国公司法》。

该法不仅彻底废除了行政许可主义的设立原则,第一次采用了准则设立原则,而且在诸多方面克服了《法国商法典》有关公司尤其是股份有限公司的不足,在法国公司发展史上第一次对公司的现物出资以及股东的特别利益、临时股东大会以及其决议要件、股东在行使表决权前对财产目录以及资产负债表、股东名册的查阅、誊写权、以公司财务监督为主要职责的会计监事制度、董事违法或因职责履行的过失对公司以及第三人所要承担的责任、少数股东追究董事等责任的诉讼提起权以及对设立瑕疵引起的公司设立无效和违法的股东大会决议的无效等做了明确规定,在上述《法国商法典》的基础上,实现了公司法律制度的巨大进步,标志着法国近现代公司法的正式形成。②

(二) 德国

长期处于分裂状态的德国直至18世纪中叶,尽管在个别邦国通过国王(皇帝)的特许状也成立了部分公司,但整体而言发展缓慢。与此相适应,自然也不存在全面规制公司尤其是股份有限公司的公司立法。

从18世纪中叶到19世纪初,分裂状态仍在继续。在德意志诸邦国中,长期受法国影响的普鲁士邦国的公司制度及其公司立法得到了较快发展,对整个德国近现代公司法的形成产生了重要影响。特别是1838年普鲁士王国颁布了《铁道事业法》,成了深受法国商法影响的普鲁士邦国的首部股份有限公司法。不仅如此,普鲁士邦国又于1843年制定颁布了《股份公司法》③,尽管仍然坚持了公司设立行政许可主义原则,但已经包括有关公司制度的许多重要内容,其规定的详细周到程度已远远超过了《法国商法典》,并且在实现章程记载事项的法定化以及采取公示原则等方面取得了巨大进步。

到了19世纪中叶,为了解决长期影响德国经济发展的地方分裂问题,德意志诸邦法制统一进程得到加强。就公司法制建设而言,1861年颁布的《普通德意志商法》(德国旧商法),深受《法国商法典》和普鲁士邦国立法的影响,尽管对公司的设立仍然坚持行政许可主义原则,但对公司尤其是公司的诸多基本问题,与法国商法典相比做了更加详尽的规定。正如有学者所言,"与法国商法典相比,取得了实质性进步。可以说,在继续走由《法国商法典》所指明道路的同时,并在此基础上构建了自己固有建筑物的一部法典"。④

---

① 详见〔日〕大隅健一郎:《新版株式社会法变迁论》,第49—51页。
② 所以,对于1867年《法国公司法》,有学者明确指出,该法与德国1884年的《股份修改法》作为近现代股份有限公司立法的重要标志,奠定了欧洲以及拉丁美洲诸国股份有限公司法最重要的基础。详见〔日〕大隅健一郎:《新版株式社会法变迁论》,第55—56页。
③ 有关这方面的详细论述,参见〔日〕大隅健一郎:《新版株式社会法变迁论》,第61页。
④ 详见〔日〕大隅健一郎:《新版株式社会法变迁论》,第63页。

但是,该法典仍具有明显的历史局限性。除了落后的行政许可设立原则外,有关保护股东的规定十分贫乏,监督机构设置的任意性等问题比较突出。为此,德国又于1870年颁布了《第一股份修改法》,不仅废除了顽固的公司设立的行政许可主义原则,而且加强了保护股东、债权人以及公示方面的规定,对旧商法典实现了有益的补充。在此基础上,德国于1884年又颁布了《第二股份修改法》,仍然以修改完善股份有限公司和股份两合公司制度为目的,规定了诸多独具特色的制度。所以,有学者评价说,"该法律与上述的1867年的法国公司法一道构成了近现代股份有限公司立法的标尺。这不仅可从1897年德国商法全面修改时,该法所创制的诸项优秀原则只做了个别变动而被全部继承的事实中看到,还可从之后该法成了各国立法样本的事实中了解到"。[①]

1897年德国对上述的旧商法进行了全面修改,并在全面继承了上述《第二股份修改法》的基础上颁布了新商法典。新商法典,在其第二编商事公司以及隐名合伙的名目下,对无限公司,两合公司、股份有限公司以及股份两合公司等公司形态做了全面规定[②],标志着德国近现代公司法的正式形成。

(三) 日本

日本通过19世纪中后期的明治维新,在亚洲属于最早迅速走上资本主义市场经济发展道路的国家。同时,也是亚洲最早开展商事立法,逐步建立了完整系统公司法律制度,并对周边国家产生了重要影响的国家。

在明治维新以前,日本也是典型的闭关锁国的封建社会体系。由于市场经济不发达,没有对公司制度提出迫切需求。所以,不存在近现代意义上的公司,也没有形成大规模的公司企业制度。明治维新以后,日本在全面学习西方的过程中导入了公司制度,以股份有限公司为代表的公司制度在日本得到了较快发展。从立法层面看,在德国人草案基础上于1893年颁布实施的《日本商法典》即所谓的旧商法,具有重要意义。该法典在编纂体例上以法国商法典为蓝本,在内容上全面吸收《德国商法典》的制度。该法典规定了无限公司、两合公司和股份有限公司三种公司形式,在公司设立上仍采行政许可主义原则,并受当时"旧商法典实施延期论"的影响,只公布实施了其中的一部分。[③]

鉴于此,日本政府在全面修改旧商法的基础上,又于1899年颁布实施了新商法典。新商法不仅在原有的三种公司的基础上增加了股份两合公司,更为重要的是彻底摈弃了行政许可主义的设立原则,采用了通用的准则主义设立原则。从其内容看,新商法充分吸收了发源于欧洲的近现代公司法尤其德国商法的内容,建立了以股东大会中心主义为原则的民主治理机制,各方面规范相当完整,构建了现行公司法的基本框架与内涵,结合1938年颁布的《有限公司法》,标志着日本近现代公司法的正式形成。

(四) 英国

在英国,近现代意义上的股份制企业的形成与发展,在很大程度上与早期的国王特许状和议会的特别立法制度密切相关。直至1844年的《登记法》颁布为止,一种以营利为目的的

---

[①] 对德国《第二股份修改法》的形成过程,该法的主要特点以及值得关注的内容等详细描述,见〔日〕大隅健一郎:《新版株式社会法变迁论》,第65—69页。
[②] 参见〔日〕田中誠二:《会社法详论》,第19页。
[③] 〔日〕大隅健一郎、今井宏编:《商法概说(1)》(第七版),日本有斐阁2001年版,第12页。

商事主体,能否取得法人资格,内部能够设置何种相应机构,股东能否享受有限责任原则等,都由国王的特许状或议会的特别法律作出规定,一个普通的企业申请到这样的特许状或特别法律谈何容易。所以,英国尽管于1720年颁布了防止公司滥立的《泡沫公司条例》,为了推动经济发展,又于1825年通过《泡沫公司条例废止法》废止了该条例,还于1837年颁布了《特许公司法》,但始终未能打破公司设立与发展的特许或特别立法传统,严重影响了近现代公司法律制度体系的形成。

在英国近现代公司法制度形成史上,改变上述状况迈出了具有实质意义一步的是1844年颁布的《登记法》。该法的主要精神是,设立公司不再需要国王的特别许可,只要提出有关公司事业的报告,满足法定要件,通过登记就可成立。一些涉及公司设立和运营的基本事项,要求由在申请设立阶段必须制作的"设立证书"作出规定。[①] 公司一旦通过登记而成立,股东的有限责任除外,可获得当时的法人所享有的一切特权。所以,有学者明确指出,"英国通过1844年的登记法,废止了至此有关股份有限公司设立的特许主义,转向了所谓的准则主义。所以,该法在英国公司法上具有划时代的意义"。[②] 但不可否认,1844年的《登记法》只不过是仅仅关注公司设立阶段问题的规范体系,不仅制定了后来备受诟病的种种制度,更致命的是仍然没能确立可以说是近现代公司制度灵魂的股东有限责任原则。[③] 之后,于1855年颁布的《有限责任法》,以及于1856年颁布的《股份公司法》等,尽管在某种程度上缓解了股东有限责任的问题,但这些法律只是关注某一重要问题,或某类公司形式,仍然存在其自身无法克服的局限性。

应该说,在充分吸收了上述各法优秀制度,克服其严重缺陷的基础上,于1862年颁布的《公司法》不仅标志着英国近现代公司法的正式形成,而且对诸国公司立法产生了重要影响,进而成了大陆法系诸国公司立法的源泉。[④] 之后,1867年的《公司法》,1890年的《董事责任法》和1908年的《综合公司法》等,都是根据经济发展和公司制度不断完善的需要,对该法修改完善基础上的几次重要立法。

(五)美国

美国在1776年独立战争前,由于长期受英国统治,其诸多法域继承了在英国已得到相当发展的普通法体系。但有趣的是美国近现代公司制度的兴起,基本上在独立战争之后,所以,美国在发展具有自己特色的近现代公司制度以及在制定相应的公司法方面,没有受英国

---

① 比如,在该设立证书中必须要明确登记法所要求的董事人数以及常设检查官的指名、股东对认购股份的承诺以及对所规定比例认可的署名、认购后所规定比例股金的缴纳等。

② 该学者还对传统的观点进行了纠正,指出在日本和德国的有关文献中,经常出现主张是1862年的英国公司法率先采用了准则主义的说法,显然这种观点是不正确的。见〔日〕大隅健一郎:《新版株式社会法变迁论》,第79页。

③ 其实在英国公司制度发展史上,股东的有限责任问题是一个长期备受关注和争论的话题。由于受大陆法系国家有关两合公司制度的影响,股东有限责任问题在爱尔兰于1782年获得了解决,就是后来才兴起的美国也于19世纪初确立了该项重要原则,而在英格兰本岛却长期受到了混杂状态中的拒绝。因为,在当时的英国,对于铁道公司等所谓具有一定公益性质的公司,通过特许状确立了有限责任原则,对其他一般性公司是拒绝的,长期的争论也主要是围绕着对这样的公司该不该给予认可而展开的。对于当时的讨论情况以及赞成与反对的主要观点,参见〔日〕大隅健一郎:《新版株式社会法变迁论》,第80页以下。

④ 〔日〕大隅健一郎:《新版株式社会法变迁论》,第83页。

等欧洲主要国家太多的影响,创出了自己的特色之路,有异军突起之感。①

当然,历史不可能在一夜之间就割断。独立后的美国,在设立公司方面仍然受英国特许公司制度的影响,亦在公司设立乃至公司运营机制构建方面,坚持了颁发特许状的做法,区别仅在于将特许权授予了各州,联邦政府同时保留了一定的特许权。所以,在这一时期,以各州特许设立为主,加之联邦议会的特许设立,主要在金融、保险、道路、桥梁、运河以及铁道建设等领域,成立了不少具有一定公共事业性质的公司。② 但是,这种做法存在以低效率和腐败为主的种种弊端,与快速兴起的美国资本主义市场经济的发展格格不入,矛盾突出。在美国,为了适应新形势发展的需要,率先确立了设立准则主义原则和股东有限责任原则以及公司其他主要制度的是纽约州1811年制定的一般公司法。之后在19世纪20年代前后,各州仿照纽约州陆续制定了一般公司法。甚至到了19世纪中叶各州通过宪法明文禁止了公司设立的特许状颁发制度,其结果进一步加速了一般公司法在美国的普及,标志着近现代公司法在美国的正式形成。之后出现的就是以1899年的特拉华州公司法为典型代表③,各州为了扩大本州的财政收入,竞相吸引公司到自己州设立的公司立法的自由时代。

### 比较法知识2-3

### 美国与联邦所得税法密切相关的公司组织形式

在美国,投资兴业者到底选择何种企业经营组织形式,其实不只与公司法有关,而在很大程度上与美国《联邦所得税法》密切相关。

首先,按照美国《联邦所得税法》的规定,合伙制企业,不管是普通合伙还是所谓的有限合伙④,仅须缴纳一次联邦所得税,即合伙制企业的盈利本身不需缴纳所得税,可直接按照合伙协议等的约定将盈利分配给合伙人,仅由合伙人按照《联邦所得税法》中的个人所得税率缴纳个人所得税即可。但作为公司,情况就大不相同了。从税收的角度看,普通公司必须按照《联邦所得税法》C章的规定缴纳所得税,这类公司也就被称为"C公司"(C corporation)。C公司的盈利必须先按公司税率缴纳所得税,税后向股东分配的利润则作为股东的个人收入,再按照个人税率缴纳个人所得税。这就是所谓的对公司的"双重征税"。

---

① 比如,日本就有学者在分析英美法系公司法的发展情况时明确指出,"英国法与美国法都以普通法为基础方面是共同的,但在其发展过程中呈现出较显著的差异。表现在英国法在严格国家监督方面类似于大陆法系,而美国法则对公司赋予了明显的自由"。见〔日〕田中誠二:《会社法详论》,第23—24页。

② 有学者介绍,较早以州宪法明文规定了公司特许制度的州是宾夕法尼亚州和佛蒙特州。这一时期,通过联邦议会特许成立的公司有1781年设立的北美国银行,1784年在纽约州成立的纽约银行,以及在马萨诸塞州成立的马萨诸塞银行等。另外,从1783年到1800年由各州政府特许成立的事业公司多达300多家。详见〔日〕大隅健一郎:《新版株式社会法变迁论》,第86—87页。

③ 据介绍,有30%以上的大规模公开公司依据特拉华州公司法设立,10%以上的公司依据加利福尼亚州公司法和纽约州公司法而设立。见〔韩〕李哲松:《韩国公司法》,吴日焕译,第14页。

④ 美国法上的普通合伙与有限合伙,与我国《合伙企业法》所规定的普通合伙与有限合伙基本相同。我国《合伙企业法》第2条第1款规定,本法所称合伙企业,是指自然人、法人和其他组织依照本法在中国境内设立的普通合伙企业和有限合伙企业。其第2款规定,普通合伙企业由普通合伙人组成,合伙人对合伙企业债务承担无限连带责任。其第3款规定,有限合伙企业由普通合伙人和有限合伙人组成,普通合伙人对合伙债务承担无限连带责任,有限合伙人以其认缴的出资额为限对合伙企业债务承担责任。

其次，为了避免对普通公司（C公司）的这种"双重征税"，美国《联邦所得税法》又设立了S章，按照所得税法S章纳税的公司就被称为"S公司"（S corporation）。按照《联邦所得税法》S章的规定，选择按该章规定纳税的S公司可以享受与合伙企业相似的一次纳税优惠，即这类公司的盈利不必缴纳所得税，而只有分配股东的利润才会成为缴纳个人所得税的对象，同时这类公司的股东仍然享受有限责任的优惠。但S公司同时要受到如下限制：① 必须是在本州注册的公司；② 不能与其他公司组成集团公司；③ 股东人数不得超过35人；④ 所有股东必须是个人；⑤ 无永久居留权的外国人不得成为股东；⑥ 公司只能发行一种股票。正因为有如此多的限制，所以，S公司通常规模较小，被人们称为"小公司"。

最后，对于投资兴业的企业家来说，当然，在税收上能享受合伙企业的待遇，即只缴纳一次所得税，其股东对公司债务仍然承担有限责任，而且不受S公司那样的限制，能够自由发展企业是最理想的模式。所以，就有最具影响力的企业家开始游说立法者，希望能够创制具有上述特点的公司组织形式。终于1977年美国的怀俄明州在借鉴欧洲有限责任公司法的基础上，率先颁布了所谓的《有限责任公司法》（Limited Liability Company Act，简称LLC法），之后，许多州为了吸引投资者效仿怀俄明州，纷纷颁布了《有限责任公司法》。据介绍，到1996年，美国50个州以及哥伦比亚特区都完成了LLC法的立法。1988年美国国内税收局也终于发布了第88—76号裁决，同意对LLC实行K章征税，即允许其享受合伙企业的税收待遇。

其实，LLC法所规定的有限责任公司，与大陆法系国家公司法所规定的有限责任公司不同，实际上是一种较好地融合了合伙企业与有限责任公司特长的公司组织形式。所以，准确来说，应该将这种公司称为"合伙型有限责任公司"，或者"特殊型有限责任公司"。2005年日本新制定《公司法》所创设的所谓"合同公司"，实际上就是LLC的日本版而已。①

## 二、我国公司法的历史沿革

### （一）新中国成立前的公司立法

公司制度对我国而言是典型的舶来品。由于我国长期处于封建社会，商品经济很不发达，所以，公司以及规范公司的公司法在我国出现得较晚。我国最早的公司法当属1904年清政府制定的《公司律》，共11节由131条组成，规定了合资公司、合资有限公司、股份两合公司和股份有限公司等公司形式。② 1910年清政府又编纂了《大清商律草案》，其中第二编为《公司律》，共有334条，但未能正式颁布实施。"中华民国"成立后，北洋政府于1914年颁布了《公司条例》，共由251条组成，对无限公司、两合公司、股份有限公司以及股份两合公司等作出了较为具体的规定。在上述基础上，国民政府于1929年颁布了《公司法》，该法共由6

---

① 有关美国企业经营组织形式的选择与联邦所得税法的关系等，详见胡果威：《美国公司法》，法律出版社1999年版，第21—30页；另参见范健、王建文：《公司法》，第90—91页。有关日本版LLC的基本意义，见〔日〕前田庸：《公司法入门》，王作全译，第10页。

② 对我国历史上的第一部公司法的相关研究，见胡勃：《近代中国第一部公司法：1904年〈公司律〉研究述论》，载《中国矿业大学学报》（社会科学版）2009年第4期。另外，对于该《公司律》所规定的公司组织形式，有学者认为，其中的合资公司相对于无限公司，合资有限公司相当于有限责任公司，股份公司则相当于合股公司，股东须承担无限责任。见史际春：《企业和公司法》，第36页。

章 233 条组成。这是我国历史上比较完整的一部公司立法,之后经过数十次修改,现在仍在我国台湾地区有效。

(二)新中国成立后的公司立法

1. 改革开放前的公司立法

新中国成立后,由于废除了国民党政府的旧法统,所以,为了规范当时仍然大量存在的公司制企业,原政务院于 1950 年制定了《私营企业暂行条例》,该条例对无限公司、两合公司、有限公司、股份公司以及股份两合公司作出了规定。应该说,这是新中国成立后第一部有关公司的较完整的法律,对各种公司的设立、内部组织机构以及对外关系、财务会计等制度作了较详尽的规定。之后开始了对各种私有经济的社会主义改造,在企业领域组建公私合营的企业成了向社会主义公有制过渡的重要企业形式。为此 1954 年原政务院颁布了《公私合营工业企业暂行条例》。尽管该条例的大部分条款与有限公司相关,但其他公司形式,如无限公司、股份有限公司以及股份两合公司等已从法律上消失了。随着 1956 年社会主义改造任务的完成,我国逐步建立了由单一的全民所有制企业和单一的集体所有制企业构成的企业结构,公司形式在中国大陆地区暂时归于消失,上述的《私营企业暂行条例》和《公私合营工业企业暂行条例》也因其调整对象的消失而失去了发生作用的空间。[①]

2. 改革开放后的公司立法

改革开放后,随着国家经济体制改革的深入,开放政策的发展,特别是建立社会主义市场经济体制目标的确立,公司制度重新出现并得到了极大发展。同样以规范公司为职责的公司立法,也随着改革开放政策的深入,全面启动,迎来了我国历史上公司立法的全盛时期,取得了显著成绩。

早在改革开放刚刚起步的 1979 年颁布的《中外合资经营企业法》第 4 条就明确规定,合营企业的形式为有限责任公司,之后依照其他外商投资企业法设立的企业,也都仿照合资经营企业,坚持了企业的有限责任公司形式。面对国内的普通企业,1988 年颁布的《私营企业暂行条例》第 6 条规定的三种企业形式中包括了有限责任公司。之后,我国的公司立法除了在外商投资企业领域继续深入外,在国家全力推进的企业联合和发展企业集团的实践领域,以及以经济特区和沿海开放城市为代表的地方大力发展公司制度的实践领域,展开了波澜壮阔的公司立法探索,取得了丰硕成果,积累了丰富经验。

与此同时,我国统一的公司立法也从 1983 年就开始着手起草,历经多年摸索,1992 年 5 月作为统一公司法行将颁布的前奏,由国家体改委发布了《有限责任公司规范意见》和《股份有限公司规范意见》两部重要的部门指导规章。在此基础上,1993 年 12 月新中国的第一部公司法,即《中华人民共和国公司法》终于得以颁布,彻底结束了社会主义的中国没有国家统一公司法的历史,为公司制度在中国更加健康、快速、有序发展提供了最基本的法律保障。1993 年《公司法》是一部完全按照公司制度的精神和原则制定的法律,打破了以往按照企业

---

① 有关新中国成立后到改革开放为止这一时期我国公司立法情况,参见王保树、崔勤之:《中国公司法原理》,第 9—13 页。

所有制形式进行立法的做法。① 1993年《公司法》涉及了公司法制度的所有方面,是一部制度全面、基本上实现了与发达国家公司法接轨的现代公司法。该法共有11章230条,第1章总则,第2章有限责任公司的设立和组织机构,第3章股份有限公司的设立和组织机构,第4章股份有限公司的股份发行和转让,第5章公司债券,第6章公司财务、会计,第7章公司合并、分立,第8章公司破产、解散和清算,第9章外国公司的分支机构,第10章法律责任,第11章附则。

3. 公司法的修改完善

1993年《公司法》为适应公司制度新发展的需要,迄今已经历了四次修改完善。1999年的修改为第一次修改,属于小规模修改,修改内容只有两点。一是在第67条中增加了国有独资公司设监事会以及监事会的组成、职权等内容;二是在第229条增设了第2款,规定"属于高新技术的股份有限公司,发起人以工业产权和非专利作价出资的金额占公司注册资本的比例,公司发行新股、申请股票上市的条件,由国务院另行规定"。2004年的修改为第二次修改,也是小规模修改,为了与新实施的《行政许可法》相一致,仅删除了第131条第2款,即"已超过票面金额为股票发行价格的,须经国务院证券管理部门批准"的规定。2005年的修改为第三次修改,此次修改涉及了公司法的所有内容,仅条款数而言,在230个条文中,删除条文多达46条,增加条文41条,修改的条款数达137条。所以,此次修改为公司法颁布以来最大规模的修改,为公司法更好地适应市场经济深入发展的需要,实现公司法制度的现代化,与国际上发达的公司法制度接轨甚至有所贡献等,奠定了坚实的法律制度基础,是一次极为重要的修改。② 2013年底的修改为第四次修改,与前三次相比,属于中等规模的修改,修改条文达12条。为适应国家转变行政职能改革的需要,鼓励人们投资兴业,修改内容主要包括三个方面:一是将公司注册资本实缴登记制改为认缴登记制;二是取消了公司注册资本最低限额制度;三是简化了登记事项和登记文件。

**【司法考试真题】**

**2-1** 王某依公司法设立了以其一人为股东的有限责任公司。公司存续期间,王某实施的下列哪一行为违反公司法的规定?(　　)(2006年)

　　A. 决定由其本人担任公司执行董事兼公司总经理

　　B. 决定公司不设立监事会,仅有某亲戚张某任公司监事

　　C. 决定用公司资本的一部分投资另一公司,但未作书面记载

---

① 对于我国改革开放前以及改革开放刚刚起步阶段按照企业所有制形式的立法传统以及状况,有学者进行了深入、系统的研究,并明确指出,"从20世纪70年代末到90年代初,我国构造了一个所有制企业立法体系,由全民所有制工业企业法、全民所有制工业企业转换经营机制条例、乡村集体所有制企业条例、城镇集体所有制企业条例、私营企业暂行条例、城乡个体工商户管理暂行条例以及中外合资经营企业法、外资企业法、中外合作经营企业法等多部法规组成。这一企业立法体系立足于企业所有制归属与资本来源不同而进行企业分类与分别立法,推行各类所有制企业的不平等立法待遇,深刻展现了计划经济体制下国家公权力凭借所有权、行政管理权全面干预企业经营管理的立法思路,观其法律规范、私法规范、任意性规定、企业自治的元素很少,国家强制力量遍布企业经营管理的每一个环节"。见李建伟:《公司法学》,第47—48页。

② 对于2005年《公司法》修改的主要内容,有学者概括为以下六个方面:一是完善了公司设立和公司资本制度方面的规定;二是修改完善了公司法人治理结构方面的规定;三是进一步强化了有关劳动者利益保护和职工参与公司管理方面的规定;四是健全了对股东尤其是中小股东利益的保护机制;五是明确规定了公司人格否认制度;六是明确规定了中介机构弄虚作假须承担的损害赔偿责任。范健、王建文:《公司法》,第70—71页。

D. 未召开任何会议,自作主张制订公司经营计划

**2-2** 张某为避免合作矛盾与问题,不想与人合伙或合股办企业,欲自己单干。朋友对此提出以下建议,其中哪一建议是错误的?(　　)(2010年)

A. "可选择开办独资企业,也可选择开办一人有限公司"

B. "如选择开办一人公司,那么注册资本不能少于10万元"

C. "如选择开办独资企业,则必须自己进行经营管理"

D. "可同时设立一家一人公司和一家独资企业"

# 第二编 | 公司的设立和组织机构

第三章　有限责任公司的设立和组织机构

第四章　股份有限公司的设立和组织机构

# 第三章

# 有限责任公司的设立和组织机构

## 第一节 有限责任公司的设立

### 一、公司设立概述

(一) 公司设立的概念与特征

1. 公司设立的概念

公司设立,是指发起人依照法律规定组建公司组织体,让其取得法人资格从而成为商事主体的一系列法律行为的总称。设立公司的法律行为主要包括发起人制定公司章程的行为、确认出资人即股东的行为、设置公司内部组织机构的行为以及进行设立登记取得相关资格的行为等。设立公司的本质在于让一个新的商事主体诞生,从客观层面看,这种创立新商事主体的过程,始于发起人签署相关协议和制定章程,终于经核准登记取得营业资格公司成立之时,从主观层面看,反映的是设立人创设公司的设立行为。[1]

需注意的是,公司设立与公司成立是两个既有联系又有区别的概念。二者的联系表现在公司设立是公司成立的前提,而公司成立则是公司设立的法律后果或目的所在。二者的区别表现在:一是性质不同。公司设立是一种过程式的法律行为,而公司成立是一种法律事实或法律客观状态。[2] 二是发生时间不同。公司设立发生在取得营业执照(资格)以前的过程中,而公司成立发生在依法核准登记、取得营业执照之时。三是法律效力不同。公司设立时由于公司还不是独立的主体,围绕公司设立所发生的内外关系会被视为合伙,其法律后果及其纠纷等会按合伙规则处理,公司成立则是公司成为独立主体的标志,之后公司行为的后果将由公司独立承担。

---

[1] 王文宇:《公司法论》,第74页。
[2] 对于如何认定公司设立行为的法律性质问题,学术界的观点有分歧,主要有四种代表性学说,即契约说、单独行为说、共同行为说以及合并行为说。详见覃有土:《商法学》,第118页;朱慈蕴:《公司法原论》,第71—73页等。

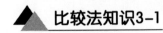

### 比较法知识3-1

#### 外国有关"设立中公司"的理论

如上述,公司尽管通过设立登记而成立,在我国更是通过设立登记从取得营业执照之日成立。但是,国外的公司法理论,尤其是大陆法系的公司法理论普遍认为,公司作为一个实体,直至设立登记需经过若干程序,实施有关设立的诸多行为,并以此形成较为复杂的法律关系,到办理设立登记正式成立为止,实际上是一个逐渐成长而走向最终成立的过程。在此过程中,某种类似于公司的实体已经存在,并且与行将成立的公司具有极为密切的内在联系,类似于胎儿与婴儿的关系,在法律上已经具有重要意义。所以,法律以及相关法理应该承认公司成立前这种实体的存在,将其可直接称为"设立中公司"。这种理论认为,"设立中公司"就是即将成立的公司的前身,二者超越有无法人格的局限,在本质上属于同一实体,只要公司正常成立,无需特别的移交手续,"设立中公司"的法律关系就会归属于成立后的公司。可见,这种理论坚持的是公司法学所说的"同一体说",属于通说。

对于"设立中公司"的性质,尽管存在"权利能力受限说"和"合伙性说"等的区别,但多数说认为,属于民法上所说的"无权利能力社团",并且,这种社团从发起人制定公司章程,并认购股份之时形成。公司发起人就是为了让这种"设立中公司"成为完全的公司执行所有必要业务的"设立中公司"的执行机构。再从是否承认这种"设立中公司"的实际效果看,如果予以承认,一旦公司设立失败而不得成立时,股份认购人作为债权人的地位将会劣后于其他一般债权人等。

这种"设立中公司"理论的积极意义,就在于对在设立阶段形成的法律关系直接归属于成立后的公司,成为后者的法律关系的事实,能够作出合理且有效的解释。①

2. 公司设立的法律特征

概括说,公司设立具有如下法律特征:

(1) 公司设立是一种条件、程序等严格法定化的创设主体的准备性行为,且这些行为发生在主体正式诞生之前。

(2) 公司设立是一种创设具有法人资格、以营利为目的的主体的行为过程,有别于其他创设非法人组织或非营利性组织的行为过程。

(3) 公司设立的目的在于公司成立,不同于其他设立行为的目的。

(二) 公司设立的原则

公司设立的原则,亦称为公司设立主义,是指一国基于对公司设立的态度就公司设立所采取的基本做法。这种意义上的公司设立原则或设立主义,因不同国家和地区、在不同发展历史阶段以及因不同类型公司等诸多因素而有所不同。但概括起来,主要有以下几种公司设立原则。需注意的是,尽管这些公司设立原则经历了如下叙述顺序的历史演替过程,但除

---

① 参见〔德〕格茨·怀可等:《德国公司法》,殷盛译,第305—319页;〔日〕北沢正啓:《会社法》,第103—114页;〔韩〕李哲松:《韩国公司法》,吴日焕译,第159—165页;范健:《商法》,第117页等。

个别原则外,大多公司设立原则依然存在,尽管有明显的主次之分,但在一国内并用这些原则的情况依然存在。

1. 自由设立主义

亦称放任主义,是指国家对公司设立不做任何限制,公司设立完全取决于设立者自由意志的基本做法。国家既不规定公司设立的条件(包括发起人资格等),也不规定公司设立的程序,设立公司完全是设立者自由意思表示的结果。据说这种公司设立原则流行于欧洲中世纪自由贸易时代[1],但这种对公司设立国家不做任何限制的设立原则,必然导致公司设立十分容易且简单化的问题,结果很难区分与合伙企业的界限[2],更为严重的是必然会导致国家无法有效监管公司这一重要商事主体的市场准入,必然会出现公司尤其是虚假公司的滥立,不仅会直接损害公司股东以及债权人的权益,而且会扰乱市场经济秩序,破坏交易安全。所以,这一公司设立原则基本上被历史所淘汰,现在很少有国家的立法还采用该原则。

2. 特许设立主义

亦称特许设立原则,是指公司必须依照国家元首的特别命令状(特许状)或国家立法机关的特别专门立法才能设立的基本做法。不管是国家元首的特别命令状,还是来自于国家立法机关(议会)的特别且专门的立法,都是经公司设立者申请后获得的对设立公司的特别许可,故称为特许设立主义。这种特许设立原则起源于13—15世纪的欧洲,而盛行于欧洲殖民主义统治兴起的17—18世纪。当时的资本主义国家在海外落后国家实行殖民统治,在很大层面上至少在经济层面上都是通过国家特许设立的公司进行的。比如,1600年通过特许而设立的英国东印度公司和1602年经特许设立的荷兰东印度公司,就是通过这种设立原则设立的公司的典型代表。[3] 但这种特许设立原则,不仅产生于特殊时代,而且从申请者提出申请到获得国王或国会的特许需要花费相当多的时间和费用,效率十分低下且容易导致欺诈、垄断和腐败行为的发生[4],与注重效率、自由竞争以及公平公正的市场经济不相吻合。所以,这种特许设立原则,目前许多国家仅限于某些特殊公司的设立适用,对于一般公司的设立不再适用该原则。

3. 行政许可设立主义

亦称核准设立主义,是指公司设立除了应当具备法律所规定的条件外,还须经申请取得政府行政机关审查批准后方可进行的基本做法。这里所说的行政机关的审查批准,主要指企业公司主管行政部门的行为,当然也包括享有审查核准权的登记机关的审查核准行为。据介绍,行政许可设立原则,最早由法国路易十四颁布的《商事敕令》(1673年)所创立,后为荷兰等其他欧洲国家所采用。[5] 尽管至今许多国家对一些攸关公共利益和市场秩序、安全的

---

[1] 参见朱炎生:《公司法》,第87页。

[2] 赵旭东:《商法学》,第188页。

[3] 对于这类公司的产生,有学者描述说,"15世纪末之后,由于新大陆的发现和新航线的开辟,刺激了远洋贸易的发展,一批特许贸易公司纷纷出现。典型的一家公司被特许从事某些贸易,从而获得了这项贸易的垄断权。英国东印度公司就是这样产生的"。朱慈蕴:《公司法原论》,第17页。

[4] 对此,有专家指出,"要获得国王的特许状,不仅需要特别申请,耗费巨大,而且能否获准的命运往往掌握在商务部门长官之手,且效率极为低下"。"同样申请议会特别法律的立法不仅费时费钱,也很难实现。""这种公司成立乃至运营的特许权制度,不仅容易导致欺诈和腐败行为的发生,更为严重的是在这种制度下议会要给各公司分别制定特别法律的低效率做法,与快速兴起的美国资本主义市场经济的发展格格不入,矛盾突出。"王作全等:《公司利益相关者法律保护及实证分析》,第17、19页。

[5] 参见朱炎生:《公司法》,第88页。

特殊行业,如银行、证券、保险、信托、运输等行业公司的设立仍然采用该设立原则,但行政许可设立原则在允许公权力机构在公司设立问题上享有许可权这一点上,与上述的特许设立原则相同。"如果说特许设立主义是在公司设立问题上赋予权力机关的一种特权,那么核准设立主义则是赋予行政机关一种特权"[①],特许设立原则存在的上述弊端,行政许可设立原则同样难以避免,所以,许多国家在多数情况下不再广泛地采用该原则了。

4. 准则设立主义

亦称登记设立主义,是指公司法等预先规定包括设立条件在内的若干公司设立准则,只要拟设立的公司符合这些准则即可申请登记成立公司,而不需要相关公权力机构审查批准的基本做法。可见,准则设立主义是最适合市场经济发展要求的基本做法,因而该设立原则自1811年美国纽约州的《公司法》首创,1844年英国的《登记法》积极采用以来,很快得到了普及,特别是自20世纪以来,被许多国家的公司法等确立为公司设立的基本原则。[②] 但需要注意的是,准则设立原则在简化设立程序、方便公司设立的同时,如果不做相应的限制,同样会导致与自由设立原则相同的公司尤其是虚假公司滥立等的严重后果,所以,各国公司立法在积极采用准则设立原则的同时,都从严格公司设立条件和程序,建立公权力命令解散公司、公司设立无效诉讼、攸关公共利益特别行业仍需行政许可等制度方面,对准则设立原则的适用从法律层面作出了诸多限制性规定。[③] 由此,学者们将作了这些限制性规定的准则设立原则称为严格准则设立主义,而将未作这种限制和要求的准则设立原则叫做单纯准则设立主义。[④] 总之,设置了诸多法定化限制的准则设立原则,即所谓的严格准则设立主义,既克服了特许设立主义和行政许可设立主义因过于严格苛刻而导致的那些弊端,又较好地防范了自由设立主义以及单纯准则设立主义导致公司滥立的不利后果,所以,成了现代公司设立所坚持的最基本原则,被现代多数国家采用。

我国关于公司设立的原则,仅就《公司法》的规定而言,该法第6条第1款规定,"设立公司,应当依法向公司登记机关申请设立登记。符合本法规定的设立条件的,由公司登记机关分别登记为有限责任公司或者股份有限公司;不符合本法规定的设立条件的,不得登记为有限责任公司或者股份有限公司"。其第2款规定,"法律、行政法规规定设立公司必须报经批准的,应当在公司登记前依法办理批准手续"。可见,我国根据公司制度发展的实践经验,参照发达国家的成功做法,对于公司设立坚持的是准则设立主义和例外情况下的行政许可设立主义相结合的原则。[⑤]

(三) 公司设立的方式

这里所说的公司设立的方式,主要是根据设立公司时是否向发起人以外者募集资本所

---

① 赵旭东:《商法学》,第189页。
② 需注意,我国的不少公司法教科书都认为最早采用了准则设立原则的是英国1862年的《公司法》,但日本著名商法学者的研究表明,首创该项设立原则的是1811年的美国纽约公司法,后经1844年英国登记法的采用得以普及与推广的。参见王作全等:《公司利益相关者法律保护及实证分析》,第17、19页。
③ 参见〔日〕北泽正启:《会社法》,第68页。
④ 王建文:《商法教程》,第93页;赵旭东主编:《商法学》,第189页等。
⑤ 需注意的是,2005年修改前的我国公司法,对于有限责任公司的设立坚持的准则设立主义或严格准则设立主义和例外情况下的行政许可设立主义相结合的原则,而对股份有限公司的设立则坚持的是行政许可设立主义。因为2005年修改前的《公司法》第77条明确规定,"股份有限公司的设立,必须经过国务院授权的部门或者省级人民政府批准"。2005年修改后的公司法删去了此条规定,实现了两种公司设立原则的一元化。

作的方式划分,是大陆法系国家公司法上的常见制度,一般针对资合性较强的股份有限公司和股份两合公司,规定了发起设立和募集设立两种方式。[①] 我国公司法同样对股份有限公司明确规定了这两种公司设立方式。

我国《公司法》不仅规定了股份有限公司的设立可采取发起设立方式或者募集设立方式,而且明确界定了这两种设立方式各自的含义。《公司法》第 77 条规定,"股份有限公司的设立,可以采取发起设立或者募集设立的方式。发起设立,是指由发起人认购公司应发行的全部股份而设立公司。募集设立,是指由发起人认购公司应发行股份的一部分,其余股份向社会公开募集或者向特定对象募集而设立公司"。

相比较而言,采取发起设立方式时,公司全部股份由发起人认购,具有不需要复杂募股程序,因而其设立程序简单、时间快、效率高、成本低等优点,但因受发起人人数以及出资能力等的限制,不太适合大规模公司的设立,所以各国法律都基本规定,如无限公司、有限责任公司等,规模不大且人合性较强的公司设立使用这种方式。而募集设立方式可向发起人以外者募集股份,所以具有可筹集公司所需巨额资本,开展大规模经营等优点,各国法律几乎都对股份有限公司的设立规定了这种方式。但这种方式涉及较多投资者,牵扯面较广,因而存在设立程序复杂、花费时间长、效率低且成本大等不足。

需要注意的是,按照我国《公司法》的规定,有限责任公司的设立采用发起设立方式,而股份有限公司可从两种方式中进行选择。但由于我国不同时期的《公司法》对公司注册资本制度等的规定不同,因而对股份有限公司选择设立方式的影响也就不同。1993 年《公司法》坚持的严格法定资本制度,既不允许发起人分期、分次认缴股份,又未认可募集设立方式中的定向募集,还对募集设立时发起人认购规定了不低于 35% 的高比例,所以,不利于股份有限公司的自由选择(参见 2005 年修改前《公司法》74、83 条等)。针对这种情况,2005 年《公司法》首先确立了发起设立时发起人的分期、分次认缴股份制(2005 年修改《公司法》81 条 1 款),又认可募集设立方式中的定向募集(2005 年修改《公司法》78 条 3 款),应该说不利于公司选择设立方式的状况有所改善。2014 年《公司法》(2013 年 12 月修改,2014 年 3 月 1 日起施行),将传统的注册资本实缴登记制改为认缴登记制,公司注册资本制度完全变成了通过公司章程由股东自主约定认缴出资额、出资方式、出资期限等的自治制度了(参见 2014 年《公司法》7 条 2 款,23 条 2 项,76 条 2 项,83 条 1 款等),并且取消了发起设立时对发起人首次出资比例以及货币出资比例的限制(2014 年《公司法》27、80 条),应该说,现行《公司法》更加有利于股份有限对设立方式的自由选择。

(四)公司设立条件与程序

如上述,公司设立的本质在于面向社会创设具有法人资格且以营利为目的的商事主体,所以,公司的存在和活动必然会涉及广大消费者的利益,以及市场经济秩序和交易安全。正因为如此,各国公司法都对主体设立公司规定了必须要具备的各种要件,只有具备者才能设立公司进入市场,否则,不得设立公司并以公司方式准入市场。学界将公司法规定的这些要件统称为公司设立条件,并根据各类条件的性质,将公司设立条件分为"人的条件""物的条

---

[①] 据介绍,在英美法系国家,设立公司时既不要求发起人认购股份也不允许在设立时就公开募集资本,公司设立仅履行注册手续即可,所以不存在大陆法系国家公司法中常见的这两种设立方式。详见王建文:《商法教程》,第 93 页。

件"以及"行为条件"三大类。①

人的条件,是指公司法对设立公司时的发起人的资格以及发起人、股东人数方面规定的要求。我国公司法有关人的条件的规定将在后面论述,但总的来说,各国公司法或多或少并根据不同公司种类都会对发起人的国籍等资格以及股东人数等作出相应规定。

物的条件,是指公司法对设立公司时所必须具备的物质条件所规定的要求,其中,最主要的是有关公司资本的规定,同时也包括有关经营场所以及住所等方面的要求。我国公司法对公司设立的物的条件同样作了明确规定,将在后面论述。

行为条件,是指公司法对设立公司时以发起人为主的设立参与者必须完成的一系列行为所规定的要求。按照公司法的规定,这些行为主要包括章程制定、名称以及场所选定、内部组织机构设定、股份发行以及设立登记申请等行为。我国公司法的相关要求将在后面介绍。

公司设立程序,是指公司设立发起人等在设立公司时,以公司能够最终成立为目的所必须履行的一系列法律所规定的步骤和须办理的手续,一般由发起人签订公司设立协议、共同订立公司章程、确认出资人或股东、缴纳出资额、报经有关部门批准或召开创立大会、申请设立登记并公告以及取得营业执照等步骤和手续所构成。

(五) 公司设立的效力

公司设立的效力,是指公司设立的一系列行为所产生的法律后果。大致而言,这种法律后果无非包括两个方面:一是公司设立行为符合法律规定的条件以及程序,公司最终成立,取得法人资格,成为商事主体。可以说,这是公司设立的积极效力。但这种公司设立的积极效力,并不能保证公司设立不存在瑕疵乃至发起人等的侵权行为,所以仍然存在发起人等的责任问题。二是公司设立行为不符合法律规定的条件或违反法律有关设立的强制性规定,导致公司不能成立,或者成立后又被判决设立无效或撤销。可以说,这是公司设立的消极效力,更需要明确发起人等的责任。所以,公司设立的效力,需要关注的是发起人等有关公司设立的责任以及公司设立的无效和撤销,重点应是发起人的公司设立责任问题。

1. 发起人的责任

发起人是公司设立人,是执行和完成公司设立具体业务的人,也是所谓设立中公司的执行机关和代表机关,是公司设立能否成功的关键主体。所以,各国公司法为了增强发起人的责任感,防止公司滥立以及以公司名义进行欺诈,都对发起人规定了较严格的民事责任。

发起人的责任,是指发起人违反公司法所规定的义务或者因其他因素导致公司设立失败时所要承担的法律后果。根据我国《公司法》的规定,在公司成立的情况下,发起人责任主要有两项:一是出资额不足时的差额填补连带责任,即公司成立后,发现作为设立公司出资的非货币财产的实际价额显著低于公司章程所定价额的,应当由交付该出资的股东补足其差额;公司设立时的其他股东承担连带责任(《公司法》30 条、93 条 2 款),股份有限公司时,对于发起人自身的认缴不足部分也得承担这种连带责任(《公司法》93 条);二是损害赔偿责任,即"在公司设立过程中,由于发起人的过失致使公司利益受到损害的,应当对公司承担赔

---

① 也有学者将其分为五类,即人的条件、物的条件、行为条件、经营条件以及组织条件,见王建文:《商法教程》,第 94 页以下;还有学者从"发起人""资本""公司章程"以及"其他条件"几个方面分析了公司设立条件,见朱慈蕴《公司法原论》,第 77 页以下。

偿责任"(《公司法》94条3项)。在因设立失败公司未能成立时,发起人的责任也有两项:一是"对设立行为所产生的债务和费用负连带责任(《公司法》94条1项)";二是"对认股人已缴纳的股款,负返还股款并加算银行同期存款利息的连带责任"(同条2项)。

## 比较法知识3-2

### 日本公司法上的"发起人责任"制度

公司发起人,如上述,是公司设立业务的执行者,从而也就是所谓的"设立中公司"的业务执行机构乃至代表机构,对于公司这一重要商事主体能否顺利诞生,以及对围绕公司设立所发生权利义务关系的处理,属于极为重要的权利义务主体。其中,尤其是如何设计公司发起人的责任制度,对确立这一发起人的主体地位,发挥其作用十分重要。

日本公司法有关发起人责任规定的历史演进以及总体制度设计构想,对进一步完善我国公司法的相关制度,具有重要借鉴价值。

**首先**,现行《日本公司法》对2005年修改前《日本商法》的发起人责任制度进行了重大调整。简单说,2005年修改前《日本商法》不仅规定了发起人的实物出资等的价额不足时的连带支付责任以及懈怠职责时的损害赔偿责任(见该法192条之2第1款、193条1款),而且重点规定了发起人的股份认购担保以及股款缴纳担保这样两大责任(见该法192条1、2款),并且与资本充实责任相关联,学界的通说将这些责任解释为无过失责任。但由于2005年新制定的现行《日本公司法》改变了对公司成立时仍未认购,或者未缴纳股款股份的态度,明确规定,在发起设立时,发起人未按规定履行出资的,丧失成为设立时所发行股份的股东的权利(见该法36条3款),募集设立时的股份认购人也相同(见该法63条3款),所以,现行《日本公司法》删除了发起人的股份认购担保责任和股款缴纳担保责任。

**其次**,现行《日本公司法》主要规定了发起人的如下责任:

一是公司不成立时,不仅要对有关公司设立所实施的行为承担连带责任(主要是对设立债务的责任),对设立费用承担支付责任,而且与是否懈怠职责无关,承担全额返还股份认购人所缴纳股款的责任(见该法56条等)。

二是公司成立后发起人的责任主要有:① 出资财产价额不足时的连带支付责任,即公司成立时的实物出资或财产受让标的物财产价额明显低于公司章程所记载的价额时,发起人等负有向公司支付该不足额的连带义务(见该法52条1款);② 发起人懈怠职责的损害赔偿责任,即发起人对公司设立懈怠职责对公司造成损害的,承担该损害赔偿责任(见该法53条1款);③ 对第三人的损害赔偿责任,即发起人履行职责存在恶意或重大过失对公司股东、债权人等第三人造成损害的,承担损害赔偿责任(见该法53条2款)。并且上述的损害赔偿责任(对公司或者对第三人的),与其他发起人以及同样承担这些损害赔偿责任的设立时的董事、监事承担连带责任(见该法54条)。④ 为保护股份认购者以及债权人信赖利益的"拟制发起人"的责任,即公司设立时同意将自己的姓名、名称以及赞助公司设立的意旨记载或者记录于有关该募集广告及其他募集书面资料或者数据电子文件上,即便在公司章程中作为发起人未署名者,将被视为发起人,承担上述的发起人的责任(见该法 103 条 4 款)。①

#### 2. 公司设立无效和撤销

这是对公司成立后发现其设立行为或设立程序存在瑕疵,公司如果继续存在会损害利害关系人利益而规定的以司法诉讼为主要内容的法定纠错制度。国外主要发达国家的公司法,都在明确规定瑕疵事由、纠正方式、可诉权主体以及防止滥诉措施的前提下,创设了公司设立无效和公司设立可撤销诉讼制度。其要点,一是诉讼事由的法定化②;二是起诉权主体严格限定,即只能由公司股东、董事、监事以及公司债权人等利害关系人享有该项诉权;三是其判决尽管有可涉及第三人的所谓的既判力,但不具有溯及力,不影响判决前围绕公司已经形成的权利义务关系,维护已有社会关系的稳定性;四是为防止滥诉的发生,规定了原告在恶意或重大过失情况下的损害赔偿连带责任,等等。③

对于该项纠正已成立公司在设立阶段存在瑕疵的制度,我国《公司法》只是规定,"违反本法规定,虚报注册资本、提交虚假材料或者采取其他欺诈手段隐瞒重要事实取得公司登记的,由公司登记机关责令改正,对虚报注册资本的公司,处以虚报注册资本金额百分之五以上百分之十五以下的罚款;对提交虚假材料或者采取其他欺诈手段隐瞒重要事实的公司,处以五万元以上五十万元以下的罚款;情节严重的,撤销公司登记或者吊销营业执照"(第 198 条)。可见,我国的问题在于只规定了包括行政撤销在内的行政处罚权制度,并未规定包括上述内容的权威性的司法诉讼制度,需要在实践中修改完善。④

### 二、有限责任公司的设立

有限责任公司的设立,就是发起人具备法律所规定的设立有限责任公司的必备条件,并按照法律规定的设立程序,使拟设立的公司取得法人资格而成立的一系列活动。法律有关有限责任公司设立的条件以及程序的规定,是有限责任公司设立制度的主要内容。

#### (一) 有限责任公司设立的条件

有限责任公司的设立条件,也就是设立有限责任必须具备的法定条件。根据我国《公司法》的规定,设立有限责任公司必备如下五项条件:

#### 1. "股东符合法定人数"(23 条 1 项)

由于有限责任公司是为中小企业能够利用现代公司制度而创制的法律制度体系,所以,各国公司法都对有限责任公司的股东人数作出了明确规定,股东不符合法定人数的,公司不

---

① 详见〔日〕前田庸:《公司法入门》,王作全译,第 62—65 页;〔日〕江头宪治郎:《株式会社法》,第 108—114 页。
② 比如,据介绍,《欧共体第 1 号公司指令》所规定的事由是:① 没有签署任何公司设立文件,或者没有遵守预防性控制规范或履行必须的法律手续;② 公司的目的范围违反了法律或者悖于公共政策;③ 公司设立文件或公司章程中没有载明公司的名称、各股东认购的股份数、已认购的股份总数及公司的目的范围;④ 没有遵守成员国关于实际缴纳的最低资本额的规定;⑤ 所有发起人均不具备特定的权利能力;⑥ 违反管该公司成员国的法律规定,公司发起人低于 2 人。转引自朱炎生:《公司法》,第 91 页。
③ 参见〔日〕前田庸:《公司法入门》,王作全译,第 59—62 页。
④ 对于我国公司的这种规定,在制度设计与理论、实践层面所引起的不一致性,有学者指出,按照我国法律的规定,公司被吊销营业执照后即应进入解散、清算程序,从而导致公司被注销,但从理论上讲,公司被吊销营业执照并不必然导致公司终止,完全可以通过相关补救措施,使瑕疵设立公司得以存续。王建文:《商法教程》,第 100 页。

得成立。对于我国有限责任公司的股东人数,我国《公司法》第 24 条规定,"有限责任公司由五十个以下股东出资设立"。可见,我国现行公司法对有限责任公司的股东人数只规定了上限,而未设定下限。其实,我国 2005 年修改前的《公司法》第 20 条规定,"有限责任公司由 2 个以上 50 个以下股东共同出资设立",对股东人数的上下限都做了规定。只是为了认可世界各国流行的"一人公司",2005 年修改公司法时删去了有关下限的规定,并删除了"共同"二字。另外,对有限责任公司股东的资格等,我国公司法未作任何限制。

2. "有符合公司章程规定的全体股东认缴的出资额"(23 条 2 项)

这是对有限责任公司设立的资本条件所作的规定。公司的资本是公司开展经营活动的重要物质条件,在确立了股东有限责任原则的公司中,公司资本还是公司债权人的重要财产担保。对这样一个极其重要条件的规定,我国现行公司法自颁布实施到今天,根据不同时期国际社会公司法制度的变化以及我国经济社会现代化建设的需要,进行了多次修改和调整。具体而言,1993 年《公司法》和 2005 年修改《公司法》对有限责任公司设立资本条件的表述都是"股东出资达到法定资本最低限额"(前者见 19 条 2 项,后者见 23 条 2 项),但对法定资本最低限额的规定不同。1993 年《公司法》规定,① 以生产经营为主的公司和以商品批发为主的公司不得少于 50 万元,② 以商品零售为主的公司不得少于 30 万元,③ 科技开发、咨询、服务性公司不得少于 10 万元(见该法 23 条 1 款)。该条还规定,通过法律、行政法规可规定高于前款标准的法定资本最低限额(见该条 2 款)。2005 年修改《公司法》规定,有限责任公司注册资本最低限额为 3 万元(见该法 26 条 2 款),并对一人有限责任公司规定了不得少于 10 万元的法定资本最低限额(见该法 59 条 1 款)。同样对于高于上述标准的情形,2005 年修改《公司法》的规定是"法律、行政法规对有限责任公司注册资本的最低限额有较高规定的,从其规定"(见该法 26 条 2 款)。① 2013 年底所进行的《公司法》修改主要围绕公司注册资本制度进行,将传统的法定实缴登记制改为了认缴登记制,即设立有限责任公司需要多少资本,法律不再做强制性规定,从出资额到出资方式、出资期限等,都由股东(发起人)通过公司章程自主作出规定(《公司法》25 条 1 款 5 项),以注册登记为准完成即可。所以,才有了现行公司法对有限责任公司设立资本条件"有符合公司章程规定的全体股东认缴的出资额"的规定。不仅在公司设立资本条件上充分体现了公司自治原则,而且通过取消注册资本最低限额规定(包括一人公司)的方式,大幅度降低了市场准入门槛,对投资兴业极为有利。

3. "股东共同制定公司章程"(23 条 3 项)

公司章程是公司的"根本大法",它是规定公司组织及其活动须遵守的基本规则的自治性规范书面文件,本质上是全体股东共同意志的体现,并通过法律规定,赋予了公司章程"对公司、股东、董事、监事、高级管理人员具有约束力"的法律效力(《公司法》11 条)。可见,公司章程对公司的成立及其正常运行十分重要,所以,作为设立有限责任公司的重要条件之一,明确规定"股东共同制定公司章程"。为保证"股东共同制定",法律给出的措施是"股东

---

① 比如,我国《商业银行法》第 13 条规定,"设立全国性商业银行的注册资本最低限额为 10 亿元,设立城市商业银行的注册资本最低限额为 1 亿元,设立农村商业银行的注册资本最低限额为 5000 万元。注册资本应当是实缴资本;国务院银行业监督管理机构根据审慎监管的要求可以调整注册资本最低限额,但不得少于前款规定的限额"。当然,商业银行的公司组织形式应为股份有限公司,但对此该法并未做明确规定。

应当在公司章程上签名、盖章",并将其作为公司章程生效的绝对记载事项(见《公司法》25条1款4项、2款)。

对于有限责任公司章程的必须记载事项,即绝对记载事项①,《公司法》第25条第1款规定,"有限责任公司章程应当载明下列事项:(一)公司名称和住所;(二)公司经营范围;(三)公司注册资本;(四)股东的姓名或者名称;(五)股东的出资方式、出资额和出资时间;(六)公司的机构及其产生办法、职权、议事规则;(七)公司法定代表人;(八)股东会议认为需要规定的其他事项"。

4. "有公司名称、建立符合有限责任公司要求的组织机构"(23条4项)

公司名称就像自然人的姓名,是公司相互区别的重要标志,也是表示公司营业性质以及组织形式等重要信息的商号,有时还与公司的社会声誉密切相关。就像自然人不能没有姓名一样,公司必须要有自己的名称。所以有限责任公司须有名称也就成了设立的条件之一了。对于公司选定名称,我国坚持的应该是自由选定原则,②但法律基于维护公共秩序,保护公共利益以及交易相对人利益的考量,仍然作了必要的限制,③比如,《公司法》第8条第1款规定,"依照本法设立的有限责任公司,必须在公司名称中标明有限责任公司或者有限公司字样"。

公司组织机构,就是公司这个法人组织的机关,原则上由公司意思决定机构、业务执行机构以及业务执行监督机构等组成。因为具有法人资格的公司,虽然不是有血肉之躯的自然人,但同样是自然人以外的另一大类权利义务主体。公司意志的形成、意志的执行、对外代表公司乃至对公司意志执行的监督等,都要通过公司的组织机构去实现。所以,将"建立符合有限责任公司要求的组织机构"规定为有限责任公司设立的条件之一,对有限责任公司的存续意义重大。各国公司法都对有限责任公司的组织机构作了规定,我国公司法也不例外。至于有限责任公司应该建立的组织机构,及其各自的职权等,将在本章下一节中交代。

5. "有公司住所"(23条5项)

公司住所就是公司主要办事机构的所在地(《公司法》10条),不仅是公司章程的绝对记载事项和注册登记事项,而且是公司开展经营活动(包括与其他公司等的往来)的重要场所。与自然人的住所一样,公司没有住所同样不可想象。所以,"有公司住所"就成了有限责任公司设立的条件之一。

(二)有限责任公司的设立程序

有限责任公司的设立程序,是指设立有限责任公司时,除了必备上述的设立条件外,设立人必须要经过的法律步骤和流程。根据我国《公司法》的规定,有限责任公司设立须履行如下程序:

---

① 章程的绝对记载事项、相对记载事项等的划分,并不是法律所作的划分,而是学界根据法律对不同事项的不同记载要求所作的分类。所谓绝对记载事项,就是指那些法律要求必须记载于公司章程的事项,这些事项都是有关公司根本问题的重大事项,公司章程若缺少任何一项的记载都会导致整个公司章程无效。参见王保树、崔勤之:《中国公司法原理》,第65页;[日]北沢正啓:《会社法》,第75条。

② 当然,也有学者认为,我国采用的既不是真实主义,也不是自由主义,而是严格主义。赵旭东:《商法学》,第73页。

③ 详见《企业名称登记管理规定》中的相关规定。

1. 发起人须制定公司章程

如上述,公司章程对公司的存续和运行极为重要,所以既是设立公司的条件和申请设立登记时必备的文件,也是公司法明确规定设立公司的第一道重要程序,即《公司法》第 11 条规定,"设立公司必须依法制定公司章程",并要求"股东共同制定公司章程"(《公司法》23 条 3 项)。公司章程的制定要依公司法所给出的框架进行,即对公司法要求由公司章程规定的事项作出规定外,在不违反法律、法规的前提下,对公司法未作出规定的各种事项作出发起人、股东之间的约定。所以,在本质上公司章程是公司股东共同意志的结晶,对外表示公司的意志。

按照有关管理部门所给出的有限责任公司章程的范本,有限责任公司章程大致由如下名目构成:"总则""公司名称和住所""公司经营范围""公司注册资本""股东的姓名或名称、出资方式、出资额、分期缴付数额及期限""股东的权利和义务""股东转让出资的条件""公司的机构及其产生办法、职权、议事规则""公司的法定代表人""财务会计制度、利润分配及劳动制度""公司解散事由与清算办法""股东认为需要规定的其他事项"等。① 实际上也就是要对上述事项作出规定,其中,必须包括上述的所有绝对记载事项。换言之,公司章程的内容完全可以多于绝对记载事项,但法律所规定的记载事项,即绝对记载事项一项也不得缺少。

2. 股东缴纳出资

如上述,按照公司章程约定认缴的出资额是有限责任公司设立的条件之一,所以,章程制定完成后,股东(发起人)须按章程约定履行出资义务就成了设立有限责任公司的必经程序。尽管取消了注册资本最低限额制度,但股东是否认缴、认缴额以及出资方式、时期等,必须通过章程记载的方式办理相应手续。对于缴纳出资,《公司法》第 28 条规定,"股东应当按期足额缴纳公司章程中规定的各自所认缴的出资额。股东以货币出资的,应当将货币出资足额存入有限责任公司在银行开设的账户;以非货币财产出资的,应当依法办理其财产权的转移手续"。对于股东的出资方式,《公司法》规定,股东可以用货币出资,也可以用实物、知识产权、土地使用权等作价出资(《公司法》27 条 1 款)。此外,《公司法》对股东缴纳出资的违约责任和非货币财产的实际价额低于章程规定价额之间差额的填补连带责任作出了规定(见该法 28 条 2 款、29 条)。②

3. 申请设立登记

申请设立登记,是指公司设立者在具备了上述条件,完成了上述程序后,以提交设立登记申请书等的方式向公司登记机关提出公司设立登记申请的重要法定程序。对这一重要程序我国《公司法》作了明确规定,首先,《公司法》在总则第 6 条中规定,设立公司,应当依法向公司登记机关申请设立登记。对于有限责任公司的设立登记申请,《公司法》第 29 条规定,"股东认足公司章程规定的出资后,由全体股东指定的代表或者共同委托的代理人向公司登记机关报送公司登记申请书、公司章程等文件,申请设立登记"。

---

① 参见中国法制出版社编:《中华人民共和国公司法》(实用版),中国法制出版社 2014 年版,第 169 页以下。
② 需注意的是,2013 年修改前《公司法》对股东(发起人)的缴纳出资程序还规定,可分期缴纳但首次缴纳不得低于注册资本的 20%,股东缴纳出资后还须依法取得验资机构出具的验资证明(见 2013 年修改前《公司法》26 条 1 款,29 条等)。2013 年修改《公司法》配合注册资本登记制度的改革,删除了这些规定。

对于有限责任公司申请设立登记时需要提交的文件,我国《公司登记条例》第20条第2款规定,"申请设立有限责任公司,应当向公司登记机关提交下列文件:(一) 公司法定代表人签署的设立登记申请书;(二) 全体股东指定代表或者共同委托代理人的证明;(三) 公司章程;(四) 股东的主体资格证明或者自然人身份证明;(五) 载明公司董事、监事、经理的姓名、住所的文件以及有关委派、选举或者聘用的证明;(六) 公司法定代表人任职文件和身份证明;(七) 企业名称预先核准通知书;(八) 公司住所证明;(九) 国家工商行政管理总局规定要求提交的其他文件。法律、行政法规或者国务院决定规定设立有限责任公司必须报经批准的,还应当提交有关批准文件。"

需要注意的是,我国《公司法》还规定,法律、行政法规规定设立公司必须报经批准的,应当在公司登记前依法办理批准手续(6条2款),所以,这类有限责任公司申请设立登记时还需提交相关批准文件。另外,上述(七)所说的"企业名称预先核准通知书",在公司的情况下,是由《公司登记条例》所规定的制度。按照该条例的规定,设立有限责任公司时,须向公司登记机关申请拟设立公司名称的预先核准,获得预先核准并发布核准通知书后,依该预先核准名称继续设立准备工作(见该条例17、18、19条)。

4. 登记机关颁发营业执照

这是公司设立的最后程序,顺利通过这一道程序的,公司设立任务完成,公司获得成立,可对外开展经营活动。对公司登记机关向申请者颁发营业执照的程序,我国《公司法》规定,设立公司,应当依法向公司登记机关申请设立登记。符合本法规定的设立条件的,由公司登记机关分别登记为有限责任公司或者股份有限公司;不符合本法规定的设立条件的,不得登记为有限责任公司或者股份有限公司(6条)。依法设立的公司,由公司登记机关发给公司营业执照。公司营业执照签发日期为公司成立日期(7条1款)。[①]

## 第二节 有限责任公司的组织机构

### 一、公司组织机构概述

(一) 公司组织机构的含义

公司是典型的法人组织,尽管不具有自然人一样的血肉之躯,但作为权利义务主体,与自然人并无二致。既然是重要的权利义务主体,自然需要作出自己的意思决定,并将决定付诸行为,甚至需要督查这些行为是否符合自己的意思决定。在公司法人的情况下,自己意思的决定、执行乃至监督都是特定的自然人或者由特定的自然人组成的会议体组织来完成。公司法学等就把这些法所规定的代替公司作出意思决定、执行这些决定并监督执行行为等的自然人或自然人组成的会议体组织叫做公司组织机构,也称公司机关。[②]

(二) 公司组织机构设置所坚持的原则

公司法规定公司内部的组织机构,遵循的是股东权利和利益最大化原则,决策、执行与

---

[①] 有关公司登记机关受理登记申请、审查、核准以及签发营业执照等的详细程序,见《公司登记条例》第50—55条的规定。

[②] 参见[日]前田庸:《公司法入门》,王作全译,第260页。

监督相互制衡原则,公开透明原则以及利益相关者参与经营原则等。股东是公司的终极所有人,公司就是股东以营利为目的而投资设立的商事主体,所以公司组织机构设置要有利于股东行使所有者的权利并能实现股东利益最大化。公司毕竟是共同企业,即社团组织的一种,往往有众多股东参加,加之物质资本与智力资本的分离所导致的经理人阶层的形成等因素,组织机构的分工协作相互制衡已成为现代市场经济社会的基本法则。公司法充分遵循这一法则,在公司的决策、执行以及监督机构间建立了分工协作相互制衡机制。公司的经营行为涉及众多消费者以及交易相对人,保障公司交易公正公平且安全有序极为重要。为此公司法在设计公司组织机构时通过注册登记、定期公示以及报告等制度构建,坚持了公开透明原则。在公司中除了终极所有人股东外,还有大量职工、债权人等存在,维护好这些公司活动参与者的利益也是公司法的宗旨之一,也符合股东利益最大化原则,所以公司法通过在公司相关机构中规定职工代表以及债权人会议等制度,坚持了利益相关者参与经营原则。

(三)公司组织机构的世界统一性与差别化

随着世界统一市场的形成以及经济全球化趋势的加剧,各国公司法有关公司组织机构制度的安排具有日益明显的共通性,主要表现在几乎都按分工协作相互制衡原则,分别规定了公司的意思决策机构、业务执行机构以及业务执行监督机构。但各国因公司及公司法发展的历史以及所面临的国情不同,在具体的组织机构细化、名称、多寡以及功能设计方面仍然存在一定的差异。比如,日本公司法将有限责任公司吸收到股份有限公司中,因而对股份有限公司规定了股东大会、种类股东大会、董事、董事会、会计参与、监事、监事会、会计检查人、委员会、执行官等组织机构[①],我国《公司法》只规定了有限责任公司和股份有限公司两种公司形式,所规定的公司组织机构也比较统一,主要有股东会或股东大会、董事会、经理或执行董事、监事会或监事等。

公司组织机构从如何配置更加合理科学,更能保证公司高效有序运营,实现创立公司的目的并有利于社会整体利益的角度考察时,又称为公司治理结构。公司治理结构的概念和理论自20世纪七、八十年代兴起,旨在实现公司组织机构的现代化、科学化和法治化。[②]

**二、有限责任公司的组织机构**

有限责任公司的组织机构,是指根据公司法的规定,在公司内部所设置的决策机构、执行机构以及监督机构等的总称。与股份有限公司相比,有限责任公司由于规模小,且具有人合性以及封闭性等特征,所以组织机构相对简单并具有一定的灵活性。我国《公司法》规定的有限责任公司的组织机构有股东会、董事会或执行董事、经理、监事会或监事。

(一)股东会

股东会是有限责任公司的最高决策(权力)机构,由全体股东组成,依法决定公司的重大事项。所以我国《公司法》在有限责任公司的组织机构中,首先对股东会的性质和职权、股东会的召集以及股东会的决议等作了明确规定。

---

① 详见《日本公司法》第二编第四章(第295—430条)的规定。
② 有关公司组织机构机构与公司治理结构的关系、公司治理结构的意义等,详见王建文:《商法教程》,第153—154页;赵旭东:《商法学》,第300—301页。

1. 股东会的性质和职权

对于有限责任公司股东会的性质,我国《公司法》第 36 条规定,有限责任公司股东会由全体股东组成。股东会是公司的权力机构,依照本法行使职权。对于股东会依照本法行使的职权,实现了法定化,《公司法》第 37 条规定,"股东会行使下列职权:(一)决定公司的经营方针和投资计划;(二)选举和更换非由职工代表担任的董事、监事,决定有关董事、监事的报酬事项;(三)审议批准董事会的报告;(四)审议批准监事会或者监事的报告;(五)审议批准公司的年度财务预算方案、决算方案;(六)审议批准公司的利润分配方案和弥补亏损方案;(七)对公司增加或者减少注册资本作出决议;(八)对发行公司债券作出决议;(九)对公司合并、分立、解散、清算或者变更公司形式作出决议;(十)修改公司章程;(十一)公司章程规定的其他职权。"

此外,根据《公司法》第 16 条的规定,公司给公司股东或者实际控制人提供担保的,须由股东会作出决议,该公司股东或者实际控制人实行回避制。如果公司章程规定公司给其他企业投资或者给他人提供担保需要股东会作出决议的,那么该类投资或者担保的提供须由股东会作出决议。该类决议为普通决议。

从我国《公司法》的上述规定可知,有限责任公司的股东会,是由全体股东组成的、决定公司重大事项的法定必设机构,是公司的最高意思决定机构,即我国《公司法》所说的权力机构。① 股东会行使上述职权,原则上都要通过股东会会议并作出决议的方式进行,但我国《公司法》也规定了例外情形,即该法第 37 条第 2 款规定,对股东会职权中所列事项股东以书面形式一致表示同意的,可以不召开股东会会议,直接作出决定,并由全体股东在决定文件上签名、盖章。

2. 股东会会议及其召集

按照我国《公司法》的规定,股东会会议分为定期会议和临时会议(39 条 1 款)。对于股东会的定期会议,《公司法》规定,定期会议应当依照公司章程的规定按时召开(39 条 2 款前段),按照我国惯例股东会定期会议每年召开一次,基本上都在每个会计年度结束后举行。对于股东会的临时会议,《公司法》规定,代表 1/10 以上表决权的股东,1/3 以上的董事,监事会或者不设监事会的公司的监事提议召开临时会议的,应当召开临时会议(39 条 2 款后段)。可见,股东会的临时会议只要符合上述提议要件的,可随时召开,但须符合公司法规定的程序,比如提前通知股东的程序等。

对于股东会的召集和主持权人,我国《公司法》规定,首次股东会会议由出资最多的股东召集和主持,依照本法规定行使职权(38 条);有限责任公司设立董事会的,股东会会议由董事会召集,董事长主持;董事长不能履行职务或者不履行职务的,由副董事长主持;副董事长不能履行职务或者不履行职务的,由半数以上董事共同推举一名董事主持(40 条 1 款);有限责任公司不设董事会的,股东会会议由执行董事召集和主持(40 条 2 款);董事会或者执行董事不能履行或者不履行召集股东会会议职责的,由监事会或者不设监事会的公司的监

---

① 对于有限责任公司的股东会是否是公司的常设机构,学者的观点有分歧。有学者认为是常设机构,但也有学者认为是法定必设机构而非常设机构。前者见朱炎生:《公司法》(新版),第 118 页,后者见王建文:《商法教程》,第 156 页。通说认为属于非常设机构。

事召集和主持。监事会或者监事不召集和主持的,代表 1/10 以上表决权的股东可以自行召集和主持(40 条 3 款)。

对于股东会会议的召集和运行程序,《公司法》只是简单地规定,"召开股东会会议,应当于会议召开十五日前通知全体股东;但是,公司章程另有规定或者全体股东另有约定的除外"(41 条 1 款)。"股东会应当对所议事项的决定作成会议记录,出席会议的股东应当在会议记录上签名"(41 条 2 款),将股东会召集和运行的具体程序留给了公司章程或股东间的特别约定,不仅符合具有人合性以及封闭性特征的有限责任公司的实际,也充分体现了公司自治原则。

3. 股东会的决议

(1) 股东的表决权。如上述,股东会尽管是公司的最高决策机构,但为会议体机构,股东会对公司所有法定重大事项的决定,都以股东会决议的方式作出。所以,股东会的决议既是股东行使表决权的载体,也是股东会行使职权,发挥最高决策机构作用的重要方式。股东会的决议通过股东行使表决权,其同意的表决权数达到法定或公司章程规定的要件时得以成立。可见,在股东会决议形成过程中,股东依法行使表决权是关键。

股东的表决权就是股东基于股东资格以及所持有股份比例所享有的,对股东会议决事项进行表决的权利,是股东权的重要组成部分,属于股东权中的共益权(共益权,见本书第??? 页)。对于有限责任公司股东的表决权,我国《公司法》规定,"股东会会议由股东按照出资比例行使表决权;但是,公司章程另有规定的除外"(42 条)。这表明有限责任公司股东的表决权,原则上按照出资比例享有,但考虑到有限责任公司的人合性以及封闭性、股东人数不多等特点,也可由股东通过公司章程进行特别约定,符合公司自治原则。

(2) 股东会决议种类。对于股东会决议的形成,我国《公司法》首先规定,股东会的议事方式和表决程序,除本法有规定的外,由公司章程规定(43 条 1 款)。表明有限责任公司股东会决议形成的程序以及《公司法》所规定的特别决议外的所谓的普通决议的形成要件等,原则上由章程作出规定,同样体现了公司自治原则。① 接着《公司法》明确规定,"股东会会议作出修改公司章程、增加或者减少注册资本的决议,以及公司合并、分立、解散或者变更公司形式的决议,必须经代表 2/3 以上表决权的股东通过"(43 条 2 款)。这一规定的基本内容是,对于上述公司最重要事项的决定,尽管不要求出席股东会议的股东人数比例(法定人数),但有关这些事项的决议须经代表 2/3 以上表决权的股东通过方可成立。学界一般将这种对决议成立要件作了特别规定的股东会决议叫做特别决议,而将对形成要件未作特别规定或要求低于特别要件的股东会决议称为普通决议。

---

① 对于有限责任公司股东会普通决议成立的要件,有教科书认为,经代表 1/2 以上表决权通过即可。朱炎生:《公司法》,第 119 页。对于我国有限责任公司而言,这种观点至少缺乏法律依据。

### 比较法知识3-3

#### 股东（大）会决议与"法定人数"规则

我国《公司法》尽管也规定了股东（大）会的普通决议和特别决议，并对各自的成立要件进行了规定（参见该法43、103条），但准确说对这两种决议仅规定了其成立的表决权数要件，而对理应出席（含代理行使表决权等）会议的股东数，即外国公司法上所说的"法定人数"要件未作相应规定，应该说是制度构建方面的不足，应借鉴发达国家的制度，总结我国实践经验，加以完善。

综观外国公司法，尤其是大陆法系国家公司法的规定，基于以下的法理考量，都相应地对这一要件作出了有一定弹性的规定。从公司法理而言，不管股东（大）会决议以何种要件成立，作为全体股东的共同意志（"多数决原则"），都会对所有股东产生强制效力。所以，为防止少数大股东对多数股东的意志强制，应该对"法定人数"要件作出相应的强制性规定。尤其决定那些影响股东根本利益的公司重大事项的特别决议，更需要以"法定人数"要件保障一定人数的股东参加。但另一方面，股东（大）会作为公司的意思决策机构，尤其要对公司的财务会计预决算案以及董事、监事等的人事任免，根据需要作出决定，保障公司正常运转，避免陷入僵局。但过高或者过于强硬的"法定人数"要件存在导致无法召集股东会议而使公司陷入僵局的风险。所以，"法定人数"要件不宜过高且需具有一定的弹性。

基于上述的法理考量，比如，法国法规定，公司普通股东大会的决议只有持有1/4以上表决权股份的股东（含代表出席者）出席才能作出。如果第一次会议未达到该"法定人数"要件未能召开，只有在规定的期日内（6日）召集第二次会议，则可不要求该"法定人数"要件。而对于特别股东大会（以修改公司章程为主要任务的会议）须持有1/3以上表决权的股东出席，就是召开第二次乃至第三次会议，该"法定人数"要件与上述普通股东大会不同，也必须保持在1/4以上。"如果没有达到这样的法定人数，就应当放弃修改公司章程的计划"，因为"修改章程并不是公司继续存在的必要条件，而仅仅是为了更加方便"。①

再来看看《日本公司法》的相关制度安排。该法首先对股东大会的普通决议要求持有可行使表决权"过半数"的股东出席的"法定人数"要件，当然允许公司章程规定更高的要件，也可通过章程减轻甚至排除该要件，但有关任免董事、监事等的普通决议的该"法定人数"，即便通过公司章程进行减轻，也不得低于1/3。对于股东大会特别决议的"法定人数"要件与普通决议一致，即"过半数"股东出席，而且在2002年《日本商法》修改前，该要件不允许被弱化。但基于外国人股东等不愿意出席会议行使表决权或如此行动有困难的股东的增加，实务界存在放宽该"法定人数"要件的要求，所以2002年《日本商法》修改适当放宽了该要件，并持续至今。需注意的是，通过该修改允许公司可通过章程适当减轻该要件，但明确设定了不得低于1/3的底线，与普通决议仅对董事、监事等的任免设定了相同底线，其他决议事项没有此类底线不同，所有特别决议都得坚守该底线。此外，《日本公司法》还规定了比特别决议要件要求更严格的所谓"特殊决议"，并对此规定了须由可行使表决权股东的半

---

① 〔法〕伊夫·居荣：《法国商法》，罗结珍等译，第330页。

数以上股东出席股东大会的"法定人数"要件,不仅是有关股东大会决议的唯一人头数要件的规定,而且绝不允许任何形式的减轻。①

（3）股东会决议的无效和撤销。我国《公司法》在其总则部分中,与董事会决议一道,对股东（大）会决议的无效和撤销作出了明确规定。对此,我国《公司法》第22条第1款规定,公司股东会或者股东大会、董事会的决议内容违反法律、行政法规的无效。其第2款规定,股东会或者股东大会、董事会的会议召集程序、表决方式违反法律、行政法规或者公司章程,或者决议内容违反公司章程的,股东可以自决议作出之日起六十日内,请求人民法院撤销。其第3款规定,股东依照前款规定提起诉讼的,人民法院可以应公司的请求,要求股东提供相应担保。其第4款规定,公司根据股东会或者股东大会、董事会决议已办理变更登记的,人民法院宣告该决议无效或者撤销该决议后,公司应当向公司登记机关申请撤销变更登记。

我国《公司法》的这些规定,至少表明以下几点:一是股东会等的决议如果其内容违法,当然属于绝对无效,不受主体、时间等的限制,可请求法院判决无效;二是股东会等的程序违法或违反章程,或者决议的内容违反章程的,仅限于股东并在规定的时间内请求法院判决撤销该决议;三是为防止股东滥诉股东会等的决议撤销,法院可根据公司请求（主体限定）要求股东提供担保;四是法院有关股东会等决议的无效或撤销判决具有溯及力。

（二）董事会或执行董事

相对于股东会是公司的最高决策机构,而董事会则是公司的最高业务执行机构,在整个公司的运营体系中处于极其重要的地位,发挥着不可或缺的作用。所以,我国《公司法》在规定了有限责任公司的股东会之后,对有限责任公司的董事会以及小规模有限责任公司的执行董事的性质、职权等同样作了明确规定。

1. 董事会或执行董事的性质和职权

对于董事会的性质和职权,我国《公司法》第44条第1款首先规定,有限责任公司设董事会。接着其第46条规定,"董事会对股东会负责,行使下列职权:（一）召集股东会会议,并向股东会报告工作;（二）执行股东会的决议;（三）决定公司的经营计划和投资方案;（四）制订公司的年度财务预算方案、决算方案;（五）制订公司的利润分配方案和弥补亏损方案;（六）制订公司增加或者减少注册资本以及发行公司债券的方案;（七）制订公司合并、分立、解散或者变更公司形式的方案;（八）决定公司内部管理机构的设置;（九）决定聘任或者解聘公司经理及其报酬事项,并根据经理的提名决定聘任或者解聘公司副经理、财务负责人及其报酬事项;（十）制定公司的基本管理制度;（十一）公司章程规定的其他职权。"

根据上述规定,尤其是"董事会对股东会负责""向股东会报告工作"以及"执行股东会的决议"等规定,结合有限责任公司股东会有关任免董事并决定其报酬、审议批准董事会工作报告等的职权,完全可以说,有限责任公司的董事会,是由全体董事组成的法定必设业务执行机构,也是公司的常设机构。从上述的法定职权看,有限责任公司的董事会主要对股东会负责,执行股东会的决议,具有明显的执行机构的性质。但同时又可对与公司经营管理有

---

① 有关法国公司法的相关规定,详见〔法〕伊夫·居荣:《法国商法》,罗结珍等译,第318—320页,第329—330页;有关日本公司法的相关制度安排,详见〔日〕青竹正一:《新会社法》,第230—232页。另参见《日本公司法》第309条第1—4款、第341条等的规定。

关的重要事项作出决定,比如,上述职权中(三)(八)至(十一)项所规定的职权就属于这类职权。所以,董事会应该是公司"必设和常设的集体业务执行机关和经营意思决定机关"。①

另外,对于那些规模较小的有限责任公司的业务执行机构,我国《公司法》作出了特别规定。其第 50 条第 1 款规定,"股东人数较少或者规模较小的有限责任公司,可以设一名执行董事,不设董事会。执行董事可以兼任公司经理。"该条第 2 款规定,"执行董事的职权由公司章程规定。"由此可做如下判断:一是此类规模较小有限责任公司可以不设董事会,只设一名执行董事即可。换言之,这类有限责任公司的"业务执行和经营意思决定"机构可以是一名执行董事,而非董事会。二是这类有限责任公司的最高业务执行机构(执行董事)与日常业务执行机构(经理)可合二为一,不必分别设立。三是执行董事的职权完全由公司章程作出规定,充分体现了公司自治的原则。但对这里所说的小规模有限责任公司未给出具体的判断标准,也未进行授权性要求,不得不说是立法方面存在的一大问题。

2. 董事会的组成

对于有限责任公司董事会的组成,我国《公司法》第 44 条第 1 款规定,有限责任公司董事会成员为三至十三人。这些成员原则上由股东会任免(参见 37 条 1 款 2 项),但《公司法》结合我国国情也做了例外规定,即《公司法》第 44 条第 2 款规定,"两个以上的国有企业或者两个以上的其他国有投资主体投资设立的有限责任公司,其董事会成员中应当有公司职工代表;其他有限责任公司董事会成员中可以有公司职工代表。董事会中的职工代表由公司职工通过职工代表大会、职工大会或者其他形式民主选举产生。"

对于董事会成员,即董事的任期以及与任期有关事项,我国《公司法》的规定也是明确的。《公司法》第 45 条第 1 款规定,董事任期由公司章程规定,但每届任期不得超过三年。董事任期届满,连选可以连任。其第 2 款规定,董事任期届满未及时改选,或者董事在任期内辞职导致董事会成员低于法定人数的,在改选出的董事就任前,原董事仍应当依照法律、行政法规和公司章程的规定,履行董事职务。需要注意的是,董事任期的最高限为三年,在其上限以下由公司章程自主决定。董事任期的长短,与股东通过股东会对董事信任度的考察密切相关。

对于董事会的负责人问题,我国《公司法》第 44 条第 3 款规定,"董事会设董事长一人,可以设副董事长。董事长、副董事长的产生办法由公司章程规定。"结合其他条款的规定,董事长的主要职权有二:一是通过公司章程规定,有可能成为公司的法定代表人。因为《公司法》第 13 条规定,公司法定代表人依照公司章程的规定,由董事长、执行董事或者经理担任。这条规定本身给法律解释留下了较大空间,但从我国改革开放以来公司立法的演进以及现实的一般做法看,有限责任公司只要设董事长自然就是公司法定代表人。二是召集和主持董事会。应该按照我国的传统习惯,董事长召集并主持董事会,是一项重大的职权。至于董事长还应该享有哪些职权,尽管公司法未授权公司章程,但只要不违反公司法的精神,公司章程可以对董事长的其他职权作出规定。

---

① 王建文:《商法教程》,第 164 页。尽管日本公司法学者对公司董事会概念的界定呈现出多样化趋势,但都认为从本质而言,公司董事会是由公司全体董事组织,对公司业务执行作出意思决定的同时,对董事的业务执行进行监督的公司必设机构。参见〔日〕北泽正启:《会社法》,第 380 页;〔日〕前田庸:《公司法入门》,王作全译,第 347 页;〔日〕神田秀树:《会社法》,第 210 页等。

3. 董事会的召集等运行程序

对于董事会的召集等运行方面的程序,我国《公司法》规定,董事会会议由董事长召集和主持;董事长不能履行职务或者不履行职务的,由副董事长召集和主持;副董事长不能履行职务或者不履行职务的,由半数以上董事共同推举一名董事召集和主持(47条),董事会应当对所议事项的决定作成会议记录,出席会议的董事应当在会议记录上签名(48条2款)。董事会决议的表决,实行一人一票(48条3款)。至于董事会的其他议事方式和表决程序,《公司法》规定,除本法有规定的外,由公司章程规定(48条1款)。可见,比如董事会召集通知的发送、董事会会议是否分为例会和特别会议、董事会决议如何形成、董事不能出席会议时的措施以及董事如何对董事会决议承担责任等,都可以由公司章程作出规定,赋予了有限责任公司更大的自治空间。

董事会决议违法或违反公司章程的后果,如上所述,与股东会决议的情形完全相同,详见《公司法》第22条的规定。

(三) 经理

根据我国《公司法》的规定,有限责任公司的经理,是由董事会聘任或解聘,对董事会负责,主持公司日常生产经营管理工作的内设机构,但有限责任公司是否设经理机构,由公司自主决定,并非法定必设机构。对此,《公司法》明确规定,"有限责任公司可以设经理"(49条1款前段)。如果有限责任公司决定设经理,那么经理如何产生,主要行使哪些职权的问题,我国《公司法》规定,经理由董事会聘任或解聘,列席董事会会议,行使下列职权:"(一) 主持公司的生产经营管理工作,组织实施董事会决议;(二) 组织实施公司年度经营计划和投资方案;(三) 拟订公司内部管理机构设置方案;(四) 拟订公司的基本管理制度;(五) 制定公司的具体规章;(六) 提请聘任或者解聘公司副经理、财务负责人;(七) 决定聘任或者解聘除应由董事会决定聘任或者解聘以外的负责管理人员;(八) 董事会授予的其他职权"(49条1、2款)。但《公司法》同时规定,公司章程对经理职权另有规定的,从其规定(49条3款)。有限责任公司经理的职权主要由公司章程作出规定,公司法有关经理职权的上述规定并非强制性规定,属于弥补公司章程不足的任意性规定。另外,只要有公司章程的规定,经理也可担任公司的法定代表人(见《公司法》13条的规定)。

(四) 监事会或监事

现代公司法有关公司治理结构的制度安排,不仅设置了作为决策机构的股东(大)会,作为公司业务执行机构的董事会或执行董事、经理等,而且作为公司业务执行以及经营管理的监督机构,重点设计了监事会或监事制度。我国《公司法》就有限责任公司,同样作为公司重要的法定必设机构,规定了监事会或监事,并对其的性质、职权以及监事会的组成和运行程序等作出了明确规定。

### 比较法知识3-4

### 德国法上独特的监事会制度

德国在有关企业公司立法政策的选择方面,通过在监事会中实现"企业员工共同参与决定"的机制构建,一向存在对企业公司员工予以特别关注的习惯。正如德国公司法学者所言,"企业员工共同参与决定领域中的现有法律状况是一个长期的历史发展结果。法律规定是法律政策上的妥协产物。"在德国立法者看来,平衡资本、劳动以及经营管理三者之间的关系,对于企业公司的存续发展尤为重要。因为,"员工利益对企业管理具有重要意义,这在结论上是没有争议的""监事会也由员工代表组成,这具有很高的象征性价值"。① 德国法上的监事会制度所包含的价值理念,对我国公司法制度的建设,具有重要借鉴价值。

应该说,基于这样的立法价值判断和政策选择,德国法律构建了比较独特的公司监事会制度,通过该项制度实现了"员工共同参与决定"的立法构想。在德国,有关公司监事会设置的法律,除了《德国股份法》(1965年)和《德国有限责任公司法》(1892年)外,最主要的有1951年制定的《煤炭钢铁员工共同参与决定法》、1976年制定的《员工共同参与决定法》和2004年制定的《三分之一共同参与决定法》。从法律职能分工看,《德国股份法》和《德国有限责任法》当然分别管辖各自的监事会设置,当公司的员工达到相应规模时,必须按照有关"员工共同参与决定"的相关法律的规定,按照其中某一部法的要求设置监事会,但《煤炭钢铁员工共同参与决定法》属于这类法律中的特别法,优先适用。

综合看,根据上述法律的制度安排,德国法上的公司监事会制度具有如下的独特性:

1. 只要公司员工数未达到"员工共同参与决定"相关法所规定的规模,监事会设置在有限责任公司属于任意性机构,而在股份有限公司则属于必设机构。

2. 当有限责任公司的员工数达500人以上时,监事会也就成了该公司必设机构,"不可以通过章程或者合同进行偏离性的规定"。不过,只要其员工数在2000人以下,有限责任公司的监事会只享有对经营者业务执行的监督权,而不享有公司董事的任免权。而股份有限公司的监事会与员工人数无关,均享有业务执行监督权和董事任免权。

3. 不管是有限责任公司还是股份有限公司,只要不属于煤炭钢铁领域,其员工数在500人以上2000人以下时,适用《三分之一共同参与决定法》的规定,监事会成员的三分之一必须的员工代表,为此其监事会成员的底线数为3人且总数须是以3能够整除的数额。而当员工数达2000人以上时,则适用《员工共同参与决定法》的规定,监事会由股东代表和员工代表等额组成,且员工数不超过1万人的公司,各有6名股东代表和员工代表组成监事会,员工数1万以上不过2万人的公司,各有8名代表组成,员工数超过2万人的公司,各有10名代表组成监事会。

4. 煤炭钢铁行业员工数超过1000人的公司(有限责任公司和股份有限公司),则作为上述《三分之一共同参与决定法》和《员工共同参与决定法》等的特别法,优先适用《煤炭钢

---

① 见〔德〕格茨·怀可等:《德国公司法》,殷盛译,第503、504、505页。

铁员工共同参与决定法》等,原则上股东代表与员工代表等额组成监事会,职责同样是任免董事和持续监督董事会的业务执行。①

1. 监事会或监事的性质

对于有限责任公司的监事会或监事的性质,我国《公司法》首先明确规定,有限责任公司设监事会。股东人数较少或者规模较小的有限责任公司可以不设监事会,但须设一至二名监事。不仅如此,我国《公司法》还从公司财务会计检查、对公司董事及高级管理人员等的职务履行监督、对违法以及违反公司章程或股东会等决议的董事等的罢免建议、临时股东会召集提议权或召集主持权、对董事以及高级管理人员的起诉权以及对业务执行者违法性的调查权等方面,规定了监事会或监事所享有的广泛的监督权(见53、54条等)。所以,有限责任公司的监事会或监事,是法定的公司内部的必设且常设机构,是主要履行对公司业务经营活动实施全面监督职能的专门监督机构。

2. 监事会或监事的职权

确定监事会或监事的法定性以及必设和常设机构的性质,无疑对于这些机构履行专门监督职能极为重要,可能更为重要的就是合理规定这些监督机构的监督职权。对此我国《公司法》首先进行了列举式的集中规定,其第53条规定,"监事会、不设监事会的公司的监事行使下列职权:(一)检查公司财务;(二)对董事、高级管理人员执行公司职务的行为进行监督,对违反法律、行政法规、公司章程或者股东会决议的董事、高级管理人员提出罢免的建议;(三)当董事、高级管理人员的行为损害公司的利益时,要求董事、高级管理人员予以纠正;(四)提议召开临时股东会会议,在董事会不履行本法规定的召集和主持股东会会议职责时召集和主持股东会会议;(五)向股东会会议提出提案;(六)依照本法第一百五十一条的规定,对董事、高级管理人员提起诉讼;(七)公司章程规定的其他职权。"应该说,我国《公司法》集中规定的有限责任公司监事会或监事的监督权广泛且强有力。不仅包括了正常的对公司财务会计的检查权和对业务执行者职务行为的监督权,而且还包括了对违法、违规业务执行者的罢免建议权、对损害公司利益行为的纠正请求权、临时股东会召集请求权或召集、主持权、股东会提案权以及对违反义务等的业务执行者的起诉权等。此外,还授权公司章程规定其他职权。

为了保证有限责任公司的监事会或监事能够有效行使监督权,《公司法》在上述集中规定的基础上,还规定了监事会或监事的对董事会决议的质询或者建议权以及公司经营活动异常情况下的调查权。对此,《公司法》第54条规定,监事可以列席董事会会议,并对董事会决议事项提出质询或者建议(1款)。监事会、不设监事会的公司的监事发现公司经营情况异常,可以进行调查;必要时,可以聘请会计师事务所等协助其工作,费用由公司承担(2款)。此外,还对监事地位的独立性和履职条件等也做了规定。《公司法》第51条第4款规定,董事、高级管理人员不得兼任监事。其第56条规定,监事会或监事行使职权所必需的费用,由公司承担。

---

① 详见〔德〕格茨·怀可等:《德国公司法》,殷盛译,第329—330、338—340、496、502—515、521页等。另参见《德国有限责任公司法》第52条,《德国股份法》第95、96条,《三分之一共同参与决定法》第4条,《员工共同参与决定法》第1、6、7条、第23条第5款,《煤炭钢铁员工共同参与决定法》第1、2条等的规定。

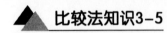

### 监事发挥职能的制度设计

作为专门监督机构的监事会或监事,与作为公司最高意思决策机构的股东会以及作为业务执行机构的董事会等不同,如何使其能同其他机构,尤其与被监督的董事等业务执行机构保持应有的独立性,并能凭借必要的专业能力对公司业务经营活动开展及时而有力的监督,在制度设计上存在一定的难度。

比如,就公司法制度比较发达的日本的历史沿革来看,从1899年《日本商法》诞生到1950年修改,按照《日本商法》的规定,监事享有从财务会计以及公司的业务活动两方面进行监督的权利,但在此次修改前日本连续发生多起因监督不到位的公司恶性事件,当时普遍认为其主要原因在于作为外行的监事根本无法监督公司的业务执行所致,所以此次《日本商法》修改采取了压缩监事职权的做法,将监事缩小为只对财务会计监督的机构,不再享有对公司业务执行活动进行监督的职权了。

但到了1970年代,还是因为监督不力又发生了多起公司恶性事件,所以又通过1974年的《日本商法》等的修改,除了《商法特例法》上规定的小公司外,又恢复了监事可以从财务会计以及业务活动两方面实施监督的权利。当然,此次修法不只是恢复监事以前的权利,而且对强化监事地位的独立性以及监督职能等采取了诸多措施,比如,仅就强化监事的独立性而言,规定除个别大型公司外仍坚守监事独立开展监督的独任制(即不设监事会)、禁止监事兼职以及监事报酬与董事分离等。

此后,强化监事的独立地位以及职权,就成了《日本商法》等修改的主要方向之一。比如,1981年的修法创设了复数监事以及专职监事(即常勤监事)制度,1993年修改将监事的任职年限从2年延长至3年,并对大公司(资本金在5亿日元以上或负债总额在200亿以上的公司)强制规定须成立监事会,监事人数在3人以上且1人以上为独立监事(即社外监事),2001年修法不仅将监事的任职年限延长至4年,而且要求监事会中独立监事须占监事总数的半数以上等。

而且经过2001、2002年的《日本商法》修改以及2005年的《日本公司法》的制定,日本公司立法走向了不再强制公司组织机构的设置,而是将有限责任公司吸收到股份有限公司的组织形式中,并根据股份有限公司的规模和公开程度设计了众多机构模式,由投资人作出选择的立法道路。就作为公司监督机构的监事而言,最简单的公司甚至没有监事,有的公司只有监事,当然也有只有监事会或者监事和监事会并存的公司,以及不设监事而在董事会下面设由董事组成的监查委员会的公司等。但大多情况下只要监事存在,原则上其监查职能涵盖对财务会计的监查和业务执行的监查两个方面。①

---

① 详见〔日〕北沢正啓:《会社法》,第468—470页;〔日〕前田庸:《公司法入门》,王作全译,第370—371页;〔日〕神田秀樹:《会社法》,第174—178页;〔日〕伊藤靖史等:《会社法》,第198页等。

### 3. 监事会的组成

对于有限责任公司监事会的组成，《公司法》规定，监事会的成员不得少于三人(51条1款)，这是对组成成员的下限规定，是否需要超过，属公司自治范围。但监事会应当由股东代表和适当比例的公司职工代表组成，其中职工代表的比例不得低于1/3，具体比例由公司章程规定。监事会中的职工代表由公司职工通过职工代表大会、职工大会或者其他形式民主选举产生(51条2款)。当然，外国的公司法，比如，德国公司法也规定了职工代表进入监事会的制度，但在我国应该说这至少是新中国的传统做法，与我国社会主义制度性质密切相关，也是实现民主管理、民主监督的重要方式。

作为监事会成员的监事，《公司法》规定，监事的任期每届为三年。监事任期届满，连选可以连任(52条1款)。监事任期届满未及时改选，或者监事在任期内辞职导致监事会成员低于法定人数的，在改选出的监事就任前，原监事仍应当依照法律、行政法规和公司章程的规定，履行监事职务(52条2款)。《公司法》还对监事会的负责人作了规定，其第51条第3款规定，通过全体监事的过半数选举，监事会设主席一人。至于是否设副主席及其人数，《公司法》未作规定，也属于公司自治范围的事情，可由公司章程作出规定。

### 4. 监事会运行基本程序

对于会议体的机构来说，制定系统全面且可操作性强的运行程序规则，是保证其实体权利有效行使的关键环节。对于有限责任公司监事会的运行程序，考虑到该类公司的人合性以及封闭性等特征，以及为适应市场主体自治原则日益受到重视和强化的客观需要，《公司法》只做了一些基本规定，大量更细致的程序规则授权于公司章程。首先《公司法》规定，监事会的议事方式和表决程序，除本法有规定的外，由公司章程规定(55条2款)。对于监事会运行的其他程序，《公司法》规定，监事会每年度至少召开一次会议，监事可以提议召开临时监事会会议(55条1款)；监事会主席召集和主持监事会会议；监事会主席不能履行职务或者不履行职务的，由半数以上监事共同推举一名监事召集和主持监事会会议(51条3款)；监事会决议应当经半数以上监事同意而成立(55条3款)；监事会应当对所议事项的决定作成会议记录，出席会议的监事应当在会议记录上签名(55条4款)等。

## 第三节 有关一人有限责任公司和国有独资公司的特别规定

### 一、有关一人有限责任公司的特别规定

简单说，公司就是以营利为目的的社团法人，因而营利性、社团性和法人性就是公司最本质的法律特征。但在公司制度的历史沿革中，这三大特征都遇到了新的挑战。① 其中，一人公司的理论与实践形成了对公司社团性特征的挑战。

---

① 以至于有学者在其所著的教材中，分别使用了"公司社团性之反思与一人公司""公司法人性的维护及其法人格否认"以及"公司营利性目标与公司社会责任的协调"三大标题，分设三章详细分析了这种挑战，见朱慈蕴：《公司法原论》，第24页以下。还有学者以"对传统公司观念的修正"为标题专设一节，从"揭开公司面纱""一人公司"以及"公司的社会责任"三个方面分析了这种挑战，见施天涛：《商法学》，第133页以下。

## (一) 一人公司概述

### 1. 一人公司的概念

所谓一人公司,就是指股东只有一个人的公司。这种意义上的一人公司又可分为形式意义上的一人公司,即的确只有一名股东的公司,以及实质意义上的一人公司,即表面上存在若干名股东,但"真正的股东"只有一人,其余都是为凑够法律规定的人数而出现的"挂名股东"的公司。应该说后者,即实质意义上的一人公司在现实中可能大量存在,但它并不违法,只是在对这种公司适用法人格否认法理时会成为问题。① 所以,一般所言一人公司多指形式意义上的一人公司。从法律对待一人公司的态度而言,如果对设立公司的发起人或股东最低人数不作规定,就意味着认可一人公司的设立。如果对设立公司的发起人或股东人数规定须2人以上,但并不将公司成立后股东成为一人的情形规定为公司解散事由的,即认可公司成立后的一人公司。一般而言,只要从设立阶段认可了一人公司,也就会承认公司成立后的一人公司。②

### 2. 一人公司出现的原因

本来公司是资本集中的最佳形式,即为众人共同出资经营营利性事业所创设的制度体系。最为典型的称谓就是日本法上的"会社"一词,即简明表达了公司为众人汇集而成的社会团体之意,但各国公司法又都纷纷认可了一人公司。对其原因学者们给出了种种答案③,其实,最重要的,也是来自于现实需求的原因有两点,而且这两点都是针对既具有完整的法人性特征,又较彻底地贯彻了有限责任原则的有限责任公司和股份有限公司而出现的需要。一是个人企业或小规模企业想成为有限责任公司或股份有限公司形式的一人公司的强烈需求;二是大型企业或已成立的相当规模的企业,从自身的经营战略出现,将部分业务办成完全独资的子公司的强烈需求。

### 3. 各国公司法对一人公司的认可

由于上述的现实强烈需求,各国公司法为促进公司制度的繁荣和发展,纷纷通过修改公司法等方法承认一人公司的存在。据介绍,最早承认一人公司的是列支敦士登于1925年颁布的《自然人和公司法》,之后几乎主要国家的公司法都给予了认可。美国现在几乎所有州的公司法都承认一人公司,英国从1992年起认可一人公司的设立,德国从1980年起认可一人有限责任公司的设立,从1994年起认可一人股份有限公司的设立,法国尽管从1985年起认可一人有限责任公司的存在,但并未认可一人股份有限公司的存在,等等。④ 不仅如此,由于一人公司只有一个股东的事实,对传统公司法的诸多制度,尤其是有关公司治理结构的制

---

① 参见〔日〕北沢正啓:《会社法》,第15页。

② 比如,日本1899年颁布的《日本商法》至1938年修改为止,对股份有限公司既不认可设立阶段的一人公司(要求发起人不低于7人),也不认可公司成立后的一人公司,因为规定股东成为一人为公司解散事由。但1938年修改时删除了有关股东成为一人为公司解散事由的这条规定,首先承认了公司成立后的一人公司,但仍不认可设立阶段的一人公司。同时,1938年颁布的《有限责任公司法》对两者都持明确的否定态度。1990年的《日本商法》修改采取了对发起人人数不做要求的态度,等于认可了设立阶段的一人公司,同年《有限责任公司法》的修改,不仅采取了对设立公司时的股东人数不作要求的做法,又删除了股东成为一人为公司解散事由的规定,对两者都予以认可。见〔日〕江頭憲治郎:《株式会社法》,第28页注(2);〔日〕龍田節:《会社法大要》,第54页等。

③ 有的学者从社会发展对公司形式多元化的需要、信息化时代对凸显人合性组织的需求以及公司演进存在出现一人公司的规律等方面进行了分析,也有学者认为就是"人们要求扩大'有限责任原则'的适用范围"的结果。前者见朱慈蕴:《公司法原论》,第29—30页,后者见王保树、崔勤之:《中公司法原理》,第116页。

④ 详见王保树、崔勤之:《中公司法原理》,第118—121页;〔日〕江頭憲治郎:《株式会社法》,第28页注(2)。

度等,都是根据公司的社团性特征,即复数股东的存在为前提所设计的制度形成了明显的挑战。所以各国公司法在承认一人公司的同时,又对其作出了诸多特别规定,尽力衔接传统公司制度与一人公司的关系,既有利于一人公司的发展,又不影响传统公司制度的正常运行。

(二) 我国《公司法》上的一人公司

1. 《公司法》有关一人公司规定的沿革

我国现行《公司法》(1993年颁布)在2005年修改前,至少不承认公司设立阶段的一人公司,因为当时的《公司法》对有限责任公司设立时的股东(发起人)人数明确规定"由2人以上50人以下股东共同出资设立"(2005年修改前《公司法》20条1款),对股份有限公司设立时的发起人规定"应当有5人以上为发起人"(2005年修改前《公司法》75条1款)。但并未将公司成立后股东变为一人的情形规定为公司解散事由(2005年修改前《公司法》190、192条),所以,并未禁止公司成立后的一人公司。[①] 但同时结合我国国情,设专节规定了"国有独资公司"(见2005年修改前《公司法》2章3节),因为这类公司的股东也只有一个,即国家,所以也是一人公司的一种。经过2005年的大修改,《公司法》在继续坚持不禁止公司成立后的一人公司和继续保留"国有独资公司"制度的同时,取消了设立有限责任公司时对股东最低人数的要求(见24条),认可了公司设立阶段的一人有限责任公司,并设专节规定了该类一人公司的特别规则(《公司法》2章3节)。2013年底的《公司法》修改,随着所有公司注册资本最低限额制的取消,一人有限责任公司高于普通有限责任公司的注册资本最低限额也被取消,更有利于一人有限责任公司的发展。[②]

2. 一人有限责任公司的概念及其法律适用

(1) 概念。我国《公司法》明确规定,"本法所称一人有限责任公司,是指只有一个自然人股东或者一个法人股东的有限责任公司"(57条2款)。由于《公司法》设专节对"国有独资公司"的概念以及特别规则作了规定,所以,这里所说的一人有限责任公司专指由一个自然人股东或法人股东设立的一人公司,显然不包括"国有独资公司"。

(2) 法律适用。对于一人有限责任公司的法律适用问题,《公司法》第57条第1款规定,"一人有限责任公司的设立和组织机构,适用本节规定;本节没有规定的,适用本章第一节、第二节的规定"。这一规定明确了法律适用的基本原则,即在一般法与特别法的关系中,优先适用特别法的规定,特别法没有规定的,适用一般法的规定。《公司法》第2章第1节(有限责任公司的设立)和第2节(有限责任公司的组织机构),相对于第3节(一人有限责任公司的特别规定),显然属于一般法的规定,第3节顾名思义属于特别法规定。所以,就一人有限责任公司而言,优先适用第3节的规定,第3节没有规定的,适用第1、2节的规定。

3. 一人有限责任公司的特别规定

《公司法》在有关一人有限责任公司特别规定的专节中,共设置了7个条款,从公司设立到债权人保护,作出了如下特别规定,形成了有关一人有限责任公司的特别法制度。

(1) 有关设立的特别规定。对于公司设立而言,制定作为公司"根本大法"的公司章程是重要的设立条件之一。对此,《公司法》对一般有限责任公司的要求是,"股东共同制定公

---

① 参见王保树、崔勤之:《中国公司法原理》,第122页。
② 2013年修改前的《公司法》所规定的普通有限责任公司的注册资本最低限额为3万元(见修改前《公司法》26条2款),而一人有限责任公司则为10万元(见修改前《公司法》59条1款)。

司章程"(23条3项),而对股东只有一人的一人有限责任公司来说显然无法实现"共同制定",所以《公司法》的特别规定是"一人有限责任公司章程由股东制定"(60条)。另外,一人公司毕竟是为单个主体利用公司法人格和有限责任原则打开方便之门而形成的公司形态的特殊形式,所以有效防范滥用或恶意利用行为的发生极为重要。为此,《公司法》规定,一个自然人只能投资设立一个一人有限责任公司。该一人有限责任公司不能投资设立新的一人有限责任公司(58条),明确了一个自然人或一个一人有限责任公司只能设立一个一人有限责任公司的禁止性规定。同时为了交易安全,让其交易相对人知晓交易对方为一人公司,《公司法》同样明确规定,一人有限责任公司应当在公司登记中注明自然人独资或者法人独资,并在公司营业执照中载明(59条)。①

(2) 有关组织机构的特别规定。一般来说,公司的组织机构,特别是股份有限公司的组织机构,是以众多股东的存在为前提所设计的制度体系,如何保证股东平等原则的贯彻,并且保证股东自身能够较有效地监督代理人董事等的业务执行的同时,设立专门监督机构进行监督等,是公司组织机构设计的核心内容。但这些基本制度精神对股东只有一人的公司,即一人有限责任公司来说无法实施。所以只能做特别处理。为此,《公司法》第61条规定,"一人有限责任公司不设股东会。股东作出本法第三十七条第一款(有关股东会职权的规定)所列决定时,应当采用书面形式,并由股东签名后置备于公司"。另外,一人有限责任公司显然符合《公司法》第50条第1款和第51条第1款中所说的"股东人数较少或者规模较小的有限责任公司",所以,可以不设董事会和监事会,只设一名执行监事,一至二名监事即可,且执行董事可兼任公司经理。

(3) 有关保护债权人等的特别规定。如上所述,公司的治理结构,本来是一个由股东(大)会、董事会以及监事会之间相互协调更能相互制约的平衡体系,但在一人公司的情况下,这些机构或者没这么齐全或者可能唯一股东身兼数职,这就为其独断专行、为所欲为,甚至恶意利用公司法人格和有限责任原则侵害他人权益留下了较大空间。正如有学者所描述的,"一人股东极易'为所欲为'地混同公司财产和股东财产,将公司财产挪作私用,给自己支付巨额报酬,同公司进行自我交易,以公司名义为自己担保或借贷,甚至行欺诈之事逃避法定义务、契约义务或侵权责任等。这诸多的弊害实则是对法人制度中原本确立的利益平衡体系的一种破坏,对有限责任制度的合理性构成了威胁,并严重背离法律的公平、正义价值目标"。② 为了防止一人有限责任公司可能出现的这些弊端,更好地保护债权人等的利益,《公司法》首先对一人有限责任公司的年度财务会计报表规定了法定审计制度,其第62条规定,"一人有限责任公司应当在每一会计年度终了时编制财务会计报告,并经会计师事务所审计"。此外,还对特殊情况下的一人股东的连带责任作出了明确规定,即《公司法》第63条规定,"一人有限责任公司的股东不能证明公司财产独立于股东自己的财产的,应当对公司债务承担连带责任"。其实,对于股东的这类连带责任,《公司法》第20条第3款就明确规定,公司股东滥用公司法人独立地位和股东有限责任,逃避债务,严重损害公司债权人利

---

① 2013年修改前,《公司法》对一人有限责任公司设立时的注册资本最低限额规定了高于一般有限责任公司的标准(10万元,而一般有限责任公司为3万元),且要求股东一次性足额缴纳,而一般有限责任公司的股东可分期缴纳(见修改前《公司法》26条1款、59条1款)。2013年修改《公司法》取消了注册资本实缴登记制,确立了认缴登记制,并且取消了注册资本最低限额制(修改后《公司法》26条等),才使一人有限责任公司在这一点上与一般有限责任公司保持了一致。

② 王保树:《商法》,第148—149页。

益的,应当对公司债务承担连带责任。但相比较而言,在第 20 条第 3 款的情况下,举证责任显然在受侵害的债权人一方,而第 63 条实行了举证责任的倒置,必须由一人股东举证,显然加重了一人股东的举证责任,有利于债权人的保护。

**二、有关国有独资公司的特别规定**

国有独资公司,毫无疑问是我国国有企业进行公司制改革的产物,由我国 1993 年颁布的《公司法》正式创立了国有独资公司法律制度。显然,这种制度形式是不便吸收其他资本仍由国家独家投资经营的需要和有效利用公司制度优越性的需要有机结合的结果。但这种公司毕竟是一般公司的一种特殊形式,法律需要对其作出特别规定,我国《公司法》第二章第四节就属于这种特别规定。

(一) 国有独资公司概述

1. 国有独资公司的概念与特征

(1) 概念。对于国有独资公司的概念,我国《公司法》第 64 条第 2 款规定,"本法所称国有独资公司,是指国家单独出资、由国务院或者地方人民政府授权本级人民政府国有资产监督管理机构履行出资人职责的有限责任公司"。从《公司法》的这一概念界定可以看出,国有独资公司首先是国家作为唯一股东投资设立的公司,其组织形式为有限责任公司。由于股东只有一个,显然也属于一人公司的一种。其次这种公司不是那种由出资人,即股东亲自履行其职责的公司,而是由国务院或地方政府代表国家授权于本级政府的国有资产管理机构代为履行出资人职责的一种特殊公司。

需要注意的是,这种比较清晰的概念界定,是通过 2005 年《公司法》修改才实现的。修改前《公司法》的规定是,"本法所称国有独资公司是指国家授权投资的机构或者国家授权的部门单独投资设立的有限责任公司"(见 2005 年修改前《公司法》64 条 1 款)。相比较,修改前规定的最大问题是这种公司的股东到底是国家还是国家授权的投资机构或部门,并不清楚。另外,也未明确由谁履行股东的权利和职责。而修改后的界定解决了这些问题,非常明确地规定,国家是这种公司的唯一股东,股东的职责首先由国务院或者地方政府代表国家履行,但为了保证实行"政企分开",又由国务院或者地方政府授权本级政府的国有资产管理机构专门代为履行,实际上形成了正如有学者所说的代理与复代理的关系。[①]

(2) 特征。从上述有关国有独资公司的概念界定中可知,国有独资公司具有如下显著特征:一是这种公司是公权力主体为唯一股东的公司,有别于非公权力主体为唯一股东的公司。二是这种公司是公权力主体为唯一股东的有限责任公司,有别于以自然人或一般法人组织为唯一股东的有限责任公司,即有别于我国《公司法》所规定的"一人有限责任公司"。[②]三是这种公司是公权力主体为唯一股东,股东职责履行又形成了较复杂代理关系的一人公

---

[①] 对此,有学者明确指出,2005 年修改后的《公司法》首先明确了国有独资公司的股东是国家,而不是国家授权投资的机构或部门。其次明确了国有独资公司的代理人是国务院或者地方人民政府,其复代理人是国务院或者地方人民政府授权的本级人民政府的国有资产监督管理机构。见刘俊海:《现代公司法》,第 721 页。

[②] 但有学者认为,《公司法》上的"一人有限责任公司"是种概念,而"国有独资公司"为属概念。因此,有关一人有限责任公司的法律规定为一般规定,而有关国有独资公司的法律规定为特别规定,由此应坚持一般法与特别法的适用原则。遗憾的是 2005 年修改《公司法》未能做到这一点,导致法律适用会出现不必要的漏洞。故"建议未来公司法修改时,将一人公司制度作为国有独资公司补充适用的一般法律制度"。见刘俊海:《现代公司法》,第 721 页。

司,有别于原则上由唯一股东直接履行股东职责的一般一人公司。

2. 国有独资公司的法律适用

对于国有独资公司的设立和组织机构的法律适用问题,《公司法》采取的态度与一人有限责任公司的情形相同,即《公司法》第 64 条第 1 款规定,国有独资公司的设立和组织机构,适用本节规定;本节没有规定的,适用本章第一节、第二节的规定。很显然,《公司法》第二章第一、二节的规定属于一般法规则,而第四节的规定属于特别法规则。在涉及国有独资公司的设立和组织机构时,优先适用特别法规则,即第四节的特别规定,第四节没有规定的,适用一般法规则,即第二章第一、二节的规定。

需要注意的是,从我国现行《公司法》的结构和条款内容看,第二章第三节有关"一人有限责任公司的特别规定"与第四节有关"国有独资公司的特别规定"之间,不是种属关系,也不是一般法规则与特别法规则的关系,似乎是一种并行关系,即规定了两种不同的一人公司形式。但如上述,有权威学者认为,国有独资公司实际上也是一人有限责任公司的一种,所以,相对于第二章第三节"一人有限责任公司的特别规定"而言,第二章第四节"国有独资公司的特别规定"是特别法律规范,而第二章第三节是一般法律规范,应该明确一般法律规范的补充适用地位。但到底如何认识,需进一步研究。

在有关国有独资公司设立和组织机构的法律适用方面,还需要注意的是对所谓国有独资公司的正确界定。因为,唯有国有独资才能适用《公司法》为其所作的特别规定,否则不得适用。对此,根据《公司法》对国有独资公司概念的界定,有学者认为,唯有国家单独出资且只有一个国有资产管理机构履行出资人职责的公司,才是国有独资公司,如果由两个国有资产管理机构履行出资人职责,就变成一般有限责任公司了,不得适用上述的特别规定。另外,国有独资公司单独投资设立的有限责任公司,属于一个法人股东设立的"一人有限责任公司",可适用有关"一人有限责任公司"的特别规定,但不得适用有关国有独资公司的特别规定,换言之,国有独资公司不得再设立相同的国有独资公司。①

(二) 有关国有独资公司设立和组织机构的特别规定

总体而言,《公司法》对于国有独资公司设立的特别规定很少,仅对其的公司章程制定作了特别规定,即《公司法》第 65 条规定,国有独资公司章程由国有资产监督管理机构制定,或者由董事会制定报国有资产监督管理机构批准。这显然与一般有限责任公司的"股东共同制定公司章程"(23 条 3 项)的规定不同,属于特别规定,国有独资公司设立的其他条件和程序,按照一般法的规定执行,无特别要求。因此,有关国有独资公司设立和组织机构的特别规定全部集中于国有独资公司的组织机构方面了,大致内容如下:

1. 股东会及其股东会职权行使的特别规定

对于国有独资公司的股东会及其职权的行使,《公司法》第 66 条规定,国有独资公司不设股东会,由国有资产监督管理机构行使股东会职权。国有资产监督管理机构可以授权公司董事会行使股东会的部分职权,决定公司的重大事项,但公司的合并、分立、解散、增加或者减少注册资本和发行公司债券,必须由国有资产监督管理机构决定;其中,重要的国有独资公司合并、分立、解散、申请破产的,应当由国有资产监督管理机构审核后,报本级人民政府批准(1 款)。前款所称重要的国有独资公司,按照国务院的规定确定(2 款)。

---

① 参见王保树:《商法》,第 150 页;刘俊海:《现代公司法》,第 722 页。

从上述规定可知,一是国有独资公司不设股东会,《公司法》规定的股东会的职权(37条),由国有资产监督管理机构行使,这是基本原则。

二是根据经营管理的需要,国有资产监督管理机构可将股东会的部分职权授予董事会行使,但其中的公司合并、分立、解散、增减注册资本和发行公司债券等,这些公司最基本的事项不能授权给董事会,须由国有资产监督管理机构亲自决定。

三是对一些重要的国有独资公司(哪些属于这类公司按国务院的规定确定)的合并、分立、解散、申请破产的,国有资产监督管理机构都不能作出决定,而是经其审核后,报本级人民政府批准。

可见,国有独资公司不设股东会,股东会的职权可根据需要,由三个组织机构,即国有资产监督管理机构、董事会以及本级人民政府分工行使,对行使的原则和职权分工的规定是清楚的。

2. 有关董事会、经理的特别规定

(1) 国有独资公司的董事会。有关国有独资公司的董事会,《公司法》第 67 条明确规定,国有独资公司设董事会,依照本法的规定(46、66 条)行使职权。董事每届任期不得超过三年。董事会成员中应当有公司职工代表(1 款)。董事会成员由国有资产监督管理机构委派;但是,董事会成员中的职工代表由公司职工代表大会选举产生(2 款)。董事会设董事长一人,可以设副董事长。董事长、副董事长由国有资产监督管理机构从董事会成员中指定(3款)。与《公司法》有关一般有限责任公司的相关规定相比,

国有独资公司的董事会有以下特点:一是国有独资公司的董事会除了行使《公司法》规定的一般有限责任公司董事会的职权(46 条)外,还可根据《公司法》第 66 条的规定,即根据国有资产监督管理机构的授权行使股东会的部分职权,属于特别规定。

二是董事会成员中,职工代表以外的成员,不是股东会任免(参照 37 条 1 款 2 项),而是由国有资产监督管理机构委派,而且作为必设的董事长一人和任意设置的副董事长,也不是由公司章程规定(参照 44 条 3 款),而是同样由国有资产监督管理机构从董事会成员中指定,也属于特别规定。

需要注意的是,经国有资产监督管理机构授权董事会可行使的股东会的部分职权如何确定,《公司法》未给出明确答案,只能依靠法律解释了,但可作如下逻辑分析:一是《公司法》明确规定须由国有资产监督管理机构亲自决定,或报送本级人民政府批准的那些职权显然不能授权。二是与董事存在利害关系的股东会职权,如董事的任免以及报酬决定等职权(《公司法》37 条 1 款 2 项)不能由董事会行使,以及董事会自己不能行使的职权,如审议批准董事会、监事会报告(《公司法》37 条 1 款 3、4 项)等职权也不能授权。

三是这样一来董事会在国有资产监督管理机构授权下能够行使的股东会的职权,也就剩下与公司经营管理有关的事项了。比如,决定公司的经营方针和投资计划、审议批准公司的利润分配方案和弥补亏损方案、修改公司章程(《公司法》37 条 1 款 1、6、10 项)等。就是这几项职权,最终能否行使还是取决于国有资产监督管理机构能否授权。

(2) 国有独资公司的经理。对于国有独资公司的经理,《公司法》第 68 条规定,国有独资公司设经理,由董事会聘任或者解聘。经理依照本法第四十九条规定行使职权(1 款)。经国有资产监督管理机构同意,董事会成员可以兼任经理(2 款)。可见,经理由董事会聘任或者解聘,行使《公司法》第 49 条第 1 款所规定的经理职权等,与一般有限责任公司的情形

相同,所不同的是国有独资公司的经理是必设机构,而不像一般有限责任公司的经理是任意机构(见《公司法》49条1款)。另外,只有小规模或股东人数较少有限责任公司的执行董事可兼任公司经理(《公司法》50条1款),而国有独资公司的情况下,只有国有资产监督管理机构同意时董事会成员才能兼任经理。

此外,《公司法》对一般有限责任公司的董事会成员以及高级管理人员在公司以外的兼职未作规定,但有关国有独资公司特别规定的《公司法》第69条却明确规定,国有独资公司的董事长、副董事长、董事、高级管理人员,未经国有资产监督管理机构同意,不得在其他有限责任公司、股份有限公司或者其他经济组织兼职。对国有独资公司的董事会成员以及高级管理人员等的公司外兼职作出了较严格的规定。①

3. 有关监事会的特别规定

对于国有独资公司的监事会,《公司法》第70条规定,"国有独资公司监事会成员不得少于五人,其中职工代表的比例不得低于1/3,具体比例由公司章程规定(1款)。监事会成员由国有资产监督管理机构委派;但是,监事会成员中的职工代表由公司职工代表大会选举产生。监事会主席由国有资产监督管理机构从监事会成员中指定(2款)。监事会行使本法第五十三条第(一)项至第(三)项规定的职权和国务院规定的其他职权(3款)"。国有独资公司的监事会为法定必设机构、成员中须有公司职工代表且其所占比例不得低于1/3,以及职工代表的产生方法等的规定,与一般有限责任公司的情形是相同的。而国有独资公司监事会成员不得少于五人(一般有限责任公司不得低于三人,见《公司法》51条1款)的规定,监事会成员中职工代表以外的成员由国有资产管理机构委派(一般有限责任公司由股东会任免,见《公司法》37条1款2项)的规定,监事会主席由国有资产监督管理局机构从监事会成员中指定(一般有限责任公司的由全体监事过半数选举产生,见《公司法》51条3款)的规定,以及有关监事会职权的规定,不同于一般有限责任公司的相关规定,属于特别规定。其中,对于国有独资公司监事会的职权,按照《公司法》的规定,首先应当行使《公司法》第53条第1项至第3项所规定的职权,即行使① 检查公司财务;② 对董事、高级管理人员执行公司职务的行为进行监督,对违反法律、行政法规、公司章程或者股东会决议的董事、高级管理人员提出罢免的建议;③ 当董事、高级管理人员的行为损害公司的利益时,要求董事、高级管理人员予以纠正这三项职权。此外,国有独资公司的监事会还可行使国务院规定的其他职权,但具体指向并不清楚。②

**【司法考试真题】**

**3-1** 案情:甲、乙、丙、丁、戊拟共同组建一有限责任性质的饮料公司,注册资本200万

---

① 其实,这是2005年修改时所作的新规定,修改前《公司法》只是规定未经国家授权的投资机构或部门的同意,董事会成员及高级管理人员不得兼任其他公司或经济组织的负责人(见2005年修改前《公司法》70条的规定),几乎并不禁止兼任其他公司等的一般职员。显然,2005年修改后的规定更加严格了,甚至有学者将这种更加严格的规定称为"国有独资公司负责人的专任原则"。详见王保树、崔勤之:《中国公司法原理》,第130页。

② 有学者认为,可能指的是2000年3月国务院发布实施的《国有企业监事会暂行条例》所规定的监事会的职权。该《条例》第5条规定,"监事会行使下列职权:(一) 检查企业贯彻执行有关法律、行政法规和规章制度的情况;(二) 检查企业财务,查阅企业的财务会计资料及企业经营管理活动有关的其他资料,验证企业财务会计报告的真实性、合法性;(三) 检查企业的经营效益、利润分配、国有资产保值增值、资产运营等情况;(四) 检查企业负责人的经营行为,并对其经营管理业绩进行评价,提出奖惩、任免建议"。参见王保树:《商法》,第152页;朱炎生:《公司法》,第131页注①。

元,其中甲、乙各以货币60万元出资;丙以实物出资,经评估机构评估为20万元;丁以其专利技术出资,作价50万元;戊以劳务出资,经全体出资人同意作价10万元。

问题:在公司组建过程中,各股东的出资是否存在不符合公司法的规定之处?为什么?(2003年)

**3-2** 刘、关、张约定各出资40万元设立甲有限公司,因刘只有20万元,遂与张约定由张为其垫付出资20万元。公司设立时,张以价值40万元的房屋评估为60万元骗得验资。后债权人发现甲有限公司注册资本不实。甲有限公司欠缴的20万元出资应如何补交?(  )(2005年)

A. 应由刘补交20万元,张、关承担连带责任
B. 应由张补交20万元,刘、关承担连带责任
C. 应由刘、张各补交10万元,关承担连带责任
D. 应由刘、关各补交10万元,张承担连带责任

**3-3** 甲、乙二公司与刘某、谢某欲共同设立一注册资本为200万元的有限责任公司,他们在拟定公司章程时约定各自以如下方式出资。下列哪些出资是不合法的?(  )(2006年)

A. 甲公司以企业商誉评估作价80万元出资
B. 乙公司已获得的某知名品牌特许经营权评估作价60万元出资
C. 刘某以保险金额为20万元的保险单出资
D. 谢某以设定了抵押担保的房屋评估作价40万元出资

**3-4** 甲、乙、丙共同组建一有限责任公司。公司成立后,甲将其20%股权中的5%转让给第三人丁,丁通过受让股权成了公司股东。甲、乙均按期足额缴纳出资,但发现丙出资的机器设备的实际价值明显低于公司章程所确定的数额。对此,下列哪些表述是错误的?(  )(2010年)

A. 由丙补交其差额,甲、乙和丁对其承担连带责任
B. 丙应当向甲、乙和丁承担违约责任
C. 由丙补交其差额,甲、乙对其承担连带责任
D. 丙应当向甲、乙承担违约责任

**3-5** 甲、乙、丙、丁、戊五人共同组建一有限公司。出资协议约定甲以现金10万元出资,甲已缴纳6万元出资,尚有4万元未缴纳。某次公司股东会上,甲请求免除其4万元的出资义务。股东会五名股东,其中四名股东同意,投反对票的股东丙向法院起诉,请求确认该股东会决议无效。对此,下列哪一表述是正确的?(  )(2010年)

A. 该决议无效,甲的债务未免除
B. 该决议有效,甲的债务已经免除
C. 该决议须经全体股东同意才能有效
D. 该决议属于可撤销,除甲以外的任何一股东均享有撤销权

**3-6** 甲乙丙三人拟成立一家小规模商贸有限责任公司,注册资本为8万元,甲以一辆面包车出资,乙以货币出资,丙以实用新型专利出资。对此,下列哪一表述是正确的?

( )（2010 年）

    A. 甲出资的面包车无需转移所有权,但须交公司管理和使用

    B. 乙的货币出资不能少于 2 万元

    C. 丙的专利出资作价可达到 4 万元

    D. 公司首期出资不得低于注册资本的 30%

**3-7** 甲、乙、丙、丁计划设立一家从事技术开发的天际有限责任公司,按照公司设立协议,甲以持有的君则房地产开发有限公司 20% 的股权作为出资。下列哪些情形会导致甲无法全部履行其出资义务?( )（2011 年）

    A. 君则公司章程中对该公司股权是否可用作对其他公司的出资形式没有明确规定

    B. 甲对君则公司尚未履行完毕其出资义务

    C. 甲已将其股权出质给其债权人戊

    D. 甲以其股权作为出资转让给天际公司时,君则公司的另一股东已主张行使优先购买权

**3-8** 甲、乙、丙、丁拟设立一家商贸公司,就设立事宜分工负责,其中丙负责租赁公司运营所需仓库。因公司尚未成立,丙为方便签订合同,遂以自己名义与戊签订仓库租赁合同。关于该租金债务及其责任,下列哪些表述是正确的?( )（2011 年）

    A. 无论商贸公司是否成立,戊均可请求丙承担清偿责任

    B. 商贸公司成立后,如其使用该仓库,戊可请求其承担清偿责任

    C. 商贸公司成立后,戊即可请求商贸公司承担清偿责任

    D. 商贸公司成立后,戊即可请求丙和商贸公司承担连带清偿责任

**3-9** 张三、李四、王五成立天问投资咨询有限公司,张三、李四各以现金 50 万元出资,王五以价值 20 万元的办公设备出资,张三任公司董事长,李四任总经理。公司成立后,股东的下列哪些行为可构成股东抽逃出资的行为?( )（2011 年）

    A. 张三与自己所代表的公司签订一份虚假购货合同,以支付货款的名义,由天问公司支付给自己 50 万元

    B. 李四以公司总经理身份,与自己所控制的另一公司签订设备购置合同,将 15 万元的设备款虚报成 65 万元,并已由天问公司实际转账支付

    C. 王五擅自将天问公司若干贵重设备拿回家

    D. 3 人决议制作虚假财务会计报表虚增利润,并进行分配

**3-10** 2014 年 5 月,甲乙丙丁四人拟设立一家有限责任公司。关于该公司的注册资本与出资,下列哪些表述是正确的?( )（2014 年）

    A. 公司注册资本可以登记为 1 元人民币

    B. 公司章程应载明其注册资本

    C. 公司营业执照不必载明其注册资本

    D. 公司章程可以要求股东出资须经验资机构验资

# 第四章

# 股份有限公司的设立和组织机构

## 第一节 股份有限公司的设立

股份有限公司的概念和特征,本书已在公司的分类部分做了较详尽交代,在此不再赘述。但还需要注意的是,与其他公司组织形式,尤其是最相近的有限责任公司相比,股份有限公司从其诞生时,就是一种适合大型企业的公司形式,而且规范和促进股份有限公司发展的公司法,通过更加彻底地贯彻法人格特征和有限责任原则,创立以资本的等额股份化为基础的股份资本证券化和自由流动制度等,使股份有限公司成为最具制度优势的公司组织形式,并发展成了通常由大型企业采用、资本额巨大、股东众多、开放程度高、治理结构规范以及投资风险最小且效率高的公司形式。[①] 也正因为如此,股份有限公司往往涉及众多主体的利益,对社会经济生活影响极大。所以,包括我国《公司法》在内,各国法律都对其规定了较严格的设立条件和较为复杂的设立程序,并明确了以发起人为主的设立者的法律责任。

**一、股份有限公司的设立条件**

对于股份有限公司的设立条件,我国《公司法》同样以列举方式做了明确规定,除了公司的住所等个别条件,其含义及其要求基本与有限责任公司的情形相同外,其他设立条件其内容更加丰富,要求更加具体、严格。我国《公司法》第76条规定了设立股份有限公司应当具备的六项条件,其中"有公司住所"这一条件与有限责任公司完全相同,故省略。所规定的其他条件如下:

1."发起人符合法定人数"(76条1项)

严格来讲,公司设立的发起人既是公司设立的策划者,也是设立公司一系列行为的实施者,并为此需要承担相关法律责任的人。[②] 我国《公司法》的规定更加明确,即其第79条规

---

[①] 有学者较详尽地分析了股份有限公司所具有的"信用基础的资合性""资本结构的股份性""股东责任的有限性"以及"资金来源的广泛性"等特征优势。详见覃有土:《商法学》,第172—173页。相类似的分析,参见朱炎生:《公司法》,第137—139页。

[②] 但在国外,比如在日本,公司设立的发起人只指形式意义的发起人,即不管是否实施了相关设立行为,只要作为发起人在公司章程上签名盖章者就是发起人,还是指实质意义上的发起人,即与在章程上是否签名等无关,是实际参与公司设立并实施了相关设立行为的发起人,在学术界存在争论。通说坚持的是形式意义上的发起人概念,而判例几乎坚持的是折中主义立场。参见〔日〕北沢正啓:《会社法》,第72页。

定,"股份有限公司发起人承担公司筹办事务"(1款)。由此可见,有符合法定人数的发起人存在,就成为设立股份有限公司的重要条件之一。根据我国《公司法》的规定,"设立股份有限公司,应当有二人以上二百人以下为发起人"(78条)。其特点是对发起人人数的上下限均作出了规定,这不仅与为了认可设立阶段的"一人公司"而只规定了上限而未规定下限的有限责任公司不同(参见《公司法》24条),也与2005年修改前的《公司法》的规定不同。① 应该说,这对不同规模的股份有限公司的设立,在发起人人数方面留足了空间,有利于股份有限公司的设立。

对于股份有限公司发起人的资格,我国《公司法》只是规定,在二人以上二百人以下的发起人中,"其中须有半数以上的发起人在中国境内有住所"(78条)。这仅是对住所的要求,而非国籍方面的要求。所以,只要符合发起人的上述住所要件,中国人和外国人均可成为发起人。对发起人资格的其他方面,我国《公司法》未作任何限制性规定。所以,自然人不用说,就是法人以及行为能力有欠缺的自然人(未成年人或限制行为能力人),只要符合民法有关这些主体行使权利的要件②,当然能够成为股份有限公司的发起人。如果其他法规对此有不同规定,即限制性规定,那只有根据这些法规与《公司法》的关系进行处理,前提是不能侵犯主体权利平等原则。③

2. "有符合公司章程规定的全体发起人认购的股本总额或者募集的实收股本总额"(76条2项)

股份有限公司是典型的资合公司,即外界对于公司的信赖基础不在于公司的股东等人的身上,而完全在于公司的资产上,尤其对于公司债权人来说,由于信赖基础与人无关,所以公司资产是债权得以实现的最重要担保。股份有限公司的这种资合性特征还表现在公司内部的股东之间。由于股东人数众多,加之股份可自由转让而带来的股东的极大流动性,股东间也不存在信赖关系,股份有限公司就成了典型的资本集合体。从这种意义上讲,确保应有的资本额存在,自然就成了股份有限公司设立的另一个重要条件了。

但我国《公司法》对这一设立条件的规定,在2013年修改前后存在较大差异。对于这一条件本身,2013年修改前《公司法》规定,"发起人认购和募集的股本达到法定资本最低限额"(77条2项),而对于这里所说的法定资本最低限额,2013年修改前《公司法》规定,股份有限公司注册资本的最低限额为人民币五百万元,法律、行政法规对股份有限公司注册资本的最低限额有较高规定的,从其规定(见修改前《公司法》81条3款)。④ 此外,尽管允许发起设立时发起人所认购的股份可分期缴纳,但首次出资额不得低于注册资本的百分之二十,且未缴足前(含注册资本最低限额界限)不得向他人募集(见修改前《公司法》81条1款)。在

---

① 2005年修改前《公司法》第75条第1款规定,设立股份有限公司,应当有5人以上为发起人。
② 《民法通则》第12条规定,10周岁以上的未成年人是限制民事行为能力人,可以进行与他的年龄、智力相适应的民事活动;其他民事活动由他的法定代理人代理,或者征得他的法定代理人的同意。不满10周岁的未成年人是无民事行为能力人,由他的法定代理人代理民事活动。第13条规定,不能辨认自己行为的精神病人是无民事行为能力人,由他的法定代理人代理民事活动。不能完全辨认自己行为的精神病人是限制民事行为能力人,可以进行与他的精神健康状况相适应的民事活动;其他民事活动由他的法定代理人代理,或者征得他的法定代理人的同意。
③ 日本公司法学者的通说认为,公司设立发起人的资格与自然人等的行为能力无关。详见〔日〕加美和照:《新订会社法》,第52页;〔日〕江頭憲治郎:《株式会社法》,第65页等。
④ 这里所说的其他法规,应该多指有关银行、证券、保险、信托以及运输等特殊行业的法规,比如,我国《保险法》第69条规定,"设立保险公司,其注册资本的最低限额为人民币二亿元"。

募集设立时,发起人认购的股份不得少于公司股份总额的35%,但是,法律、行政法规另有规定的,从其规定(见修改前《公司法》85条)。① 应该说,2013年修改前的《公司法》对设立股份有限公司的资本条件的规定比有限责任公司要严格得多。但为了鼓励人们投资兴业,激发市场活力,建立更加完善的社会主义市场经济体制,2013年国家决定改革公司注册资本登记制度。为配合此项改革,2013年底围绕公司注册资本制度对《公司法》进行了修改。首先有关设立股份有限公司资本条件的表述,由原来的"发起人认购和募集的股本达到法定资本最低限额",变为现在的"有符合公司章程规定的全体发起人认购的股本总额或者募集的实收股本总额"了。而且取消了对注册资本最低限额的规定,对股份有限公司设立时的注册资本,实行包括发起人认购额和募集额、出资方式以及出资期限等完全由公司章程规定,由设立登记机关认定的注册资本认购登记制。

对此,现行《公司法》第80条规定,股份有限公司采取发起设立方式设立的,注册资本为在公司登记机关登记的全体发起人认购的股本总额。在发起人认购的股份缴足前,不得向他人募集股份(1款)。股份有限公司采取募集方式设立的,注册资本为在公司登记机关登记的实收股本总额(2款)。在发起人认购股份缴足前不得向他人募集的要求,以及募集设立时的注册资本为实收股本总额的要求,与修改前相同。另外,仍然保留了在募集设立时,发起人所认购的股份不得少于公司股份总数的35%的要求(见《公司法》84条)。当然,法律、法规以及国务院的决定对设立股份有限公司的实缴资本、发起人认购比例以及注册资本最低限额等另有规定的,从其规定(见《公司法》80条3款、84条但书)。

对于发起人以及募集设立时的股份认购人的出资方式,从《公司法》第82条、第83条第1款以及第91条的规定来看,基本坚持《公司法》第27条的规定,即股东可以用货币出资,也可以用实物、知识产权、土地使用权等可以用货币估价并可以依法转让的非货币财产作价出资。但对非货币财产的占比未作规定。另外,《公司法》第83条1款还规定,以发起设立方式设立股份有限公司的,发起人应当以书面形式认足公司章程规定其认购的股份,并按照公司章程规定缴纳出资。以非货币财产出资的,应当依法办理其财产权的转移手续。

3. "股份发行、筹办事项符合法律规定"(76条3项)

应该说,这是股份有限公司设立特有的条件,因为其他形式的公司不存在对外募集和发行股份的问题。但这一条件又属于一般性法律规定,为股份有限公司设立时合法发行股份提供基本法律依据。需要注意的是,股份有限公司设立时发行股份等事宜,不仅要符合《公司法》的规定,还需符合《证券法》等的规定。这些规定既有实体方面,如股份发行原则、条件、方式、价格等方面的规定,也有大量程序方面,如招股、认购、缴纳股款等步骤、方式、方法等方面的规定。

4. "发起人制订公司章程,采用募集方式设立的经创立大会通过"(76条4项)

包括股份有限公司在内所有公司的章程,从实质意义上说,是有关公司组织和活动的根本准则,从形式意义上说,是记载了这些根本准则的书面文件。在我国,公司章程尽管被法律赋予了"对公司、股东、董事、监事、高级管理人员具有约束力"的法律效力(《公司法》11

---

① 比如,我国《保险法》所规定的设立保险公司的条件中,就有一项是"主要股东具有持续盈利能力,信誉良好,最近三年内无重大违法违规记录,净资产不低于人民币二亿元"(68条1项)。这里所说的"主要股东"相当于一般股份有限公司的发起人。

条),但仍属于公司自治规章。在大陆法系国家,作为公司自治规章的公司章程是公司法的重要法源之一。① 很显然,依法有效制定这种意义上的公司章程,同样是设立股份有限公司的重要条件之一。但根据《公司法》的规定,股份有限公司的设立方式有发起设立和募集设立两种(77条1款)。在发起设立时,公司章程由全体发起人共同制定,公司成立后全体发起人就成了公司的全体股东,公司章程也就成了全体股东共同意志的结果。而在募集设立的情况下,除了发起人外,还有通过股份募集而加入的其他股东。所以由发起人共同制定的公司章程不能直接成为全体股东共同意志的结果,只有经过作为募集设立重要程序的创立大会审议通过(见《公司法》90条1款2项),才能成为全体股东共同意志的结果,产生法律所赋予的效力。

对于股份有限公司章程的记载事项,我国《公司法》第81条规定,股份有限公司章程应当载明下列事项:① 公司名称和住所;② 公司经营范围;③ 公司设立方式;④ 公司股份总数、每股金额和注册资本;⑤ 发起人的姓名或者名称、认购的股份数、出资方式和出资时间;⑥ 董事会的组成、职权和议事规则;⑦ 公司法定代表人;⑧ 监事会的组成、职权和议事规则;⑨ 公司利润分配办法;⑩ 公司的解散事由与清算办法;⑪ 公司的通知和公告办法;⑫ 股东大会会议认为需要规定的其他事项。

需注意这些法定记载事项被公司法学者称为公司章程的绝对记载事项。所谓绝对记载事项,是指只要缺少其中的一项,整个公司章程无效。在这些绝对记载事项外,还可以记载大量的相对记载事项和任意记载事项。所谓相对记载事项,是指是否记载对公司章程的效力没有影响,但如果欠缺对该事项的记载,该事项不发生效力。比如有关发起人的报酬以及应由公司承担的设立相关费用等,就属于这类事项。所谓任意记载事项,是指那些可以记载于公司章程,与章程的效力以及事项本身的效力无关的其他事项。比如,股东大会、董事会的召集时期、公司决算的具体时期等,也有很多事项。②

5. "有公司名称,建立符合股份有限公司要求的组织机构"(76条5项)

这一条件从性质而言,与有限责任公司相同,请参照有关有限责任公司设立条件的相关部分。需要注意的是,《公司法》对股份有限公司组织机构的规定更加规范和严格,不仅规定股东大会、董事会、经理以及监事会都是股份有限公司的法定必设机构,而且对这些机构的职权以及相互关系的规定更加具体、严格。有关股份有限公司的组织机构,将在本章第二节中详细分析,在此不再赘述。

### 比较法知识4-1

**日本法对股份有限公司特别设立事项的法规制**

日本公司法为了避免股份有限公司从设立阶段就造成股东间的不公平,甚至出现危害公司财产基础从而损害公司债权人利益的风险,从股份有限公司的众多设立事项中,将有可

---

① 在日本,公司法并未直接规定公司章程的效力,而是规定未接受公证人公证的章程不发生效力(《日本公司法》30条1款)。换言之,公司设立时发起人所制定的章程只有接受了公证后才能对股东等发生约束力。详见〔日〕前田庸:《公司法入门》,王作全译,第25页。

② 有关公司章程记载事项的分类,详见〔日〕神田秀樹:《会社法》,第44页以下。

能存在这种风险,或者存在这种风险概率较高的若干设立事项依法确定为特别设立事项,即日语所说的"变态设立事项",并对这些"变态设立事项"作出了特别法规制,对其中最具重要性的事项还规定了发起人等违反义务所要承担的责任。

首先,根据《日本公司法》的规定,股份有限公司的下列"变态设立事项"若不记载或记录于已取得公证人公证的公司设立时所制作的公司章程,不发生效力:① 金钱以外财产出资人的姓名或名称、该财产及其价额以及对出资人分配的设立时所发行股份的数量;② 约定股份有限公司成立后拟受让的财产、其价额以及转让人的姓名或名称;③ 发起人因股份有限公司成立而获得的薪酬及其他特别利益、发起人的姓名或名称;④ 由成立后的股份有限公司所要承担的设立费用(见《日本公司法》28条、30条的规定)。

其次,根据《日本公司法》的规定,股份有限公司设立时的公司章程所记载的上述"变态设立事项",必须要接受根据发起人的申请由法院所选任的检查官的调查。如果该公司是以发起设立方式设立的,法院根据检查官所提交的调查报告认为存在不合理情形时,可依其职权作出变更公司章程记载的决定。如果公司是以募集设立方式设立的,公司设立时的董事等的调查报告、上述检查官的调查报告以及由律师、注册会计师等所出具的相关证明等,将会一并提交给公司创立大会,该创立大会认为存在不合理情形时可作出变更公司章程相关记载的决议(详见《日本公司法》33条1款、7款、10款3项、87条2款、93条1、2款以及96条等的规定)。

再次,根据《日本公司法》的规定,在上述"变态设立事项"中的"金钱外财产出资"以及"财产受让"两项事项,只要具备下列要件可免除检查官的调查:① 其财产价格总额不超过500万日元;② 其对象财产属于有市场价格的有价证券且公司章程所记载的价额未超过根据法务省令规定的方法所计算出的该有价证券的市场价价格的;③ 由律师、注册会计师、审计法人、税务师等对公司章程所记载财产价额的合理性提供了证明的(《日本公司法》33条10款)。需注意的是,即便如此,公司设立时的董事等仍然负有对①和②公司章程所记载价额是否合理,对③所说的律师等出具的证明有无问题进行调查的义务(《日本公司法》46条1款1、2项、93条1款1、2项、94条等的规定)。

最后,《日本公司法》还规定了发起人以及公司设立时的董事的金钱外财产出资以及财产受让不足额连带支付义务。根据该法规定,"股份有限公司成立时现物出资财产等的价额明显低于公司章程所记载或记录的该现物出资财产等价额的,发起人以及设立时的董事对该股份有限公司负有连带支付差额的义务"(52条1款)。[①]

## 二、股份有限公司的设立程序

如上所述,我国《公司法》规定,股份有限公司的设立,可以采取发起设立或者募集设立的方式(77条1款)。但对设立程序并未分成两个方式分别进行规定,而是进行了统一规定,因而大部分设立程序,比如,发起人签订协议、公司名称预先核准、共同制定章程、发起人及股份认购人认购股份、缴纳股款以及验资、申请设立登记、取得营业执照等程序都是相同

---

[①] 详见〔日〕神田秀樹:《会社法》,第46页注5、52—53、61页;〔日〕前田庸:《公司法入门》,王作全译,第29—32、39—41、63页等。

的。作为规定设置技巧,《公司法》采取了在相同事项下对募集设立的特别程序作出规定,或对只有募集设立存在的程序,比如,对外募集股份以及创立大会等特有程序单独作出规定。所以,为了减少不必要的重复,以下对股份有限公司的设立程序分为一般程序和募集设立特别程序进行分析介绍。

(一) 股份有限公司设立的一般程序

根据我国《公司法》的规定,股份有限公司的设立须履行如下主要程序:

1. 签订发起人协议

在有限责任公司的情况下,如果有多名发起人,为了明确各自在设立公司中的权利义务,也是需要签订发起人协议的,以此确立发起人之间的合伙关系。但在有限责任公司的情况下,这一程序至少不是《公司法》上的法定程序,属于发起人意思自治范畴之事。而在股份有限公司的情况下,因为须有二人以上发起人是公司设立的条件,所以发起人肯定为复数,明确他们之间的关系对有效设立公司极为重要,所以,签订发起人协议也就成了设立股份有限公司的首要法定程序了。对此,《公司法》明确规定,发起人应当签订发起人协议,明确各自在公司设立过程中的权利和义务(79条2款)。发起人协议的签订,不仅明确了发起人共同设立公司的意思表示和各自的责权利,而且有利于处理因公司设立而形成的内外关系。换言之,如果按照协议约定公司顺利成立了,因公司设立行为产生的效果全部归成立后的公司。如果设立公司失败了,按发起人协议处理后果,但《公司法》对其大部分后果规定了法律底线,即发起人的连带责任(参见94条1、2项)。①

2. 制定公司章程

发起人共同制定公司章程,既是设立股份有限公司的重要条件(参见《公司法》76条4项),也是设立股份有限公司的重要法定程序。如上所述,公司章程是有关公司组织和活动的基本准则,所以设立公司时发起人共同制定公司章程,就是共同确立公司成立后必须遵守的这些基本准则,并将其实现书面化的设立行为。由于股份有限公司的设立存在发起设立和募集设立两种方式。发起人以发起方式设立公司时,公司章程由全体发起人共同制定,以全体发起人在公司章程上签名、盖章为基准完成制定任务,公司成立后该章程自然就成了公司的章程。如果发起人以募集设立方式设立公司时,由全体发起人共同制定并签名盖章后的公司章程,只是一种章程草案而已,按照《公司法》的规定,这种情况下的公司章程还必须要经过公司创立大会审议通过(见90条1款2项),只有经过了公司创立大会通过的章程才能成为公司章程。

3. 发起人认购股份、缴纳股款

公司除特殊情况(一人公司的情形)外,本来就是多个投资者共同注资设立的以营利为目的的社团法人。所以,在设立这种意义上的公司时,不管是以发起设立方式设立,还是以募集设立方式设立,首先需要明确发起人自己所要认购的股份份额,并按照法律规定以及相互的约定交纳股款。可见,发起人认购股份、缴纳股款是设立公司的关键因素,自然也就成了《公司法》所规定的设立股份有限公司须履行的重要法定程序。如果以募集方式设立股份有限公司,发起人认购股份必须要达到法定比例,并且在认购股份缴足前不得向他人募集股份。所以,作为设立股份有限公司的重要程序,《公司法》对设立股份有限公司时的发起人认

---

① 参见覃有土:《商法学》,第176页。

购股份,缴纳股款作了明确规定。其第83条规定,以发起设立方式设立股份有限公司的,发起人应当书面认足公司章程规定其认购的股份,并按照公司章程规定缴纳出资。以非货币财产出资的,应当依法办理其财产权的转移手续(1款)。发起人不以前款规定缴纳出资的,应当按照发起人协议承担违约责任(2款)。其第80条规定,发起人在认购股份缴足前,不得向他人募集股份(1款)。其第84条规定,以募集方式设立股份有限公司的,发起人认购的股份不得少于公司股份总数的百分之三十五;但是法律、行政法规另有规定的,从其规定。

4. 组建董事会和监事会

如上所述,按照《公司法》的规定,"建立符合股份有限公司要求的组织机构"是设立股份有限公司的重要条件之一(见76条5项),所以,股份有限公司的发起人按照法律规定选举董事和监事,并组成公司的董事会和监事会,也就成了设立公司必须履行的重要程序了。对这一重要设立程序,《公司法》第83条首先规定,以发起设立方式设立股份有限公司的,发起人认足公司章程规定的出资后,应当选举董事会和监事会(1、3款)。对于以募集设立方式设立股份有限公司的,《公司法》第89条规定,发起人应当自股款交足之日起三十日内主持召开公司创立大会。创立大会由发起人、认股人组成(1款)。公司创立大会其中的两项职权就是选举董事会成员和监事会成员(见90条1款3、4项)。

5. 申请设立登记

发起人设立公司的直接目的在于通过设立登记机关的核准登记使公司能够正式成立。所以,发起人具备了《公司法》规定的设立条件后,必须履行的程序就是带上能够证明这些条件等的相关文件,向公司登记机关申请设立登记。对于设立股份有限公司时的设立登记申请,根据《公司法》的规定,不管是哪种方式的设立,由董事会负责申请设立登记工作。对于以发起方式设立股份有限公司的,《公司法》第83条3款规定,发起人认足公司章程规定的出资后,应当选举董事会和监事会,由董事会向公司登记机关报送公司章程以及法律、行政法规规定的其他文件,申请设立登记。对于以募集方式设立股份有限公司的,《公司法》第92条1款规定,"董事会应于创立大会结束后三十日内,向公司登记机关报送下列文件,申请设立登记:(一) 公司登记申请书;(二) 创立大会的会议记录;(三) 公司章程;(四) 验资证明;(五) 法定代表人、董事、监事的任职文件及其身份证明;(六) 发起人的法人资格证明或者自然人身份证明;(七) 公司住所证明。"其第2款规定,"以募集方式设立股份有限公司公开发行股票的,还应当向公司登记机关报送国务院证券监督管理机构的核准文件"。

需要注意的是,对于董事会向公司登记机构申请设立登记时所要提交的文件,在《公司法》上述规定的基础上,《公司登记条例》作了含义更加明确具体且易操作的规定。[①] 从该条

---

[①] 《公司登记条例》第21条规定,设立股份有限公司,应当由董事会向公司登记机关申请设立登记。以募集方式设立股份有限公司的,应当于创立大会结束后30日内向公司登记机关申请设立登记。申请设立股份有限公司,应当向公司登记机关提交下列文件:① 公司法定代表人签署的设立登记申请书;② 董事会指定代表或者共同委托代理人的证明;③ 公司章程;④ 发起人的主体资格证明或者自然人身份证明;⑤ 载明公司董事、监事、经理姓名、住所的文件以及有关委派、选举或者聘用的证明;⑥ 公司法定代表人任职文件和身份证明;⑦ 企业名称预先核准通知书;⑧ 公司住所证明;⑨ 国家工商行政管理总局规定要求提交的其他文件。此外,该条还规定,以募集方式设立股份有限公司的,还应当提交创立大会的会议记录以及依法设立的验资机构出具的验资证明;以募集方式设立股份有限公司公开发行股票的,还应当提交国务院证券监督管理机构的核准文件(2款)。法律、行政法规或者国务院决定规定设立股份有限公司必须报经批准的,还应当提交有关批准文件(3款)。

例的规定来看,设立股份有限公司所要履行的程序以及办理设立登记所要提交的相关文件等,远不止《公司法》所规定的要求。从法规间的适用关系而言,《公司登记条例》作为《公司法》的特别法规,只要与《公司法》的规定不抵触,优先适用该条例的规定。

6. 登记机关颁发营业执照

这是设立股份有限公司的最后程序,公司设立申请者如果能够顺利通过公司登记机关的核准登记,取得营业执照,就标志着设立程序结束,股份有限公司正式成立。对该程序,《公司法》同样明确规定,设立公司,应当依法向公司登记机关申请设立登记。符合本法规定的设立条件的,由公司登记机关分别登记为有限责任公司或者股份有限公司;不符合本法规定的设立条件的,不得登记为有限责任公司或者股份有限公司(6条1款)。①《公司法》第7条规定,依法设立公司,由公司登记机关发给公司营业执照。公司营业执照签发日期为公司成立日期(1款)。公司营业执照应当载明公司的名称、住所、经营范围、法定代表人姓名等事项(2款)。

(二) 募集设立股份有限公司的特定程序

发起人以募集方式设立股份有限公司时,除了履行上述一般程序外,还需履行如下特别程序。

1. 募集股份

募集股份是以募集方式设立股份有限公司时必须要履行的设立程序。所谓募集设立,《公司法》第77条第3款规定,募集设立,是指由发起人认购公司应发行股份的一部分,其余股份向社会公开募集或者向特定对象募集而设立公司。在学理界,将前者即向社会公开募集股份的称为"公募",而将向特定对象募集股份的称为"私募"。可见,所谓募集股份,就是指发起人自己认购部分股份后向发起人以外者(向社会公开或者特定对象)募集公司拟发行其余股份的一种公司设立行为,也是以募集方式设立股份有限公司的重要设立程序。

发起人向自己以外者募集股份,如果以公开发行股份方式进行,按照《公司法》以及《证券法》的规定,首先必须报经国务院证券监督管理机构核准。对此,我国《证券法》就明确规定,设立股份有限公司公开发行股票,应当符合《中华人民共和国公司法》规定的条件和经国务院批准的国务院证券监督管理机构规定的其他条件,向国务院证券监督管理机构报送募股申请和下列文件:① 公司章程;② 发起人协议;③ 发起人姓名或者名称,发起人认购的股份数、出资种类及验资证明;④ 招股说明书;⑤ 代收股款银行的名称及地址;⑥ 承销机构名称及有关的协议。另外还规定,依照《证券法》规定聘请保荐人的,还应当报送保荐人出具的发行保荐书。法律、行政法规规定设立公司必须报经批准的,还应当提交相应的批准文件(见《证券法》12条)。此外,我国《公司法》还明确规定了募集股份的如下其他程序:

(1) 发起人制作招股说明书、认购书并公告招股说明书。对此,《公司法》明确规定,发起人向社会公开募集股份,必须公告招股说明书,并制作认股书(85条1款)。招股说明书是发起人制作的为了向募股对象说明与募股有关的信息的书面文件,只有报经国务院证券

---

① 对于公司登记机关作出是否准予登记决定的期限以及条件等,《公司登记条例》作了更加具体的规定,详见该条例第54条的规定。

监督管理机构批准,招股说明书才能予以公告。从性质而言,招股说明书属于要约邀请。①认购书也是发起人制作的、供认股人认购股份时填写认购股数、金额、住所等信息并签名、盖章的书面文件,类似于一种格式合同。对于招股说明书和认购书应当载明的事项,《公司法》规定,认购书应当载明与招股说明书相同的事项(85条1款),招股说明书应当附有发起人制订的公司章程,并载明下列事项(86条):① 发起人认购的股份数;② 每股的票面金额和发行价格;③ 无记名股票的发行总数;④ 募集资金的用途;⑤ 认股人的权利、义务;⑥ 本次募股的起止期限及逾期未募足时认股人可以撤回所认股份的说明。

(2) 发起人与相关法定机构订立股份承销协议和代收股款协议。按照我国《公司法》的规定,发起人向他人募集股份不能采取自己发行销售的方式,而只能委托于依法成立的证券公司承销。通过发起人向他人募集股份时也不能由自己直接收取认股人缴纳的股款,而须委托银行代收股款。对此,《公司法》规定,发起人向社会公开募集股份,应当由依法设立的证券公司承销,签订承销协议(87条)。② 发起人向社会公开募集股份,应当同银行签订代收股款协议(88条1款)。代收股款的银行应当按照协议代收和保存股款,向缴纳股款的认股人出具收款单据,并负有向有关部门出具收款证明的义务(88条2款)。

(3) 认股人认购股份、缴纳股款以及验资。对于认购人的股份认购,《公司法》规定,认股人以在认股书上填写认购股数、金额、住所,并签名、盖章的方式进行股份认购(85条)。对于缴纳股款,《公司法》规定,认股人按照认购股数缴纳股款(85条2款)。对于认购人等的出资是否真实完成,结合申请设立登记时所要提交的法定文件,《公司法》规定,发行股份的股款缴足后,必须经依法设立的验资机构验资并出具证明(89条1款)。

如果募集股份以向特定对象,即"私募"方式进行时,须履行国家证券监督管理机构核准公开发行申请以及招股说明书等,与"公募"相同的程序外,为防止"私募"的变相公开募集股份,欺诈广大投资者,《证券法》规定了两项措施,一是向特定对象发行股份累计不得超过200人;二是"私募"股份的,不得采用广告、公开劝诱和变相公开方式(参见10条1款2项、2款)。

2. 召开公司创立大会

公司是所有出资人共同出资创立的、以营利为目的的社团法人。所以,公司的设立以及经营管理必须要充分体现所有出资人的共同意志,也就是说必须是出资人共同意志的结果。根据这一基本原则,在以募集设立方式设立股份有限公司时必然在发起人以外会出现或多或少的其他认股人,所以,还需要就拟设立公司的诸多重要事项确认全体出资人(包括发起人)共同意志的程序。为此《公司法》所创设的就是募集设立股份有限公司特有的另一个重要程序,即召开公司创立大会的程序。对此,《公司法》不仅规定了发起人召开公司创立大会的义务、责任以及召集的相关程序,而且还规定了创立

---

① 对于招股说明书的法律性质,有学者认为,"它只是发起人向社会公众发出的一种要约"。见覃有土:《商法学》,第178页。但根据我国《合同法》的规定,招股说明书不是合同要约,而应是合同要约邀请。因为《合同法》第15条第1款明确规定,"要约邀请是希望他人向自己发出要约的意思表示。寄送的价目表、拍卖公告、招标公告、招股说明书、商业广告等为要约邀请"。

② 对于股票承销协议的记载事项,我国《证券法》第30条作了明确规定。此外,《证券法》还规定,证券承销业务可以采取代销或者包销两种方式。证券代销是指证券公司代发行人发售证券,在承销期结束时,将未售出的证券全部返还给发行人的承销方式。证券包销是指证券公司将发行人的证券按照协议全部购入或者在承销期结束时将售后剩余证券全部自行购入的承销方式(详见28条的规定)。

大会的职权等。

(1) 对于发起人召开公司创立大会的义务、责任以及召集的必要程序等,《公司法》明确规定,发起人应当自股款缴足之日起 30 日内主持召开公司创立大会。创立大会由发起人、认股人组成(89 条 1 款)。发行的股份超过招股说明书规定的截止期限尚未募足的,或者发行股份的股款缴足后,发起人在 30 日内未召开创立大会的,认股人可以按照所缴股款并加算银行同期存款利息,要求发起人返还(89 条 2 款)。对于召开公司创立大会的程序本身,《公司法》第 90 条第 1 款规定,发起人应当在创立大会召开十五日前将会议日期通知各认股人或者予以公告。创立大会应有代表股份总数过半数的发起人、认股人出席,方可举行。对于创立大会决议成立的要件,《公司法》第 90 条第 3 款规定,创立大会对其职权范围内的事项作出决议,必须经出席会议的认股人所持表决权过半数通过。

(2)《公司法》还明确规定了创立大会的职权,其第 90 条第 2 款规定,"创立大会行使下列职权:(一) 审议发起人关于公司筹办情况的报告;(二) 通过公司章程;(三) 选举董事会成员;(四) 选举监事会成员;(五) 对公司的设立费用进行审核;(六) 对发起人用于抵作股款的财产的作价进行审核;(七) 发生不可抗力或者经营条件发生重大变化直接影响公司设立的,可以作出不设立公司的决议"。

### 三、股份有限公司设立的法律责任

股份有限公司设立的法律责任,是公司设立法律责任的一种。公司设立法律责任,是指因设立公司行为违反相应义务而由其行为人所要承担的后果。根据法律规定,这种公司设立参与者的法律责任包括民事责任、行政责任以及刑事责任,但其中以民事责任为核心内容。对于这种公司设立法律责任的承担主体,大多国家的公司法等以公司设立发起人为主,对公司设立时的董事、监事以及其他认股人等的设立法律责任都作了相应规定[①],而我国《公司法》等主要规定了公司设立发起人,尤其对股份有限公司设立发起人的法律责任作了较全面的规定。

1. 股份有限公司设立的民事责任

对于股份有限公司设立的民事责任,我国《公司法》以发起人为主作了如下规定:

(1) 发起人的出资违约责任。《公司法》第 83 条第 2 款规定,发起人不按公司章程规定缴纳出资的,应当按照发起人协议承担违约责任。这实际上是就公司设立出资对发起人的违约责任作出的规定,尽管条文使用了"按照发起人协议"的表述,但应该认为这是对合同法意义上的违约责任所作的规定。[②] 这种意义上的违约责任,按照我国《合同法》的规定,尽管

---

[①] 比如,《日本商法》在 2005 年进行大修改前,对股份有限公司设立参与者的民事责任,不仅详尽地规定了发起人、设立时董事的股份认购股款缴纳担保责任、财产价额填补责任以及发起人、董事、监事的连带责任,而且还具体规定了发起人对公司以及第三人的损害赔偿责任、公司不成立时的发起人的责任以及拟制发起人的责任等。2005 年新制定的《日本公司法》尽管以创建未认购、未缴纳者失权制度的方式取消了发起人、董事的认购缴纳担保责任和财产价额填补责任,但仍然具体规定了发起人、设立时董事对公司财产价额与章程规定价额间差额的连带责任以及发起人、设立时董事以及监事的职责懈怠责任、发起人对第三人的损害赔偿责任以及拟制发起人的责任等。参见〔日〕北沢正啓:《会社法》,第 114 页以下;〔日〕前田庸:《公司法入门》,王作全译,第 62 页以下。

[②] 参见王建文:《商法教程》,第 107 页以下。

这种违约责任主要表现为损害赔偿责任,但也包括违约金和定金责任。①

(2) 发起人等的资本维持、充实责任。对此,我国《公司法》首先规定,发起人、认股人缴纳股款或者交付抵作股款的出资后,除未按期募足股份、发起人未按期召开创立大会或者创立大会决议不设立公司的情形外,不得抽回其股本(91条)。资本不仅是公司成立以及正常运转的物质基础,更是公司债权人实现债权的财产担保。所以,维持和充实公司资本是公司法的重要原则。公司设立的发起以及认股人除非因法定事由导致公司不能设立外,不得以任何理由抽回出资,需承担维持、充实资本责任。此外,《公司法》更加明确地规定了发起人的资本充实责任,其第93条1款规定,"股份有限公司成立后,发起人未按照公司章程的规定缴足出资的,应当补缴;其他发起人承担连带责任"。这实际上就是对发起人的出资不足额的补缴责任以及其他发起人对此承担连带责任的规定,是资本充实责任的主要内容之一。不仅如此,其第93条第2款又规定,"股份有限公司成立后,发现作为设立公司出资的非货币财产的实际价额显著低于公司章程所定价额的,应当由交付该出资的发起人补足其差额;其他发起人承担连带责任"。这是对发起人财产价额填补责任以及对其他发起人连带责任的规定,是资本充足责任的主要内容。

(3) 公司不成立时发起人的责任。对此,《公司法》十分清晰地规定了两项责任。首先《公司法》规定,公司不能成立时,发起人对设立行为所产生的债务和费用负连带责任(94条1项)。如上所述,发起人是策划公司设立,实施公司设立行为并为此承担设立责任的人。所以,一旦公司设立失败,为设立公司所发生的债务等,自然就由发起人承担无限责任,如果发起人为复数,按合伙规则(发起人协议)承担无限连带责任。并且从责任性质看,应当属于无过错责任,与发起人对公司设立失败是否存在故意、过失无关。其次,《公司法》第94条第2项规定,公司不能成立时,发起人对认股人已缴纳的股款,负返还股款并加算银行同期存款利息的连带责任。这也是公司设立失败时发起人必然要承担的责任。而且从这一规定可见,公司设立时的股份认购人,不仅对公司设立失败不承担责任,而且在这种情形下成了公司设立的债权人,享有请求发起人返还股款等的权利。

(4) 发起人的损害赔偿责任。发起人是设立公司业务的执行者,与行将成立的公司之间同样存在委任关系②,作为受任者负有善良管理者的注意义务。发起人若懈怠这种义务,给成立后的公司造成损害的,需承担赔偿责任。比如,发起人在公司创立大会上报告公司筹办情况时,因懈怠职责使创立大会未能减少相关设立费用而给公司造成损失时,发起人须承担这种责任。对此我国《公司法》第94条第3项明确规定,在公司设立过程中,由于发起人的过失致使公司利益受到损害的,应当对公司承担赔偿责任。须注意的是,发起人对公司的这种赔偿责任,一般会通过股东代表诉讼进行追究,而且这种责任也不会因为公司设立被宣告无效和被撤销而消灭。因为这种宣告无效或者被撤销是以公司的实际存在为前提的,从

---

① 《合同法》第107条规定,当事人一方不履行合同义务或者履行合同义务不符合约定的,应当承担继续履行、采取补救措施或者赔偿损失等违约责任。第114条第1款规定,当事人可以约定一方违约时应当根据违约情况向对方支付一定数额的违约金。第115条规定,当事人可以依照《中华人民共和国担保法》约定一方向对方给付定金作为债权的担保。

② 实际上,在公司正式成立前,围绕公司设立的发起人的全部行为都是以行将成立的公司的名义进行的。所以,如上所述,诸多发达国家的公司法理论都将这种公司成立前处在设立阶段的公司叫做"设立中公司",并构建了较完整的"设立中的公司"理论。我国有学者认为,"设立中公司"是指发起人订立发起人协议或订立公司章程之时起至设立登记完成之前尚未取得法人资格的"公司",就其本质而言,设立中公司并非严格意义上的公司,而是在公司获准登记成立前的一种过渡性社团。该学者还对设立中的公司的责任归属进行了研究。详见王建文:《商法教程》,第101—103页。

宣告无效或被撤销之时追溯到公司设立登记之时的期间内公司是存在的,而且这一时期内围绕公司的各种既存利益关系,因判决不具有溯及力不会被否定,只是从宣告无效或被撤销之日起公司不复存在而已。

另外,发起人的损害赔偿还存在一个对第三人的问题。我国《公司法》尽管对此未能作出规定,但《公司法司法解释(三)》对此作了较好的补充规定。该规定第5条第1款规定,发起人因履行公司设立职责造成他人损害,公司成立后受害人请求公司承担侵权赔偿责任的,人民法院应予以支持;公司未成立,受害人请求全体发起人承担连带赔偿责任的,人民法院应予以支持。不仅如此,为解决公司与发起人以及发起人相互之间的责任分担问题,该规定第5条第2款还规定,公司或者无过错的发起人承担赔偿责任后,可以向有过错的发起人追偿。由此可见,发起人对公司以及第三人的损害赔偿责任属于过错责任。只是在对公司的情况下,主要承担的是因懈怠职责(违反善良管理者的注意义务)给公司造成损害的赔偿责任,而对第三人主要承担的是因故意或过失给他人造成损害的赔偿责任。①

2. 股份有限公司设立的行政、刑事责任

对于包括股份有限公司发起人在内的公司发起人的法律责任,除了上述的多方面的民事责任外,我国《公司法》以及《刑法》还明确规定了行政责任和刑事责任。对于公司发起人的行政责任,我国《公司法》主要规定了对公司发起人进行虚假出资以及公司成立后的抽逃出资行为的行政罚款责任。其第199条规定,公司的发起人虚假出资,未交付或者未按期交付作为出资的货币或者非货币财产的,由公司登记机关责令改正,处以虚假出资金额百分之五以上百分之十以下的罚款。其第200条规定,公司的发起人在公司成立后,抽逃其出资的,由公司登记机关责令改正,处以所抽逃出资金额百分之五以上百分之十五以下的罚款。对于公司设立发起人的刑事责任,我国《刑法》主要规定了公司发起人虚假出资以及公司成立后抽逃出资行为情节严重情况下的刑罚责任。其第159条第1款规定,公司发起人违反公司法的规定未交付货币、实物或者未转移财产权,虚假出资,或者在公司成立后由抽逃其出资,数额巨大、后果严重或者有其他严重情节的,处五年以下有期刑或者拘役,并处或者单处虚假出资金额或者抽逃出资金额百分之二以上百分之十以下罚金。

### 《德国股份法》上的"后继设立"制度

对于股份有限公司设立时股东的出资,《德国股份法》同样坚持金钱出资为原则,金钱外财产出资,即所谓的实物出资为例外的做法。为此,《德国股份法》第27条第1款规定,股东以实物出资支付股份价款,或者公司受让现存的或因生产经营需要的财产时,须在公司章程中载明实物出资或所受让财产的标的物、实物出资者的姓名或名称、财产转让人、财产价额、

---

① 对于这种区分,参见〔日〕前田庸:《公司法入门》,王作全译,第63—64页;〔日〕森本滋:《会社法》,第95—98页。

对实物出资所交付股份的数量、对受让财产所支付的价款等。其第2款规定,实物出资或受让财产的标的物只能是可以确定其经济价值的财产,不得将实物出资或受让财产作为提供劳务义务的标的物(即股份有限公司禁止劳务等的出资)。其第3款规定,如果公司章程对实物出资或财产受让未载明第1款所要求事项的,关于实物出资和财产受让的合同以及为执行此种合同而实施的法律行为,对公司无效。

由此可见,《德国股份法》对股份有限公司设立时的实物出资以及受让实物财产,同样从维护公司财产基础的角度作出了特别规定。不仅如此,为了防止公司设立者或设立时的大股东规避有关实物出资等的特别规定,损害公司的财产基础,《德国股份法》设专条规定了所谓的"后继设立"制度。根据《德国股份法》的规定,公司在设立登记后的前两年内,从公司设立发起人或者持有公司股份总额10%以上股份的股东之处,以支付超过公司股本10%以上的价款购买生产设备或其他财产的,必须符合下列要件,否则,为购买该类财产的合同以及为执行该类合同所实施的法律行为亦无效。这些条件是:① 须经股东大会同意,而且股东大会为此所作决议需要得到决议时被代表股本的至少3/4多数的同意,就是该类合同在公司设立登记后一年内签订的,表示同意的多数所代表的股份至少须达到全部股本的1/4;② 合同经股东大会同意后须在商业登记簿上进行登记,即须进行商事登记,并且在股东大会后由董事会附上合同正本或公证誊本、后继设立报告、设立审查人报告及其证明文件等申请登记;③ 该类合同须采取书面形式,并须在股东大会上陈列该合同,董事会负有须在股东大会讨论该合同时进行说明的义务;④ 对该类合同在股东大会决议前监事会须进行审查,并提出书面报告,同时,在决议前应由一名或数名设立检查官进行审查并提出审查报告;⑤ 因设立检查官表示,或显而易见,后继设立报告不正确或不完整,或不符合法律规定,或为取得该财产所支付的对价过高而对登记存有疑虑的,法院可拒绝登记。《德国股份法》还规定了后继设立损害赔偿请求权(详见《德国股份法》52条1—7款、53条的规定)。

当然,《德国股份法》所创立的"后继设立"制度的宗旨,除了防止因公司设立发起人或大股东规避实物出资特别规定的行为导致"公司财产过早地和不正常的流失"的目的外,不妨碍公司开展正常的经营业务也是该项制度的重要宗旨之一,所以,《德国股份法》同时规定,该类财产是在公司日常经营框架条件下或者在法院强制执行过程中或在股市上取得时,就不构成"后继设立",因而不适用有关"后继设立"的特别规定(52条9款)。[①]

## 第二节 股份有限公司的组织机构

如前所述,在诸多公司形式中,股份有限公司往往是规模较大、股东人数较多且因资本的等额股份化以及股份的证券化等本质特征又使其成了最具开放性和资合性等特征的公司形式,从而也就成了对社会具有较大影响力的公司形式了。所以,为了平衡好

---

[①] 《德国股份法》有关股份有限公司的"后继设立"制度的详细内容,见〔德〕格茨·怀可等:《德国公司法》,殷盛译,第447—449页;〔德〕托马斯·莱塞尔等:《德国资合公司法》,高旭军等译,第93—95页。

股份有限公司多元主体间的利益关系,进而有利于维护市场交易安全和交易秩序,有利于促进社会稳定,各国公司法都对股份有限公司内部组织机构作出了最规范且最严格的规定。我国《公司法》作为股份有限公司的组织机构,也同样规定了股东大会、董事会、经理以及监事会等,但与有限责任公司的组织机构相比,其规定更加具体严格,符合股份有限公司的本质特征。

**一、股东大会**

对于股份有限公司的组织机构,我国《公司法》首先对作为公司最高意思决策机构的股东大会作出了全面规定,尽管在立法技术上采取了准用有关有限责任公司诸多规定的方法,但仍然清晰地规定了股东大会的性质和职权、会议种类、召集程序以及有关决议的制度。

(一)股东大会的性质和职权

1. 股东大会的性质

对于股东大会性质,《公司法》第98条规定,股份有限公司股东大会由全体股东组成。股东大会是公司的权力机构,依照本法行使职权。可见,股份有限公司的股东大会,是由全体股东组成的、依照《公司法》以及公司章程规定对公司重大事项作出决策的法定必设机构,尽管其职权被严格法定化,但从法定化的职权内容看,属于公司最高意思决策机构。另外,其是只对公司重大事项进行决策的典型会议体机构,所以一般认为,股东大会不属于公司的常设机构。

2. 股东大会的职权

对于股份有限公司股东大会的职权,《公司法》准用了有关有限责任公司股东会职权的第37条第1款的规定(99条),可见,股份有限公司的股东大会,与有限责任公司股东会相同,将行使如下职权(《公司法》37条1款):① 决定公司的经营方针和投资计划;② 选举和更换非由职工代表担任的董事、监事,决定有关董事、监事的报酬事项;③ 审议批准董事会的报告;④ 审议批准监事会或者监事的报告;⑤ 审议批准公司的年度财务预算方案、决算方案;⑥ 审议批准公司的利润分配方案和弥补亏损方案;⑦ 对公司增加或者减少注册资本作出决议;⑧ 对发行公司债券作出决议;⑨ 对公司合并、分立、解散、清算或者变更公司形式作出决议;⑩ 修改公司章程;⑪ 公司章程规定的其他职权。

需要注意的是,《公司法》除了以列举方式集中规定了股份有限股东大会的职权外,其实还在其他有关事项的规定中,明确了股东大会的其他如下职权:① 公司为其股东或者实际控制人提供担保时的决定权(16条2款);② 在公司章程未作规定时,对选举董事、监事时是否实行累积投票制的决定权(105条1款)[①];③ 基于公司法和公司章程规定的对公司转让、受让重大资产或者对外提供担保等事项的决定权(104条);④ 对是否以股份奖励本公司职工而收购本公司股份的决定权(142条1款3项、2款);⑤ 对公司章程未作规定时董事、高级管理人员能否将公司资金借贷给他人或者以公司财产为他人提供担保时的决定权,在公司章程未作规定时,上述人员能否与公司订立合同或者进行交易时的决定权,以及上述人员

---

① 《公司法》对于累积投票制的定义是,"本法所称累积投票制,是指股东大会选举董事或者监事时,每一股份拥有与应选董事或者监事人数相同的表决权,股东拥有的表决权可以集中使用(105条2款)。

能否为自己或者他人谋取属于公司的商业机会,以及自营或者为他人经营所任职公司同类业务时的决定权(148条1款3、4、5项);以及⑥要求董事、监事、高级管理人员列席股东大会会议的职权(150条),等等。

(二) 股东大会的会议种类及其召集

1. 股东大会的会议种类

《公司法》第100条规定,"股东大会应当每年召开一次年会。有下列情形之一的,应当在两个月内召开临时股东大会:(一) 董事人数不足本法规定人数或者公司章程所定人数的三分之二时;(二) 公司未弥补的亏损达实收股本总额三分之一时;(三) 单独或者合计持有公司百分之十以上股份的股东请求时;(四) 董事会认为必要时;(五) 监事会提议召开时;(六) 公司章程规定的其他情形"。可见,与有限责任公司股东会的会议种类基本相同,股东大会的会议也分为年会和临时股东大会两种。对于年会(定期股东大会)的召开时间,《公司法》未作规定,显然可由公司章程作出规定。现实中的一般做法是在每个会计年度结束后6个月内召开。① 对于临时股东大会的召开时间,规定在出现上述情形之一时起必须在2个月以内召开。当然,对于召开临时股东大会的其他情形,可由公司章程作出规定。

2. 股东大会的召集和主持权人

《公司法》对此的规定,基本上与有限责任公司的情形相同,但也有股份有限公司的特殊情形。《公司法》第101条规定,股东大会会议由董事会召集,董事长主持;董事长不能履行职务或者不履行职务的,由副董事长主持;副董事长不能履行职务或者不履行职务的,由半数以上董事共同推举一名董事主持(1款)。其第2款规定,董事会不能履行或者不履行召集股东大会会议职责的,监事会应当及时召集和主持;监事会不召集和主持的,连续九十日以上单独或者合计持有公司百分之十以上股份的股东可以自行召集和主持。可见,原则上股东大会的召集职权属于董事会,其主持职权属于董事长,在例外情况下,才会出现由监事会履行召集和主持职权,或者由达到上述法定条件的股东行使召集和主持职权的情形。另外,董事会能够正常行使召集职权,只是董事长不能或不行使主持职权时,才会出现副董事长或者半数以上董事推举的一名董事行使主持职权。

3. 股东大会的通知等运行程序

与有限责任公司相比,股份有限公司往往股东人数较多且股东构成复杂,所以,《公司法》有关股份有限公司股东大会召集通知的规定比较具体。其第102条规定,召开股东大会会议,应当将会议召开的时间、地点和审议的事项于会议召开二十日前通知各股东;临时股东大会应当于会议召开十五日前通知各股东;发行无记名股票的,应当于会议召开三十日前公告会议召开的时间、地点和审议事项。对于股东大会的议题,除了董事会以及监事会正常提出外,《公司法》还规定了所持股份达到法定要件的股东对股东大会职权范围内事项的临时议案提案权。对此,其第102条第2款规定,单独或者合计持有公司百分之三以上股份的股东,可以在股东大会召开十日前提出临时提案并书面提交给董事会;董事会应当在收到提案后二日内通知其他股东,并将该临时提案提交股东大会审议。临时提案的内容应当属于股东大会职权范围,并有明确议题和具体决议事项。还明确规定,每次股东大会会议的权限

---

① 朱炎生:《公司法》,第161页。另外,根据我国《会计法》第11条规定,会计年度自公历1月1日起至12月31日。

仅限于召集通知中所列事项,不得对通知中未列明事项作出决议(102条3款)。持有无记名股票的股东将其持有股票从会议召开5日前至股东大会闭会时为止交存于公司,是出席股东大会并行使相应权利的条件(102条4款)。对于股东大会的其他运行程序,《公司法》规定的并不多,只能由公司按照法人自治原则在公司章程中作出具体规定。对于股东大会的会议记录,《公司法》第107条规定,股东大会应当对所议事项的决定作成会议记录,主持人、出席会议的董事应当在会议记录上签名。会议记录应当与出席股东的签名册及代理出席的委托书一并保存。

(三) 股东大会的决议

股东大会作为股份有限公司的最高意思决策机构(权力机构),对其职权范围内的大部分事项,都是以股东大会决议的方式作出公司意思决定。而股东大会决议以赞成股东所持表决权达到法定要件方能成立。所以,《公司法》对股份有限公司股东的表决权、股东大会决议的种类以及效力等作了规定。

1. 股东的表决权

股东作为股份有限公司的出资人,自然享有出席股东大会,发表意见并参加表决的权利。一般将股东的这种权利即通过股东大会参加有关事项表决的权利叫做股东的表决权。从权利的性质而言,股东的表决权属于固有权,即作为与股东根本利益相关的权利,非经股东本人同意不得剥夺和限制的权利。如果将股东权利划分为自益权和共益权,表决权属于股东参与公司经营管理的权利,所以属于共益权。对于股份有限公司股东的表决权,各国公司法均坚持一股一表决权原则,即股东依据一股份享有一个表决权的原则,这是股东平等原则最典型的表现形式,或者说这是股东平等原则在股东表决权方面的集中体现。当然,根据股份有限公司股东的多元化以及因股份自由流转所导致的股份结构的复杂化现象,许多国家的公司法同时也规定了"一股一表决权原则"的例外。比如,日本公司法就规定了没有表决权的股份(如优先股等)、公司持有的自己股份、以母子公司为典型的公司相互持有股份以及单元未满股份等,其持有者不能行使表决权,属于该原则的例外。[①]

对于股份有限公司股东的表决权,我国《公司法》第103条第1款规定,股东出席股东大会会议,所持每一股份有一表决权。但是,公司持有的本公司股份没有表决权。不仅规定了"一股一表决权原则",尽管其规定还比较简单,但也规定了这一原则的例外情形,即公司持有的自己股份不享有表决权。对于表决权的行使,股东既可以自己亲自出席股东大会行使这项权利,也可委托他人代行这项权利。对此,《公司法》第106条规定,股东可以委托代理人出席股东大会会议,代理人应当向公司提交股东授权委托书,并在授权范围内行使表决权。

2. 股东大会的决议种类

股东大会的决议种类,是指《公司法》根据股东大会所要表决事项的重要程度规定了不同决议成立要件所形成决议类别。大多国家的《公司法》都规定了股东大会的普通决议和特别决议两类,也有国家,比如日本公司法在普通决议和特别决议之外,还规定了比特别决议

---

① 详见〔日〕前田庸:《公司法入门》,王作全译,第289—291页。

其成立要件更严格的特殊决议。① 我国《公司法》也坚持了大多国家公司法的做法,规定了两种其成立要件不同的股东大会决议。《公司法》第103条第2款规定,股东大会作出决议,必须经出席会议的股东所持表决权过半数通过。但是,股东大会作出修改公司章程、增加或者减少注册资本的决议,以及公司合并、分立、解散或者变更公司形式的决议,必须经出席会议的股东所持表决权的2/3以上通过。学者们一般将前者,即以股东所持表决权过半数通过所形成的决议叫做普通决议,而将股东所持表决权的2/3以上多数通过所形成的决议称为特别决议。②

另外,对于股份有限公司股东大会决议出现瑕疵时的救济措施,我国《公司法》将其作为有限责任公司与股份有限公司的共有制度,且与董事会决议瑕疵救济措施合二为一,在《公司法》总则部分进行了规定(22条)。所以,对此本书已在有关有限责任公司股东会决议的无效和撤销部分进行了分析,请参照,不再赘述。

**二、董事会及其经理**

(一) 董事会

1. 董事会的性质及其职权

对于股份有限公司的董事会,我国《公司法》规定,股份有限公司设董事会(108条1款),对于股份有限公司董事会的职权,《公司法》准用了其有关有限责任公司董事会职权的规定。这说明除了选举董事长以及副董事长等的一些新增职权外,股份有限公司董事会的职权与有限责任公司董事会相同。所以,股份有限公司的董事会,是由全体董事组成的、执行公司业务以及决定与业务执行相关事项的法定必设机构。由于董事会的主要职责是执行公司业务,所以,同时也是公司常设机构。

对于股份有限公司董事会的职权,我国《公司法》第108条第4款规定,"本法第四十六关于有限责任公司董事会职权的规定,适用于股份有限公司董事会"。所以,股份有限公司董事会将行使如下职权(《公司法》46条):① 召集股东会会议,并向股东会报告工作;② 执行股东会的决议;③ 决定公司的经营计划和投资方案;④ 制订公司的年度财务预算方案、决算方案;⑤ 制订公司的利润分配方案和弥补亏损方案;⑥ 制订公司增加或者减少注册资本以及发行公司债券的方案;⑦ 制订公司合并、分立、解散或者变更公司形式的方案;⑧ 决定公司内部管理机构的设置;⑨ 决定聘任或者解聘公司经理及其报酬事项,并根据经理的提名决定聘任或者解聘公司副经理、财务负责人及其报酬事项;⑩ 制定公司的基本管理制度;⑪ 公司章程规定的其他职权。

从董事会的上述职权可见,与有限责任公司的董事会相同,董事会首先是公司业务执行

---

① 日本公司法规定的特别决议,是指须由代表表决权过半数的股东出席(法定数),以出席股东表决权的三分之二以上多数通过所形成的决议(见《日本公司法》第309条第2款)。而所谓特殊决议则指可行使表决权股东的半数以上股东出席会议(注意是对人头数的要求),由出席股东表决权2/3以上多数通过所形成的决议(见《日本公司法》第309条第3款)。

② 以日本公司法为例,不管股东大会的哪种决议,都是从两个方面规定了其决议成立的要件。一是从出席股东大会股东人数的角度规定要件,日语将其称为"定足数",也就是我们通常所说的"法定数"。另一要件才是股东所持表决权的多数,即过半数或2/3以上的规定。当然,对于前者,即"定足数"要件,日本公司法根据事项允许公司通过章程规定进行排除或放宽,但仍有底线规定,可见其该要件的重要性(参见《日本公司法》第309条的规定)。相比较而言,我国公司法只规定了股东所持表决权多数这一要件,而未对"法定数"要件作出规定,值得研究。

机构,比如,在上述职权中,①、②、④—⑦项等所规定的职权基本属于执行业务方面的职权。但董事会同时又是决定与业务执行相关事项的决策机构,比如,上述职权中的③、⑧、⑨项等,规定的都应该是董事会作为决策机构方面的职权。此外,与有限责任公司董事会不同,股份有限公司的董事长和副董事长的产生办法不能由公司章程规定(参见《公司法》44条3款),"董事长和副董事长由董事会以全体董事的过半数选举产生"(109条1款)。可见,选举董事长和副董事长也就成了董事会的一项重要职权。

2. 董事会的组成以及会议

(1) 董事会的组成。对于股份有限公司董事会的组成,我国《公司法》第108条规定,股份有限公司董事会成员为五人至十九人(1款)。董事会成员中可以有公司职工代表。董事会中的职工代表由公司职工通过职工代表大会、职工大会或者其他形式民主选举产生(2款)。可见,董事会中是否设公司职工代表,属于任意性规定,公司对此可通过章程自由决定。对于董事会成员董事的任期等,《公司法》同样采取了准用相关条款的做法,其第108条第3款规定,"本法第四十五条关于有限责任公司董事任期的规定,适用于股份有限公司董事"。据此可知,股份有限公司董事每届任期不得超过三年,具体任期由公司章程规定。董事任期届满后可连选连任。董事任期届满未及时改选,或者董事在任期内辞职导致董事会成员低于法定人数的,在改选出的董事就任前,原董事仍应当依照法律、行政法规和公司章程的规定,履行董事职务(见《公司法》45条的规定)。

此外,股份有限公司董事会设董事长一人,可以设副董事长,其具体人数由公司章程规定。但董事长和副董事长由董事会以全体董事的过半数选举产生(109条1款)。对于董事长等的职权,《公司法》第109条第2款规定,董事长召集和主持董事会会议,检查董事会决议的实施情况。副董事长协助董事长工作,董事长不能履行职务或者不履行职务的,由副董事长履行职务;副董事长不能履行职务或者不履行职务的,由半数以上董事共同推举一名董事履行职务。可见,股份有限公司董事会的董事长,除了召集和主持董事会,检查董事会决议的实施情况等的职权外,还可通过公司章程规定成为公司的法定代表人(见《公司法》13条),行使公司的对外代表权。实践中多数公司都将董事长规定为公司的法定代表人。

(2) 董事会会议。对于股份有限公司董事会会议的召集等,《公司法》第110条规定,董事会每年度至少召开两次会议(1款)。这实际上是对董事会的定期会议所作的规定,董事会定期会议每年至少要召开两次。对于多于两次的定期会议,比如,每季度召开一次等,可由公司章程作出规定。此外,《公司法》还规定了股份有限公司董事会的临时会议。其第110条第2款规定,代表十分之一以上表决权的股东、三分之一以上董事或者监事会,可以提议召开董事会临时会议。对于董事会定期会议的通知,《公司法》规定,每次会议应当于会议召开十日前通知全体董事和监事(110条1款)。对于董事会临时会议的召集,《公司法》规定,董事长应当自接到提议(符合上述条件的股东或董事或监事会的提议)后十日内召集并主持董事会临时会议。当然,《公司法》也允许公司通过章程等,可另行规定召开董事会临时会议的通知方式和通知时限等(110条3款)。

董事会的职权大多以董事会会议以及会议所作出的决议去实现。对于董事会会议的召集条件等,《公司法》规定,董事会会议应有过半数的董事出席方可举行(111条1款)。董事会会议应由董事本人出席,董事因故不能出席,可以书面委托其他董事代为出席,委托书应载明授权范围(112条1款)。这说明与股东会或股东大会不同,公司的董事会是公司业务执行和有关业务执行事项的决策机构,董事会凭借各董事的经营才能和经营智慧形成经营决策或有关决议,是公司股东大会将公司经营管理委托给董事会,保证公司经营管理正常进行的关键。所以,原则上董事要亲自出席董事会,并通过董事会的讨论和决议发挥其经营才能和智慧就成了基本要求。董事确实因故不能参加,不能委托董事以外的其他人,而只能委托其他董事代位出席。

3. 董事会的决议

董事会就其职权范围内的事项形成决议,是董事会发挥公司业务执行和经营决策机构职能的最重要方式。对于董事会的决议,《公司法》首先规定,董事会决议的表决,实行一人一票(111条2款)。董事会作出决议,必须经全体董事的过半数通过(111条1款)。可见,董事的表决权按人头分配,每一董事享有一表决权。董事会决议不再区分种类,所有决议都以董事的过半数同意而形成。不仅如此,董事会应当对会议所议事项的决定作成会议记录,出席会议的董事应当在会议记录上签名(112条2款)。其实,董事在董事会会议记录上的包括签名等的记载情况具有很重要的意义。因为,《公司法》规定,董事应当对董事会的决议承担责任。董事会的决议违反法律、行政法规或者公司章程、股东大会决议,致使公司遭受严重损失的,参与决议的董事对公司负赔偿责任。但经证明在表决时曾表明异议并记载于会议记录的,该董事可以免除责任(112条3款)。换言之,董事会决议一旦违反法规、公司章程或违反股东大会决议给公司造成损害时,凡是对该决议形成表达了赞同意见的董事都要对公司承担赔偿责任,只有对该决议表决时表达了异议,并将这种异议记载于董事会会议记录的董事可以免除责任。

对于董事会决议瑕疵的救济措施,如上所述,公司法将其与股东(大)会决议以及有限责任公司董事会决议的救济,作为相同问题在公司法总则部分作了统一规定,主要救济措施就是当决议出现法定瑕疵时通过诉讼宣告决议无效或撤销决议(见《公司法》22条的规定)。对此,已在有关有限责任公司的相关部分中作了分析,不再赘述。

(二) 经理

股份有限公司的经理,按照我国《公司法》规定,属于公司必设机构(113条1款),而且只有通过董事会决议,董事会成员才可兼任经理(114条),这些与有限责任公司的经理有所不同(参见49条1款、50条1款)。此外,股份有限公司经理与有限责任经理相同,从其性质而言,经理是由董事会聘任或者解聘的、全面负责公司日常经营管理的高级管理人员,与公司之间属于雇佣关系(113条1款)。对于股份有限经理的职权,《公司法》准用了有关有限责任公司经理职权的规定,其第113条第2款规定,"本法第四十九条关于有限责任公司经理职权的规定,适用于股份有限公司经理"。按照《公司法》第49条第1款的规定,经理主要行使下列职权:① 主持公司的生产经营管理工作,组织实施董事会决议;② 组织实施公司年度经营计划和投资方案;③ 拟订公司内部管理机构设置方案;④ 拟订公司的基本管理制度;⑤ 制定公司的具体规章;⑥ 提请聘任或者解聘公司副经理、财务负责人;⑦ 决定聘任或者解聘除应由董事会决定聘任或者解聘以外的负责管理人员;⑧ 董事会授予的其他职权。

需注意的是,经理的职权还可由公司章程作出规定,且优先适用章程的规定(见《公司法》49条2款的规定)。为了有利于经理能够迅速而有效地组织实施董事会决议等,《公司法》还规定经理列席董事会会议(113条2款、49条3款)。此外,按照《公司法》规定,经理还有可能通过公司章程而成为公司法定代表人。因为,《公司法》规定,公司法定代表人依照公司章程规定,由董事长、执行董事或者经理担任(13条)。

**比较法知识4-3**

### 美国公司的经营层更倾向于公司犯罪立法

众所周知,在法律规定的责任中,比起民事责任和行政责任,刑事责任是后果最沉重的一种责任,触犯刑律不仅将遭遇没收财产、限制人身自由的法律后果,甚至会遭遇剥夺政治权利,乃至丧失生命的风险。所以,一般常识认为,在强化公司监管的过程中,刑事责任更有效。也正是基于同样的思考,据美国学者的研究表明,在美国历史上一些最令人触目惊心的公司丑闻相继爆发,导致经济低迷时,人们,尤其是立法机关就会感觉到有强化监管公司措施的必要,而且首选就是加强公司的刑事责任,扩大公司刑事责任的范围,《2002年萨班斯—奥克斯莱法》就是这种思维模式的典型成果。更令人不可思议的,就是以公司高管为主的公司经营者们,当其面临通过强化责任加强对他们以及其公司的监管时,他们更倾向于通过加强公司犯罪立法来强化他们的刑事责任,而不希望强化他们的民事责任等。

对于这样一些似乎正常又好像不太正常的法治建设现象,美国学者的研究给出了如下答案:一方面,从立法者的角度看,一是处于政治考量,在经济衰退和经济下行时,施加某种程度的"惩罚"以满足公众需求是必要的;二是有关公司犯罪的法律可以达到这种"惩罚"效果,而且相对于强化民事责任等,它给公司利益群体(主要指高管等经营者)带来的成本更低。另一方面,再从公司经营者等利益群体的角度看,这些利益群体更倾向于公司犯罪立法,而不希望强化公司民事责任的理由是:① 刑事责任带给他们的成本向来相当低;② 因为减少了无理的私人执法使执法目标更为明确;③ 公司利益群体可通过游说国会预算立法等更容易影响执法行动;④ 通过排除合理怀疑证据以及禁止双重危险原则等反而拥有更大的程序保护;⑤ 与民事私人诉讼当事方超额的补偿性赔偿要求,比如,法律所允许的三倍赔偿或惩罚性赔偿等相比,承担刑事责任往往不会产生超高的损害赔偿;⑥ 刑事诉讼中更少向比如会计师、评估所等第三方施加责任。

正是基于上述的研究结果,这位美国研究者的结论是,"如果我们的出发点是,公司不法行为在目前并未受到充分的威慑,则我们必须主张,一方面要消减公司的刑事责任,另一方面更为重视公司民事责任及管理层责任,这对于我们如何监管这一领域,提出了严峻的课题"。①

### 三、监事会

根据我国《公司法》有关股份有限公司监事会的规定,与公司规模无关,监事会属于公司的必设机构(117条1款),监事会须每六个月召开一次定期会议(119条1款)等,与有关有

---

① 详见〔美〕罗伯塔·罗曼诺:《公司法基础》,罗培新译,第321—329页。

限责任公司监事会的规定有所不同以外,其他规定与有限责任公司完全相同,而且对于最重要的监事会的职权,完全准用了有关有限责任公司监事会职权的规定(118条1款)。所以,有关股份有限公司监事会的性质、职权、组成以及监事会的运行机制等,请参照本书有关有限责任公司监事会部分的论述,以下按照《公司法》规定的内容再作简要分析。

从性质而言,《公司法》规定,股份有限公司设监事会。所以,股份有限公司的监事会是负责对公司的经营活动(含对董事等的职务履行)进行监督的机构,而且是法定必设且常设机构。

从监事会组成看,监事会由不得少于三名的监事组成,其成员应当包括股东代表和适当比例的公司职工代表,其中职工代表的比例不得低于1/3,具体比例由公司章程规定。职工代表由公司职工通过职工代表大会、职工大会或者其他形式民主选举产生(《公司法》117条1、2款)。对于作为监事会成员的监事的任期以及监事缺员时的措施,《公司法》准用了第52条的规定,即监事的任期每届为3年。监事任期届满,连选可以连任(52条1款)。监事任期届满未及时改选,或者监事在任期内辞职导致监事会成员低于法定人数的,在改选出的监事就任前,原监事仍应当依照法律、行政法规和公司章程的规定,履行监事职务(52条2款)。此外,监事会设主席一人,可以设副主席,均由全体监事过半数选举产生。对于监事会主席、副主席的职责分工等,《公司法》规定,监事会主席召集和主持监事会会议;监事会主席不能履行职务或者不履行职务的,由监事会副主席召集和主持监事会会议;监事会副主席不能履行职务或者不履行职务的,由半数以上监事共同推举一名监事召集和主持监事会会议(117条3款)。由于监事会的主要职责就是对公司董事、经理等履职行为进行监督,所以,《公司法》同样明确规定,"董事、高级管理人员不得兼任监事"(117条4款)。

对于股份有限公司监事会的职权,《公司法》规定,"本法第五十三条、第五十四条关于有限责任公司监事会职权的规定,适用于股份有限公司监事会"(118条1款)。据此,股份有限公司监事会行使如下职权:① 公司财务检查权;② 对公司董事、高级管理人员履职行为的监督以及这些人员违法违规或者违反股东大会决议时的罢免建议权;③ 对董事、高级管理人员行为损害公司利益时的纠正权;④ 临时股东大会召开提议权以及董事会不履职时的股东大会召集、主持权;⑤ 向股东大会的提案权;⑥ 基于《公司法》第151条的对董事、高级管理人员的诉讼权;⑦ 公司章程规定的其他职权(以上职权见《公司法》53条的规定);⑧ 列席董事会并对董事会决议事项的质询或者建议权;⑨ 公司经营情况异常时的调查权(见《公司法》54条的规定)。此外,为了保证监事会有条件履行监督职责,《公司法》还规定,监事会行使职权所必需费用由公司承担(118条2款),以及履行职务必要时所聘请会计事务所等所发生的费用也由公司承担(118条1款、54条2款)。

对于股份有限公司监事会的会议种类以及决议形成要件等,《公司法》第119条规定,监事会每六个月至少召开一次会议。监事可以提议召开临时监事会会议(1款)。可见,股份有限监事会会议分为每六个月须举行一次的定期会议和经监事提议可随时召开的临时会议两种。对于监事会的议事方式等,《公司法》规定,监事会的议事方式和表决程序,除本法有规定的外,由公司章程规定(119条2款)。对于监事会决议的形成要件,《公司法》规定,"监事会决议应当经半数以上监事通过"(119条3款)。此外,《公司法》还规定,监事会应当对所议事项的决定作成会议记录,出席会议的监事应当在会议记录上签名(119条4款)。

## 第三节 上市公司组织机构的特别规定

上市公司就是在股份有限公司中,其股票在证券交易所上市交易的公司,所以作为其证券的股票能够在证券交易所进行交易的条件、程序以及为保障交易安全和秩序的公开性要求等,主要由作为证券发行和交易基本法的证券法进行规范。《公司法》作为有关最主要商事主体公司的组织法,主要对上市公司组织机构作出了特别规定。

### 一、上市公司概述

(一) 上市公司概念和条件

1. 上市公司的概念

对于上市公司的概念,我国《公司法》给出了明确界定,其第120条规定,"本法所称上市公司,是指其股票在证券交易所上市交易的股份有限公司"。由此可见,上市公司具有如下基本特征:一是上市公司必须是股份有限公司。换言之,只有股份有限公司存在成为上市公司的可能,其他类型公司不得成为上市公司。所以,从本质上而言,上市公司是股份有限公司的一种特殊类型;二是上市公司是其股票作为证券在证券交易所进行交易的公司,即不是指公司其他财产进行公开交易的公司;三是上市公司是股票在法定的交易市场,即证券交易所进行上市交易的公司,而非泛指其股票进行公开交易的公司。

2. 股份有限公司成为上市公司的条件

股份有限公司的股票只有达到法律规定的严格条件才能上市交易。对于股份有限公司股票上市交易的条件,我国《证券法》第50条第1款规定,股份有限公司申请股票上市,应当符合下列条件:① 股票经国务院证券监督管理机构核准已公开发行[①];② 公司股本总额不少于人民币3000万元;③ 公开发行的股份达到公司股份总数的25%以上;公司股本总额超过人民币4亿元的,公开发行股份的比例为10%以上;④ 公司最近三年无重大违法行为,财务会计报告无虚假记载。其第2款还规定,证券交易所可以规定高于上述条件的上市条件,但须经报国务院证券监督管理机构批准。

(二) 股票上市的基本程序与上市公司的信息公开

1. 股票上市的基本程序

根据《证券法》的规定,股份有限公司股票上市交易的程序主要有两个方面:一是上市申请;二是上市公告。对上市申请,《证券法》第48条规定,股份有限公司申请股票上市交易,应当向证券交易所提出申请,由证券交易所依法审核同意,并由双方签订上市交易协议。可见,向证券交易所提出申请、证券交易所依法审核、双方签订上市交易协议,是申请股票上市交易的基本程序。不仅如此,《证券法》还对申请者申请时须提交的文件作了明确要求。《证券法》第52条规定,申请股票上市交易,应当向证券交易所报送下列文件:① 上市报告书;② 申请股票上市的股东大会决议;③ 公司章程;④ 公司营业执照;⑤ 依法经会计事务所

---

① 股票已公开发行是重要上市条件,对此有学者给出的解释是,公开发行股票,必须符合法律、行政法规规定的条件,并依法报经国务院证券监督管理机构核准。有下列情形之一的,为公开发行:① 向不特定对象发行股票的;② 向特定对象发行股票累计超过200人的;③ 法律、行政法规规定的其他发行行为。详见王保树:《商法》,第172页。

审计的公司最近三年的财务会计报告;⑥ 法律意见书和上市保荐书;⑦ 最近一次的招股说明书;⑧ 证券交易所上市规则规定的其他文件。

对于上市公告,《证券法》第 53 条规定,股票上市交易申请经证券交易所审核同意后,签订上市协议的公司应当在规定的期限内公告股票上市的有关文件,并将该文件置备于指定场所供公众查阅。对于所要公告的文件和事项等,《证券法》第 54 条明确规定,签订上市协议的公司除公告上述文件(52 条所规定文件)外,还须公告下列事项:① 股票获准在证券交易所交易的日期;② 持有公司股份最多的前十名股东的名单和持股数额;③ 公司的实际控制人;④ 董事、监事、高级管理人员的姓名及其持有本公司股票和债券的情况。

申请股票在证券交易所上市交易的股份有限公司,在获得证券交易所审核同意,并双方签订上市交易协议,按上述规定进行了上市公告后,证券交易所就会安排该公司股票上市交易,该公司也就成了上市公司。

2. 上市公司的信息公开

上市公司因其股票在证券交易所的公开交易,将会涉及众多投资者的利益,也会对证券交易市场的安全和秩序产生重要影响。所以,保证证券市场公平安全和公正有序,对于维护广大证券投资者的利益十分重要。其中,最为重要的是证券交易市场(证券交易所)和证券投资者能够及时准确且真实地了解到上市公司的有关信息。所以,我国《证券法》设专节(第三章第三节)对上市公司等相关信息的定期、持续披露作出了明确规定。

根据《证券法》的规定,首先,上市公司依法披露的信息必须真实、准确、完整,不得有虚假记载、误导性陈述或者重大遗漏(《证券法》63 条)。依法所要披露的信息,须在国务院证券监督管理机构指定的媒体发布外,同时还须置备于公司住所、证券交易所,供社会公众查阅(《证券法》70 条)。其次,《证券法》对上市公司在何时以何种方式主要公布哪些信息作了具体规定。

一是《证券法》第 65 条规定,"上市公司须在每一会计年度的上半年结束之日起二个月内,向国务院证券监督管理机构和证券交易所报送并公告中期报告。中期报告须记载如下内容:(一) 公司财务会计报告和经营情况;(二) 涉及公司的重大诉讼事项;(三) 已发行的股票、公司债券变动情况;(四) 提交股东大会审议的重要事项;(五) 国务院证券监督管理机构规定的其他事项"。二是《证券法》第 66 条规定,"上市公司须在每一会计年度结束之日起四个月内,向证监会和证券交易所报送并公告年度报告。年度报告须记载如下内容:(一) 公司概况;(二) 公司财务会计报告和经营情况;(三) 董事、监事、高级管理人员简介及其持股情况;(四) 已发行的股票、公司债券情况,包括持有公司股份最多的前十名股东的名单和持股数额;(五) 公司的实际控制人;(六) 证监会规定的其他事项。"

二是《证券法》第 67 条规定,上市公司向证监会和证券交易所报送并公告重大事件临时报告,报告须说明事件的起因、目前的状态和可能产生的法律后果。下列情况为这里所称重大事件:① 公司经营方针和经营范围的重大变化;② 公司重大投资行为和重大的购置财产的决定;③ 可能对公司资产、负债、权益和经营成果产生重要影响的合同的订立;④ 公司发生重大债务以及未能清偿到期重大债务的违约情况;⑤ 公司发生重大亏损或者重大损失;⑥ 公司生产经营的外部条件发生重大变化;⑦ 公司的董事、1/3 以上监事或者经理发生变动;⑧ 持有公司 5% 以上股份的股东或者实际控制人,其持有股份或者控制公司的情况发生较大变化;⑨ 公司减资、合并、分立、解散及申请破产的决定;⑩ 涉及公司的重大诉讼、股东大会、董事会决议被依法撤销或者宣告无效;⑪公司涉嫌犯罪被司法机关立案调查,公司董事、监事、高级管理人员涉嫌犯罪被司法机关采取强制措施;⑫证监会规定的其他事项。

此外,据介绍,2002年1月发布的《上市公司治理准则》还对上市公司治理信息和股东权益信息的披露作出了具体规定。①

(三) 股票上市的暂停与终止

股份有限公司的股票上市交易,将意味着众多股票投资者的产生。所以维护好大量股票投资者的利益,不仅是市场经济法治的基本理念,更是发展公平竞争市场经济的需要。所以,有关股票上市交易的《公司法》,尤其是《证券法》对股票上市交易实行动态管理机制,建立了较好的暂停整改乃至退出机制,旨在保护众多股票投资者的利益,并维护证券交易的安全和秩序。为此,我国《证券法》具体规定了股票上市交易暂停制度和终止制度。

首先,《证券法》第55条规定,"上市公司有下列情形之一的,由证券交易所决定暂停其股票上市交易:(一) 公司股本总额、股权分布等发生变化不再具备上市条件;(二) 公司不按规定公开其财务状况,或者对财务会计报告作虚假记载存在误导投资者的危险;(三) 公司有重大违法行为;(四) 公司最近三年连续亏损;(五) 证券交易所上市规则规定的其他情形。"

其次,《证券法》第56条规定,"上市公司有下列情形之一的,由证券交易所决定终止其股票上市交易:(一) 公司股本总额、股权分布等发生变化不再具备上市条件后,在证券交易所规定的期限内仍未达到上市条件;(二) 公司不按规定公开其财务状况,或者对财务会计报告作虚假记载,且拒绝纠正;(三) 公司最近三年连续亏损,在其后一个年度内未能恢复盈利;(四) 公司解散或者被宣告破产;(五) 证券交易所上市规则规定的其他情形。"

---

### 比较法知识4-4

## 公司的股份比例结构与公司控制

按照现代公司法理论,在股份有限公司特别是那些具备了上市交易其股票条件的大型股份有限公司的情况下,由于股份的高度分散导致各股东持股比例大幅下降,股东人数大量增加且大多数股东变成了只关心股票市场价格变动且拟通过股票交易差价取得收益的所谓的投机股东,他们不仅不关心公司的经营管理而且对公司经营管理也一无所知。正因为如此,导致了公司结构中所有权与经营权的分离,也由于大多数股东对公司经营的不关心、不参与,同时也就出现了所谓的经营层控制公司的现象。并且公司法为了适应这种形势下公司存续和发展的需要,也就放弃了从前所坚持的股东大会中心主义(即公司法将股东大会设计为既是公司的最高决策机构也是万能的机构),纷纷转向了董事会中心主义,在大幅度缩小股东大会职权,并将其职权实现完全法定化的同时,大幅度扩大董事会的职权,有些国家甚至将发行新股以及发行公司债券等都规定为董事会的职权了。②

---

① 详见朱炎生:《公司法》,第172—173页。
② 有关股份有限公司控制与经营管理结构中出现的所有权与经营权的分离,以及伴随着这种分离公司控制权结构的分化情况,可参见〔日〕北沢正啓:《会社法》,第281—290、293、355—356页等。

但是,这是对股份有限公司的一般历史演变过程而言的,在丰富多彩的各国公司制度体系中,也似乎存在不少的例外情形。比如,根据韩国公司法学者的介绍,由于错综复杂的股份持有比例结构以及股东表决权行使机制等的不同,在韩国就是股份有限公司中的上市公司,其持股比例并不高的以公司创业者为主的自然人股东在牢牢地控制着公司。

据介绍,至少在20世纪90年代中期,韩国上市公司的标准性股份构成比例如下:机构投资者持有28.8%,营业法人(含相互持股)持有20.1%,个人股东持有40.2%,其他11.9%。需注意的是,其中,在个人股东中公司创业者等的持股比例基本可推算为15%左右。但由于一是营业法人股份中相当一部分为系列公司的股份,完全有利于公司创业者股东可实际使用股份的比例;二是机构投资者并不关心公司的经营,反而对实际控制人持赞成态度;三是韩国的立法政策在某种意义上也保障了创业者经营权的稳定,比如,证券交易法上曾有过"出创业者外其他人均不能所有10%以上的股份"等的规定;四是证券交易法上有些制度也有利于创业者股东等控制公司,比如,证券交易法规定,向证券托管机构寄托的股份,只要实际股东不申请行使表决权,托管机构就可按影子投票(按其他股东赞成和反对比例分开投票)的方式行使表决权。此类规定特别有利于股东大会上本来实际股东出席率较低(40%左右)的上市公司创业者等个人股东控制公司的需要。

由于以上种种原因,在韩国就是规模巨大的上市公司,持股比例并不高的个人股东仍然掌握着公司的控制权。[①]

## 二、上市公司组织机构的特别规定

如上所述,上市公司因其股票的上市交易而具有很强的公众性,其运营发展牵扯众多股票投资者的利益,也直接关乎证券交易市场的安全和秩序。所以,《公司法》对上市公司的组织机构作出了若干特别规定。这就意味着上市公司除了遵守股份有限公司组织机构的一般规定外,还需遵守上市公司组织机构的特别规定。

### (一)上市公司股东大会的特别决议

如上述,上市公司往往是股东人数众多、股本总额巨大的股份有限公司,所以,该类公司的重大资产变动,不仅存在较大风险,而且会对广大股东以及公司的长远发展产生重大影响。所以,《公司法》在规定了公司转让、受让重大资产或者对外提供担保时必须由股东大会作出决议的基础上(104条),以时间和额度两个要件为前提,将上市公司股东大会有关此类事项的决议规定为特别决议。《公司法》第121条规定,"上市公司在一年内购买、出售重大资产或者担保金额超过公司资产总额百分之三十的,应当由股东大会作出决议,并经出席会议的股东所持表决权的三分之二以上通过"。这一特别规定表明,上述《公司法》第104条规定的股东大会决议应是普通决议,相同事项,只要是属于上市公司的,且达到了"一年内"的时间要件和数额(标的超过公司资产总额的30%)要件,须由股东大会作出特别决议。需注意的是,尽管达到了时间要件和数额要件,如果相关公司不是上市公司,应该不适用该项特别规定。另外,尽管单项涉及资产总额达不到公司资产总额的30%,但一年内多项资产变动

---

[①] 韩国上市公司的股份比例结构与公司控制状况,详见〔韩〕李哲松:《韩国公司法》,吴日焕译,第346—347页。

数额达到30%的,仍然适用该项特别规定。

(二)上市公司董事会组织的特别规定

1. 上市公司的独立董事制度

作为股份有限公司董事会制度的特别规定,我国2005年修改《公司法》第122条规定,上市公司设立独立董事,具体办法由国务院规定。独立董事制度起源于20世纪70年代的美国。在我国,随着改革开放的深入发展,最早到境外证券交易市场上市的公司,根据境外证券交易市场规则的要求开始设立独立董事。后来,根据对独立董事制度优越性的判断①,以出台部门规章的方式开始引导上市公司建立独立董事制度。比如,1997年证监会发布的《上市公司章程指引》第112条规定,"公司根据需要,可以设立独立董事"。1999年证监会联合其他部门发布了《关于进一步促进境外上市公司规范化运作和深化改革的意见》,对到境外上市交易的公司建立、健全独立董事制度提出了规范性指导意见。在此基础上,证监会于2001年8月正式发布了《关于在上市公司建立独立董事制度的指导意见》(以下简称《指导意见》)。② 该《指导意见》是我国目前规范上市公司独立董事制度最权威的行政性规章。不仅2005年修改《公司法》有关上市公司独立董事的上述规定,其具体实施要依赖该《指导意见》,而且该《指导意见》对独立董事的概念、独立董事的任职资格、独立董事的独立性、独立董事的提名权人以及选举程序、独立董事的特别职权、独立董事发表独立意见的事项以及独立董事行使职权的保障措施等,作了全面而具体的规定。

(1) 概念。根据该《指导意见》的规定,所谓上市公司独立董事,是指不在公司担任除董事外的其他职位,并与其所受聘的上市公司及其主要股东不存在可能妨碍其进行独立客观判断的关系的董事(见1条1款的规定)。

(2) 独立董事的任职资格。对于独立董事的任职资格,《指导意见》规定,担当独立董事应当符合下列基本条件:① 根据法律、行政法规及其他有关规定,具备担任上市公司董事的资格;② 具有本《指导意见》所要求的独立性;③ 具备上市公司运作的基本知识,熟悉相关法律、行政法规、规章及规则;④ 具备五年以上法律、经济或者其他履行独立董事职责所必需的工作经验;⑤ 公司章程规定的其他条件(见2条的规定)。此外,还规定,独立董事中至少包括一名具有高级职称或注册会计师资格的会计专业人员(1条3款)。

(3) 独立董事的独立性。对于独立董事的独立性,《指导意见》规定,下列人员不得担任独立董事:① 在上市公司或者其附属企业任职的人员及其直系亲属、主要社会关系者;② 直接或间接持有上市公司已发行股份1%以上或者是上市公司前十名股东中的自然人股东及其直系亲属;③ 在直接或间接持有上市公司已发行股份5%以上的股东单位或者在上市公司前五名股东单位任职的人员及其直系亲属;④ 最近一年内曾经具有前三项所列举情形的人员;⑤ 为上市公司或者其附属企业提供财务、法律、咨询等服务的人员;⑥ 公司章程规定

---

① 对于独立董事制度的优越性,我国有学者指出,"设立独立董事,有利于改善公司治理结构中形成有效的制衡机制,防范和遏制内部人控制;有利于完善董事会的素质结构,提高董事会决策的科学化和民主化;有利于维护公众投资者的利益,实现公司价值和股东利益的最大化等"。见覃有土:《商法学》,第192页。

② 对于我国改革开放以来引入独立董事制度的大致过程,有学者进行了概括性梳理,并且该学者还从:① 改革提名制度,强化独立董事的独立性;② 强调独立董事的勤勉义务,解决独立董事缺乏企业管理经验或者不认真对待企业决策的问题;③ 保障独立董事行使职权应有的信息;④ 健全以独立董事为主的专业委员会制度等方面,提出了进一步完善独立董事制度的对策建议。参见王保树:《商法》,第173、176—177页。

的其他人员;⑦中国证监会认定的其他人员(3条)。

(4) 独立董事的提名权人。对独立董事的提名权人等,《指导意见》规定,上市公司董事会、监事会、单独或者合并持有上市公司已发行股份1%以上股东可以提出独立董事候选人,并经股东大会选举决定。但在股东大会选举前须报中国证监会审核,审核有异议的候选人不能成为独立董事(4条1、3款)。独立董事的任期与上市公司其他董事相同,也可连选连任,但连任时间不得超过六年(4条4款)。

(5) 独立董事的特别职权等。对于独立董事的特别职权和须发表独立意见的事项等,《指导意见》规定,独立董事除可行使法律、行政法规赋予董事的职权外,以取得全体独立董事1/2以上同意为条件,还可行使如下特别职权:① 重大关联交易(指上市公司拟与关联人达成的总额高于300万元或高于上市公司最近经审计净资产值的5%的关联交易)应由独立董事认可后,提交董事会讨论;② 向董事会提议聘用或解聘会计师事务所;③ 向董事会提请召开临时股东大会;④ 提议召开董事会;⑤ 独立聘请外部审计机构和咨询机构;⑥ 可以在股东大会召开前公开向股东征集投票权(见5条1款等)。对于董事会或者股东大会职权范围内的下列事项须发表独立意见:① 提名、任免董事;② 聘任或解聘高级管理人员;③ 公司董事、高级管理人员的薪酬;④ 上市公司的股东、实际控制人及其关联企业对上市公司现有或新发生的总额高于300万元或高于上市公司最近经审计净资产值的5%的借款或其他资金往来,以及公司是否采取有效措施回收欠款;⑤ 独立董事认为可能损害中小股东权益的事项;⑥ 公司章程规定的其他事项(6条1款)。

(6) 独立董事职权的保障。对于保障独立董事行使职权并保持其独立性的措施,《指导意见》规定,上市公司应当保障独立董事享有与其他董事同等的知情权;应提供独立董事履行职责所必需的工作条件;应积极配合独立董事履职,不得拒绝、阻碍或隐瞒,不得干预其独立行使职权;独立董事聘请中介机构的费用及其他行使职权时所需的费用由上市公司承担;应当给予独立董事适当的津贴;可以建立必要的独立董事责任保险制度,降低其履职可能引致的风险(7条)。

## 比较法知识4-5

### 起源于美国的独立董事制度

独立董事已成为现代大型股份有限公司尤其是上市公司监督公司经营层履职情况的重要制度。追根溯源,"独立董事"一词来源于美国法律文件中的"independente directors",有时也称为"外部董事"(outside directors),在英国通常被称为"非执行董事",对应"non executive directors"一词。对于独立董事的概念,权威学者给出如下定义,即"立董事是指来自于外部的与公司没有关联关系的非执行董事"。[①] 从该定义中可知,来自于外部,与公司内部产生的董事有区别;与公司没有关联关系,这与公司间存在关联关系,比如与担任公司投资顾问、财务顾问等兼做董事者有区别;属于非执行董事,与公司的执行董事,即与人们常说的CEO们有区别,应该说是独立董事的基本法律特征。

---

[①] 施天涛:《公司法论》,第376页。

作为一项有效监督 CEO 们的业务执行行为的重要制度,独立董事制度起源于美国。据介绍,尽管从公司立法层面 1940 年美国联邦政府制定的《投资公司法》就已经引入了独立董事制度,但该项制度被真正重视起来,并赋予其实质内容,开始发挥应有的作用,应该说 20 世纪 70 年代初的美国"水门事件"所暴露出来的公司丑闻,促使该项制度发生了这样的历史性转变。因为,从该事件所暴露的公司丑闻中,广大的中小投资者开始全面怀疑董事会的监督职能,要求必须要有改变,正是在这样的背景下,美国证监会开始强制要求所有上市公司须设立由独立董事组成的审计委员会,甚至发展成为由相当比例独立董事组成指名委员会,乃至专门的监督委员会,从审计公司的财务会计报告、控制公司内部违法行为、掌控董事去留命运等方面,全面发挥对公司 CEO 们履职行为的监督职责。

实践中,美国独立董事在董事会构成中的比重不断增加,甚至有不少建议主张董事会的大多数或者全部成员应当由独立董事组成。美国目前的上市公司董事会中的独立董事比例已高达三分之二。从作用方面看,在 20 世纪 90 年代,不仅因经营业绩长期糟糕被独立董事掌控的董事会罢免的公司总裁大量存在,而且美国学者对 266 家公司在 1970 年、1976 年和 1980 年董事会结构和公司业绩关系的调查研究表明,公司董事会的独立性(主要由独立董事占比决定)与公司业绩之间存在明显的正比例关系。

发源于美国的独立董事制度,不仅很快移植到了英国、法国等欧洲发达国家,而且在日本和我国等亚洲国家也受到了前所未有的重视。①

2. 上市公司的董事会秘书制度

与上市公司设独立董事相同,在我国,上市公司设董事会秘书也是从 20 世纪 90 年代初第一批公司到香港上市交易开始的。1994 年国家证券委员会等发布《到境外上市公司章程必备条款》的规范性文件,开始规范上市公司设董事会秘书制度。最早对国内所有上市公司设董事会秘书提出明确要求的是,1996 年 8 月上海证券交易所发布的《上市公司董事会秘书管理办法(试行)》。该办法不仅明确规定所有获准上市的公司设立董事会秘书,而且对董事会秘书的任职条件、职权、任免程序以及法律责任作出了明确规定。1997 年 12 月中国证监会发布的《上市公司章程指引》设"董事会秘书"专节(第五章第三节),对董事会秘书的地位、任职资格、职责以及任免程序等作了规定。此外,1998 年发布的《上海证券交易所股票上市规则》以及该规则的 2001 年修订本也都设专节对上市公司必设董事会秘书以及董事会秘书的性质、职责、任职资格等作了明确规定。

这些规范性文件不仅都明确规定董事会秘书是公司的高级管理人员,除了公司聘请的专业会计人员不得兼任董事会秘书外,也都允许公司董事或者其他高级管理人员兼任董事会秘书。董事会秘书的主要职责就是承担董事会的事务性工作,协助董事会开展工作。

在上述上市公司董事会秘书制度发展的基础上,我国现行《公司法》作为上市公司组织机构的特别规定,要求上市公司须设董事会秘书,并规定董事会秘书主要负责股东大会和董事会会议的筹办、文件保管以及公司股东资料的管理,办理信息披露事务等事宜(123 条)。另外,根据《公司法》相关条款的规定,董事会秘书属于公司高级管理人员(见 216 条 1 款)。

---

① 对于起源美国的独立董事制度的详细描述,见刘俊海:《公司法学》,第 287—288 页;施天涛:《公司法论》,第 376—378 页。

这表明董事会秘书的任职资格以及所要承担的义务责任,须符合《公司法》有关公司高级管理人员的规定。简言之,董事会秘书对公司负有勤勉义务和忠实义务,因履行职务违法或者违反公司章程、股东大会以及董事会决议给公司造成损失的,应当承担赔偿责任(参见149条)。

(三) 上市公司董事对关联关系决议事项表决的回避制度

《公司法》为了保证董事能够公正公平地行使职权,有效保护股东以及公司债权人等的利益,作为上市公司董事会决议的特别规定,建立了上市公司董事对关联关系决议事项表决的回避制度。对此,《公司法》第124条规定,上市公司董事与董事会会议决议事项所涉及的企业有关联关系的,不得对该项决议行使表决权,也不得代理其他董事行使表决权。该董事会会议由过半数的无关联关系董事出席即可举行,董事会会议所作决议须经无关联关系董事过半数通过。出席董事会的无关联关系董事人数不足三人的,应将该事项提交上市公司股东大会审议。

《公司法》的这项特别规定清楚地表达了如下内容:

一是如果上市公司的董事,与董事会会议行将决议事项所涉及的企业存在关联关系的,对该董事必须要实行回避制,该董事不得行使对该事项的表决权,而且也不得委托其他董事代理行使。对于这里所说的"关联关系",《公司法》明确规定,"关联关系,是指公司控股股东、实际控制人、董事、监事、高级管理人员与其直接或者间接控制的企业之间的关系,以及可能导致公司利益转移的其他关系"(216条4款)。

二是这种情况下的董事会召集要件以及董事会决议成立要件将会发生相应变化,即董事会会议的举行不再要求全体董事的过半数出席(参见111条1款前段),而是只要有过半数的无关联关系的董事出席就可举行;董事会决议也不再要求必须经全体董事的过半数通过(参见第111条1款后段),而是只要达到无关联关系董事的过半数同意就可成立。三是这种情况下如果出席董事会会议的无关联关系董事人数不足三人时,该事项的决议不再是董事会的职权了,须交由股东大会审议并根据需要作出相应决定。

**【司法考试真题】**

4-1 某市国有资产管理部门决定将甲、乙两个国有独资公司撤销,合并成立甲股份有限公司,合并后的甲股份有限公司仍使用原甲公司的字号,该合并事项已经有关部门批准现欲办理商业登记。甲股份有限公司的商业登记属于下列哪一类型的登记?(    )(2005年)

A. 兼并登记    B. 设立登记    C. 变更登记    D. 注销登记

4-2 甲股份公司是一家上市公司,拟以增发股票的方式从市场融资。公司董事会在讨论股票发行价格时出现了不同意见,下列哪些意见符合法律规定?(    )(2005年)

A. 现股市行情低迷,应以低于票面金额的价格发行,便于快速募集资金

B. 现公司股票的市场价格为8元,可在高于票面金额低于8元之间定价,投资者易于接受

C. 超过票面金额发行股票须经证监会批准,成本太高,应平价发行为宜

D. 以高于票面金额发行股票可以增加公司的资本公积金,故应争取溢价发行

4-3 甲上市公司在成立6个月时召开股东大会,该次股东大会通过的下列决议中哪项符合法律规定?(    )(2006年)
　　A. 公司董事、监事、高级管理人员持有的本公司股份可以随时转让
　　B. 公司发起人持有的本公司股份自即日起可以对外转让
　　C. 公司收回本公司已发行股份的4%用于未来1年内奖励本公司职工
　　D. 决定与乙公司联合开发房地产,并要求乙公司以其持有的甲公司股份作为履行合同的质押担保

4-4 甲、乙二公司拟募集设立一股份有限公司。他们在获准向社会募股后实施的下列哪些行为是违法的?(    )(2006年)
　　A. 其认股书上记载:认股人一旦认购股份就不得撤回
　　B. 与某银行签订承销股份和代收股款协议,由该银行代售股份和代收股款
　　C. 在招股说明书上告知:公司章程由认股人在创立大会上共同制定
　　D. 在招股说明书上告知:股款募足后将在60日内召开创立大会

4-5 某国有企业拟改制为公司。除5个法人股东作为发起人外,拟将企业的190名员工都作为改制后公司的股东,上述法人股东和自然人股东作为公司设立后的全部股东。根据我国公司法的规定,该企业的公司制改革应当选择下列哪种方式?(    )(2007年)
　　A. 可将企业改制为有限责任公司,由上述法人股东和自然人股东出资并拥有股份
　　B. 可将企业改制为股份有限公司,由上述法人股东和自然人股东以发起方式设立
　　C. 企业员工不能持有公司股份,该企业如果进行公司制改革,应当通过向社会公开募集股份的方式进行
　　D. 经批准可以突破有限责任公司对股东人数的限制,公司形式仍然可为有限责任公司

4-6 华胜股份有限公司于2006年召开董事会临时会议,董事长甲及乙、丙、丁、戊等共5位董事出席,董事会中其余4名成员未出席。董事会表决之前,丁因意见与众不同,中途退席,但董事会经与会董事一致通过,最后仍作出决议。下列哪些选项是错误的?(    )(2008年)
　　A. 该决议有效,因其已有出席会议董事的过半数通过
　　B. 该决议无效,因丁退席使董事的同意票不足全体董事表决权的二分之一
　　C. 该决议是否有效取决于公司股东会的最终意见
　　D. 该决议是否有效取决于公司监事会的审查意见

4-7 甲股份公司成立后,董事会对公司设立期间发生的各种费用如何承担发生了分歧。下列哪一项费用应当由发起人承担?(    )(2008年)
　　A. 发起人蒋某因公司设立事务而发生的宴请费用
　　B. 发起人李某就自己出资部分所产生的验资费用
　　C. 发起人钟某为论证公司要开发的项目而发生的调研费用
　　D. 发起人缪某值班时乱扔烟头将公司筹备组租用的房屋烧毁,筹备组为此向房屋主支付的5万元赔偿金

4-8 王某向银行申请贷款,需要他人担保。陈某系甲有限公司的控股股东和董事长,是王某多年好友。王某求助于陈某,希望得到甲公司的担保。甲公司章程规定,公司对外担保须经股东会决议。下列哪一选项是正确的?(    )(2008年)

A. 甲公司不能为王某提供担保,因为陈某不能向甲公司提供反担保
B. 甲公司不得为王某提供担保,因为公司法禁止公司为个人担保
C. 甲公司可以为王某提供担保,但须经股东会决议通过
D. 甲公司可以为王某提供担保,但陈某不得参加股东会表决

**4-9** 关于股份有限公司的设立,下列哪些表述符合《公司法》规定?(　　)(2010 年)
A. 股份有限公司的发起人最多为200人
B. 发起人之间的关系性质属于合伙关系
C. 采取募集方式设立时,发起人不能分期缴纳出资
D. 发起人之间如发生纠纷,该纠纷的解决应当同时适用《合同法》和《公司法》

**4-10** 顺昌有限公司等五家公司作为发起人,拟以募集方式设立一家股份有限公司。关于公开募集程序,下列哪些表述是正确的?(　　)(2014 年)
A. 发起人应与依法设立的证券公司签订承销协议,由其承销公开募集的股份
B. 证券公司应与银行签订协议,由该银行代收所发行股份的股款
C. 发行股份的股款缴足后,须经依法设立的验资机构验资并出具证明
D. 由发起人主持召开公司创立大会,选举董事会成员、监事会成员与公司总经理

# 第三编 | 公司的股东与股东权

第五章　公司的股东
第六章　股东权
第七章　有限责任公司的股权转让
第八章　股份有限公司的股份发行与转让

# 第五章

# 公司的股东

## 第一节 股东概念

简单说,公司股东就是公司的出资人,是公司社团组织的成员或叫公司的构成员。[1] 具体而言,所谓公司股东,是指依据向公司的出资或所认购的股份比例对公司享有权利、承担义务的人。这种意义上的公司股东,可以是自然人和法人(含公法人),在公司经营日益国际化和自由化的今天,原则上也不受国籍、住所以及出资额等的限制。我国公司法只规定了有限责任公司和股份有限公司两种公司组织形式。有限责任公司的股东,就是依据公司设立时向公司的出资或者合法取得公司存续期间的股权对公司享有权利承担义务的人;股份有限公司的股东,就是依据公司设立时认购的股份或者合法取得公司存续期间的股份对公司享有权利承担义务的人。股东处于公司制度体系的核心地位。因为股东出资形成的公司财产不仅是公司开展经营管理,实现营利目的的物质基础,而且还是公司独立承担责任的财产基础。不仅如此,股东还是公司最高意思决定机构——股东(大)会的成员,通过出席股东(大)会并以行使表决权的方式形成公司的最高意思决定,任免公司经营者和专门的监督者,还可通过行使各项监督纠正权直接监督经营者的经营行为等。

### ▲ 比较法知识5-1

#### 德国公司法学上的"成员资格"论

公司的股东在本质上到底是一种什么样的主体资格,在公司法学尤其在以德国、法国和日本为代表的大陆法系国家的公司法学领域,曾经是一个激烈讨论的问题,日益走向更加务实的公司法学者们尽管不再热心于这样的问题,但这并不意味着问题已经得到了解决。对于公司的股东到底是何种主体资格的问题,德国公司法学者给出的答案是,股东者,公司成员也。股东就是持有公司股份的人,而股东所持有股份意味着股东对公司的一种成员资格。

---

[1] 我国台湾地区的公司法学者将公司股东称为公司构成员,简单明了地指出,"有限公司之构成员,称为有限公司之股东"。见柯芳枝:《公司法论》,第547页。

德国学者的这种股东公司"成员资格"论,对日本以及我国台湾地区的学者们产生了重要影响。在日本,对于作为股东地位的股份的性质等,曾经展开了热烈讨论,出现了股份债权说、股份物权说以及股份公司财团说等多种观点,但受德国上述观点的影响,由于日本将公司称之为"会社",所以日本公司法学者们最终在股东就是"会社"的"社员",股东权就是"社员权"的认识,即在"社员权说"上取得了高度一致。① 另外,如上述,我国台湾地区的公司法学者更是直接将股东称为公司"构成员"。

在德国公司法学者看来,股东就是持有公司股份的人,而股份在本质上代表着股份有限公司的成员资格。这种成员资格不仅体现着股东与公司法人之间的一种永久关系,因为属于团体与成员的关系,而且这种成员资格也代表着股东享有的许多具体权利以及所要承担的义务。不仅如此,当下更多学者将股东资格理解为一种重要的主体权。

由于代表股东地位的股份是一种成员资格,或曰主体权,所以,这种权利不能被剥夺,也不能侵害这种成员资格或主体权,否则作为被剥夺或被侵害者的股东就可以对公司或者侵害人提起以损害赔偿为主的诉讼。德国的案例也表明,某一协会的董事会将该协会一名成员非法开除出协会,该成员向法院起诉,不仅要求恢复成员资格,而且要求赔偿为律师支付的费用等。德国联邦最高法院的判决不仅支持了该成员赔偿费用等的请求,而且明确指出,"每个协会成员都有权要求,董事会不得侵犯其成员资格权,如果发生了侵害事件,则应该将此视同违反合同规定,协会必须承担损害赔偿责任"。德国还有不少案例表明,股东的成员资格也不能被公司的董事以及其他股东非法侵害,否则,法院就会支持受侵害者的损害赔偿请求等。之所以将其他股东的侵害行为不是从一般侵害行为而是从成员资格的角度进行观察,因为"股东同为一个组织的成员,因而股东相互之间存在一种特别法律关系,从这种关系中可以进而推导出股东相互之间承担特定的忠诚义务",其他股东的侵害行为就是对这种义务的违反。

需注意的是,股东和公司之间还会存在独立的债权关系或物权关系,即所谓的第三者关系。比如,一个股东从公司购买某种物品,或者向公司提供了专利许可证或一笔贷款。从这种交易中形成的就是独立的债权关系或物权关系,即第三者关系。严格讲,这种关系以及从这种关系中产生的权利义务与股东的成员资格无关,所以,这些权利义务不会随着成员资格的转让而转让。这里法律需要把关的是公司与股东之间不得利用成员资格存在不当的利益输送,否则,受益者负有不当得利返还义务。②

## 第二节 股东类别

公司股东,可根据不同标准进行类别划分。

### 一、实业股东、投资股东和投机股东

根据投资入股的目的,可将股东划分为实业股东、投资股东和投机股东。实业股东是指

---

① 日本有关股东资格的讨论情况,详见〔日〕北沢正启:《会社法》,第136—142页。
② 详见〔德〕托马斯·莱塞尔等:《德国资合公司法》,高旭军等译,第99—102页;参见〔德〕格茨·怀可等:《德国公司法》,殷盛译,第559—566页。

投资入股以直接经营公司并获得利益为目的的股东,这类股东也被称为企业家股东。投资股东是指投资入股以获得红利分配为目的的股东,是否经营管理公司并非直接目的。投机股东是指投资入股以股权交易价格上涨而获取差价收益为目的的股东,这类股东多存在于股权高度分散且股权流动性较高的股份有限公司。

## 二、原始股东和继受股东

根据获得股东资格的方式可将股东划分为原始股东和继受股东。原始股东是指公司设立时直接向公司投资或者直接认购公司股份,公司成立后直接成为公司股东的那些股东。在有限责任公司的情况下,所有发起人公司成立后就成了公司的原始股东,在股份有限公司的情况下,发起设立时的所有发起人和募集设立时的所有发起人和其他认购公司股份者公司成立后就成了公司的原始股东。继受股东是指在公司存续期间,通过受让、受赠或者继承等方式,合法继受他人股权或股份而成为公司股东的那些股东。不管是原始股东还是继受股东,对公司享有相同权利承担相同义务,是权利资格完全平等的股东。

## 三、自然人股东、法人股东和国有股东

根据股东本身的主体资格,可将股东划分为自然人股东、法人股东和国有股东,这也是我国对股东类别所作的基本分类。自然人股东是指自然人个人向公司出资或者认购公司股份或者继受公司股权或股份而成为公司成员的那些股东。自然人股东尽管不受国籍以及住所等因素的限制,但其行为能力要符合民法有关自然人行为能力的规定。法人股东是指法人向公司出资或者认购公司股份或者继受公司股权或股份而成为公司成员的那些股东。在我国,这里所说的法人,一般指的是企业法人以及根据国家法规允许其资产投资于企业的事业单位法人和社会团体法人,不包括机关法人。[①] 国家股股东是指国家向公司出资或者认购公司股份或者继受公司股权或股份而成为公司成员的特别股东。在国家股股东的情况下,由谁代表国家行使股东权利、承担股东义务,是一个较为复杂的问题。经过长期探索,现在基本上形成了由各级国有资产监督管理机构代理国家股股东行使出资人权利的格局。

## 四、普通股东和特别股东

在股份有限公司的情况下,根据股东所持股份在分红等方面存在的差异,可将股东划分为普通股东和特别股东。普通股东就是持有在分红方面不存在差别待遇的普通股的股东,而特别股东是指持有在分红方面存在优先分红或者劣后分红差别待遇的特别股的股东。

另外,根据我国《公司法》的规定,还可根据股东所持有的股票是否记名可将股东分为记名股东和无记名股东。简单说,记名股东是指所持有股票上记载有持有人姓名或者名称的股东,而无记名股东就是在其所持有的股票上未记载持有人姓名或者名称的股东。[②]

---

① 在我国,根据《民法通则》的规定,法人分为企业法人、机关法人、事业单位法人和社会团体法人。详见《民法通则》第三章第二、三节的规定。机关法人指的就是公权力法人,其所投资于企业的投资额就会形成国家股以及国家股股东。参见王保树:《商法》,第122页。
② 《公司法》第129条第1款规定,公司发行的股票,可以为记名股票,也可以是无记名股票。另参见覃有土:《商法学》,第180页。

比较法知识5-2

### 法国商法学者眼中的"小股东"保护问题

"小股东"也叫少数股股东,在公司法坚持"资本多数决"基本原则的制度框架内,如何保护"小股东"的利益,应该说是公司法制度构建领域内世界级的难题。正如法国商法学者所言,"在实行'多数决原则'而产生的效果与保护不同意见之间很难找到平衡,也很难保持平衡。况且,这也并不是商事公司所特有的问题,政治制度也会遇到这样的两难问题。各种政治制度对此问题的回答通常也如同公司法一样,并不令人满意"。

对"小股东"即少数股股东利益保护难的问题,首先表现在"多数"与"少数"的概念经常变动不定,对什么是少数股股东,即对"小股东"本身有时很难给予明确界定。[①] 如果仅从保护这类股东利益的角度看问题,可能将这类股东视为一种"尾数"更能说明问题。因为这类股东往往汇集的仅仅是那些对多数股股东通过的决议没有投赞成票的人。所以,他们经常会责备多数股股东滥用权利,责备多数股股东不是为了公司本身的利益来管理公司,而是为了他们的个人利益。问题就出在对股东大会通过的决议没有投赞成票的这些"小股东"身上,因为在他们之间有时还会有不同意见,或者意见不一致,他们通常没有什么组织,很难固定不变,这些"小股东"所具有的特点明显加大了对他们实施保护的难度。

问题的另一方面是公司运行的决定权属于多数股股东,公司法如此安排制度并不是为了这些多数股股东的利益,而是为了实现公司的目标,即公司按照设立的目标能够正常运行,并能有效地通过对外的经营活动获取利益,再将这些利益按照投资人的投资比例或者他们通过章程的约定进行分配。如果不是将公司运行的决定权赋予多数股股东,处处都要考虑少数股股东的意见和利益,尤其在规模较大的股份有限公司的情况下,必然会导致公司的行动受阻。"如果因为少数股股东不满意,公司的每一项决议都受到异议,或者只能推迟执行,那就不可避免地导致公司处于全面瘫痪的局面"。换言之,只有当公司的决议由大多数股东作出时,股份有限公司才能生存,这也是公司制度优于决议只能在所有成员意见完全一致时才能作出的合伙制度的关键一点。

但是,保护弱者是法律的神圣职责之一,不管怎样分析,"小股东"的确是股东群体中的弱者,尤其在"资本多数决"原则是公司制度的基本设计的前提下,尽管参加了决议事项的表决,但在自己明确反对的情况下决议仍然通过时的"少数意见股东",即所谓的"少数股东"的利益仍然需要保护,各国的公司立法在这方面作了不少努力。[②] 就法国的相关法律制度而言,仅持有一股的股东也能行使的权利有:① 在股东大会召开前书面提出问题的权利;② 在

---

[①] 我国就有公司法学者明确指出,对于"小股东"或者少数股股东的概念界定本身就存在许多很容易造成混淆的做法。比如,"股东和股票持有人"的区分,尤其在上市公司的情况下往往意味着后者基本属于不参与公司治理的一类股东,可能将这类股东称作"无辜股东"更合适。还有将股东分区为"少数股股和多数股股东"的做法,更是让人无法明确持有多少股才算是少数股,的确很难找到一个有效的尺度来衡量,况且,在其股份流动性很强的公开公司的情况下,股东的持股比例本身经常处于变动状态之中。人们也用"控股股东与非控股股东"的区分来说明问题,但这与通常所说的小股东并不吻合。详见邓峰:《普通公司法》,第409—410页。

[②] 比如,美国成文法所确立的"对小股东压迫的规制""累计投票制""异议评估权制"以及以信息披露和对控股股东的限制为主要内容的"证券规制"等,都是这种努力的成果。参见邓峰:《普通公司法》,第412页。

紧急情况下向法院提出请求指定一名负责召集股东大会的委托代理人的权利;③ 对公司经营者提出追究责任之诉讼的权利。为了防止滥诉或者过多异议影响公司运行而对持股比例有所要求的股东权利有:① 根据公司资本数额持有0.5%至5%股份的股东的股东大会提案权;② 根据公司资本数额持有0.5%至5%股份的股东在法院集体行使诉讼权追究公司经营者责任的权利;③ 持股比例达10%以上的股东每年两次就足以影响公司继续经营的任何事实书面提出问题的权利;④ 持股比例在10%以上股东请求会计监察人回避或者撤换会计监察人的权利;⑤ 持股在10%以上股东请求指定一名管理鉴定人的权利等。[①]

## 第三节 股东资格的取得、认定与丧失

公司股东还存在一个其作为股东的资格怎样取得,当其是否是股东的资格发生疑问时如何认定以及又在何种情况下股东不再是股东,即股东丧失其资格的问题。

**一、股东资格的取得**

就其股东取得资格的时间以及原因而言,股东资格的取得可分为原始取得和继受取得两种情况。

（一）股东资格原始取得

股东资格的原始取得,指的是直接向公司出资取得公司出资份额或者股份而成为公司社团成员的情形,而非继受他人股权或股份成为公司成员的情形。这种意义上的股东资格原始取得又包括通过公司设立时向公司出资或者认购公司设立时的股份而成为股东的设立原始取得,以及公司增资时既存股东以外者通过认缴出资或者认购公司新发行股份而成为股东的增资原始取得两种情况。比如,有限责任公司和发起设立的股份有限公司的发起人,以及募集设立方式设立的股份有限公司的认购了募集股份的非发起人股东,就属于设立原始股东。而通过认购公司增资时的出资额或者认购新发行股份而新加入公司的股东,则属于增资原始股东。

（二）股东资格继受取得

与股东资格的原始取得相比,股东资格继受取得,指的是因受让、受赠或者继承股权或股份、或因合并取得股权或股份而获得股东资格,成为公司股东的情形。所以也将这种取得方式叫做传来取得或派生取得,是投资者取得股东资格的一种最常见的继受方式。显然,这种取得方式与股东股权或股份的自由流转密切相关,尽管因公司性质的不同,法律对股东转让股权、股份的限制存在宽严之别,但依此取得股东资格者就成了公司的继受股东。

**二、股东资格认定**

（一）股东资格认定问题的本质

股东资格的认定问题,更多层面是一个公司制度的实践性问题,多指在公司的实际运营

---

[①] 详见〔法〕伊夫·居荣:《法国商法》,罗结珍、赵海峰译,第488—491页;参见胡果威:《美国公司法》,第213—216页。

过程中,相关当事人往往就当事人一方是否是公司股东,即是否具有股东资格而出现异议,甚至发生争议诉及法院请求予以认定的问题。相比较而言,由于股份有限股东资格以是否持有公司股票为认定标准,一般不存在此类问题,因而有关股东资格的认定问题,主要发生在有限责任公司。尤其,因我国公司法对判断此类问题的形式标准和实质性标准未作明确的区分规定,本来在对形式标准和实质标准都作了明确规定的国家不成问题的股东资格认定问题,而在我国却"演变成一个实践中纠缠不清的难题"。①

股东资格的认定问题,主要源于在有限责任公司的实践中,往往大量存在名义股东和实际股东完全不一致的现象。所谓名义股东,是指在公司章程、出资证明书以及股东名册等的规范性且具有法律效力的形式文件中被记载为股东的股东,这类股东并未进行实际出资,只是被借用了名义而已。与此相反,所谓实际股东,是指实实在在向公司进行了投资,但并未将姓名等记载于上述规范性形式文件中的股东。尽管这两类股东之间存在内部协议等,但往往在需要确认股权、转让股权、与其他股东权发生冲突以及债权人追究股东瑕疵出资等的事件中,到底谁是公司的股东,即股东资格认定就成了必须要解决的问题。

对于有限责任公司股东资格的认定问题,根据我国《公司法》的规定,以下标准应该是清楚的:① 是否是公司股东,要求须在公司章程中作出明确记载并登记,发生变化时须作变更登记(见25条1款4、5项,29条,32条3款);② 公司须向出资人签发载有股东姓名等信息的"出资证明书"(31条等);③ 公司须制作并备置于公司的股东名册(32条等);④ 股东应依法出资或认缴出资或者依法继受股权(26、28、30、71条等);⑤《公司法》第32条第3款规定,"公司应当将股东的姓名或者名称向公司登记机关登记;登记事项发生变更的,应当办理变更登记。未经登记或者变更登记的,不得对抗第三人"。应该说,根据《公司法》的上述规定,股东资格的认定应该按以下标准进行,即未依法载入公司章程者或进行变更者不是股东;未合法持有"出资证明书"者不是股东;未依法载入股东名册或办理过户手续者不是股东;未依法向登记机关登记或进行变更登记者不得对抗第三人等等。②

但是,股东资格认定问题还存在一个内部关系,即名义股东与实际股东间的关系,以及名义股东或实际股东或双方对第三人的外部关系。对这种内外部关系应当进行区别对待,对不同关系适用不同的判断标准。对此,我国《公司法》未作出更加明确的规定,结果导致有限责任公司股东资格的认定问题成了实践中纠缠不清的问题,这也是股东资格认定问题的本质所在。

### 比较法知识5-3

#### 日本法上的股东名册名义变更与股东资格确认

从确认股东资格的角度而言,股东按照法律规定在股东名册上所进行的名义等信息的记载对于确认股东资格,尤其在股东对抗公司,向公司主张股东权利方面有着不可替代的作用。由此可见,在股份流转过程中,股份受让人等通过向公司呈示股票请求股东名册上的名

---

① 参见范健、王建文:《公司法》,第302页。
② 参见覃有土:《商法学》,第150页。

义变更,对于该受让人等取得股东资格,向公司主张股东权利就成了不可或缺的重要程序,这也是通常所说的股东对公司的重要对抗要件。

需要注意的是,日本商法在 2004 年修改前,基于明确股东对公司的权利关系,同时也为了股东为收回投资更加容易转让股份的立法政策考量,对股份的有价证券化作出明确规定,发行作为股份表现形式的股票这一有价证券就成了股份有限公司须履行的义务。但在进行 2004 年的商法修改时,一是建立股份转账制度(股票无纸化)已成了以上市公司为代表的股份有限公司的基本需求,二是不需要提高股份市场流通性的中小企业从节约股份管理成本等的需求出发根本不希望发行股票。所以,此次商法修改基于上述现实需求,创设了股票不发行制度,明确规定当公司章程作出不发行股票的规定时公司可不发行股票。2005 年制定的《日本公司法》不仅继承了 2004 年修改商法的股票不发行制度,而且更进一步对 2004 年修改商法的原则与例外进行了相反调整,即根据 2004 年商法规定,公司须发行股票是原则,只有公司章程规定不发行股票时可作为例外不发行股票。而 2005 年《日本公司法》却规定,公司原则上不发行股票,仅限于公司章程规定要发行股票时公司可发行股票。①

这样一来,在股票发行公司时,股份受让人等为了成为股东能够对抗公司,即向公司主张自己是股东以及股东权利,就有必要以向公司呈示股票的方式要求变更股东名册上的股东名义。这时只要公司不能证明股票持有人不是真正的权利人就不得拒绝股份受让人等的请求。因为股票占有人将被推定为合法权利人。也正因为这一法定原则的作用,即便该股票持有人(股份受让人等)不是真正的权利人,不少判例表明进行了股东名义变更的公司是可以免除责任的。问题在于股票不发行公司时,股份转让等以交易当事人之间的意思表示而生效,但这并不够改变股东名册上的名义变更既是股份转让等对第三人的对抗要件,也是对公司的对抗要件的重要法律原则。基于这些重要原则,同时考虑到无股票时对证明权利人存在的困难,《日本公司法》规定,无股票情况下的股东名册名义变更只有在股东名册上的名义股东提出请求,或由股份的一般继承人与股份取得者共同提出请求,或符合法务省令所规定的其他情形时才能进行。

不管属于哪种情形,只要股份取得者完成了股东名册上的名义变更,就可向公司主张自己是股东,公司也因此而负有将该取得者作为股东对待的义务。此外,日本法院的判例也表明,如果公司无合理理由而拒绝股份取得者的名义变更请求,或者因公司的过失而懈怠名义变更时,未完成股东名义变更者也可向公司主张自己是股东。②

**(二) 我国司法解释所确立的认定标准**

为了弥补《公司法》的上述不足,有效解决股东资格认定这个纠缠不清的问题,《公司法司法解释(三)》较好地区分了股东资格认定中的不同关系,确立了不同的判断标准。

**1. 处理内部关系的实质标准**

《公司法司法解释(三)》在处理名义股东与实际股东不一致时的内部关系方面,坚持了实质标准,确立了以该标准处理内部权益关系,并以此认定股东资格的制度。对此,《公司法

---

① 详见现行《日本公司法》第 214 条的规定。
② 详见〔日〕神田秀树:《会社法》,第 89—90、108—109 页;〔日〕青竹正一:《新会社法》,第 121—122、189 页。同时见《日本公司法》第 130 条第 1、2 款、第 131 条第 1 款、第 133 条第 1、2 款等的规定。

司法解释(三)》第24条规定,有限责任公司的实际出资人与名义出资人订立合同,约定由实际出资人出资并享有投资权益,以名义出资人为名义股东,实际出资人与名义股东对该合同效力发生争议的,如无《合同法》第52条规定的情形,人民法院应当认定该合同有效(1款)。① 这说明只要这类合同不是《合同法》第52条所说的无效合同,法院将认定该合同有效,承认合同约定的实际股东的权益。不仅如此,该解释第24条第2款还规定,前款规定的实际出资人与名义股东因投资权益的归属发生争议,实际出资人以其实际履行了出资义务为由向名义股东主张权利的,人民法院应予支持。名义股东以公司股东名册记载、公司登记机关登记为由否认实际出资人权利的,人民法院不予支持。这款规定十分明确地规定,在这种情况下将采用实质性标准,认定实际股东为公司股东,具有股东资格。

2. 处理外部关系的形式标准

《公司法司法解释(三)》在处理名义股东与实际股东不一致时的外部关系方面,坚持了形式标准,确立了以该标准处理外部关系权益,并以此在对外层面上认定股东资格的制度。对此,《公司法司法解释(三)》规定了如下三种情况:一是对于名义股东处分股权引起的纠纷,该解释第25条规定,名义股东将登记于其名下的股权转让、质押或者以其他方式处分,实际出资人以其对于股权享有实际权利为由,请求认定处分股权行为无效的,人民法院可以参照《物权法》第106条的规定处理(1款)。② 《物权法》第106条是有关无权处分和善意取得制度的规定,这说明名义股东对股权的处分只要符合物权法有关善意取得的要件,该处分行为有效,在对外关系层面上可认定名义股东的股东资格。当然,转到内部关系时,仍需坚持实质标准。所以《公司法司法解释(三)》第25条2款规定,名义股东处分股权造成实际出资人损失,实际出资人请求名义股东承担赔偿责任的,人民法院应予支持。

二是对于债权人追究名义股东的相关责任引起的纠纷,该解释第26条第1款规定,公司债权人以登记于公司登记机关的股东未履行出资义务为由,请求其对公司债务不能清偿的部分在未出资本息范围内承担补充赔偿责任,股东以其仅为名义股东而非实际出资人为由进行抗辩的,人民法院不予支持。这说明在这种对外关系中,名义股东资格成立,需承担相应责任。同样,当这种纠纷转到内部关系时,仍需按实质标准处理。所以该解释第26条第2款规定,名义股东根据前款规定承担赔偿责任后,向实际出资人追偿的,人民法院应予支持。

三是对于股权转让后在尚未向公司登记机关办理变更登记时原股东再次处分股权引起的纠纷,《公司法司法解释(三)》第27条规定,股权转让后尚未向公司登记机关办理变更登记,原股东将仍登记于其名下的股权转让、质押或者以其他方式处分,受让股东以其对于股权享有实际权利为由,请求认定处分股权行为无效的,人民法院可以参照《物权法》第106条的规定处理。这也明确表明在这种情形下,仍需坚持形式标准,至少在对外层面上原股东仍

---

① 我国《合同法》第52条规定,有下列情形之一的,合同无效:① 一方以欺诈、胁迫的手段订立合同,损害国家利益;② 恶意串通,损害国家、集体或者第三人利益;③ 以合法形式掩盖非法目的;④ 损害社会公共利益;⑤ 违反法律、行政法规的强制性规定。

② 我国《物权法》第106条规定,无处分权人将不动产或者动产转让给受让人的,所有权人有权追回;除法律另有规定外,符合下列情形的,受让人取得该不动产或者动产的所有权:① 受让人受让该不动产或者动产时是善意的;② 以合理的价格转让;③ 转让的不动产或者动产依照法律规定应当登记的已经登记,不需要登记的已经交付给受让人。受让人依照前款规定取得不动产或者动产的所有权的,原所有权人向无权处分人请求赔偿损失。当事人善意取得其他物权的,参照前两款规定。

具有股东资格,只要符合善意取得要件,受让股东的请求应得到支持。并规定了对未办理变更登记有过错的董事、高管、实际控制人以及受让人本身应承担的相应责任(27条2款)。

3. 冒用他人名义者的责任

《公司法司法解释(三)》还规定了被冒用名义的名义股东,就是在对外关系方面也不能采用形式标准将其认定为公司股东的制度,并明确规定了冒名登记行为人的责任。对此,《公司法司法解释(三)》第28条规定,冒用他人名义出资并将该他人作为股东在公司登记机关登记的,冒名登记行为人应当承担相应责任;公司、其他股东或者公司债权人以未履行出资义务为由,请求被冒名登记为股东的承担补足出资责任或者对公司债务不能清偿部分的赔偿责任的,人民法院不予支持。

### 三、股东资格丧失

股东资格丧失,指的是股东失去股东资格而变为非股东的情形。从股东失去股东资格的原因等因素来看,股东资格丧失同样可分为股东资格绝对丧失和相对丧失两种情形。

（一）股东资格绝对丧失

股东资格绝对丧失,是指股东因公司终止而从根本上失去股东资格的情形,由于这种丧失不是股东资格的转移,而是从根本上不复存在的状态,所以叫做股东资格绝对丧失。一般而言,引起股东资格绝对丧失的公司终止有两种情况。一是依公司法的规定解散清算,比如股东(大)会决定解散清算公司(参见《公司法》180条2项),待清算完结后进行注销登记而使公司终止。二是根据《企业破产法》的规定公司破产实施破产清算,待清算完结后进行注销登记而使公司终止。这两种公司终止都会导致股东资格绝对丧失,即因公司终止,该公司的股东资格不再存在。

（二）股东资格相对丧失

股东资格相对丧失,是相对于股东资格的绝对丧失而言的,是指因出资或者股份继受,股东资格从原股东转移至继受出资或股份者,相对于继受者原股东不再是股东,而继受者成为股东的情形。由于这种丧失只是意味着股东资格在不同主体间的转移,而不是股东资格的绝对消灭,所以,叫做股东资格相对丧失。引起股东资格相对丧失的出资或者股份的继受,具体而言,包括出资或者股份受让、受赠、继承以及因公司合并引起的继受等具体事由,其中,任何一种事由都会成为股东资格相对丧失的原因。[①]

【司法考试真题】

5-1 湘东船运有限责任公司共有8个股东,除股东甲外,其余股东都已足额出资。某次股东会上,7个股东一致表决同意因甲未实际出资而不能参与当年公司利润分配。3个月后该公司船只燃油泄漏,造成沿海养殖户巨大损失,公司的全部资产不足以赔偿。甲向其他7个股东声明,自己未出资,也未参与分配,实际上不是股东,公司的债权债务与己无关。下列哪些选项是正确的?(    )(2007年)

A. 甲虽然没有实际缴付出资,但不影响其股东地位

---

① 有学者将这种意义上的股东资格称之为股东身份,并详细列举了近十种引起股东身份丧失的具体原因。详见朱慈蕴:《公司法原论》,第244页。另参见王保树、崔勤之:《中国公司法原理》,第159页。

B. 其他股东决议不给甲分配当年公司利润是符合公司法的

C. 就公司财产不足清偿债务部分,只应由甲承担相应的责任,其他7个股东不承担责任

D. 甲的声明对内具有效力,但不能对抗善意第三人

**5-2** 周某向钱某转让其持有的某有限责任公司的全部股权,并签署了股权转让协议。关于该股权转让和股东的认定问题,下列哪些选项是正确的?(    )(2008年)

A. 在公司登记主管机关办理股权变更登记前股东仍然是周某

B. 在出资证明书移交给钱某后,钱某即成为公司股东

C. 在公司变更股东名册后,钱某即成为公司股东

D. 在公司登记主管机关办理股权变更后该股权转让取得对抗效力

**5-3** 关于股东的表述,下列哪一选项是正确的?(    )(2009年)

A. 股东应当具有完全民事行为能力

B. 股东资格可以作为遗产继承

C. 非法人组织不能成为公司的股东

D. 外国自然人不能成为我国公司的股东

**5-4** 某房地产主管部门领导王大伟退休后,与其友张三、李四共同出资设立一家房地产中介公司。王大伟不愿意让自己的名字出现在股东名册上,在未告知其弟王小伟的情况下,直接持王小伟的身份证等证件,将王小伟登记为公司股东。下列哪一表述是正确的?(    )(2011年)

A. 公司股东应是王大伟

B. 公司股东应是王小伟

C. 王大伟和王小伟均为公司股东

D. 公司债权人有权请求王小伟对公司债务承担相应的责任

**5-5** 关于有限责任公司股东名册制度,下列哪些表述是正确的?(    )(2014年)

A. 公司负有置备股东名册的法定义务

B. 股东名册须提交于公司登记机关

C. 股东可依据股东名册的记载,向公司主张行使股东权利

D. 就股东事项,股东名册记载与公司登记之间不一致时,以公司登记为准

# 第六章

# 股 东 权

## 第一节 股东权概念

### 一、股东权及其所有权性质的权利

股东权亦称股权,是股东权利的简称。简单说,股东权就是股东基于股东资格对公司享有的各种权利的总和。当然,股东基于其股东资格也对公司承担义务,尽管如下述我国公司法规定了股东对公司的若干义务,但原则上股东对公司的义务仅限于出资义务。

股东权就其各种权能的性质而言,主要有基于股东资格的所有权性质的股东权和同样基于股东资格的债权性质的股东权构成。尽管这两种股东权均属于基于股东资格或说基于股东的权利,但前者即所有权性质的股东权,其主要特征表现在与股东持有的出资额或股份具有不可分性方面。比如,股东的表决权等股东参与公司经营的各项权利,肯定无法与其持有的出资额或股份分开处理。就是股东的分红请求权等这种财产性质的权利,也不可能与股东持有的出资额或股份分离开来。这些权利同样不可能单独发生时效。也就是说,由于这些具有所有权性质的股东权,与其持有的出资额或股份具有不可分性,所以,这些权利就无法离开股东的出资额或股份而独立运行,更不能与出资额或股份分开进行转让、质押或者独立成为扣押的对象。同时,这种不可分性还表现在股东的出资额或股份一旦被转让,这些权利将会随着出资额或者股份一并转移至受让人。

### 二、股东权中债权性质的权利

与股东的这些具有所有权性质的权利不同,股东的有些权利一旦从抽象的权利变成具体的权利时,这些权利就会变成债权性质的权利,这种债权性质的权利不再包含在股东持有的出资额或者股份中,可以单独转让、质押或者成为强制扣押的对象,也可单独发生时效。比如,同样是基于股东资格的分红请求权以及公司剩余财产分配请求权等的财产性权利,一旦股东大会通过决议确定了红利分配方案等时,股东的抽象的分红请求权等就实现了权利的具体化,该项权利也就变成了债权性质的股东权了。股东可对这些权利与所持有的出资额或股份分开进行转让、质押等,也可与出资额等无关单独发生时效,股东所持有的出资额或者股份即便被转让,这些权利并不必然转移至受让人。

需注意的是广义的股东权除了上述的所有权性质的股东权和债权性质的股东权外,也还包括股东基于与公司间的合同、侵权行为以及不当得利、无因管理等而产生的对公司的各项债权①,但这类权利并非基于股东资格,与基于股东资格的上述股东权是性质不同的权利。一般所说的股东权,指的是不包括这类债权的股东的各项权利。

对于股东权到底属于何种性质的权利,理论界存在较大的争论。主要有成员权说、股东地位说、所有权说、财产权说、债权说以及独立类型权说等代表性学说,在大陆法系国家"成员权说"取得了通说的地位,我国大多学者也支持成员权说。②

## 第二节 股东权的基本内容及其分类

### 一、股东权的基本内容

股东以其股东资格对公司享有多项权利,我国《公司法》不仅概括性地规定了股东对公司享有的基本权利,而且还规定了支撑这些基本权利的多项具体权利。对于股东享有的基本权利,《公司法》第4条规定,"公司股东依法享有资产收益、参与重大决策和选择管理者等权利"。作为实现这三大基本权利的具体权利,我国《公司法》具体规定了股东的如下权利:(1)出席股东(大)会并行使表决权(含通过代理人参加并行使的情形)的权利(36、42、103、106条);(2)选举和被选举为董事、监事的权利(37、99条);(3)查阅、复制公司章程、股东(大)会会议记录、董事会会议决议、监事会会议决议和财务会计报告,查阅公司会计账簿(为股份有限公司时还包括股东名册、公司债券存根等),对于公司经营提出建议或者质询并监督公司经营的权利(33、97条)③;(4)按照出资比例或者持股比例请求分配红利的权利(4、34、166条等);(5)请求公司以合理价格回购出资额或者股份的权利(74、142条1款4项);(6)公司新增资本或者发行新股时股东享有优先认购或认购新股的权利(34、133条4项);(7)依法转让出资或者股份的权利(71、137条);(8)对公司董事、监事、高级管理人员以及其他损害公司利益的人依法提起股东代表诉讼的权利(151条),以及对公司董事、监事、高级管理人员提起直接诉讼的权利(152条);(9)对股东(大)会、董事会决议提起宣告其无效或者撤销之诉的权利(22条);(10)公司解散时依法请求分配公司剩余财产的权利(186条);(11)定期了解董事、监事、高级管理人员从公司获得报酬情况的权利(116条)等等。

此外,作为有限责任公司股东特有的权利,《公司法》规定了股东在同等条件下优先收购其他股东拟转让股权的权利(71、72条),作为股份有限公司股东的少数股东权,《公司法》还规定了达到持股要件的股东的提议召集临时股东大会的权利(100条3项)以及提出临时提

---

① 参见范健、王建文:《公司法》,第309页。
② 参见朱慈蕴:《公司法原论》,第247页。
③ 对于有限责任公司股东查阅公司会计账簿,《公司法》第33条第2款还规定,股东要求查阅公司会计账簿的,应当向公司提出书面请求,说明目的。公司有合理根据认为股东查阅会计账簿有不正当目的,可能损害公司合法利益的,可以拒绝提供查阅,并应当自股东提出书面请求之日起十五日内书面答复股东并说明理由。公司拒绝提供查阅的,股东可以请求人民法院要求公司提供查阅。

案的权利(102条2款)。

上述股东权利均属股东的法定权利,公司章程在与上述股东的法定权利不发生抵触的前提下,还可规定股东的其他权利。①

**二、股东权的分类**

如上所述,股东以其股东资格对公司享有多项权利,对这些权利进行学理上的适当分类有利于正确理解各项股东权的性质,进而深化对公司制度本质的认识。各国公司法,尤其是大陆法系国家中的日本、韩国以及我国台湾地区的公司法理论通常对股东权进行如下分类:

(一) 自益权与共益权

根据股东享有权利的目的,可将股东权划分为自益权与共益权。这是对股东权分类中的最基本分类,也是最常见的分类方法。②

所谓自益权,是指股东以其从公司获得经济利益为目的所享有的权利,其中,红利分配请求权和公司剩余财产分配请求权是最具代表性的自益权。此外,股东所享有的签发出资证明书或者股票请求权、股东名册名义变更请求权、新股认购权、股份回购请求权等,也都属于重要的自益权。所谓共益权,是指股东以其参与公司经营管理为目的所享有的权利,其中,毫无疑问,股东的表决权是最具代表性的共益权。此外,股东所享有的公司设立无效或者撤销设立的诉讼权,股东(大)会召集请求权,提案权,股东(大)会决议以及董事会决议无效或撤销诉讼权,累计投票权,公司章程、股东(大)会会议记录、董事会会议记录、公司财务会计报告等的查阅权③,股东代表诉讼权,对董事、监事以及高级管理人员等的直接诉讼权以及新股发行停止请求权等,都是股东共益权的重要内容。

需要注意的是,一般而言,股东的自益权与股东谋取经济利益密切相关,属于财产性质的权利,而共益权与股东参与公司事务有关,多属于股东参与公司经营管理的权利,多少具有为了公司整体利益并兼顾其他股东利益的公共权利的性质。但自益权与共益权的划分并不是绝对的,只能对其进行相对理解。换言之,不能将股东的自益权理解为与股东个人利益以外的事项毫无关系的权利,比如,对股东大会决议事项的反对或股东的股份回购请求权的行使等,对其他股东以及公司股份结构等会产生重要影响。同样也不能将股东的共益权理解为与股东个人利益毫无关系的权利,比如,股东的相关文件查阅权和新股发行停止请求权等,其实本身就兼有明显的股东个人利益的因素。所以,从根本上说,股东的共益权也与股

---

① 正因为如此,不少学者认为股东的权利因赋予其权利的规范不同分为两大类,一类是公司法所规定的权利,而另一类是公司章程规定的权利。但到底如何梳理公司章程所规定的股东权利,并未给出明确的答案。见王保树、崔勤之:《中国公司法原理》,第77—78页;朱炎生:《公司法》,第116—117页。

② 比如,日本近年较权威的公司法著作只坚持股东权的这种分类法,而对其他分类采取了忽略不计的做法。参见〔日〕江头宪治郎:《株式会社法》,第127页以下。

③ 为了保障股东等的这项极为重要的查阅权,《公司法》第96条规定,股份有限公司应当将公司章程、股东名册、公司债券存根、股东大会会议记录、董事会会议记录、监事会会议记录、财务会计报告置备于本公司。而且第97条更加明确地规定,股东有权查阅公司章程、股东名册、公司债券存根、股东大会会议记录、董事会决议、监事会决议、财务会计报告,对公司的经营提出建议或者质询。

东个人利益的最终实现密切相关,股东的自益权和共益权在本质上是一致的。①

(二) 单独股东权与少数股东权

根据对股东行使股东权有无所持股份数量乃至持有期间方面的要求,可将股东权划分为单独股东权与少数股东权。所谓的单独股东权,是指对股东行使股东权不做股东出资额或者持有股份数量以及持有期间方面的任何条件要求,就是只有一份出资额或者只持有一股的股东也能行使的权利。与此相对应,所谓的少数股东权,是指对股东行使股东权规定了持有出资额或者持有股份数量乃至持有期间等条件要求,只有其持有出资额或者股份数量乃至持有期间达到法定要件的股东才能行使的权利。对持有股份数量的要求,可以是单个股东也可以是数个股东合计达到即可。一般来讲,上述的股东自益权都属于单独股东权,即这些自益权的行使不受股东持股数量等的限制。而在共益权中,表决权、公司设立无效或者撤销诉讼权、公司章程等规范文件的查阅权、累计投票权以及对董事等违法行为的直接诉讼权等,属于单独股东权,股东大会召集请求权以及临时提案提出权等则属于少数股东权。②

需注意的是,本来在股东的共益权中,除了表决权外,其他权利与是单独股东权还是少数股东权无关,都是在公司经营出现违法或者不合理情况时为了保护全体股东的利益,尤其是小股东的利益,法律赋予股东的监督纠正权。但之所以将其中的部分股东权规定为少数股东权,主要是为了防止股东滥用强有力的权利而造成公司无法正常经营,最终导致全体股东以及债权人利益受损。处于同样的考虑,还对少数股东权中的部分权利,除了要求所持股份数达到法定要件外,还要求要达到一定的持股期间。比如,我国《公司法》第102条第2款规定,董事会不能履行或者不履行召集股东大会会议职责的,监事会应当及时召集和主持;监事会不召集和主持的,连续90日以上单独或者合计持有公司10%以上股份的股东可以自行召集和主持。③

---

① 其实,对股东权的这种划分,尤其对其中的共益权的性质,公司法学界长期存在争议。比如,在日本公司法学界,否认股东权为成员权的观点就认为,股东的共益权不是权利而是一种职权,所以,股东不得通过共益权谋取个人利益。而将股东权的性质认定为债权的观点认为,股东的共益权是股东在公司所享有的各种具有公权力性质的权利的总和。这种共益权尽管也是权利但带有明显的伦理性,所以只能为了公司而行使这种权利。还有观点认为,股东的许多权利很难将其进行共益权与自益权的划分,所以与其做这种划分,还不如将股东的权利划分为股东参与公司的权利、股东的财产性权利以及股东的救济性及附随性权利这样三种权利更为合理。有关这方面争论情况的介绍,详见〔日〕北沢正啓:《会社法》,第157—158页。

② 按照《日本公司法》的规定,共益权中的表决权、设立无效诉讼权、股东大会决议撤销权、累计投票请求权、股东代表诉讼权、董事等违法行为制止权、新股发行制止权、新股发行无效诉讼权、会议议事录等文件查阅权、股份交换以及移转无效诉讼权、新设分立以及吸收分立无效诉讼权、合并无效诉讼权以及特别清算申请权等都属于单独股东权。而共益权中的提案权(要求持有股份达已发行股份总数的1%或者300股以上的股东)、股东大会选任检查官请求权(要求持有股份达已发行股份总数的1%以上的股东)、股东大会召集权、解任董事、监事请求权、会计账簿查阅权、公司业务以及财务检查官选任请求权、公司重整申请权以及清算人解任请求权(都要求持有股份达已发行股份总数的3%以上的股东)等,则属于少数股东权。详见〔日〕神田秀樹:《会社法》,第68—69页;〔日〕北沢正啓:《会社法》,第159页。

③ 比如,《日本公司法》所规定的股东的提案权(303、305条)、股东大会选任检查官请求权(306条)、解任董事等的请求权(854、479条)以及股东大会召集权(297条)等,都规定了权利行使前连续持有6个月的持有期间的要件。

### 比较法知识6-1

#### 韩国法有关股份分散程度的少数股东权制度设计

公司法上的少数股东权制度,就其宗旨而言,至少具有以下几个方面的意义:一是为了保证公司正常运行,能够实现公司营利目标,公司法坚持的是"资本多数决原则",所以,公司法设计相应少数股东权制度的目的之一就是为了防止"资本多数决原则"下的多数派股东的专横,保证少数派股东表达诉求的渠道;二是之所以对持股比例作出一定的要求,目的在于防止股东滥诉而影响公司的正常运行;三是从少数股东权的性质而言,并不存在对过于零散的股东认可这项权利的实际意义;四是有些少数股东权之所以还伴随着对持股期间的要求,目的在于防止为了诉讼而突击取得股份的不当行为。

从以上公司法有关少数股东权制度的宗旨来看,韩国法上的制度设计更加贴近股份流通性日益增强,股份有限公司股份的分散性不断强化的现代资本市场的实际。从大的方面而言,韩国法上的少数股东权分为公司法上的少数股东权和证券交易法上的少数股东权两大类。很显然,后者反映的是上市公司股份更加分散多变的资本市场的本质特点。

按照韩国公司法的制度安排,一是持有已发行股份总数的3%以上的股东可行使股东提案权,股东大会召集请求权,累计投票请求权,董事、监事、清算人解任请求权,会计账簿查阅权以及公司财产状况调查请求权;二是持有公司已发行股份总数的1%以上的股东可行使各类股东代表诉讼提起权(如追究发起人责任、清算人责任的代表诉讼以及有关不公正收购代表诉讼等)以及公司经营者违法行为停止请求权;三是只有持有公司已发行股份总数10%以上的股东才能行使请求法院判决解散公司的诉讼提起权。

按照韩国证券交易法的制度安排,在上市公司的情况下,一是持有公司已发行股份总数万分之一以上的股东就可行使各类股东代表诉讼提起权;二是持有公司已发行股份总数万分之五十以上的股东可行使董事、监事、清算人解任请求权以及经营者违法行为停止请求权;三是持有公司已发行股份总数10‰以上股东可行使股东提案权以及会计账簿查阅权;四是持有公司已发行股份总数30‰以上的股东可行使股东大会召集请求权以及公司业务、财产状况调查请求权。

不仅如此,针对大型上市公司的股份更加分散的实际,韩国证券交易法对最近营业年度末的资本金在1000亿韩元以上的所谓大型上市公司适当减缓了持股要件。只要属于这里所说的大型上市公司,上述"万分之五十以上"的要件可下调为为"万分之二十五以上";"千分之三十以上"的要件下调为"千分之十五以上";"千分之十以上"的要件下调为"千分之五以上"。

显然,这种根据股份有限公司股份分散程度的制度设计,不仅有利于制度宗旨的发挥,而且最终有利于对少数股东利益的保护。①

---

① 详见〔韩〕李哲松:《韩国公司法》,吴日焕译,第219—222页。另外,法律规定以1998年前后最新修改的《韩国商法》和《韩国证券交易法》为依据。

### (三) 固有权与非固有权

根据股东权利是否与股东根本利益有关，还可将股东权划分为固有权与非固有权。所谓的固有权，是指作为股东参与公司的根本利益的权利，非经该股东同意不得剥夺以及限制的权利。相对而言，所谓的非固有权，是指不是有关股东根本利益的权利，在不违反法律的前提下，可通过股东大会的决议或者公司章程的规定进行剥夺以及限制的权利。

本来将股东权划分为固有权与非固有权，尤其是股东固有权观念的确立，在普遍实行股份多数决原则的股份有限公司的情况下，与股东平等原则共同发挥着从股东大会多数决原则滥用中保护一般股东的重要职能。但是，随着公司法有关股东权规定的不断发展，对股东的某些权利能否通过多数决而进行剥夺或者限制，可通过公司法有关股东权利规定的合理解释去解决，非要坚持和贯彻固有权观念的实际意义已不复存在。[①]

还需注意的是，就是股东的固有权也并非就是绝对不能通过多数决（含公司章程的规定）而进行限制的权利。比如，普遍认为股东的红利分配请求权肯定是股东的固有权。但就是这个固有权，在现实中通过股东大会等的决议，可将全部或部分公司利润用来增加公司资本，或者将合理数额的利润作为任意公积金提取，并对公司有突出业绩的经营者进行奖励等，可以不进行分红等的做法并不少见。

此外，对于股东权的分类，还有学者在上述基本分类的基础上，还将股东权进行了① 财产权、支配与经营权、救济与附属权；② 一般股东权与特殊股东权；③ 法定股东权与章定股东权；以及④ 比例性权利与非比例性权利等的分类。[②]

## 第三节 股东义务

### 一、股东的出资义务与诚信义务

与股东的权利相对应，股东同样基于其资格对公司承担义务，即依法所须接受的约束。严格而言，有限责任公司和股份有限公司的股东，与有限责任原则密切相关，对公司仅承担以其所认购的出资额或者股份为限的出资义务，此外不再对公司承担其他任何义务。而且就是股东的这项出资义务，在坚持出资额或认购股份全额缴纳制的情况下，在公司正式登记成立前或者在增资或新股发行生效前已得以履行。所以，与其说这是股东的义务，还不如说是认购出资或者股份者的义务。[③] 如果所认购出资或者股份实行分期缴纳制（我国公司法认可通过公司章程的分期缴纳），公司成立后或者增资以及新股发行生效后，股东只承担余额部分的出资义务而已。

此外，在大陆法系国家的德国、日本等国，有一种较有影响力的学说认为，股东中的控股或者控制股东，作为一种附随义务，对公司以及其他股东承担诚信义务。这种控股或控制股东诚信义务学说的目的在于，为这些控股或者控制股东行使权利划定某种标准或者界限，以此来解决特别是在公司集团中因控制与被控制而发生的各种问题。但由于这种观点仅属于

---

[①] 参见〔日〕前田庸：《公司法入门》，王作全译，第66页。
[②] 详见范健、王建文：《公司法》，第311页。
[③] 日本著名商法学者江頭憲治郎教授就明确指出，股东的"这项出资义务，从法律角度而言，与其说是股东的义务，还不如说是成为股东前的认购者的义务"。见〔日〕江頭憲治郎：《株式会社法》，第130页。

一般性倡导,也未提出具体的实施要件等,所以至今未成为法定义务,也未得到判例的支持和认可。①

## 二、我国《公司法》所规定的股东义务

我国《公司法》为了保证股东能够切实缴纳出资,并有利于公司资本充实,以股东的出资义务为主对股东规定了多项义务。除股东的出资义务外,其他各项所谓的义务基本属于股东应当遵守法规以及公司章程等方面的要求。其实,这些要求大多不仅属于一般性规定,而且对于公司所有参与者,乃至非参与者(比如对公司法的遵守等)都是适用的,所以,是否是股东的义务,值得研究。

根据我国《公司法》的规定,股东承担如下义务:① 遵守公司章程的义务(11 条);② 按照约定缴纳出资的义务(28、83、84 条);③ 以其所认缴的出资额或者持有股份对公司承担有限责任的义务(3 条);④ 除法定情形外,公司成立后不得抽回出资的义务(35、91 条);⑤ 依法行使权利和不得滥用权利的义务(20 条);⑥ 不得利用关联关系损害公司利益的义务(21 条)等。

### 比较法知识6-2

### 《德国股份法》上的股东义务

股东的有限责任原则是现代公司制度的最大亮点之一,也是有限责任公司尤其是股份实现了小单位均等化并能自由转让的股份有限公司制度优越于其他企业制度的关键所在。对于股东的有限责任原则,尽管可以给出多种解释,但其精神实质就在于享受有限责任原则的股东除了对公司承担以其所认购的出资额或股份为限的出资义务外,不再对公司承担任何义务,所以,正如上述日本学者所指出那样,享受有限责任原则的股东的这种出资义务,根据基于资本维持、充实原则的严格出资额缴纳制,就成了认购出资或股份者的出资额缴纳义务,等出资者或股份认购人通过公司注册成立而成为股东时,这一出资义务早已履行(分期缴纳制的情形除外),其结果,作为公司的股东对公司不再承担任何义务。

1965 年颁布实施的《德国股份法》是目前规范德国股份有限公司的最基本法律,该法同样坚守了上述股东有限责任原则的基本精神,对股份有限公司的股东所规定的主要义务就是缴纳出资的义务(见该法 54 条 1 款)。正如德国公司法学者所说,"通常,股东只有一个唯一的重要义务,即缴付其认购的出资。对于每个原始取得成员身份的人来说,该义务是不可或缺的"。之所以这是股东的"唯一"的重要义务,因为此外股东不再承担任何重要义务。之所以这是股东的唯一的"重要义务",因为这项义务的履行直接关乎资本维持、充实原则的命运。

正因为如此,《德国股份法》规定,股东的这项义务不得免除(见该法 66 条 1 款),所以,免除股东缴纳出资义务的股东大会的决议以及公司与股东之间的免除该项义务的合同等,

---

① 参见〔日〕江頭憲治郎:《株式会社法》,第 130 页;〔日〕龍田節:《会社法大要》,第 201 页。

都是无效的。而且《德国股份法》也禁止以其他任何一种给付形式取代该出资义务(见该法54条2款),同样禁止股东以其对公司的债权抵销该出资义务的行为(见该法66条1款后段)。"没有完全缴付出资的股份必须是记名股份(见该法10条2款),应该在股票上记载已缴付的出资部分。这样,股份取得人才能知道仍还涉及他的出资义务的数额"。同样是处于资本维持、充实的目的,《德国股份法》对拖欠出资规定了严格责任。比如,每个迟延的股东都必须从公司催缴无果之日起支付5%的利息并赔偿其他损失(见该法63条2款),公司可以通过起诉和强制执行方式强制股东缴付出资。公司甚至可以在失权程序中开除股东(见该法64条)。

可见,之所以将股东的缴纳出资额认定为股东所承担的重要义务,主要是落实公司资本维持、充实原则的需要。公司资本不仅是公司正常运行的物质基础,更是公司债权人实现其债权的财产担保。所以,确保公司的基本资本额非常重要,这也是股东缴纳出资额为重要义务的根据所在。

此外,作为股东并不十分重要的义务,《德国股份法》根据历史上的产业传统,在严格条件之下还规定了股东的所谓的"从属义务"或曰"附属义务"。根据该法的规定,公司章程可以对持有转让受限股份的股东规定一个重复性的不以货币形式存在的给付义务,并且为了保护股份的未来取得人,公司章程应该规定要提供的给付是有偿的,还是无偿的(见该法55条1款)。据说该项义务规定与历史上甜菜种植者联合设立股份有限公司形式的糖厂并承担将甜菜给付给该厂的约定有密切关联。既然法律已经明文规定了该项义务,自然不以甜菜种植为限。

需注意的是,通过法院判例和理论界的探讨所总结出来的股东的所谓"诚信义务",仅仅被作为行为标准或者多数权行使的边界限制来使用,对防止多数派股东滥用权利,保护少数派股东具有一定功能,但至今仍未成为法律明文所规定的股东义务。[①]

## 第四节 股东平等原则

### 一、股东平等原则的含义及其意义

(一) 股东平等原则的含义

股东平等原则是处理股东权利义务的最基本原则,也是主体权利能力平等理念在公司制度中的体现。所谓股东平等原则,是指作为公司成员的股东按照自己的出资比例或者所持股份比例,以及按照同种类出资或股份形式的同种类股东必须受到平等待遇的根本性要求,将这种意义上的对股东平等待遇的根本要求就叫做股东平等原则。可见,股东平等原则除了按出资比例享有平等待遇的含义外,也还包含着按照同种类出资形式以及同种类股东,比如,种类股份中的同种类股、单位股制度中的同种类单位股、少数股东权的同种类股东等,

---

① 详见〔德〕格茨·怀可等:《德国公司法》,殷盛译,第575—580页;〔德〕托马斯·莱塞尔等:《德国资合公司法》,高旭军等译,第110—118页。

享有平等待遇的重要含义。需注意的是,对这种同种类出资、股份以及同种类股东意义上的平等,也有公司法学者将其视为股东平等原则的例外。①

其实,公司是股东组成的团体组织,团体组织的成员理应受到平等待遇,可以说是公平正义理念的基本要求,也是所有团体组组应当共同遵守的理念。但相比较而言,股东平等原则具有不是按股东人头而是按股东的出资比例等享有平等待遇,以及在多数决原则被广泛采用的公司制度中具有特殊价值等显著特点。

(二)股东平等原则的意义

对于股东平等原则的意义,可以做如下理解。在现实的公司法律制度构建以及实践中,股东平等原则通过对公司章程的内容、股东大会以及董事会的决议、公司业务执行人的行为等,从股东平等的角度设定必要界限的方式,从多数决原则的滥用中为保护一般股东发挥着极其重要的作用。简言之,从公司多数决原则的滥用中有效保护一般股东,正是股东平等原则的重要意义所在。因为,在通过全体成员的一致赞同形成团体组织的意思决定,并由全体成员共同经营团体组织业务的人合公司等的情况下,实行的本来就是"全体同意原则"而非多数决原则,所以,并不存在强调成员平等原则的必要性。但在多数决原则普遍采用的有限责任公司,尤其是股份有限公司的情况下,从公司意思的形成到意思的执行,从股东平等的角度设定必要的界限,就显得十分必要。这就是股东平等原则的意义和价值所在。

### 比较法知识6-3

#### 日本公司法学者所解释的股东平等原则

对于股东平等原则,日本公司法学者首先根据《日本公司法》第159条第2款、第168条第2款、第202条第2款、第308条第1款、第454条第3款、第504条第3款等的规定,认为所谓的股东平等原则,是指公司必须根据股东所持有的股份内容以及数量平等对待股东的根本要求。在允许公司发行权利内容各异的种类股份的情况下(见《日本公司法》108条1款),公司在同种类股份之间,必须就股东权利等根据股东持有的股份数按比例平等对待股东的根本要求。从法律解释以及法院的判例看,股东平等原则是保证股东按所持有股份的种类以及数量平等地享有权利的重要保障。所以,公司章程的规定、股东大会以及董事会的决议以及董事执行业务的行为等,如果违反股东平等原则就会无效。比如,日本法院对不具备分红条件的公司对特定大股东以年末酬谢等名义约定给其提供现金利益的案件,明确判定该合同违反股东平等原则因而无效。可见,股东平等原则明显具有从控股股东滥用资本多数决原则等的不公正现象中保护一般股东的作用。

结合《日本公司法》上的种类股份制度以及少数股东权制度等,对于股东平等原则的具体适用,还应注意以下两点:一是除法律允许对不同种类股份的股东可规定不同的权利内容,以及全部股份转让受限公司可通过章程对股东的表决权等作出因股东而异的情形除外,

---

① 参见朱炎生:《公司法》,第116页;王保树、崔勤之:《中国公司法原理》,第156页。

不再允许对股份权利内容的区别对待;二是除少数股东权(见《日本公司法》297 条 1 款、303 条 2 款、308 条 1 款但书等)或者须具备的法定持股期间(847 条 1 款)等法律所规定的情形外,不再允许不按股东持股比例区别对待股东权利的做法。

根据《日本公司法》的规定,尽管股东平等原则的内容、适用范围以及所发挥的功能等比较清晰,但日本公司法学者认为,该原则仍然面临如下问题,对其的合理适用范围今后还需进一步探讨。一是对于表决权受限股份的表决权行使条件根据持有股份数作出不同规定,以及仅将持有一定数以上股份的股东纳入"股东优惠制度"的对象范围内等做法,是否违反股东平等原则的问题;二是股东平等原则是否也能延伸到公司对股东进行无偿配股时的新股预约权的内容方面。如果不对这种扩张解释进行必要的限制,就会严重挫伤公司通过设定权利内容各异的股份等进行积极融资的创意和积极性。

由此可见,股东平等原则的长处就在于在众多有关规制控股股东滥用资本多数决原则等的法理中,其适用要件相对比较客观和明确。但该原则也有明显的不足,一是要件的客观性和明确性往往会导致机械且呆板,缺乏应有的灵活性;二是对那些不涉及控股股东与公司间利益冲突交易的控股股东的权利滥用不能发挥应有的作用。[①]

## 二、违反股东平等原则的后果

股东平等原则是处理公司内部关系的最基本原则,所以,违反股东平等原则的公司章程的规定、股东(大)会决议、董事会决议以及业务执行者的执行行为等一律无效。而且只要这种违反被确定为客观性违反,甚至会导致不需要证明公司等是否存在故意的严格责任的产生。当然,对于违反股东平等原则的具体规定、决议或行为等,只要因这种违反受到损失的股东默认这种损失时,不再发生上述效果。[②]

**【司法考试真题】**

**6-1** 杨某持有甲有限责任公司 10% 的股权,该公司未设立董事会和监事会。杨某发现公司执行董事何某(持有该公司 90% 的股权)将公司产品低价出售给其妻开办公司,遂书面向公司监事姜某反映。姜某出于私情未予过问。杨某应当如何保护公司和自己的合法权益?(　　)(2006 年)

A. 提请召开临时股东会,解除何某的执行董事职务
B. 请求公司以合理价格收回自己的股份
C. 以公司的名义对何某提起民事诉讼要求赔偿损失
D. 以自己的名义对何某提起民事诉讼要求赔偿损失

**6-2** 金某是甲公司的小股东并担任公司董事,因其股权份额仅占 10%,在 5 人董事会中也仅占一席,其意见和建议常被股东会和董事会否决。金某为此十分郁闷,遂向律师请教

---

① 详见〔日〕江頭憲治郎:《株式会社法》,第 131—132 页;〔日〕青竹正一:《新会社法》,第 108—111 页。
② 参见〔日〕北沢正启:《会社法》,第 166 页。

维权事宜。在金某讲述的下列事项中,金某可以就哪些事项以股东身份对公司提起诉讼?(　　)(2006年)

A. 股东会决定:为确保公司的经营秘密,股东不得查阅公司会计账簿
B. 董事会任期届满,但董事长为了继续控制公司,拒绝召开股东会改选董事
C. 董事会不顾金某反对制订了甲公司与另一公司合并的方案
D. 股东会决定:公司监事调查公司经营情况时,若无法证明公司经营违法的,其调查费用自行承担

**6-3** 徽南公司由甲、乙、丙3个股东投资设立,其中丙以一项专利出资,并以专利出资后,自己仍继续使用该项专利技术。下列哪一选项是正确的?(　　)(2007年)

A. 乙认为既然丙可以继续使用,则自己和甲也可以使用
B. 甲认为丙如果继续使用该项专利则需向徽南公司支付费用
C. 丙认为自己可在原使用范围内继续使用该专利
D. 丙认为甲和乙就该项专利应取得自己的书面同意

**6-4** 刘某是甲有限责任公司的董事长兼总经理。任职期间,多次利用职务之便,指示公司会计将资金借给一家主要由刘某儿子投资设立的乙公司。对此,持有公司股权0.5%的股东王某认为甲公司应该起诉乙公司还款,但公司不可能起诉,王某便自行直接向法院对乙公司提起股东代表诉讼。下列哪些选项是正确的?(　　)(2008年)

A. 王某持有公司股权不到1%,不具有提起股东代表诉讼的资格
B. 王某不能直接提起诉讼,必须先向董事会或监事会提出请求
C. 王某应以自己的名义起诉,但无须甲公司盖章或刘某签字
D. 王某以自己的名义起诉,但诉讼请求应是将借款返还给甲公司

**6-5** 张某系一有限责任公司的小股东,由于对公司的经营状况不满,想通过查阅公司账簿去深入调查公司经营出现的问题。下列哪一选项是错误的?(　　)(2008年)

A. 张某必须向公司提出书面申请
B. 公司有权以可能会泄露公司商业秘密为由拒绝张某的查账申请
C. 若张某聘请专业机构人员帮助查阅账簿,公司不得拒绝
D. 公司拒绝张某查阅时,张某只能请求法院要求公司提供查阅

**6-6** 疏运有限公司是一家拥有十辆货车的运输企业,甲是该公司股东。一日,该公司股东会决议将汽车全部卖掉转而从事广告制作,甲认为广告制作业没有前途而坚决反对,但因甲只有10%的股权,该决议仍得以通过。甲可以通过下列哪些方法来维护自己的权益?(　　)(2008年)

A. 向法院起诉请求撤销该股东会决议
B. 向法院起诉请求解散公司,并分配剩余财产
C. 要求公司以合理价格收购其持有的股权
D. 将股权转让给他人,退出公司

**6-7** 甲为某有限公司股东,持有该公司15%的表决权股。甲与公司的另外两个股东长期意见不合,已两年未开成公司股东会,公司经营管理出现困难,甲与其他股东多次协商未

果。在此情况下,甲可以采取下列哪些措施解决问题?(　　)(2009年)

A. 请求法院解散公司
B. 请求公司以合理的价格收购其股权
C. 将股权转让给另外两个股东退出公司
D. 经另外两个股东同意撤回出资以退出公司

6-8 甲乙等六位股东各出资30万元于2004年2月设立一有限责任公司,五年来公司效益一直不错,但为了扩大再生产一直未向股东分配利润。2009年股东会上,乙提议进行利润分配,但股东会仍然作出不分配利润的决议。对此,下列哪些表述是错误的?(　　)(2010年)

A. 该股东会决议无效
B. 乙可请求法院撤销该股东会决议
C. 乙有权请求公司以合理价格收购其股份
D. 乙可不经其他股东同意而将其股份转让给第三人

6-9 甲、乙、丙成立一家科贸有限公司,约定公司注册资本100万元,甲、乙、丙各按20%、30%、50%的比例出资。甲、乙缴足了出资,丙仅实缴30万元。公司章程对于红利分配没有特别约定。当年年底公司进行分红。下列哪一说法是正确的?(　　)(2012年)

A. 丙只能按30%的比例分红
B. 应按实缴注册资本80万元,由甲、乙、丙按各自的实际出资比例分红
C. 由于丙违反出资义务,其他股东可通过决议取消其当年分红资格
D. 丙有权按50%的比例分红,但应当承担未足额出资的违约责任

# 第七章

# 有限责任公司的股权转让

我国《公司法》将有限责任公司股东的地位或者资格称作股权(而将股份有限公司股东的地位或者资格称作股份),股东将这种地位或资格让与他人的行为就是股权转让。不管何种形式的股权转让,都是股东地位或者资格得失的重要原因,也是股东尽力收回投资,避免投资风险的重要方式。

## 第一节 有限责任公司股东股权转让类型及其原则

如上所述,有限责任公司尽管从其本质而言属于资合公司,但与股份有限公司相比,有限责任公司往往股东人数较少,经营规模不大,股东间存在较密切的信用关系,具有较明显的人合性以及封闭性特征。我国《公司法》根据有限责任公司的这种性质,对其股权转让的类型及其应遵循的原则作出了不同规定。

### 一、有限责任公司股权的自愿转让及其原则

对于股东股权的自愿转让,《公司法》又将其区分为股东间相互转让以及股东与非股东间的转让,并对其所遵循的不同原则作出了明确规定。

(一)股东间相互转让及其自由原则

有限责任公司股东之间相互转让股权,属于公司内部转让,尽管这种转让对股东的股权结构产生影响,但对股东间稳定的信用关系不会造成不利影响。所以,《公司法》对这种股东间的股权转让采取了自由原则,未作任何限制性规定。对此,《公司法》第71条第1款规定,有限责任公司的股东之间可以相互转让其全部或者部分股权。

(二)股东与非股东间转让以及限制原则

有限责任公司的股东可将其股权自愿转让给公司股东以外者,但这种转让不仅会引起股东股权结构的变化,而且更为重要的是会造成股东间信用关系的变化,有可能使不受欢迎者成为公司股东,有悖于有限责任公司的人合性且封闭性特征。鉴于此,《公司法》对这种转让采取了限制性原则,明确规定了这种转让必须达到的要件,只有成就了这种法定要件,股东方可将股权转让给非股东者。当然,《公司法》同时以所规定要件的相对性要求,加强了对股权转让股东的保护。

对于股东与非股东间的股权转让,《公司法》第71条第2款规定,股东向股东以外的人转让股权,应当经其他股东过半数同意。股东应就其股权转让事项书面通知其他股东征求

同意,其他股东自接到书面通知之日起满三十日未答复的,视为同意转让。其他股东半数以上不同意转让的,不同意的股东应当购买该转让的股权;不购买的,视为同意转让。对于这一条款的理解,需注意以下两点:一是这里所说的"股东过半数同意"指的是股东人头数的过半数,而非股东表决权的过半数。因为条款明确使用了"股东过半数"术语,并规定股东就股权转让事项以书面通知其他股东并征求同意。

另外,在2005年修改前《公司法》所规定的有限责任公司股东会职权中,专有一项为"对股东向股东以外的人转让出资作出决议"(见2005年修改前《公司法》38条10项),而2005年修改《公司法》删除了股东会的该项职权(见现行《公司法》37条的规定),说明不要求以表决权过半数的股东会决议,由股东人头数过半数即可。① 二是对其他股东表达是否同意的期限做了明确要求,在该期限内未作答复的视为同意。不仅如此,当不同意转让的股东过半数时,表达了不同意意见的股东就负有购买该股权的义务,这些股东若不履行该义务就视为同意转让。这些规定表明了取得其他股东过半数同意这一要件的相对性,宗旨在于保护拟转让股权股东应有的利益。

### 二、强制执行程序中的股权转让及其原则

有限责任公司股东的股权转让,除了上述的股东自愿转让的情形外,《公司法》还规定了司法机关因履行强制执行程序需要转让股东股权的情形。这种强制执行程序中的股权转让属于司法机关行使司法权的表现,所以其遵循的原则是尽管不需要征得相关股东以及其他股东的同意,但司法机关对公司以及相关股东需要履行通知义务,并有必要维护有限责任公司股东间的信用关系。因而对这种类型的股权转让,《公司法》第72条规定,人民法院依照法律规定的强制执行程序转让股东的股权时,应当通知公司及全体股东,其他股东在同等条件下有优先购买权。可见,这种情形下的股权转让坚持的是限制自由转让的原则。需注意的是,按照《公司法》的规定,这种类型的股权转让只能发生在由法院履行的强制执行程序中。

---

**比较法知识7-1**

#### 荷兰公司有趣的"权益证券"

据介绍,按照荷兰公司法的规定(因实行民商合一体制,公司法的内容在民法典中),不管是公众公司还是私人公司都不能发行无表决权股份。但荷兰对公司股份的管理采取置于信托公司之下的管理制度,加之灵活的股份权益管理措施,表示股份权益的形式比较灵活而且独具特色。

首先,接受股份管理的信托公司(大多为股份发行公司所设立的基金或者是独立的银行)有权以记名或不记名形式给股份持有人发行一种名叫"存托凭证"的证券,以此代表该持有人所持有的股份,并以此成为该股份的合法所有人。这样一来,按理说该"存托凭证"就

---

① 当然,也有学者认为这种"一人一票"的规定有悖于公司法所确立的"一股一票"原则,应当加以修改完善。详见王建文:《商法教程》,第145页。

应该是持有人行使股东权利的依据,但按照荷兰法的规定,在这种情况下,到底由信托公司行使股东权还是由"存托凭证"持有人行使股东权,以及众多的股东权益如何划分,都必须在发行该凭证的条件约定中列明。

其次,不管是公众公司还是私人公司,只要在公司章程中作出明确规定,都有权通过发行"利润分配凭证"的形式还可将利润分配的权利授予股东以外的人,并且这种"利润分配凭证"具有正常的流通性。该证券的持有人尽管不能在股东大会上行使表决权,"但是他们在参与分配利润的基础上还能获得其他权利"。"我们似乎很难对这种利润分配凭证进行分类,但因为它们确实授予了利润分配凭证持有人人格权和所有权,至少从这个程度上来说,他们类似于权益证券"。①

## 第二节 有限责任公司股权转让中的股东优先购买权

《公司法》在设计有限责任公司股权转让制度时,对于现实中的有限责任公司所具有的人合性且封闭性特征给予了高度关注,对于不同类型股权转让中股东优先购买权的规定,就是这一关注的集中体现,旨在有效维护有限责任公司股东间的信用关系。

### 一、股东自愿转让股权中的股东优先购买权

股东相互间自愿转让股权,既是公司内部股东间的平等交易,也不会造成股东间信用关系的不稳定,所以无需规定股东的这种特殊权利。但当股东将股权转让给非股东时,不仅超出了内部人平等交易的范畴,而且会严重影响股东间的信用关系。所以《公司法》有条件地规定了股东与非股东间股权转让时股东所享有的优先购买权。对此,《公司法》第71条第3款规定,"经股东同意转让的股权,在同等条件下,其他股东有优先购买权。两个以上股东主张行使优先购买权的,协商确定各自的购买比例;协商不成的,按照转让时各自的出资比例行使优先购买权"。需注意的是,股东的这种优先购买权只有在过半数股东同意股权向外转让时才成立,而且享有的是与非股东受让人同等条件(股权价格、支付方式以及时间等相同)下的优先购买权,否则股东不得享有此项权利。股权转让未获得同意时(同意的股东未达到过半数),反对转让的股东负有购买该股权的义务,不履行该义务的,视为同意转让。另外,《公司法》对多个股东同时主张优先购买权时的行使方式作了明确规定,即协商确定各自的购买比例,协商不成的,按照转让时各自的出资比例行使优先购买权。

需注意的是,《公司法》还规定,公司章程对股权转让另有规定的,从其规定(71条4款)。这表明关于股权转让的条件以及有关股权转让中的股东优先购买权等事宜,公司章程可以作出与公司法不同的规定,并优先适用这些规定,充分体现了公司意思自治原则。但股东转让股权是一项重要的股东权利,公司章程不得禁止股东转让股权。

---

① 详见〔挪威〕马德斯·安登斯、〔英〕弗兰克·伍尔德里奇:《欧洲比较公司法》,汪丽丽等译,第166—167页。

## 二、强制执行转让股权中的股东优先购买权

人民法院为履行强制执行程序而转让有限责任公司的股权时,尽管属于行使公权力不需征得相关股东以及其他股东的同意,但这种股权转让同样存在严重影响公司股东间信用关系的风险。所以,《公司法》不仅规定了这种股权转让时法院应当通知公司及全体股东的通知义务,而且从维护公司股东间的信用关系出发,规定了法院进行股权转让时其他股东所享有的优先购买权。对此,《公司法》第72条规定,"人民法院依照法律规定的强制执行程序转让股东的股权时,应当通知公司及全体股东,其他股东在同等条件下有优先购买权。其他股东自人民法院通知之日起满二十日不行使优先购买权的,视为放弃优先购买权。"需注意,股东的这种优先购买权同样是与非股东受让人同等条件下的优先购买权利,并且存在除斥期间的限制,即其他股东自法院通知之日起满20日不行使该项权利的,将被视为放弃了该项权利,法院可将强制执行对象的股权转让给其他第三人。

### 比较法知识7-2

#### 我国台湾地区法律对股东是否是董事的不同对待

如上述,我国《公司法》对有限责任公司股东转让其股权情形下的股东未作是否是兼任董事的区别,而我国台湾地区的"公司法"在关注有限责任公司的封闭性以及人合性特质,尤其在尊重有限责任公司股东间的和谐信赖关系方面,作出了更加细致的规定,对拟转让股权的股东是否同时兼任公司董事,规定了不同的转让要件。

按照台湾"公司法"的规定,不兼任董事职务的一般股东只有取得其他股东过半数同意,才能将其全部或部分股权转让给他人。注意这里所说"他人"包括公司股东,因为台湾"公司法"坚持的是有限责任公司股东间也不得自由转让的原则。还需注意的是,股权转让股东即便获得了其他股东过半数的同意,对于受让人也不得自由选择。因为该法同时规定,转让股东获得过半数其他股东同意时的反对股东享有优先购买权,只有反对股东不行使该项优先购买权时,转让人才能自由选择其他受让人。结合台湾"公司法"将有限责任公司股东的姓名或名称以及出资额等规定为公司章程的绝对必要记载事项,并规定公司章程修改须经全体股东同意的制度安排,一是反对股东的优先购买权以股权转让案业已取得其他股东过半数同意为前提,"倘出资移转案未获通过,反对股东自无此优先权"。二是法律明确规定,反对股东"如不承受,视为同意转让,并同意修改章程有关股东及其出资额事项"。这是为了解决股权转让股东同意要件与公司章程修改要件之不同问题,否则,反对股东利用章程修改须经全体股东同意的规定,阻扰已取得过半数股东同意的股权转让之机会,显失公平。

而对于兼任公司董事的股东转让股权,台湾"公司法"则规定,"公司董事非得其他全体股东同意,不得以其出资之全部或一部,转让于他人"。因为,按照台湾"公司法"的规定,董事属于公司法定必备机关,地位十分重要。所以,对其股权转让实行严格限制原则,只要任一股东反对,该兼任董事的股东就无法转让其股权。甚至有学者建议,当该兼任董事的股东转让其股权超过其当选董事时的出资的半数时,参照相关规定应认定该股东的董事职位自然解任。从有限责任公司的封闭性以及人合性特征而言,往往由独具影响力且出资额较大

的股东出任公司董事,乃至董事长。为了公司的健康运行且能有效维护股东间的和谐信赖关系,也许台湾"公司法"的制度安排更有道理并符合有限责任公司的运行实际。

至于对股东间股权自由转让的限制,多数台湾公司法学者认为,股东间股权自由转让既不违背有限责任公司的封闭性以及人合性特征,又有利于适当弥补有限责任公司无退股制度之不足,应该通过修法予以许可。但也有学者认为,股东间的股权转让会改变股东持股比例,从而影响甚至改变原有的和谐信赖关系。故原规定有其道理,无需改变。①

# 第三节 异议股东的股权回购请求权

有限责任公司股东会行使其法定职权,仍然采用的是多数决原则,即股东会决议由多数表决权通过而形成(见《公司法》42、43条等)。这样对决议事项表达了反对意见的股东就成了少数股东。如上述,其股权转让又要受到一定限制,尤其对公司股东外的其他人转让时这种限制就更加明显。在这种情况下如果没有特殊的保护措施,这些少数股东将会处在进退两难的境地,其利益无法得到应有的保护。为解决此类问题,鼓励投资者积极投资兴业,《公司法》规定了有限责任公司异议股东的股份回购请求权。

### 一、异议股东股权回购请求权及其范围

对此,《公司法》第74条第1款规定,"有下列情形之一的,对股东会该项决议投反对票的股东可以请求公司按照合理的价格收购其股权:(一)公司连续五年不向股东分配利润,而公司该五年连续盈利,并且符合本法规定的分配利润条件的;(二)公司合并、分立、转让主要财产的;(三)公司章程规定的营业期限届满或者章程规定的其他解散事由出现,股东会会议通过决议修改章程使公司存续的"。

有限责任公司异议股东的股权回购请求权,亦称反对股东股权收购请求权,根据我国《公司法》的规定,异议股东股权回购请求权,指的是公司违反公司的营利性特征,或者股东会对公司法所列举事项进行决议时对该项决议投了反对票的股东请求公司以合理价格收购其股权的权利。从权利的性质而言,股东的这项权利属于股东所享有的法定权利,公司不能通过公司章程加以剥夺。同时,股东的这项权利只需股东单方面意思表示就可成立,无需公司作出承诺,属于形成权。但这种异议股东股权回购请求权的范围并非涉及股东会所有职权事项,而仅限于《公司法》所列举的上述情形,即属于效力范围实现了明确法定化的权利。

### 二、异议股东股权回购请求权的行使方式

按照《公司法》的规定,异议股东首先向公司请求回购其股权,并与公司协商回购方案,协商一致时与公司签订股权回购协议。如果与公司就股权回购请求无法达成协议时,异议股东只能求助于公权力救济。为此,《公司法》规定了异议股东在与公司无法达成股权回购协议时的诉讼权,并且有学者认为,"股东行使股权收买请求权,多数情形需依赖于诉讼"。②

---

① 详见王文宇:《公司法论》,第514—516页;柯芳枝:《公司法论》,第551—553页。
② 王保树、崔勤之:《中国公司法原理》,第76页。

对于有限责任公司异议股东股权回购请求权的行使方式,《公司法》第 74 条第 2 款规定,"自股东会会议决议通过之日起六十日内,股东与公司不能达成股权收购协议的,股东可以自股东会会议决议通过之日起九十日内向人民法院提起诉讼"。

## 第四节 股东资格的继承及其限制

股东资格或地位,从股东权利的角度而言就是股东所享有的股权。所以,股东资格的继承问题与股东股权继承,在本质上应该是一致的。对于有限责任公司股东股权或股东资格的继承问题,我国《公司法》同样作出了相应规定。一方面,《公司法》基于股东股权或股东资格所具有的明确的财产权性质,依照我国《继承法》的规定,对有限责任公司自然人股东死亡后其合法继承人可继承股东股权或股东资格作出了规定。另一方面,《公司法》基于有限责任公司的人合性且封闭性特征,以认可公司自治权的方式作出了适当限制,防止因股东资格的继承而影响股东间的信用关系。对于有限责任公司股东资格的继承问题,我国《公司法》第 75 条规定,"自然人股东死亡后,其合法继承人可以继承股东资格;但是,公司章程另有规定的除外"。这一规定表明,有限责任公司自然人股东死亡后其合法继承人对其资格的继承,是一项任意性规范,公司可通过公司章程规定,在不影响股东资格中财产权继承的前提下,可对继承人能否成为新股东作出自主安排。比如,公司章程可规定,自然人股东死亡后由公司收购其股权,将其股权的价款支付给股东的合法继承人等。

**比较法知识7-3**

### 德国法对有限责任公司股东股权继承的基本态度

与我国《公司法》相同,德国法对有限责任公司股东的股权即股份的可继承性也作出了明确规定(见《德国有限责任公司法》15 条 1 款),但德国法为了防止因股份继承而造成公司股东人数不应有的增加,同时规定如果公司章程未对股份分割作出规定,那么继承股份时对股份的分割须获得其他股东的同意。当一个股份不可分割地由数名继承人共同继承,他们须共同行使有关该股份的权利,而且对该股份的债务所有继承人须承担连带责任(见《德国有限责任公司法》18 条 1、2 款)。

但是,如上所述,有限责任公司与股份有限公司相比,多数情况下属于股东人数较少,股东间的相互信赖关系是公司得以存续和发展的基础。换言之,多数情况下有限责任公司属于具有明显封闭性和人合性特点的公司。所以,正如德国学者所言,"阻止不受欢迎的遗产继承者成为公司股东是许多公司的愿望"。对此,德国公司法学者给出的答案是:公司为了防止因股份继承使不受欢迎的继承人成为公司股东,不仅可在公司章程中规定,股东去世后,由公司回收其股份,也可事后通过变更章程作出这类补充规定,而且公司章程也可对股份继承作出限制性规定。比如可在公司章程中规定,公司股份不得由股东的家庭成员继承,或者不得将股份转让给其家庭成员等。对公司章程此类规定的效力,德国学者认为上述的《德国有限责任公司法》第 15 条有关股份可继承性的规定并不排除公司章程这类规定的效力。

德国学者还认为,从公司法的角度看,公司甚至可以无偿或以较低的补偿回收该股份,因为公司章程从一开始就可以限制对股份的继承。但需要注意的是,这种做法从遗产法的角度看,存在一定的问题,解决问题的关键在于需确立在此类问题上公司法优先于遗产法的原则。而且无偿或以低价回收相关股份还存在一个是否构成民法上所说的遗赠问题,需要深入研究。

再从保护有限责任公司的封闭性以及人合性特征的立场看,公司章程中也可以对股份回收不做规定,相反从维护股东间信赖关系的需要出发,也可规定股份继承人须将其继承的股份转让给某个已确定(受欢迎者)或待确定的人(拟寻找受欢迎者)。如果公司章程作了这样的规定,相关权利人(已确定或者拟确定的受让人)就会取得债权法上的请求权,即请求股份继承人出让其所继承的股份的权利。甚至公司章程可以对这种股份转让的价格等作出规定。

至于遗嘱执行中所涉及的公司股份问题,遗嘱执行人所享有的权利和须承担的义务应以民法有关遗嘱执行的规定为准,公司没有必要反对遗嘱执行人行使股东权,如行使参加股东大会、行使其查询权和投票权等。因为这不是对股东权的分割,而只是行使其作为执行者的职权而已。当然,公司也完全可通过公司章程禁止遗嘱执行者行使股东的管理权,同样出于对公司人合性等特征进行保护的需要。①

## 第五节 股权变动的变更登记程序

上述的有限责任公司股东股权的自愿转让、强制执行中的股权转让、异议股东股份回购请求权引起的股权转让以及股权继承等,都会引起股东股权的变动。及时公开这种变动信息,对保障公司股东、债权人以及交易相对人等的知情权以及在知情基础上的决策判断意义重大。正因为如此,我国《公司法》以股权转让为主,对有限责任公司股东股权变更登记程序作出了具体规定。《公司法》第73条规定,"依照本法第七十一条、第七十二条转让股权后,公司应当注销原股东的出资证明书,向新股东签发出资证明书,并相应修改公司章程和股东名册中有关股东及其出资额的记载。对公司章程的该项修改不需再由股东会表决"。同时,《公司法》第32条第3款规定,"公司应当将股东的姓名或者名称向公司登记机关登记;登记事项发生变更的,应当办理变更登记。未经登记或者变更登记的,不得对抗第三人"。

可见,有限责任公司股东股权发生变动后,公司首先须注销原股东的出资证明书,向新股东签发出资证明书,保证新旧股东更替的有效证明文件的健全。其次,由于公司章程和股东名册都记载有股东及其出资的信息,股东股权发生变动时需及时修改这些信息,并按照公司法的要求向公司登记机关进行信息变更登记,否则公司不得以股权变动而对抗第三人。当然,为了保证公司能够及时变更公司章程中有关股权变动的信息,并及时进行变更登记,对此类性质的公司章程变动无需股东会决议,《公司法》作出了特别规定。

---

① 详见〔德〕托马斯·莱塞尔等:《德国资合公司法》,高旭军等译,第505—509页;参见〔日〕江头宪治郎:《株式会社、有限公司法》(第五版),日本有斐阁2005年版,第224页注(5);〔日〕北泽正启:《会社法》,第807页。

**【司法考试真题】**

**7-1** 甲、乙、丙是某有限公司的股东,各占52%、22%和26%的股份。乙欲对外转让其所拥有的股份,丙表示同意,甲表示反对,但又不愿意购买该股份。乙便与丁签订了一份股份转让协议,约定了一次性将股权转让款支付给乙。此时甲表示愿意以同等价格购买,只是要求分期付款。对此各方发生了争议。下列哪一选项是错误的?(    )(2007年)

A. 甲最初表示不愿意购买即应视为同意转让
B. 甲后来表示愿意购买,则乙只能将股份转让给甲,因为甲享有优先购买权
C. 乙与丁之间的股份转让协议有效
D. 如果甲、丙都行使优先购买权,就购买比例而言,如双方协商不成,则双方应按2:1的比例行使优先购买权

**7-2** 甲公司因货款债务被乙公司申请法院强制执行,法院决定对甲公司所持丙有限责任公司的40万股股权予以强制执行。丁公司表示愿意受让该项股权,但丙公司其他四位股东除王某外,李某、张某、刘某三位均不同意丁公司受让该项股权。下列哪些选项是正确的?(    )(2008年)

A. 由于大部分股东不同意丁公司受让股权,因此法院不能强制执行甲公司所持有的丙公司的股权
B. 李某、张某和刘某反对丁公司受让甲公司的股权,因此应当购买该股权
C. 上述四位股东对该股权在同等条件下享有优先购买权
D. 上述四位股东在法定期限内不行使优先购买权,视为放弃

**7-3** 甲、乙、丙为某有限责任公司股东。现甲欲对外转让其股份,下列哪一判断是正确的?(    )(2009年)

A. 甲必须就此事书面通知乙、丙并征求其意见
B. 在任何情况下,乙、丙均享有优先购买权
C. 在符合对外转让条件的情况下,受让人应当将股权转让款支付给公司
D. 未经工商变更登记,受让人不能取得公司股东资格

**7-4** 甲与乙为一有限责任公司股东,甲为董事长。2014年4月,一次出差途中遭遇车祸,甲与乙同时遇难。关于甲、乙股东资格的继承,下列哪一表述是错误的?(    )(2014年)

A. 在公司章程未特别规定时,甲、乙的继承人均可主张股东资格继承
B. 在公司章程未特别规定时,甲的继承人可以主张继承股东资格与董事长职位
C. 公司章程可以规定甲、乙的继承人继承股东资格的条件
D. 公司章程可以规定甲、乙的继承人不得继承股东资格

**7-5** 甲持有硕昌有限公司69%的股权,任该公司董事长;乙、丙为公司另外两个股东。因打算移居海外,甲拟出让其全部股权。对此,下列哪些说法是错误的?(    )(2015年)

A. 因甲的持股比例已超过2/3,故不必征得乙、丙的同意,甲即可对外转让自己的股权
B. 若公司章程限制甲转让其股权,则甲可直接修改章程中的限制性规定,以使其股权转让行为合法
C. 甲可将其股权分割为两部分,分别转让给乙、丙
D. 甲对外转让其全部股权时,乙或丙均可就甲所转让股权的一部分主张优先购买权

# 第八章

# 股份有限公司的股份发行与转让

股份与股票,可以说是公司法有关股份有限公司的特有概念。简单说,股份就是股份有限公司股东的资格或者地位,而股票是股份的外在表现形式。所以,股份发行是股份有限公司投资者取得股东资格或者地位,并依其享有权利的重要事由,而股份转让又是这种投资人丧失股东资格或者地位,向他人移转股东权利的重要事由。我国《公司法》设专章(第五章)对股份有限公司的股份发行与转让作了专门规定。

## 第一节 股份有限公司的股份发行

### 一、股份与股票

(一) 股份的概念与特征

1. 概念

对于股份有限公司的股份与股票,我国《公司法》第125条规定,股份有限公司的资本划分为股份,每一股的金额相等(1款)。公司的股份采取股票的形式。股票是公司签发的证明股东所持股份的凭证(2款)。从上述规定可知,股份是股份有限公司(以下简称"公司")资本的构成单位,并且是公司资本最小的均等计量单位。在具体做法上,公司将资本总额划分为金额相等的股份,由投资者认购这些股份并缴纳股款而成为公司股东,股东依据所取得的股份对公司享有权利,承担相应义务。可见,所谓股份,就是公司资本最基本的构成单位,在本质上表现的是股东的资格或者地位。而股票就是股份的表现形式,是发挥证明持有股份作用的凭证。

2. 特征

这种意义上的股份,具有如下法律特征:

(1) 股份具有平等性。这不仅表现在股份是金额相等的公司资本的最基本构成单位方面,而且还明显表现在股东按照所持有的股份数平等地享有权利,即按股份数享有表决权和红利以及剩余财产分配请求权等。

(2) 股份具有不可分性。股份的这种不可分性主要指的是,股份作为公司资本最基本的计量单位,不能再进行单位分割。股东单独或者数人认购股份的最低数为一股,上不封顶。

(3) 股份具有可转让性。这表明股份作为股东具有明显财产权性质的资格或者地位,为了减少投资风险是可以自由转让的,非经法律以及公司章程规定,不得限制自由转让。

(4) 股份具有证券性。如下述,股份的外在表现形式为股票,而股票是典型的有价证券,所以证券性也是股份的一大法律特征。

(二) 股票的概念与特征

1. 概念

股份与股票的关系是内容与形式的关系。根据《公司法》的规定,股票就是股份的外在表现形式,是由公司签发的证明股东所持股份的凭证。

2. 特征

这种意义上的股票具有如下法律特征:

(1) 股票是一种证权证券而非设权证券,即股票是股东所持股份以及包括在股份中的各种权利的凭证,或曰证明这种权利的凭证而已,股东资格及其权利并不是由股票所创设的。

(2) 股票是一种要式证券,即法律对股票应采用的格式等作了明确规定,公司签发的股票必须符合法律对形式的要求。对此,我国《公司法》第 128 条规定,"股票采用纸面形式或者国务院证券监督管理机构规定的其他形式(1 款)"。股票应当载明下列主要事项(2 款):① 公司名称;② 公司成立日期;③ 股票种类、票面金额及代表的股份数;④ 股票的编号。不仅如此,股票须由法定代表人签名,公司盖章(3 款),"发起人的股票,应当标明发起人股票字样"(4 款)。

(3) 股票是一种典型的有价证券,即股票在更多层面上表明了股东所享有的财产性权利。比如,股东凭借股票不仅享有红利分配请求权,而且公司解散时享有剩余财产分配请求权。

由此可见,股东作为股份的所有人平时持有的并不是股份本身,而是持有作为股份外在表现形式的股票。所以保障股票持有安全,对于股东实现权利意义重大。为此,我国《公司法》对记名股票被盗等情形下的法律救济措施作出了规定。《公司法》第 143 条规定,"记名股票被盗、遗失或者灭失,股东可以依照《中华人民共和国民事诉讼法》规定的公示催告程序,请求人民法院宣告该股票失效。人民法院宣告该股票失效后,股东可以向公司申请补发股票"。需要注意的是,公司法只提供了对记名股票的救济措施,对无记名股票并未规定相同的救济措施。因为,无记名股票具有证券与持有人不可分离的特征,这种股票被盗、遗失或者灭失,自然无法通过公示催告程序予以救济。①

(三) 股份的种类

1. 股份种类及其一般分类

股份种类,在公司法学上也称为种类股份,或者类别股份,是指公司法为了方便公司筹集资金,直接规定或者允许公司通过公司章程就股东的红利分配、剩余财产分配、表决权行使、股份转让等作出不同规定而使股份出现类别区分所创立的法律制度。② 根据主要发达国

---

① 参见施天涛:《商法学》,第 186 页。
② 日本公司法学者对种类股份的解释是,种类股份是指公司通过章程,可发行对红利分配、剩余财产分配、表决权行使、股份转让、公司取得股份等作了不同规定的两种以上的种类股份。这种发行两种以上股份的公司就叫做"种类股份发行公司",是日本公司法为了方便公司筹集资金所设立的制度。该学者还详细介绍了现行日本公司法允许公司可发行的九大类种类股份。详见〔日〕前田庸:《公司法入门》,王作全译,第 73 页以下。

家公司法有关种类股份制度的实践,对股份可做如下分类:

(1) 普通股和特别股。这是根据股份所表示的股东享有权利的不同所作的划分。所谓普通股是指公司法及其公司章程对股份所表示的股东权利未作特别规定的股份,这也是所有股份有限公司必然要发行的股份。所谓特别股是指法律或者公司章程规定其红利分配和剩余财产分配优先于或者劣后于普通股的股份。其中,将这些利益分配优先于普通股的股份叫做优先股,而将这些利益分配劣后于普通股的股份叫做劣后股。

(2) 表决权股、限制表决权股和无表决权股。这是根据股份所表示的股东权利是否包含表决权或者股东的表决权是否受到限制所作的划分。所谓表决权股,是指股东按照同股同权正常享有表决权的股份。所谓限制表决权股,是指股份所包含的表决权受到法律或者公司章程限制的股份。所谓无表决权股,是指根据法律或者公司章程规定对持有股份不享有表决权的股份。比如,我国《公司法》就明确规定,"公司持有的本公司股份没有表决权"(见103条1款但书规定)。一般来讲,优先股属于无表决权股。

(3) 记名股与无记名股。这是根据作为股份表现形式的股票是否记载股东姓名或者名称所作的划分。记名股也叫记名股票,是指将股东姓名或者名称记载于股票上的股份,而无记名股也叫无记名股票,是指在股票上不记载股东姓名或者名称的股份。

(4) 面额股与无面额股。这是根据是否在作为股份表现形式的股票票面上标明一定金额对股份所作的分类。所谓面额股是指在股票票面上标明一定金额的股份,而在股票票面上没有标明金额的股份就是无面额股。

2. 按照我国《公司法》的分类

需要注意的是,以上股份分类或者种类股份制度是根据发达国家公司法有关种类股份的规定所作的概括。我国《公司法》有关种类股份的规定,其要点如下:

(1) 我国《公司法》上的普通股。我国《公司法》所规定的股份,应该说都是普通股,并未对特别股等作出规定。对于其他类别的股份,《公司法》尽管采取了授权性规定,其第131条规定,国务院可以对公司发行本法规定以外的其他种类的股份,另行作出规定。但直至2012年国务院并未对其他种类股份的发行作出安排。根据2013年国务院有关发行优先股指导意见的出台,中国证监会于2014年4月开始陆续发布多项有关优先股发行的具体操作细则,优先股在我国已处在呼之欲出的状态。[①]

(2) 我国《公司法》上的记名股与无记名股。我国《公司法》对记名股与无记名股作了规定,其第129条规定,"公司发行的股票,可以为记名股票,也可以为无记名股票"(1款)。"公司向发起人、法人发行的股票,应当为记名股票,并应当记载该发起人、法人的名称或者姓名,不得另立户名或者以代表人姓名记名"(2款)。并且《公司法》第130条第1款规定,"公司发行记名股票的,应当置备股东名册,记载下列事项:(一) 股东的姓名或者名称及住所;(二) 各股东所持股份数;(三) 各股东所持股票的编号;(四) 各股东取得股份的日期"。其第130条第2款规定,"发行无记名股票的,公司应当记载其股票数量、编号及发行日期"。

(3) 我国《公司法》上的面额股。《公司法》规定的股份只有面额股,并不允许无面额股的发行。因为,《公司法》第127条规定,股票发行价格可以按票面金额,也可以超过票面金

---

① 参见周芬棉:《优先股呼之欲出——相关规则体系已初步建成》,载《法制日报》2014年4月8日,第6版。

额,但不得低于票面金额。① 并且《公司法》第 167 条规定,公司超过股票票面金额的发行价格发行股份的溢价款等,应当列为公司的资本公积金。

### 比较法知识 8-1

#### 日本公司法上丰富多彩的种类股份

《日本公司法》根据股份有限公司的股东同样存在各种经济利益以及支配公司的需求,其公司自身也存在能够灵活融资并能巧妙设计公司经营管理体制的需求,为实现股份有限公司通过股份的融资以及公司支配关系的多样化,所精心设计的制度就是种类股份制度,也叫类别股份制度。作为制度安排,《日本公司法》规定公司可就一定事项发行其权利内容等各不相同的股份。需注意的是,公司法所说的种类股份,不是指权利内容完全相同的诸如记名股份与无记名股份之类的股份,判断各种形式的股份是否属于种类股份的关键就是看其权利内容是否不同。如果权利内容各异就是公司法所说的种类股份,否则,就不是公司法意义上的种类股份。

由此可见,发行种类股份的关键就在于公司就哪些事项可发行权利内容各不相同的股份,对此,日本公司法实现了完全的法定化。② 至于股份有限公司是否要发行就这些事项权利内容各异的股份,以及到底发行两种以上的哪些种类股份③,完全属于公司自治权范畴的事情,可通过公司章程作出规定。根据《日本公司法》的规定,公司可发行下列权利内容各异的种类股份:

(1) 就利润以及剩余财产分配事项可发行其权利内容不同的优先股份、劣后股份及普通股份等种类股份。

(2) 就股东大会决议事项可否行使表决权发行权利内容不同的种类股份,即所谓的表决权受限股份。

(3) 就通过转让取得股份是否设置限制可发行权利内容不同的种类股份,即所谓的转让受限股份。

(4) 就股东是否享有请求公司取得其股份的权利发行权利内容不同的种类股份,即所谓的附取得请求权股份。

(5) 就公司是否享有强制取得权可发行权利内容不同的种类股份,即所谓的附取得条款股份。

---

① 一般将低于股票票面价所发行的股份称为"折扣股",我国公司法的上述规定明确禁止了这种"折扣股"的发行。如果公司违反公司法规定发行折扣股,其发行行为应当认定为无效。从股东角度而言,有学者认为接受了折扣股的股东应当补交其差额。参见施天涛:《商法学》,第 183 页。

② 《日本公司法》第 108 条第 1 款规定,股份有限公司可就下列事项可发行其权利内容等不同的股份。这些事项是:① 利润分配;② 剩余财产分配;③ 在股东大会可行使表决权的事项;④ 通过转让取得相关股份时需要公司的同意;⑤ 股东可向公司请求取得相关股份;⑥ 公司可以一定事由发生为条件取得相关股份;⑦ 公司可通过股东大会决议取得全部相关种类股份;⑧ 在股东大会、董事会决议的全部事项中,除了这些机关的决议外还需要由相关种类股东组成的种类股东大会(以下简称"种类股东大会")决议的事项;⑨ 在种类股东大会上任免董事、监事。

③ 因为公司只要发行种类股份就叫着"种类股份发行公司",而《日本公司法》对"种类股份发行公司"的概念作出了明确界定,该法第 2 条第 13 项规定,"种类股份发行公司,是指就有关利润分配及第 108 条第 1 款各项所列的其他事项,发行 2 种以上内容不同股份的股份有限公司"。

（6）就是否通过股东大会特别决议公司享有强制取得权发行权利内容不同的种类股份，即所谓的附全部取得条款股份。

（7）就依据章程是否需要种类股东大会决议发行权利内容不同的种类股份，即所谓的附拒绝权种类股份。

（8）就是否可由种类股东大会任免董事、监事发行权利内容不同的种类股份，即所谓的董事、监事任免种类股份。①

## 二、股份有限公司股份的发行原则、种类及其价格确定

（一）股份有限公司股份的发行及其原则

1. 股份发行

股份有限公司的股份发行，是指公司以募集资本为目的，依法分派或者出售公司股份的行为。从实际的操作来看，股份有限公司的股份发行，也就是公司的股票发行，"它是指股份有限公司以募集资本为目的，制作并交付，或者以账簿划拨方式交付股票的行为"。②

2. 股份发行原则

对于股份发行的原则，我国《公司法》第126条规定，股份的发行，实行公平、公正的原则，同种类的每一股份应当具有同等权利（1款）。同次发行的同种类股票，每股的发行条件和价格应当相同；任何单位或者个人所认购的股份，每股应当支付相同价额（2款）。由此可见，股份发行应当坚持公平、公正原则。具体而言，股份发行不仅必须要坚持同类股份的发行条件和发行价格相同，更为重要的是必须坚持同股同权以及同股同利的原则。也就是说，股份有限公司所发行的同种类股份（这在实现种类股份制度的情况下尤为重要），每一股份必须具有相同的权利，同时表达相同的利益。比如，发行的都是普通股，股东就每一普通股所能行使的表决权必须相同，就每一普通股所能分得的利益也必须相同。③"同股同权、同股同利"原则既是股东平等原则的具体体现，也是股东平等原则的最基本内容，更是公平、公正原则在股份发行中具体表现。

（二）股份有限公司股份发行的种类

如上所述，股份有限公司发行股份的目的是为了募集公司所需的资本。为了募集资本的股份发行，不仅在设立公司时必要，就是公司成立后为了扩大经营规模等也会成为必要。但不同阶段的股份发行具有不同的条件要求和特点，所以，一般都会将股份有限公司的股份发行划分为设立发行和新股发行两种。

1. 设立发行

设立发行，是指股份有限在设立过程中为募集资本所进行的股份发行。由于公司法对

---

① 详见〔日〕前田庸：《公司法入门》，王作全译，第73—89页；王作全：《论日本股份公司的种类股份制度》，载《青海师范大学学报》（哲学社会科学版）2015年第6期。
② 王保树、崔勤之：《中国公司法原理》，第226页。
③ 对这种"同股同权、同股同利"的具体含义，有学者明确指出，这一原则具体是说，同一次发行的相同种类的股份，每一股份上的权利应当相同，每一股份上的利益应当相同。详见施天涛：《商法学》，第181页。需注意的是，这里所说的"同股同权、同股同利"原则，在实现种类股份制度的国家，主要指的是相同种类股份所必须具有的相同权利和利益，不同种类股份之间必然存在权利和利益方面的差异。

股份有限公司的设立规定了发起设立和募集设立两种设立方式,所以在以发起设立方式设立股份有限公司时,公司在设立阶段所发行的股份只能全部向发起人发行,这时公司的注册资本就是在公司登记机关登记的全体发起人认购的股本总额(参见《公司法》80条)。如果以募集方式设立股份有限公司,发起人认购公司设立发行股份的一部分,其余部分须向发起人以外者募集,由发起人以外者认购。向发起人以外者的募集,既可以面向全社会募集也可以面向特定对象募集。前者叫做公开募集,后者叫做特定募集。以募集方式设立股份有限公司时,公司的注册资本就是在公司登记机关登记的实收股本总额(参见《公司法》80条),并且《公司法》第84条规定,以募集方式设立股份有限公司的,发起人认购的股份不得少于公司股份总数的35%;但是,法律、行政法规另有规定的,从其规定。

对于设立发行时的股票发行问题,《公司法》第132条规定,股份有限公司成立后,即向股东正式交付股票。公司成立前不得向股东交付股票。因为如上所述,股票是证权性证券而非设权性证券,股票是否签发并不影响股东权利的成立。另外,如果在公司成立前签发股票,可能会造成股份以转让方式的流动,不利于公司设立时资本的确认等,直接影响公司的成立。

2. 新股发行

新股发行,是指股份有限公司成立后为了扩大营业规模等所进行的股份发行。股份有限公司进行新股发行时所必须遵循的法定程序,与设立时发行股份基本相同。比如,向公权力机构申请核准、公告招股说明书等相关文件,须与证券公司以及银行签订承销协议和代收股款协议等。这些内容已在股份有限设立部分进行了论述,请参考。这里仅对《公司法》有关股份有限公司新股发行的规定,作简要介绍。

(1)《公司法》规定了新股发行的决策、核准及相关文件的公告程序。对于新股发行的决策程序,《公司法》第133条规定,"公司发行新股,股东大会应当对下列事项作出决议:(一)新股种类及数额;(二)新股发行价格;(三)新股发行的起止日期;(四)向原有股东发行新股的种类及数额。"对于新股发行的核准以及相关文件的公告程序,《公司法》第134条规定,公司经国务院证券监督管理机构核准公开发行新股时,必须公告新股招股说明书和财务会计报告,并制作认股书。

(2)《公司法》对新股发行时的承销协议和代收股款协议的签订作了规定。对此,《公司法》第134条第2款规定,本法第87条、第88条的规定适用于公司公开发行新股。而《公司法》第87条规定,发起人向社会公开募集股份,应当由依法设立的证券公司承销,签订承销协议。《公司法》第88条规定,发起人向社会公开募集股份,应当同银行签订代收股款协议。代收股款的银行应当按照协议代收和保存股款,向缴纳股款的认股人出具收款单据,并负有向有关部门出具收款证明的义务。

(3)《公司法》对发行新股的作价方案和变更登记作了规定。对于发行新股的作价方案,《公司法》第135条规定,公司发行新股,可以根据公司经营情况和财务状况,确定其作价方案。对于发行新股后的公司变更登记义务,《公司法》第136条规定,公司发行新股募足股款后,必须向公司登记机关办理变更登记,并公告。

(三)股份发行价格的确定

对于股份有限公司股份发行价格问题,我国《公司法》的相关规定有:首先,将"公司股份总数、每股金额和注册资本"规定为公司章程须记载的事项之一(81条4项);其次,将"每股的票面金额和发行价格"规定为公司招股说明书须记载的事项之一(86条2项)。此外,《公司法》第127条规定,"股票发行价格可以按票面金额,也可以超过票面金额,但不得低于票面金额"。与此相关联,其第167条规定,"股份有限公司以超过股票票面金额的发行价格发行股份所得的溢价款以及国务院财政部门规定列入资本公积金的其他收入,应当列为公司资本公积金"。

综合《公司法》的上述规定,就股份有限公司股份发行价格的确定,至少应该明确以下几点:其一,一般而言,股份发行价格存在平价发行(股票金额与发行价格一致的发行)、溢价发行(发行价格高于股票金额的发行)以及折价发行(发行价格低于股票金额的发行)三种不同的定价方式,我国《公司法》只允许平价发行或溢价发行,禁止折价发行。① 其二,对于具体的股份发行价格如何决定的问题,《公司法》并未作出明确规定。因此,可通过公司章程规定的方式,明确股东大会或者董事会的股份发行价格决定权。考虑到公司应具有一定的募集资本的灵活性,在非公开发行股份的情况下,应由董事会作出决定。但在公开发行股份时,每股的票面金额和发行价格都属于招股说明书的记载事项。如果进行平价发行,其发行价格与票面金额保持一致即可。如果进行溢价发行,我国《证券法》第34条的规定,股票发行采取溢价发行的,其发行价格由发行人与承销的证券公司协商确定。其三,股份采取溢价发行所得的溢价款须列入资本公积金。

### 比较法知识8-2

#### 英国法上十分严厉的"部分缴付股份"制度

不管是大陆法系国家的公司法还是英美法系国家的公司法,都对公司尤其以股份有限公司为主的公开公司确保股东出资正常到位,以此形成公司有效的资本财产十分重视。因为公司的资本财产不仅利于公司正常经营发展,而且利于对公司债权人利益的保护。比如,英国法上的"部分缴付股份"制度,作为该国有关公司发行股份必须解决好的基本问题,就是公司法重视公司资本财产形成的具体表现,充分体现了公司资本维持、充实原则的重要性。

英国法上所谓的"部分缴付股份",是指股东对向其配售的股份没有缴付全部名义价值(在公众公司时股东至少需缴付四分之一的名义价值)时的股份。

首先,对该类"部分缴付股份"规定了公司的留置权。即按照英国法的相关规定,对于"部分缴付股份"的未缴付数额,公司不仅可以通过诉讼要求股东支付,而且依法对该"部分缴付股份"享有留置权,作为股东(债务人)对公司(债权人)支付债务的担保。公司的该项留置权不仅优先于第三人对该股份的利益,而且其效力扩大至公司对该股份应支付的任何红利或其他款项以及出售该股份的收益。从该项留置权的执行程序而言,根据公司章程规定,公司向该股东发出执行留置权的通知,并且收到该通知的股东未能按通知要求满足有关条件时,公司可以董事决定的方式出售该股份。

其次,对该类"部分缴付股份"规定了严格的催缴制度。根据英国公司法的规定,公司在

---

① 以折价方式所发行的股份也叫折价股份,在股份具有票面价值,即发行面额股时,一般不允许股份的折价发行,否则会造成注册资本的虚构,不利于公司债权人利益的保护。参见施天涛:《商法学》,第182页。

任何时候对剩下未缴付的出资发出催缴。公司章程通常授权于董事发出催缴，只不过董事的这项权力要受制于一般法的规定，即股东必须被同等对待，董事不得对相同股份发出不同的催缴。需注意的是，支付催缴数额的责任并不因转让该股份而终止或被转让。股份的共同持有人对该股份承担共同连带支付催缴数额的责任，只有公司股东可通过特殊决议对没有被催缴的公司股份的任何名义价值部分予以消除或减少支付责任。从催缴的法律后果看，负有支付催缴数额责任者在催缴有效支付日期未能支付时，董事就可向该人签发预期没收通知。

最后，对该类"部分缴付股份"还规定了更加严格的没收或退回制度。公司可以通过章程规定，如果支付催缴部分的要求未能得到满足时，公司有权没收该股份。公司为公众公司时章程可将这项权力授予董事。一旦公司按照其章程的规定行使了该没收权，将会产生如下效果：① 该股份的所有利益以及针对公司的所有主张和要求终止；② 在公司与该股份持有人之间所附带的其他权利和责任终止；③ 被没收股份将被视为公司财产，并且公司可以出售、再配售或者以董事认为合适的其他方式处置；④ 被没收股份者不再是公司的股东，该人须向公司退回被没收股份的证明，以利于撤销；⑤ 该被没收股份者仍然要承担在没收之日根据章程应支付数额的支付责任，原则上由董事请求支付，或者决定放弃支付请求或只对部分该支付数额的支付放弃请求等。

当然，股东可以退回董事签发了预期没收通知的股份、董事可以没收的股份以及已经被没收的股份。董事有权接受这种被退回的股份，但退回股份的效力与上述的股份被没收的效力是相同的。①

---

## 第二节　股份有限公司的股份转让

### 一、股份有限公司股份转让自由原则及其限制

（一）股份有限股份转让自由原则

股份公司的股份转让，是指股份有限公司的股东将自己的股份转让给受让人，使作为转让人的股东丧失其股东资格，而受让人取得股东资格的法律行为。对于股份有限公司的股份转让，我国《公司法》同样坚持了转让自由原则。对此，第137条规定，"股东持有的股份可以依法转让"。这一规定的含义非常明确，股东转让股份的行为只要不违反法律的强制性规定，任何人不得限制和干涉。股份转让自由原则，是股份有限公司开放性和资合性本质特征的必然要求，也是股东避免投资风险，并根据股票市场获取相应利益的重要制度。故现代世界各国公司法都采取了股份转让自由原则。②

（二）股份有限公司股份转让的法定限制

如上所述，非法律强制性规定，原则上不得限制股份有限公司股东自由转让其股份。但法律从维持公司资本，尽力限制内部人交易以及保护债权人利益等角度出发，对股份有限公

---

① 详见葛伟军：《英国公司法要义》，第92—95页。
② 比如，《日本公司法》第127条就明确规定，"股东可转让其持有的股份"。

司股东转让股份,在坚持自由原则的同时仍然作了诸多法定限制。从立法技巧看,采用了"可以依法转让"的表述(137条)。这一表述既表达了可自由转让的意思,同时也明确表示必须"依法转让",法律规定的种种强制性规定不得违反。根据我国《公司法》的规定,股份有限公司的股份转让,必须遵循如下的法定限制。

1. 股份转让受时间限制

根据我国《公司法》的规定,股东在公司成立前不得转让其所持有的股份。因为,股份转让只能通过背书或者交付作为股份外在形式的股票进行,而《公司法》第132条规定,"公司成立前不得向股东交付股票"。

2. 股份转让受场所和方式的限制

《公司法》第138条规定,股东转让其股份,应当在依法设立的证券交易场所进行或者按照国务院规定的其他方式进行。

3. 对特定人所持股份转让的限制

我国《公司法》以及《证券法》为了降低内部人交易所存在的风险,保证股票交易的公正、公平,对特定人所持股份转让作了如下限制:

(1) 对发起人的限制。《公司法》第141条第1款规定,发起人持有的本公司股份,自公司成立之日起一年内不得转让。公司公开发行股份前已发行的股份,自公司股票在证券交易所上市交易之日起一年内不得转让。

(2) 对董事、监事、高管的限制。《公司法》第141条第2款规定,公司董事、监事、高级管理人员应当向公司申报所持有的本公司的股份及其变动情况,在任职期间每年转让的股份不得超过其所持有本公司股份总数的百分之二十五;所持本公司股份自公司股票上市交易之日起一年内不得转让。上述人员离职后半年内,不得转让其所持有的本公司股份。公司章程可以对公司董事、监事、高级管理人员转让其所持有的本公司股份作出其他限制性规定。

(3) 对证券机构和人员的限制。《证券法》第45条第1款规定,为股票发行出具审计报告、资产评估报告或者法律意见书等文件的证券服务机构和人员,在该股票承销期内和期满后六个月内,不得买卖该种股票。其第2款规定,除前款规定外,为上市公司出具审计报告、资产评估报告或者法律意见书等文件的证券服务机构和人员,自接受上市公司委托之日起至上述文件公开后五日内,不得买卖该种股票。①

4. 自己股份取得的限制

公司取得自己所发行股份的行为就是这里所说的自己股份取得,也称为"股份回购",具体是指公司成立后公司从公司股东手里买回本公司股份的行为。对于公司取得自己股份,即股份回购,各国公司法采取了不同态度,大致而言,存在两种不同的立法态度。一是公司法允许公司取得自己股份,对公司回购股份不做严格限制,以美国为代表;另一是采取了"原

---

① 此外,根据有关学者的分析,为了维护国有股份(国家授权投资机构所持股份、国有企业、事业单位所持股份均为国有股份)所体现的股权,防止国有资产流失,1994年由国家经济体制改革委员会等部门联合发布的《股份有限公司国有股权管理暂行规定》规定,国有股份的转让须经有关政府管理部门审批后方可进行(见该规定29条)。详见朱炎生:《公司法》,第157页。

则禁止,例外允许"的立法态度,大陆法系国家多采此立法态度。①

在自己股份取得的问题上,我国公司法延续了大陆法系国家的传统做法,即采取了"原则禁止,例外允许"的立法态度。对于坚持此类立法态度的理由,一般认为,允许公司取得自己股份,不仅会发生公司成为自己股东的情形,这与公司与公司股东人格保持分离状态的公司法理念相悖,而且会造成出让股份股东的实际退股情形,导致公司资产减少,有悖于资本维持的公司法原则。此外,允许公司取得自己股份,会导致公司经营者利用公司自有股份操纵股票价格进行股份投机买卖,以及以此操纵公司股东大会决议从而达到控制公司的目的等的弊端。②

对于自己股份取得,我国《公司法》第142条第1款规定,"公司不得收购本公司股份。但是,有下列情形之一的除外:(一) 减少公司注册资本;(二) 与持有本公司股份的其他公司合并;(三) 将股份奖励给本公司职工;(四) 股东因对股东大会作出的公司合并、分立决议持异议,要求公司收购其股份的"。此外,《公司法》还对各例外情形的公司自己股份取得的决策程序、回购财源、回购后的处置等作了规定。其第142条第2款规定,"公司因前款第(一)项至第(三)项的原因收购本公司股份的,应当经股东大会决议。公司依照前款规定收购本公司股份后,属于第(一)项情形的,应当自收购之日起十日内注销;属于第(二)项、第(四)项情形的,应当在六个月内转让或者注销"。其第3款规定,"公司依照第一款第(三)项规定收购的本公司股份,不得超过本公司已发行股份总额的百分之五;用于收购的资金应当从公司的税后利润中支出;所收购的股份应当在一年内转让给职工"。

此外,我国《公司法》还规定,公司不得接受本公司的股票作为质押权的标的(142条4款)。这表明尽管公司不得将本公司的股票作为质押权的标的进行接受,但股票作为一种有价证券,而且是股东权利的一种凭证,完全可以用来设定质押,成为质押权的标的。我国《担保法》不仅规定依法可以转让的股份、股票可以成为权利质押的标的,而且对股票质押合同的签订以及质押股票可否转让等作了明确规定。③

---

### 比较法知识8-3

### 意大利法对公司取得自己股份的严格规制

如上述,相对于英美法系国家的法律,大陆法系国家的法律对公司取得自己股份的行为实行了较严格的规制,即基本都坚持了"原则禁止,例外允许"的立法态度。其中,意大利法对公司取得自己股份的规制,可以说是这种立法态度的典型代表。

---

① 对于两种不同的立法态度,有学者认为与其所采取的资本制度有关。美国是允许公司取得自己股份的典型代表,因为美国公司法采用授权资本制度,公司取得自己股份制度,即"库存股制度",符合授权资本制度的灵活性要求。而大陆法系国家大多采用法定资本制度,为了确保资本维持,保护债权人利益,各国严格限制公司取得自己股份,采取了"原则禁止,例外允许"的立法态度。参见施天涛:《商法学》,第185页。
② 参见王保树、崔勤之:《中国公司法原理》,第236—237页。
③ 《担保法》第75条规定,依法可以转让的股份、股票可以质押(2项)。第78条规定,以依法可以转让的股票出质的,出质人与质权人应当订立书面合同,并向证券登记机构办理出质登记。质押合同自登记之日起生效(1款)。股票出质后,不得转让,但经出质人与质权人协商同意的可以转让。出质人转让股票所得价款应当向质权人提前清偿所担保的债权或者向与质权人约定的第三人提存(2款)。

由于意大利在处理民法与商法的关系问题上采取了最具代表性的"民商合一"的立法模式,所以,在意大利有关公司的基本法律制度都规定在内容极其庞杂的《意大利民法典》中。

根据该民法典的规定,私人公司在任何情况下都不得取得自己股份或者接受以自己股份为标的物的担保,也不得为他人认购或者购买股份提供贷款或保证。对于私人公司的此项规定不存在例外情形。对于公众公司,意大利法同样坚持了原则上不得取得自己股份的立法态度。公司如果违反这一规定,"公司的创办人、发起人或董事个人必须认购这部分股份并进行支付,除非他们能证明自己对此没有过错"(见《意大利民法典》2474 条、2357 条 4 款等的规定)。

此外,根据《意大利民法典》的相关规定,公众公司不得以最近一期经批准的资产负债表所显示的可分配利润以及可分配公积金以外的资金收购自己股份。利用可分配利润等也只能购买已足额缴付的那部分股份,而且收购必须经股东大会授权,该授权中必须指明可供收购的最小数额和该授权不得超过 18 个月的授权存续期间。所收购股份票面价值不得超过公司股份资本的 10%,超过部分的股份必须在 1 年内售出。该售出以及未出售时的注销或进行的相应减资行为,都必须以股东大会决议方式进行。如果未获得股东大会决议的批准,公司董事以及审计师须向法院提出申请,由法院下令公司进行减资。

不过,意大利法对股份有限公司取得自己股份也同样采取了例外允许的做法,《意大利民法典》第 2357 条第 2 款规定了如下例外情形:① 为实施通过股份赎回和注销进行减资的决议;② 无对价地收购已被足额缴付的股份;③ 因概括性继承、兼并或者分立而发生的股份收购;④ 在公司清偿所欠债务的强制执行中收购已被足额缴付的股份。

尽管规定了这些例外允许取得自己股份的情形,但仍然附加了众多的法规制,显示了对公司取得自己股份的严肃态度。一是因例外允许情形中的②和④项所取得自己股份票面价值超过公司股份总额 10% 的部分,公司须在 3 年内售出或注销;二是公众上市公司收购自己股份的行为等必须以公开要约方式进行,以此保证所有相关股东受到平等对待;三是公司所持有的自己股份的分红权或优先权将按比例地转让给其他股东,但其表决权仍然保留在公司手中;四是公众公司不得为收购或认购自己股份而提供贷款或担保,也不得接受以自己股份为标的的担保;五是被控制公司只能以最近一期经批准的资产负债表上的可分配利润或自由公积金取得控制公司的股份,但其票面价值不得超过控制公司资本的 10%,超过部分必须在 1 年内售出或通过一项减资而注销,否则,法院经董事和审计师的申请将下令公司进行减资。而且被控制公司所取得的控制公司的股份在控制公司的股东大会上不享有表决权。[1]

## 二、股份有限公司股份转让的方式

如上所述,股份有限公司股份的转让,原则上是通过股票的转让实现的。所以,我国《公司法》对股份有限公司记名股票和无记名股票的转让方式作出了明确规定。

### (一) 记名股票的转让方式

对此,《公司法》第 139 条规定,记名股票,由股东以背书方式或者法律、行政法规规定的

---

[1] 详见〔挪威〕马德斯·安登斯、〔英〕弗兰克·伍尔德里奇:《欧洲比较公司法》,汪丽丽等译,第 207—209 页。

其他方式转让；转让后由公司将受让人的姓名或者名称及住所记载于股东名册(1款)。股东大会召开前20日内或者公司决定分配股利的基准日前5日内，不得进行前款规定的股东名册的变更登记。但是，法律对上市公司股东名册变更登记另有规定的，从其规定(2款)。《公司法》的这些规定表明，一是背书转让是记名股票转让的生效要件。所谓股票背书转让，是指记名股票上所记载的股东以及通过背书取得股票者在股票签章，并在股票背面记载受让人姓名或者名称后交付受让人的行为。很显然，这种意义上的股票背书转让就是记名股票转让的生效要件，即记名背书的完成即可发生记名股票转让人与受让人之间股票转让的效力。二是股东名册名义变更是记名股票转让的对抗要件。因为，在记名股票的情况下，股东名册是确定股东资格，股东向公司主张权利的根据。所以，记名股票转让后，根据股票受让人的申请，公司须将受让人的相关信息记载于股东名册。如果没有完成这一法定程序，记名股票的受让人不得以股票转让对抗公司，即不得以股东名义向公司主张股东权利。另外，为了便于确定出席股东大会的股东人数，以及分红时的股东人数，《公司法》还规定了禁止股东名册名义变更的期限，即在股东大会召开前20日内或者公司决定分配股利的基准日前5日内不得进行股东名册的变更登记(139条2款)。

(二) 无记名股票的转让方式

对于无记名股票的转让，《公司法》第140条规定，无记名股票的转让，由股东将该股票交付给受让人后即发生转让的效力。这表明，无记名股票由于在股票上不记载股东的姓名或者名称，既不能进行背书也无法进行股东名册名义变更。所以，其转让仅以交付无记名股票为生效要件，也仅以持有该无记名股票就可对抗公司，即可向公司主张股东权利。

### 三、股票上市交易及其信息披露

(一) 股票上市交易

股票上市交易是股票转让的一种特殊方式，是指股份有限公司经过法定程序在证券交易所公开交易其股票，并依此成为上市公司的股票买卖行为。股票上市交易构成了证券公开交易的主要内容，除了公司法外，这种交易更多涉及证券交易法、证券交易监管法以及证券交易所法等，由这些法律作出更详细的规定。也正因为如此，对股票上市交易，《公司法》仅做了指引性规定，其第144条规定，上市公司的股票，依照有关法律、行政法规及证券交易所交易规则上市交易。

(二) 股票上市交易的信息披露

为有效保护有价证券公开交易市场中广大投资者的知情权和决策权，及时公开有价证券公开发行人等的相关信息具有十分重要的意义。也正因为如此，上市公司信息披露制度就成了证券法的重要内容，其详细内容见《证券法》第3章第3节有关"持续信息公开"的规定，参见本书有关"上市公司的信息公开"部分(第???页以下)。但《公司法》作为公司制度最基本的法律，同样对上市公司的信息披露作出了原则性规定，其第145条规定，上市公司必须依照法律、行政法规的规定，公开其财务状况、经营情况及重大诉讼，在每会计年度内半年公布一次财务会计报告。

## 【司法考试真题】

**8-1** 下列有关股份有限公司股份转让的表述哪些是正确的？（　　）(2003年)

A. 发起人持有的本公司的股份，自公司成立之日起5年内不得转让

B. 通常情形下，公司不得收购本公司的股票

C. 公司董事、监事、经理所持有的本公司的股份在任职期间内不得转让

D. 公司不得接受本公司的股票作为质押的标的

**8-2** 甲上市公司在成立6个月时召开股东大会，该次股东大会通过的下列决议中哪项符合法律规定？（　　）(2006年)

A. 公司董事、监事、高级管理人员持有的本公司股份可以随时转让

B. 公司发起人持有的本公司股份自即日起可以对外转让

C. 公司收回本公司已发行股份的4%用于未来1年内奖励本公司职工

D. 决定与乙公司联合开发房地产，并要求乙公司以其持有的甲公司股份作为履行合同的质押担保

# 第四编 | 有限责任公司和股份有限公司的通用规则

第九章　公司董事、监事、高级管理人员的资格和义务

第十章　公司债券

第十一章　公司财务会计

第十二章　公司基本事项变更

第十三章　公司解散和清算

第十四章　外国公司的分支机构

# 第九章

## 公司董事、监事、高级管理人员的资格和义务

公司的董事、监事以及高级管理人员①,是公司经营决策、业务执行以及监督职务的主要承担者,以法律规定方式明确这些重要职务承担者的资格,尤其是必须遵守和履行的义务,以及违反义务所应承担的法律后果,对于公司的正常运行、健康发展极为重要。正因为如此,我国《公司法》设专章,对有限责任公司和股份有限公司的董事、监事以及高级管理人员的资格和义务等作出了明确规定。

### 第一节 董事、监事以及高级管理人员的任职资格

我国《公司法》规定的公司董事、监事、高级管理人员(无特别需要,以下简称"董事等")的资格,主要指的是这些职位的任职资格②,即法律所规定的这些职务的承担者所应具备的条件或者在能力、人格以及责任等方面不得出现的瑕疵。一般而言,学理界将前者称为董事等的积极任职资格,而将后者称为董事等的消极任职资格。另外,基于从更广泛领域选拔公司经营者的考虑,多数国家的公司法仅对董事等的消极任职资格作出了规定,而对其积极任职资格未作出明确规定。③ 我国《公司法》同样如此规定。

#### 一、董事、监事以及高级管理人员的积极任职资格

董事等的积极任职资格,从其含义而言,指的是公司法所规定的董事、监事以及高级管理人员任职应当具备的条件及其能力等。为了保证从更广泛的领域选任董事等,各国公司法基本都对董事等的积极任职资格未作明确规定,但也有个别国家的法律对其中某一职位的积极任职条件作出了具体规定。比如,《意大利民法典》就明确规定,"应当在司法部审计

---

① 我国《公司法》对公司高级管理人员的范围给出了较明确的界定,《公司法》第216条第1项规定,"高级管理人员,是指公司的经理、副经理、财务负责人,上市公司董事会秘书和公司章程规定的其他人员"。
② 正因为如此,不少公司法教科书直接使用了"任职资格"的术语,很有道理。详见王保树、崔勤之:《中国公司法原理》,第201页以下;朱慈蕴:《公司法原论》,第319页。
③ 当然,公司法的这种态度并不影响公司章程对董事等的积极任职资格作出规定,只要不违反法律的强制性规定,完全属于公司自治范围的问题。比如,据介绍,韩国公司大多通过公司章程,会对公司董事仅限于韩国人、国内居住者等作出规定。参见〔韩〕李哲松:《韩国公司法》,吴日焕译,第437页。

员登记簿上登记的人员中选出至少一名正式或者一名候补监事,其余的监事如果不是在该登记簿上登记的人员,则在司法部部长令制定的职业登记簿上登记的人员中,或从在编的大学经济或法律专业的正、副教授中挑选"。①

从有关董事等积极任职资格的各国公司法以及公司法学的讨论情况来看,董事等的积极任职资格,主要涉及三个问题,即董事等是否必须具有本国国籍或属于国内居住者、是否必须是本公司股东以及是否必须是自然人的问题。

(一) 董事等的国籍或者是否是国内居住者的问题

对于董事等是否必须具有本国国籍或者必须是国内居住者的问题,各国公司法对此都未作明确要求,即各国公司法都坚持了开放的立法态度,都没有规定董事等必须具有本国国籍或者必须是国内居住者,我国公司法亦同。但这并不限制公司通过其章程对董事等的国籍等作出规定。如上所述,韩国的公司章程大多规定董事限于韩国人、国内居住者。据介绍,日本就有公司通过章程规定将董事以及监事限定在具有日本国籍者的范围内,并引发了认为这类公司章程的规定违反了《宪法》有关法律面前人人平等的规定的诉讼案件,对于要求确认公司变更章程决议无效的该诉讼案件,法院最终以公司章程的这类规定属于私法自治范围内的问题为依据,驳回了该项请求。②

(二) 董事等是否必须是股东的问题

对于董事等是否必须是本公司股东的问题,大多数国家的公司法同样坚持了开放的立法态度,并不要求董事等必须是本公司股东,我国公司法亦同。不仅如此,"为了能从股东以外更广泛的领域将合适人选为董事"③,有的国家的公司法就明确规定"董事不必为本公司股东"④,有的国家的公司法甚至规定,"股份公司不得以章程规定董事必须是股东的意旨"。⑤ 当然,也有国家的公司法,比如,法国公司法在其所规定的股份有限公司董事任职必须具备的积极要件中,就包括了董事必须具备股东身份的要求。对于这样规定的理由,法国的商法学者认为,"因为股东是他们自身利益的最佳法官。因此,董事会的组成成员清一色的都是本公司的股东,这样有利于公司的管理"。⑥

(三) 董事等是否必须是自然人的问题

对于董事等是否必须是自然人的问题,由于董事、监事以及高级管理人员是公司业务决策、执行及其对业务决策和执行进行监督的机构,这些职位的任职者应当是自然人,并且应当是具有完全行为能力的自然人,对于公司的正常运行意义重大。所以,各国公司法基本上都坚持了董事等应当是有行为能力的自然人的立法态度。比如,《德国股份法》第76条第3款就规定,董事会成员只能是一个完全行为能力的自然人。日本公司法更加明确地规定,法人不得成为股份有限公司的董事以及监事。⑦ 当然,这里又涉及到法人能否成为公司董事等的问题。对此,有的国家坚持了与上述日本公司法不同的态度,认为自然人以外的法人也可

---

① 《意大利民法典》第2397条。
② 详见〔日〕前田庸:《公司法入门》,王作全译,第308页。
③ 同上,第307页。
④ 王保树、崔勤之:《中国公司法原理》,第202页。
⑤ 详见《日本公司法》第331条第2款的规定。
⑥ 〔法〕伊夫·居荣:《法国商法》,罗洁珍、赵海峰译,第338页。
⑦ 详见《日本公司法》第331条第1款第1项、第335条第1款的规定。

成为董事。比如,法国法律就规定,董事可以是自然人或者是法人,但担任董事的法人必须指定一名常任代表,并且学者们认为,这种规定实际上准许了一个公司由另一个公司来管理。我国台湾地区的"公司法"也做了几乎相同的规定,该法第 27 条第 1 款规定,"政府或法人为股东时,得当选为董事或监察人。但需指定自然人代表行使职权"。需要注意的是,对于董事等是否必须是自然人的问题,尽管我国《公司法》未作明确规定,由此解释为在我国董事等可以是自然人也可以是法人,"但在实务上均都是有行为能力的自然人"。①

## 比较法知识 9-1

### 日本法有关董事等资格限制的法规制及其典型案例

据介绍,1899 年颁布的《日本商法》将董事、监事(以下简称"董事等")的资格仅限于公司股东,并且要求将各股东持有股份数记载于公司章程(见 1938 年修改前《日本商法》164 条 1 款、120 条 5 项、168 条)。1938 年修改《日本商法》为了扩大吸纳人才的范围,不再要求董事等的资格仅限于股东,但仍然允许公司通过其章程任意限定董事等的资格(比如仍然仅限于股东,见 1950 年修改前《日本商法》254 条 1 款、259 条)。1950 年修改《日本商法》时,伴随着公司董事职权的扩大,一方面为了从更广泛领域选拔经营人才,同时也为了克服将董事等资格限定在公司大股东所带来的弊端,该年修改《日本商法》的第 254 条第 2 款明确规定,"公司即使通过章程规定也不得将董事资格仅限于公司股东"。就是 2005 年新制定的《日本公司法》也基本上继受了 1950 年修改商法的上述基本精神,只是因将原来由《有限公司法》所规范的有限公司,随着该《有限公司法》废止也被纳入股份有限公司的范畴,这势必导致在股份有限公司形态下封闭式小型公司的大量存在。所以,新制定《日本公司法》第 331 条第 2 款规定,"股份有限公司不得在章程中规定董事必须是股东之意,但作为非公开公司的股份有限公司不在此限"。

尽管如此,公司通过其章程对董事等资格作出其他限制的做法是否属于公司自治范畴的问题,仍然属于继续讨论的问题,并且在 1950 年《日本商法》修改后出现了直面公司章程限制董事资格效力问题的有名诉讼案件。在案件中,对于作为被告的公司通过其章程变更将公司董事以及监事资格限定于具有日本国籍者的做法,作为原告的股东认为公司的这种做法不仅属于违反宪法平等原则的不当行为,而且在私法上违反民法有关公序良俗的精神以及商法关于不得将董事等的资格仅限于股东的精神,请求法院确认公司变更章程的决议无效。而法院的判决却认为:①《宪法》第 14 条有关平等原则的规定属于规范国家与公民关系的规定,并不是直接将私人间存在的差别作为问题的规范;②《日本商法》第 254 条第 2 款并不能涵盖股东以外的所有其他资格的合理限制;③ 国际社会仍以国家为单位,日本国内企业在企业内部是否可适当限制外国人的经济活动应属于企业自己作出判断的事情;④ 股东最终能否成为董事等属于股东大会决议的结果,并不是股东个人的固有权,所以,不能以此就认为公司的上述做法就是对外国人股东权的侵害。法院基于上述认识,将案件当

---

① 王保树、崔勤之:《中国公司法原理》,第 203 页。

事公司的上述做法认定为公司自治权范畴之事,驳回了原告的请求。①

## 二、董事、监事以及高级管理人员的消极任职资格

（一）各国公司法的相同做法

董事等的消极任职资格,是相对于积极任职资格而言的,指的是公司法等所规定的不得担任董事、监事以及高级管理人员的情形。或者说是指公司法等所规定的董事、监事以及高级管理人员拟任职者在能力、品格以及责任等方面不得出现的瑕疵,出现法律所规定的瑕疵者不得担任董事、监事以及高级管理人员。可见,这种意义上的董事等的消极任职资格,对于董事等能够正常履职具有重要影响。所以,各国公司法等都对董事、监事以及高级管理人员在能力、品格以及责任等方面不得出现的瑕疵作出了明确规定。

比如,日本公司法就明确规定,下列人员不得成为股份有限公司的董事和监事:① 法人;② 无民事行为能力人或者限制民事行为能力人或者在外国法令上受到同样待遇者;③ 违反公司法或者中间法人法的规定,或者犯有证券交易法、民事再生法、公司再生法、破产法等法律所规定的相关罪,并被处以刑罚,从执行完毕,或者自刑罚不再执行之日起未满2年的人;④ 违反其他法令受到监禁以上刑罚处罚,截止该执行完毕或不再执行刑罚者。②

德国法律也规定,下列人员不得担任董事:① 由他人监护的人;② 因为破产犯罪行为而被判刑的人或者那些被司法判决或行政命令禁止在工商企业中就职的人。此外,《德国股份法》还特别强调了机构分离原则,法律禁止一人同时兼任几个职位。③

我国台湾地区的"公司法"规定了更加严格的董事等的消极任职资格,该法规定,下列人员不得担任经理、董事以及监事:① 曾犯组织犯罪防治条例规定之罪,经有罪判决确定,服刑期满尚未逾五年者;② 曾犯欺诈、背信、侵占罪经受有期徒刑一年以上宣告,服刑期满尚未逾二年者;③ 曾服公务亏空公款,经判决确定,服刑期满尚未逾二年者;④ 受破产之宣告,尚未复权者;⑤ 使用票据经拒绝往来尚未期满者;⑥ 无行为能力或限制行为能力者。④

不仅如此,各国公司法学基于公司法的上述规定,普遍认为将属于上述消极任职资格者选为董事等的决议,属于内容违反法令的决议,该决议自然无效,选任后出现消极任职资格情形的,董事等自然要失去其地位。⑤

（二）我国《公司法》的规定

由此可见,对董事等的消极任职资格,即不得担任董事等的情形作出明确规定是各国公司法的普遍做法,而且行为能力欠缺者、因商事犯罪或其他经济犯罪被处刑罚且期满未经过一定期限者,以及因承担重大经济责任尚未恢复权利者等,都是各国公司法所规定的董事等

---

① 详见〔日〕北沢正启、浜田道代编:《商法的争点Ⅰ》,日本有斐阁1993年版,第132—133页;〔日〕江头宪治郎:《株式会社法》,第380—382页。
② 详见《日本公司法》第331条第1款、第335条第1款的规定。实际上,2005年新订《日本公司法》还适当放宽了对董事等消极资格的规定,从以前的法定事由中删除了"被宣告破产还未恢复权利者"的规定。参见2005年修改前《日本商法》第254条之2的规定。
③ 〔德〕托马斯·莱塞尔等:《德国资合公司法》,高旭军等译,第147页。
④ 见台湾"公司法"第30、192、216条等的规定。另参见柯芳枝:《公司法论》,第243—244页。
⑤ 〔日〕前田庸:《公司法入门》,王作全译,第308页;〔日〕北沢正启:《会社法》,第357页。

的共同消极任职资格。我国公司法充分借鉴各国公司法的上述成熟制度规定,以及较成熟的公司法理论①,并结合我国公司制度的实践,对董事等的消极任职资格以及违反公司法规定的董事等选任决议的效力等,同样作出了明确规定。

1. 董事等的消极任职资格

对于董事等的消极任职资格,我国《公司法》第 146 条第 1 款规定,"有下列情形之一的,不得担任公司的董事、监事、高级管理人员:(一) 无民事行为能力或者限制民事行为能力;(二) 因贪污、贿赂、侵占财产、挪用财产或者破坏社会主义市场经济秩序,被判处刑罚,执行期满未逾五年,或者因犯罪被剥夺政治权利,执行期满未逾五年;(三) 担任破产清算的公司、企业的董事或者厂长、经理,对该公司、企业的破产负有个人责任的,自该公司、企业破产清算完结之日起未逾三年;(四) 担任因违法被吊销营业执照、责令关闭的公司、企业的法定代表人,并负有个人责任的,自该公司、企业被吊销营业执照之日起未逾三年;(五) 个人所负数额较大的债务到期未清偿"。与上述其他国家的相关规定相比,应该说我国公司法对董事等消极任职资格的规定较严格。因为不仅对犯罪者服刑期满后尚未经过期限规定了较长期限,而且还在行为能力欠缺者和犯罪服刑期满未经一定期限者以外还规定了其他几项瑕疵情形。

2. 违反消极任职资格的效力

对于违反公司法上述规定的董事等选举(含委派以及聘任)行为的效力,我国《公司法》第 146 条第 2 款明确规定,"公司违反前款规定选举、委派董事、监事或者聘任高级管理人员的,该选举、委派或者聘任无效"。理解该条规定,需注意两点:一是这里所说的无效,属于绝对无效。这种行为不仅自始就不存在,应恢复为没有发生这种行为时的状态,而且对这种无效行为任何人在任何时候都可主张其无效。二是不管是公司正常选举董事、监事的决议,还是一人公司或者国有独资公司指定、委派董事、监事的决定以及董事会聘任高级管理人员的决议,都要适用公司法有关股东(大)会以及董事会决议的规则,即适用《公司法》第 22 条有关股东(大)会、董事会决议违反法规而无效的规定。

另外,如果违反公司法规定所选任或聘任的董事等,已代表公司实施了相应行为,对于公司内部,这些行为自然不发生效力,但对公司外部,以是否按公司法等的规定进行了必要的登记以及变更登记,对相对人的效力不同。对于违反公司法规定选任的董事等进行了登记的,需要保护善意相对人的信赖利益。对于董事等所发生的变化及时进行了变更登记的,可以此对抗第三人。

3. 董事等在任职期间出现消极任职资格的处理

对于董事等在任职期间出现公司法所规定的消极任职资格情形的,我国《公司法》第 146 条第 3 款规定,"董事、监事、高级管理人员在任职期间出现本条第一款所列情形的,公司应当解除其职务"。需注意的是,解除董事等职务的决议自该决议作出之日起发生效力,即解除职务决议作出前董事等所实施的行为对公司发生效力,决议作出之后的行为不再对公司发生效力。另外,对交易相对人,可以变更登记进行对抗,否则不得对抗善意第

---

① 参见王保树、崔勤之:《中国公司法原理》,第 204 页。

三人。

此外,为了防止自己监督自己现象的发生,我国《公司法》还明确规定,董事、高级管理人员不得兼任监事(51条4款、117条4款)。

## 第二节 董事、监事以及高级管理人员的义务

董事、监事以及高级管理人员的义务,简单说,就是指公司法等根据这些任职者与公司的法律关系所规定的其必须要遵守的各种约束。各国公司法根据这些任职者与公司的法律关系,不仅规定了董事等须承担的一般义务以及各种特殊的具体义务,而且还规定了违反这些义务所要承担的法律后果,即法律责任,甚至还规定了董事等责任的基本制度和方式。我国《公司法》在大胆借鉴各国公司法成熟制度的基础上,紧密结合我国公司制度的实践成果,同样对董事等的义务以及违反义务所要承担的责任等作出了较系统的规定。

### 一、董事、监事以及高级管理人员义务产生的根据

(一) 董事等的义务源于其与公司之间的法律关系

董事等的义务(也含权利,这里仅限于义务),可以说是董事等与公司之间法律关系的重要内容。因为正如有学者所说,"一定的权利、义务总是作为一定的法律关系的内容存在的。这种法律关系一旦建立,相应的权利、义务就同时产生了。"[①]某种主体到底承担何种义务,取决于与其相对人之间的法律关系。这种法律关系不同,相关主体所要承担的义务也就不同。由此可见,公司的董事等对公司承担何种义务,或者说公司董事等对公司所要承担的义务,其产生的根据就是他们与公司之间的法律关系。[②]

但问题在于我国的公司法并没有对这种法律关系作出明文规定[③],其结果,董事等与公司之间的法律关系就成了比较模糊的问题,不仅不利于对公司董事等义务产生法律根据的确定,也为各种解释观点的纷纷登场留下了巨大空间。相比较而言,国外主要国家和地区的公司法,尤其是日本以及受日本公司法影响较大的韩国、我国台湾地区的公司法都明确规定了董事等与公司之间的法律关系。比如,《日本公司法》第330条就明确规定,股份有限公司与高级管理人员(指董事、会计参与及监事)及会计监查人之间的关系,遵循有关委任的规定。此外,该法第402条第2款还规定,设置委员会公司和执行官之间的关系,遵循有关委任的规定。《韩国商法》第382、415条也规定,董事、监事与公司之间的关系准用有关委任的规定。我国台湾地区的"公司法"第192条同样明确规定,公司与董事之间关系,除了本法另有规定外,依"民法"有关委任之规定。从这些国家和地区公司法的规定来看,很明确董事等

---

[①] 王保树、崔勤之:《中国公司法原理》,第206页。

[②] 需注意的是,董事等的义务,除了对公司所要承担的义务外,还有对公司以外的第三人的义务。但这里所论述的董事等的资格和义务,主要是从董事等作为公司的经营管理者,以及与公司之间的法律关系出发进行考虑的,所以,这里所说的董事等的义务也仅限于其对公司的义务而言。

[③] 对此有研究指出,"改革开放以来的所有公司立法都没有对董事、经理与公司之间的法律关系作出明确规定。这样一来,各公司法规对董事、经理义务和责任,特别是对义务的规定就成了无本之木、无源之水"。周继红、王作全:《浅析我国公司法规关于董事、经理的义务责任制度》,载王作全主编:《昆仑法学论丛》(第一卷),北京大学出版社2003年版,第21—22页。

与公司之间的法律关系就是民法所确立的委任关系,董事等对公司所要承担的义务,首先根源于民法有关委任关系中受任者的义务。在受任者的义务的基础上,再根据董事等与公司之间更加特殊的信任关系进一步强化董事等的义务,乃至作为受任者一般义务的具体化,再由公司法对董事等的特殊具体义务作出具体安排。

以《日本公司法》的制度安排为例,由于该法明确规定,董事等与公司之间的法律关系为民法所确立的委任关系,所以,董事等首先必须要承担民法所规定的作为委任关系中受任者的义务。这些义务既包括作为受任者一般义务的善良管理者的注意义务(以下简称"善管注意义务"),即《日本民法》第644条规定,"受任者负有按照委任者的本意,以善良管理人的注意处理委任事务的义务"。也包括受任者的其他义务,即《日本民法》还规定了受任者的报告义务(第645条)、受领物交付义务(第646条)以及金钱消费利息支付义务(第647条)等。此外,《日本公司法》还基于董事等与公司之间的特殊信赖关系以及董事等在公司的特殊地位(经营管理者的地位),以民法所确立的委任关系为基础,又独立地规定了作为董事等一般义务的忠实义务(第355条)①,作为忠实义务的具体义务,还规定了董事等的竞业避止义务以及利益冲突避止义务(第356条)等。

可见,董事等所要承担的义务源自于他们与公司之间的法律关系,即民法上的委任关系,而对这种作为义务责任源头的法律关系应由公司法作出明确规定。

## 比较法知识9-2

### 英国法上源自"受信关系"的董事义务

如上述,董事等公司经营者所要承担的义务,都必须要有明确的法律关系来源。在大陆法系的国家中将董事与公司间的关系依法被确定为"委任关系",而在英美法系的国家中将这一关系往往被确定为"受信关系",董事等所要承担的义务以及所能行使的职权等都源于这种受信关系。

英美法中的受信关系源自于财产信托事业,后来随着公司经营领域所有权与经营权分离现象的出现,这种受信关系逐步延伸到了公司与董事之间的关系。从字面意思看,受信关系指的是委托人与受托人之间以信任为基础的权利义务关系,所以,受信关系中的"受信"既包括了以信任为基础的委托,也包括以信任为基础的受托,是"信托"和"信任"关系的综合。从英国衡平法来看,这种关系一旦成立,受托人必然负有忠实义务,即负有不得利用受信地位损害信托人(委托人)利益的义务。

需注意的是,尽管董事与公司间的关系也是受信关系,但这种受信关系与信托业务中的受信关系有所区别。在一个信托业务中,受托人对信托财产享有法定所有权,受托人必须为

---

① 对于董事等的善管注意义务与忠实义务的关系,过去多数观点认为,二者属于内容相同的义务,忠实义务是对善管注意义务的具体化规定,当时的判例也坚持这种立场。但现在普遍认为,董事等的善管注意义务是基于民法的委任关系所产生的义务,而忠实义务是在受英美法理论影响的前提下,根据董事等与公司之间的信赖关系由公司法所特别规定的义务。参见[日]前田庸:《公司法入门》,王作全译,第315页。

了信托受益人的利益,而不是为了受托人自己的利益而行事。公司的董事作为公司经营业务的受托人,同样只能为了作为委托人的公司的利益去奋斗,而不能为了自己或其他第三人的利益而利用董事的地位以及职务之便。但所不同的是董事对公司财产不享有所有权,公司财产(股东出资所形成)只能属于公司法人所有。

在 2006 年《英国公司法》之前,公司董事基于受信关系所要承担的义务主要由衡平法和普通法来规制,2006 年《英国公司法》的一大亮点就是实现了董事基于受信关系的义务的法典化,集中体现在该法第 170—181 条的条文中,在这些条文中,对董事规定了如下必须承担的一般义务:① 在权限范围内行事的义务;② 促进公司成功的义务;③ 作出独立经营判断的义务;④ 保持合理的谨慎、技能和勤勉的义务;⑤ 避免与公司利益冲突的义务;⑥ 不得从第三人处接受权益的义务;以及 ⑦ 在拟议的交易或安排中公布利益的义务。

不仅如此,英国还有大量案例从不同角度验证了董事基于受信关系须承担的这些义务。董事一旦违反这些义务,不仅可能要成为解任其职务的事由,更为重要的是董事将会遭遇没收因违反义务所获得的任何利益并全部返还给公司的命运,而不管公司是否遭受了任何损失。①

## (二) 我国《公司法》的不足及其弥补

尽管我国《公司法》对董事等不仅规定了与上述大陆法系国家法律上的善管注意义务和忠实义务几乎相同的一般义务,同样规定了大量作为这些一般义务,尤其是忠实义务的具体内容的特殊义务,但并没有对这些义务源自董事等与公司之间的何种法律关系作出明确规定。其结果,董事等与公司之间的法律关系就成了比较模糊的问题,不仅不利于对公司董事等义务产生法律根据的确定,也为各种解释留下了巨大空间。对此,有权威学者认为,尽管我国公司法对董事等与公司之间的法律关系未作出规定,但根据我国有关行政法规的规定②以及公司制度的实践,在我国董事等与公司之间的法律关系应当是《合同法》第 21 章所规定的委托合同(即委任合同)所确立的委托关系。③

## 二、董事等的义务

根据我国《公司法》对董事等义务的规定来看,不仅规定了作为董事等人员的一般义务,即勤勉义务、忠实义务、禁止收受贿赂、非法收入和侵占公司财产的义务以及其他一般义务,而且针对处在经营决策、业务执行和经营管理重要位置上的董事和高级管理人员还规定了

---

① 详见葛伟军:《英国公司法要义》,第 236—238 页。
② 比如,2002 年由中国证券会等颁布的《上市公司治理准则》第 32 条规定,"上市公司应和董事签订聘任合同,明确公司和董事之间的权利义务、董事的任期、董事违反法律法规和公司章程的责任以及公司因故提前解除合同的补偿等内容",第 75 条规定,"上市公司应和经理人员签订聘任合同,明确双方的权利义务关系"。
③ 参见王保树、崔勤之:《中国公司法原理》,第 207—208 页。也有研究认为,应该通过如下立法对策实现我国董事等与公司之间关系的法定化,首先在《民法通则》中,对能够规范所有委任关系的一般委任关系作出规定,然后在《民法通则》的"企业法人"一节中,设置企业法人的受任者在执行职务时应只能为委任者企业法人的利益而行为,并且在执行职务中所获得的利益应当全部归企业法人所有的条款。最后在《公司法》中规定,董事等与公司之间的关系,遵循《民法通则》有关委任的规定。详见周继红、王作全:《浅析我国公司法规关于董事、经理的义务责任制度》,载王作全主编:《昆仑法学论丛》(第一卷),北京大学出版社 2003 年版,第 30 页。

多项特别义务。

（一）董事、监事以及高级管理人员的一般义务

1. 概述

作为董事、监事以及高级管理人员共同的一般义务，我国《公司法》作出了两方面的规定，一是该法第147条第1款规定，"董事、监事、高级管理人员应当遵守法律、行政法规和公司章程，对公司负有忠实义务和勤勉义务"。二是该条第2款规定，"董事、监事、高级管理人员不得利用职权收受贿赂或者其他非法收入，不得侵占公司的财产"。一般认为，前者是对作为董事等一般义务的勤勉义务和忠实义务所作的规定，后者是对董事等一般义务的禁止收受贿赂、非法收入以及侵占公司财产义务所作的规定。

对于后者，即禁止收受贿赂、非法收入和侵占公司财产义务而言，从有关勤勉义务和忠实义务的一般性规定中所进行的特别要求，主要指董事等作为公司事务管理的受任者，必须勤勉且忠实地为公司履行职务，禁止利用在公司的特殊地位和职务之便收受贿赂或者其他非法收入，更不允许利用职务之便侵占公司财产。否则，不仅要作为不当得利如数返还所收受贿赂或者其他非法收入以及所侵占的公司财产，而且要作为对勤勉义务（善管注意义务），尤其是对忠实义务的违反，追究其责任，成为解除职务的事由，承担公司由此所遭受损失的赔偿责任。下面重点对董事等的勤勉义务和忠实义务进行简要分析。

2. 董事等的勤勉义务

（1）勤勉义务的含义。我国公司法所规定的董事等的勤勉义务，也就是大陆法系国家民法及其公司法上所说的善良管理者的注意义务，即善管注意义务。对此，有的国家的公司法对其的基本含义及其判断标准作了明确规定。比如，《德国股份法》第93条第1款规定，"董事会的成员应在其执行业务时，尽通常及认真的业务执行人之注意。对于其因在董事会内的活动所知悉的机密事项和秘密，特别是营业或业务秘密，其应保持缄默"。有的国家的民法对善管注意义务的内涵作了规定，公司法学者基于民法的规定对善管注意义务的含义及其判断标准作出了较统一而明确的解释。比如，日本公司法学者，就根据民法有关受任者善管注意义务的规定和诉法案例，普遍认为由于股份有限公司与其董事之间的关系要遵循有关委任的规定，所以，董事就其职务履行负有作为善良管理者的注意义务。这种注意义务的水准至少与通常对处在类似地位和状态中的受任者所期望的程度保持一致，而且对于其专业能力被受到重视而选任为董事者来说，理应期望更高的注意水准。①

严格来说，我国《公司法》尽管使用了勤勉义务的概念②，但对其的基本内涵和判断标准并未作出明确规定。从上述外国公司法的规定以及较成熟的法律解释来看，所谓董事等的勤勉义务，亦称董事等的善管注意义务，即善良管理者的注意义务，是指董事等作为公司的受任者在履行职务时，应当尽到一个适格管理者应有水准的注意义务，尽力避免经营风险，

---

① 参见〔日〕江头宪治郎：《株式会社法》，第429页；〔日〕北泽正启：《会社法》（第六版），第410页。另外，我国还有学者根据美国标准公司法等的规定，认为判断善管注意义务的一般标准有三项：一是善意；二是应当像处于相似位置的普通谨慎人那样在类似情况下所应尽到的注意；三是须合理地相信其行为是为了公司的最佳利益。如果董事的行为符合上述要求，就可认为尽到了善管注意义务。见施天涛：《商法学》，第227页。

② 而且通过2005年大修改的《公司法》才使用了"勤勉义务"以及"忠实义务"的概念，之前的《公司法》并没有这样明确的概念（见2005年修改前《公司法》59条1款的规定）。另外，相比较而言，在用语上"注意义务"比"勤勉义务"更加科学合理（施天涛：《商法学》，第227页），但我国2005年修改《公司法》使用"勤勉义务"，只是为了与已经颁布的《上市公司治理准则》的用语相衔接而已。王保树、崔勤之：《中国公司法原理》，第211页。

为委任者公司利益最大化而积极行为。可见,这种义务的核心在于义务人不仅要善意地尽到适格管理者应有的注意,而且始终要为委任者的利益最大化积极作为。

(2)"经营判断原则"。需要注意的是,随着公司经营管理的日益复杂化和专业化,董事等经营管理者常常需要在极不确定的状态下作出经营判断和决策。如果对他们的这种经营判断和决策,事后再由非专业的法官从结果论的角度进行评价,势必要影响董事等进行积极的经营判断和业务执行。于是从美国各州公司法的实践中产生了一种所谓的"经营判断原则",也称为"商业判断规则",其宗旨是只要董事等公司经营管理者善意地进行了经营判断,即只要自己与经营判断的事项无利害关系,而且相信自己的经营判断是合理的,相信符合公司的最佳利益,就可认为董事等尽到了善管注意义务,董事等在这种经营判断的前提下积极行为的结果即便给公司造成损失,对他们追究违反善管注意义务责任也要采取谨慎的态度。所以,在"经营判断原则"被普遍采用的情况下,董事等被追究违反善管注意义务责任的情形越来越少,这一原则"实际上是一种保护董事、高级管理人员承担责任的绝缘措施或者'安全港'"。① 下述的董事等的忠实义务就成了约束董事等的行为,追究其责任的重要制度设计了。

3. 董事等的忠实义务

如上所述,与董事等的善管注意义务相比,董事等的忠实义务,主要是根据董事等与公司之间的特别信赖关系和董事等在公司的特殊地位(经营管理者),由公司法所特别规定的一项一般义务。该项义务的基本含义是,董事等必须要全力维护与公司之间的信赖关系,将其公司的特殊地位和职权只能用来为公司谋取利益,不得利用在其公司的地位和职权牺牲公司利益而谋取自己利益或为第三人谋取利益。其核心是董事等必须忠实地为公司而工作,不得利用其职权谋取私利。② 从这种意义理解忠实义务时,下述的《公司法》针对董事以及高级管理人员所规定了的各项具体的特殊义务,都应该属于忠实义务的范畴。

再从违反义务责任成立的要件以及责任的范围等角度来看,违反善管注意义务的责任,原则上以故意或者过失为成立要件,而违反忠实义务责任的成立不需要这些要件,即违反忠实义务的责任,原则上属于无过失责任。从责任范围看,违反善管注意义务的责任以公司因此所遭受损害为界限,而违反忠实义务的责任,不限于义务违反者要承担公司所遭受损失的赔偿责任,而且违反义务所获得的全部利益都要如数返还给公司,"公司对违反上述忠实义务所得收入行使归入权,即董事、高级管理人员违反上述规定所得的收入归公司所有"。③

4. 董事、监事以及高级管理人员的其他一般义务

除上述一般义务外,我国《公司法》对公司董事等还规定了如下一般义务:

(1)列席股东(大)会并受股东质询的义务。对公司董事、监事以及高级管理人员规定了根据需要列席股东(大)会并接受股东质询的义务。对此,我国《公司法》第150条第1款规定,"股东会或者股东大会要求董事、监事、高级管理人员列席会议的,董事、监事、高级管理人员应当列席并接受股东的质询"。

---

① 施天涛:《商法学》,第228页。
② 有学者更加明确地指出,忠实义务主要是为了克服董事、高级管理人员的贪婪和自私行为。施天涛:《商法学》,第229页。
③ 王保树、崔勤之:《中国公司法原理》,第217页。我国《公司法》对公司的这种归入权也做了明确规定,其第148条第2款规定,"董事、高级管理人员违反前款规定所得的收入应当归公司所有"。

(2)协助监事会或监事的义务。在这方面,我国《公司法》仅对公司董事和高级管理人员规定了如实向监事会或者监事报告有关情况,提供有关资料,有利于监事会或者监事行使职权的义务。对此,我国《公司法》第150条第2款规定,"董事、高级管理人员应当如实向监事会或者不设监事会的有限责任公司的监事提供有关情况和资料,不得妨碍监事会或者监事行使职权"。

### 比较法知识9-3

#### 日本法上的"善管义务"与"忠实义务"及其关系

不管是2005年前的《日本商法》还是2005年新制定的《日本公司法》,作为公司董事、监事、执行官、会计监查人以及清算人等所谓的公司经营管理负责人(以下简称"董事等")所要承担的一般义务,明确规定了"善管义务"和"忠实义务"。其中的"善管义务"是"善良管理者的注意义务"的简称,也可简称为"善管注意义务"。

从法律的规制方法看,在1950年《日本商法》修改前,法律只规定了董事等的"善管义务",并且采取了商法只明确董事等与公司之间属于"委任关系",至于这种委任关系中的受任者承担何种一般义务,可从民法的有关规定中引出即可,不必再做重复规定。就是2015年新制定的《日本公司法》同样坚守了这种节约立法资源的做法。以现行《日本公司法》的规定看,该法第330条明确规定,"股份有限公司与公司负责人以及会计监查人之间的关系服从有关委任的规定"。而"委任"属于日本民法所规定的重要合同行为之一,对于其中的受任者的一般义务,《日本民法》第644条规定,"受任者负有按照委任的本意,以善良管理人的注意处理委任事务的义务"。

而董事等的"忠实义务"在1950年修改前的《日本商法》中是不存在的,该年修改属于日本商法史上较大幅度地引进美国法制度的修法举措,其中,设置有关董事等的"忠实义务"的规定,就属于这种引进美国制度的一大成就。通过该年修改的《日本商法》设置专门条款明确规定,"董事负有遵守法令、公司章程以及股东大会决议,并为公司忠实地履行其职务的义务"(2005年修改前《商法》254条之3),现行《日本公司法》除了个别术语的变动外,几乎原封不动地继受了该条规定,其第355条规定,"董事须遵守法令、公司章程以及股东大会的决议,并为股份有限公司忠实地履行其职务"。

对于从英美法系引进董事等的"忠实义务"的背景,一是受当时美国的控制和影响;二是董事等的"善管义务"其适用的具体要件不好把握,加之受上述的所谓"经营判断原则"的影响,该项义务处在被逐渐弱化,董事等几乎没有被追究违反该项义务的情形的状态中,需要设定其他义务用来强化对其职权日益扩大的董事等的监管。

日本法上有关董事等的两种一般义务并行存在后,二者的关系就成了学理界以及法院审判实务中需要明确的关系。对此,起初的多数说认为,忠实义务不是法律所创设的独立义务,只不过是对善管义务更加具体且周到的规定而已,日本最高法院的判例也坚持相同观点,其相关判决明确指出,"商法有关忠实义务的规定是对民法有关善管义务的更加具体且明确化的规定而已,并不能将其理解为与委任关系中的善管义务完全独立甚至更加高端的义务"。但在后来的讨论中,普遍认为相对于只要求董事等履职时作为合格管理者应尽到应有程度的注意的善管义务,忠实义务则是要求董事等不得利用其地位以及职务之便牺牲公司利益而谋取自己或第三人利益的义务,并根据董事等其职权日益扩大的实际,通过1950年修法从英美法系引进的制度,所以,应属于与善管义务不同的独立的义务制度。①

(二) 董事、高级管理人员的特别义务

我国《公司法》除了对董事、监事以及高级管理人员规定了上述的共同一般义务外,针对董事和高级管理人员直接处在公司经营决策、业务执行和管理公司日常经营活动位置上的特殊性,对董事和高级管理人员还规定了若干特别义务。需注意的是,从大的隶属关系而言,董事和高级管理人员的这些特别义务,是他们所承担的忠实义务的具体表现形式,属于忠实义务的范畴。②

根据我国《公司法》第148条第1款的规定,董事、高级管理人员须承担下列特别义务:

1. 禁止"挪用公司资金"义务(1项)

从董事等的忠实义务来看,这里所说的"挪用公司资金",应指的是董事、高级管理人员擅自将公司资金用来为自己或者为第三人谋取利益的行为。禁止"挪用公司资金"义务,是董事和高级管理人员无条件必须要遵守的义务。否则,不仅须如数返还所挪用资金,而且还要承担公司因此所遭受损失的赔偿责任,其所获收入归公司所有。

2. 禁止"将公司资金以其个人名义或者以其他个人名义开立账户存储"义务(2项)

这是为了防止将公司财产化为个人财产,确保公司财产安全的一项重要制度。该项义务同样是董事、高级管理人员无条件必须要遵守的义务。否则,不仅要如数返还所私存的公司资金,而且同样需要承担公司所遭受损失的赔偿责任,通过该行为所获得的收入全部归公司所有。

3. 向他人借贷公司资金或以公司财产为他人提供担保避止义务(3项)

"避止义务"一词属于日本法律用语,其宗旨在于此类义务的承担者需尽力避免此类行为,但基于此类行为并非对公司无任何益处,加之在实务中也无法绝对禁止的考量③,法律并不绝对禁止此类行为,只是要为此类行为规定必要的要件和程序,义务人只要遵守这些要件和程序可实施此类行为。我国《公司法》规定,董事、高级管理人员不得"违反公司章程的规定,未经股东会、股东大会或者董事会同意,将公司资金借贷给他人或者以公司财产为他人提供担保"(3项)。可见,董事、高级管理人员,只要按照公司章程的规定,经享有批准权的公司机关(股东会、股东大会或者董事会)的同意,将公司资金借贷给他人或者以公司财产为他人提供担保,就不属于对该项义务的违反,否则就属于对该项义务的违反,需承担相应的责任。

同时,为了防止董事等利用职务之便,以公司名义给自己借款,《公司法》第115条规定,公司不得直接或者通过子公司向董事、监事、高级管理人人员提供借款。

---

① 详见〔日〕伊藤靖史等:《会社法》,第217—218页;〔日〕北泽正启:《会社法》,第410—413页。
② 正因为如此,我国大多公司法教材将公司法规定的董事、高级管理人员的这些特别义务作为忠实义务的具体表现形式进行了论述。详见赵旭东:《商法学》,第323页以下;施天涛:《商法学》,第229页以下;王保树、崔勤之:《中国公司法原理》,第214页以下;朱慈蕴:《公司法原论》,第335页以下等。
③ 参见施天涛:《商法学》,第229—230页。

4. "与本公司订立合同或者进行交易"避止义务(4项)

该项义务也可简称为董事、高级管理人员的自我交易避止义务,宗旨是董事、高级管理人员尽量避免与自己供职的公司进行交易(订立合同也属广义交易行为)。① 对此,我国《公司法》规定,董事、高级管理人员不得"违反公司章程的规定或者未经股东会、股东大会同意,与本公司订立合同或者进行交易"(4项)。基于同样的法理思考,即董事等与本公司订立合同或者进行交易,未必对公司没有益处,再说在实际商事交易中也无法绝对禁止此类行为的发生。所以,公司法并不绝对禁止此类行为,而是为此类行为规定了严格的要件和程序。董事、高级管理人员与本公司订立合同或者进行交易只要符合这种要件和程序,即董事、高级管理人员只要按照公司章程的规定,或者在章程没有规定时,只要取得股东(大)会等的同意,就可以与本公司订立合同或者与公司进行交易,就不属于对该项义务的违反,否则,就是对该项义务的违反,需承担相应的责任。

5. "利用职务便利为自己或者他人谋取属于公司的商业机会,自营或者为他人经营与所任职公司同类的业务"避止义务(5项)

该项义务实际上包括要求董事、高级管理人员应当尽力避免发生两个方面的行为,一是尽力避免发生谋取公司商业机会的行为;二是尽力避免发生竞业行为。但我国《公司法》将这两方面的义务要求放在同一项条文中进行了规定,即《公司法》规定,董事、高级管理人员不得"未经股东会或者股东大会同意,利用职务便利为自己或者他人谋取属于公司的商业机会,自营或者为他人经营与所任职公司同类的业务"(5项)。从董事、高级管理人员的义务的角度看,前者应当是董事、高级管理人员承担的"谋取公司商业机会避止义务",后者应是董事、高级管理人员的"竞业避止义务"。

对于董事、高级管理人员的"谋取公司商业机会避止义务"而言,对何谓公司的商业机会作出准确界定是关键,但我国《公司法》等并未对此给出明确的法律界定。一般认为,所谓公司的商业机会,又称为公司机会,是指公司参与商业活动的机会,具体而言,是指从利益或者期待利益、公司的经营范围以及公平的角度来看属于公司发展业务取得利益的机会。② 对于董事、高级管理人员利用职务之便谋取这种意义上的公司商业机会,我国《公司法》同样并未采取绝对禁止的立法态度,而是采取了董事等尽力避免发生此类行为的做法。并且规定,董事、高级管理人员只要取得了股东(大)会等的同意,即便利用职务之便谋取了公司的商业机会,也不属于对该项义务的违反,否则,就是对该项义务的违反,需承担相应的责任。

董事等的"竞业避止义务"中的"竞业",是指董事、高级管理人员自营或者为他人经营与所任职公司的同类业务的行为。对此,就我国现行《公司法》而言,在2005年修改前采取的是绝对禁止的立法态度③,通过2005年修改,放弃绝对禁止的立法态度,转而采取了附条件允许的立法态度,即董事、高级管理人员只要按照法律规定取得了股东(大)会等的同意,

---

① 对于董事、高级管理人员的该项义务,早期法律采取了绝对禁止的立法态度,"在这种方法之下,公司是否从这种交易中得到好处,董事、高级管理人员是否在该交易中存在个人利益在所不问"。进入20世纪后,法律开始放弃这种绝对禁止的立法立场,转而采取了有条件认可这种自我交易的立法态度。参见施天涛:《商法学》,第229页。

② 参见王保树、崔勤之:《中国公司法原理》,第215页;施天涛:《商法学》,第233页。

③ 因为,2005年修改前《公司法》第61条规定,"董事、经理不得自营或者为他人经营与其所任职公司同类的营业或者从事损害本公司利益的活动"。对于董事等的竞业,不同的法律采取了不同的立法态度,有学者将这种不同的立法态度概括为三种:一是竞业禁止;二是竞业限制;三是竞业自由。并认为我国现行《公司法》采取了竞业限制的立法态度。详见施天涛:《商法学》,第234—235页。

可以自营或者为他人经营与所任职公司同类的业务,这种情况下的竞业不属于对竞业避止义务的违反。相反,如果未取得股东(大)会等的同意而实施了竞业行为,就构成了对该项义务的违反,需承担相应的责任。①

6. 禁止"接受他人与公司交易的佣金归为己有"义务(6项)

公司与他人交易所得到的佣金等,自然归公司所有。董事、高级管理人员利用职务之便将这种佣金归为己有的行为,显然是对公司利益的直接侵害,此类行为对公司而言无任何益处和合理性可言。所以,与上述的各类避止义务不同,我国《公司法》对董事、高级管理人员的此类行为采取了绝对禁止的立法态度,规定了禁止董事、高级管理人员"接受他人与公司交易的佣金归为己有"的义务,如违反该项义务,董事、高级管理人员不仅要承担如数返还归为己有的佣金及其利息的责任,而且还要承担对公司由此所遭受损失的赔偿责任。

7. 禁止"擅自披露公司秘密"义务(7项)

公司秘密指的是对公司经营管理至关重要、不得随意让他人尤其是竞争对手知晓的各种信息。公司秘密对公司的生存和发展意义重大,是公司无形财产的重要组成部分。因此,处在公司经营管理一线上的董事、高级管理人员自然负有保守公司秘密的义务,没有法律或者公司章程的规定,或者取得股东(大)会的同意,董事、高级管理人员不得披露公司秘密,否则,就会构成"擅自披露公司秘密"的行为,违反禁止"擅自披露公司秘密"的义务,需承担相应责任。

8. "违反对公司忠实义务的其他行为(8项)

尽管不属于上述被禁止或要求避免发生的行为,董事、高级管理人员的其他利用职权谋取私利的行为,也有可能被视为违反对公司忠实义务的行为。对此,我国《公司法》规定,董事、高级管理人员不得实施"违反对公司忠实义务的其他行为"(148条1款8项)。还需注意的是,董事、高级管理人员违反上述各项义务的行为,除了承担上述责任外,自然要成为公司解除其职务的事由。

### 三、董事、监事以及高级管理人员的责任

(一) 董事等的责任

这里所说的董事等的责任,主要指这些职务的承担者违反公司法等所规定的上述法定义务对公司所要承担的法律后果。根据我国《公司法》的规定,董事等的这种责任主要有以下两个方面。

1. 董事、高级管理人员对公司的不当得利返还责任

如上所述,我国《公司法》不仅对公司董事、高级管理人员规定了多项特殊义务(148条1款),而且明确规定,"董事、高级管理人员违反前款规定所得的收入应当归公司所有"(148条2款)。根据公司法的这条规定,公司对董事等违反特殊义务所得收入行使归入权,董事等违反特殊义务所获收入就成了民法上所说的不当得利,须承担返还责任。

---

① 需注意的是,这里所说的董事等的竞业行为,不只是指那些十分清楚的竞业行为,一般要进行较宽泛的解释,只要董事、高级管理人员的行为与公司形成竞争关系,都可解释为竞业行为。比如,有学者举例说,如甲在A公司担任董事,又在有竞争关系的B公司担任董事或者高级管理人员,或者,甲在A公司担任董事,又成立一个与A公司有竞争关系的B公司,且甲在B公司持有全部股权,或是B公司的控股大股东等的情形,均可构成竞业。参见王保树、崔勤之:《中国公司法原理》,第216页。

2. 董事、监事、高级管理人员对公司的损害赔偿责任

应该说,这是董事等违反义务对公司所要承担的主要责任。对此,我国《公司法》第149条规定,"董事、监事、高级管理人员执行公司职务时违反法律、行政法规或者公司章程的规定,给公司造成损失的,应当承担赔偿责任"。这里所说的"违反法律、行政法规或者公司章程的规定",自然包括公司法有关董事等一般义务和特殊义务的规定。所以,董事等承担对公司的损害赔偿责任的要件有三:一是董事等的行为属于执行公司职务;二是违反法定义务(即违反法规或者章程的规定);三是这种违反法定义务的公司职务执行行为给公司造成了损失。简言之,董事等执行公司职务违反法定义务给公司造成损失的,须对公司承担损害赔偿责任。[①]

(二) 追究董事等责任的重要制度——股东代表诉讼制度

1. 股东代表诉讼的含义及其制度宗旨

所谓股东代表诉讼,亦称股东派生诉讼,是指公司怠于提起追究董事等责任的诉讼时,公司股东为了公司利益所提起的追究董事等责任的诉讼。由于此时的股东处在公司代表机关的位置上,故称为股东代表诉讼。同时,由于该诉讼在本质上是基于公司的权利所进行的诉讼,所以,也称为派生诉讼或者衍生诉讼。另外,尽管在该诉讼中,股东处在公司代表机关的地位上,但并不是作为公司代表进行诉讼,而是直接作为原告,将董事等相关责任人作为被告并且直接接受判决的诉讼。

本来,董事等执行职务的行为违反法定义务给公司造成损失时,应当由公司提起追究董事等责任的诉讼。按照公司法的制度体系,具体应当由处在监督公司业务执行地位上的监事会或不设监事会的公司的监事,监事等不能履行时应当由公司的董事会或者不设董事会的公司的执行董事代表公司提起该诉讼。但是,在现代公司运行体系中,董事、监事、高级管理人员作为公司相关职务的执行者,彼此之间往往处在相互紧密联系的复杂关系之中,"对公司需要承担责任的董事等,与其他董事等之间往往存在较密切的关系,所以如果期待公司来追究董事的责任很难实现目的,结果有可能使公司的利益受损,最终使股东的利益受损"。[②] 针对这种情况,作为追究董事等责任的有效诉讼制度,各国公司法都纷纷制定了股东代表诉讼制度[③],我国也通过 2005 年《公司法》的修改第一次对股东代表诉讼作出了规定,建立了该项追究董事等责任的重要诉讼制度。

---

[①] 需注意的是,这里所说的董事等责任主要指的是对公司所要承担的责任。其实,董事等公司的经营管理者还存在一个对第三人(包括对公司股东)的责任问题。对此,各国公司法都作出了明确规定。比如,《日本公司法》第 429 条规定,公司的高级管理人员等就执行其职务有恶意或者重大过失的,该高级管理人员等对第三人承担由此产生的损害赔偿责任。但我国《公司法》对董事等的对第三人责任未作规定。所以,有学者建议,参照国外立法以及我国海南省 1992 年制定的《海南经济特区股份有限公司条例》等的相关规定,修改完善我国《公司法》相关制度。参见王保树、崔勤之:《中国公司法原理》,第 217—218 页。

[②] 〔日〕前田庸:《公司法入门》,王作全译,第 334 页。

[③] 比如,日本也是通过 1950 年商法修改,作为严格其职权不断扩大的董事等的责任和强化股东地位的重要制度建设,借鉴美国公司法有关股东代表诉讼的规定,建立了股东代表诉讼制度。见〔日〕北沢正啓:《会社法》,第 446—447 页。

### 比较法知识9-4

### 美国学者对股东代表诉讼制度的实例研究

在美国各州具有独立立法权的体制下,其中,特拉华州的公司立法最具代表性,作为美国公司法制度的代表,对其他国家效仿美国公司法律制度产生了重要影响。也许基于相同理由,美国就有学者对发生在特拉华州某一时期的大量股东代表诉讼(在美国的话语中称为"派生诉讼")案件进行了系统研究,不仅指明了美国这类诉讼案件的一些重要特征,而且对所存在的问题以及应该改进的方向等,提出了独到见解。

根据该项研究,在1999年和2000年的两年时间里,特拉华州提起的股东代表诉讼案件大致有137起,其中,80%的案件是针对公众公司提起的,只有20%的案件是针对私人公司的。针对私人公司的股东代表诉讼案件,几乎都是要求董事承担因违反忠实义务的责任,而且往往在公司存在控股股东时会提起这类诉讼案件。与针对私人公司的股东代表诉讼案件相比,针对公众公司的这类案件其大部分也是以追究董事等违反忠实义务为诉讼理由的,此类案件的占比为60%,其余的40%的案件则是以董事等违反了善管注意义务为诉讼理由的,比如,原告诉称财务报告披露不适当或者监督不力,或者诉称存在误导性陈述等。

还需要注意的是,超过半数的股东代表诉讼都以无救济的方式终结,比如,在57起针对公众公司的诉讼案件中,34起案件被驳回且未能获得救济。当然,被驳回的案件中大部分并未被禁止原告再对同一被告提起相同诉讼,但也对少部分案件不仅被驳回而且禁止原告再次提起相同诉讼。

该学者的研究结论是,不管从哪个角度看,股东代表诉讼构成了公众公司股东发挥监督作用的有益组成部分,该项诉讼制度理应得到改善和加强。尤其在美国大型公众公司中的独立董事数量在不断增加,且在董事会之下设完全由独立董事组织的审计委员会、薪酬委员会以及提名(治理)委员会,即三个专门委员会的机制日趋普及,其结果导致诉讼的原告更难证明董事已丧失服务于公司利益的能力,导致股东代表诉讼愈发困难的情况下,更需要通过修改法律提出鼓励提起该项诉讼的措施。当下,一是应该千方百计降低提起该项诉讼的门槛,二是应该解决公司作为应对此类诉讼广泛采用的"专门的诉讼委员会"的问题,在有关诉讼追究董事等违反忠实义务的案件中,法官不应当听从该"专门的诉讼委员会"的报告,可能是解决问题需要努力的方向。[①]

2. 我国《公司法》有关股东代表诉讼的规定

对于这种意义上的股东代表诉讼制度,我国《公司法》第151条第1款规定,董事、高级管理人员有本法有关损害赔偿责任规定(149条)的情形的,有限责任公司的股东、股份有限公司连续一百八十日以上单独或者合计持有公司百分之一以上股份的股东,可以书面请求监事会或者不设监事会的有限责任公司的监事向人民法院提起诉讼;监事有本法有关损害赔偿责任规定(149条)的情形的,前述股东可以书面请求董事会或者不设董事会的有限责

---

① 详见〔美〕罗伯塔·罗曼诺:《公司法基础》,罗培新译,第289—292页。

任公司的执行董事向人民法院提起诉讼。其第 2 款规定,监事会、不设监事会的有限责任公司的监事,或者董事会、执行董事收到前款规定的股东书面请求后拒绝提起诉讼,或者自收到请求之日起三十日内未提起诉讼,或者情况紧急、不立即提起诉讼将会使公司利益受到难以弥补的损害的,前款规定的股东有权为了公司的利益以自己的名义直接向人民法院提起诉讼。其第 3 款规定,他人侵犯公司合法权益,给公司造成损失的,本条第 1 款规定的股东可以依照前两款的规定向人民法院提起诉讼。

3. 对股东代表诉讼制度的理解

根据我国《公司法》的上述规定,需从以下几个方面准确理解该项制度。

(1) 能够提起该项诉讼的股东资格。为了既能保证该项诉讼制度能够有效实施,成为追究董事等责任的重要诉讼制度,同时又能有效防止股东滥诉而影响公司正常经营管理秩序,我国《公司法》区分有限责任公司和股份有限公司,对能够提起该项诉讼的股东资格作了明确规定,即"有限公司的股东、股份有限公司连续一百八十日以上单独或者合计持有公司百分之一以上股份的股东"可以提起股东代表诉讼。

(2) 股东代表诉讼的前置程序等。这里所说的"前置程序",是指能够提起股东代表诉讼的股东,在为了公司利益直接向法院提起追究董事等责任的诉讼前必须要履行的程序,只有穷尽了这些程序后追究董事等责任的诉讼仍然不能提起时,有资格的股东才能为了公司的利益以个人名义直接提起代表诉讼。根据我国《公司法》的规定,这种前置程序等可从两方面进行把握:一是当董事等需要承担公司法规定的损害赔偿责任时,有资格的股东可以书面请求监事会或者不设监事会的有限责任公司的监事向人民法院提起诉讼;监事有本法有关损害赔偿责任规定(149 条)的情形的,前述股东可以书面请求董事会或者不设董事会的有限责任公司的执行董事向人民法院提起诉讼。二是当监事会、监事或者董事会、执行董事拒绝提起诉讼,或者自收到请求之日起 30 日内未提起诉讼,或者情况紧急、不立即提起诉讼将会使公司利益受到难以弥补的损害的,有资格的股东有权为了公司的利益可以自己的名义直接向人民法院提起诉讼。

(3) 股东代表诉讼的适用范围。对于该项诉讼制度的适用范围,根据我国《公司法》的规定,股东代表诉讼同样适用于他人侵犯公司合法权益,给公司造成损失的情形(151 条 3 款)。但对这里所说的"他人"我国《公司法》并未给出明确界定,会对法律规定的适用带来不方便。根据《日本公司法》的规定,追究董事等损害赔偿责任的股东代表诉讼,还可适用于追究公司发起人、公司设立时的董事、监事、公司高管、公司清算人责任的诉讼,也可适用于请求利益接受者返还该利益的诉讼,以及请求以不公正价格接受了股份或者新股预约权者支付与公正价格的差额的诉讼。可借鉴日本法的相关规定,有必要修改完善我国公司法的制度。①

(4) 股东自己的直接诉讼。上述的股东代表诉讼是以董事等对公司的责任为前提所设计的诉讼制度。当然,公司股东因董事等违反法规或公司章程的行为而直接遭受损失时,可

---

① 《日本公司法》第 847 条第 1 款规定,自 6 个月前持续持有股份的股东,可以书面及其他法务省令规定的方法,请求股份有限公司提起追究发起人、设立时的董事、设立时的监事、高级管理人员等,或清算人责任之诉;请求返还本法第 120 条 3 款(接受违法利益提供者)规定的利益之诉或请求以本法第 212 条 1 款或 285 条 1 款(以不公正价格接受股份或新股预约权者)规定的支付之诉。

根据公司法或者侵权责任一般原则,直接以受损害股东个人名义提起追究董事等的损害赔偿责任的诉讼。对此,我国《公司法》也做了相应规定,其第152条规定,"董事、高级管理人员违反法律、行政法规或者公司章程的规定,损害股东利益的,股东可以向人民法院提起诉讼"。需注意的是,股东的这种诉讼完全是股东为了自己的利益所提起的直接诉讼,与上述的股东代表诉讼属于完全不同的制度。

**【司法考试真题】**

**9-1** 甲公司章程规定:董事长未经股东会授权,不得处置公司资产,也不得以公司名义签订非经营性合同。一日,董事长任某见王某开一辆新款宝马车,遂决定以自己乘坐的公司的奔驰车与王调换,并办理了车辆过户手续。对任某的换车行为,下列哪一种说法是正确的?(    )(2005年)

　　A. 违反公司章程处置公司资产,其行为无效

　　B. 违反公司章程从事非经营性交易,其行为无效

　　C. 并未违反公司章程,其行为有效

　　D. 无论是否违法公司章程,只要王某无恶意,该行为有效

**9-2** 公司在经营活动中可以以自己的财产为他人提供担保,关于担保的表述中,下列哪一选项是正确的?(    )(2008年)

　　A. 公司经理可以决定为本公司的客户提供担保

　　B. 公司董事长可以决定为本公司的客户提供担保

　　C. 公司董事会可以决定为本公司的股东提供担保

　　D. 公司股东会可以决定为本公司的股东提供担保

**9-3** 甲公司于2008年7月依法成立,现有数名推荐的董事人选,依照《公司法》规定,下列哪些人员不能担任公司董事?(    )(2008年)

　　A. 王某,因担任企业负责人犯重大责任事故罪于2001年6月被判处3年有期徒刑,2004年刑满释放

　　B. 张某,与他人共同投资设立一家有限责任公司,持股70%,该公司长期经营不善,负债累累,于2006年被宣告破产

　　C. 徐某,2003年向他人借款100万元,为期2年,但因资金被股市套住至今未清偿

　　D. 赵某,曾任某音响公司董事长,该公司未经著作权人许可大量复制音像制品于2006年5月被工商部门吊销营业执照,赵某负有个人责任

**9-4** 某上市公司总股份为1.5亿股,该公司在股权分置改革时承诺3年内不增资扩股,其后该公司对章程进行了修改。关于修改后的章程内容,下列哪些是违法的?(    )(2008年)

　　A. 公司董事持有的本公司股份在离职后三年内不得转让

　　B. 公司在一年内回购本公司股份1000万股用于实施股权激励

　　C. 公司监事持有的本公司股份在离职时经股东大会批准可以转让

　　D. 任何时候公司都不得接受本公司的股票为质押物

**9-5** 郑贺为甲有限公司的经理,利用职务之便为其妻吴悠经营的乙公司谋取本来属于甲公司的商业机会,致甲公司损失50万元。甲公司小股东付冰欲通过诉讼维护公司利益。

关于付冰的做法,下列哪一选项是正确的?( )(2012年)
   A. 必须先书面请求甲公司董事会对郑贺提起诉讼
   B. 必须先书面请求甲公司监事会对郑贺提起诉讼
   C. 只有在董事会拒绝起诉情况下,才能请求监事会对郑贺提起诉讼
   D. 只有在其股权达到1%时,才能请求甲公司有关部门对郑贺提起诉讼

**9-6** 新余有限公司共有股东4人,股东刘某为公司执行董事。在公司章程无特别规定的情形下,刘某可以行使下列哪一职权?( )(2013年)
   A. 决定公司的投资计划
   B. 否决其他股东对外转让股权行为的效力
   C. 决定聘任公司经理
   D. 决定公司的利润分配方案

**9-7** 李方为平昌公司董事长。债务人姜呈向平昌公司偿还40万元时,李方要其将该款打到自己指定的个人账户。随即李方又将该款借给刘黎,借期一年,年息12%。下列哪些表述是正确的?( )(2013年)
   A. 该40万元的所有权,应归属于平昌公司
   B. 李方因其行为已不再具有担任董事长的资格
   C. 在姜呈为善意时,其履行行为有效
   D. 平昌公司可要求李方返还利息

**9-8** 甲公司是一家上市公司。关于该公司的独立董事制度,下列哪一表述是正确的?( )(2015年)
   A. 甲公司董事会成员中应当至少包括1/3的独立董事
   B. 任职独立董事的,至少包括一名会计专业人士和一名法律专业人士
   C. 除在甲公司外,各独立董事在其他上市公司同时兼任独立董事的,不得超过5家
   D. 各独立董事不得直接或间接持有甲公司已发行的股份

**9-9** 钱某为益扬有限公司的董事,赵某为公司的职工代表监事。公司为钱某、赵某支出的下列哪些费用须经公司股东会批准?( )(2015年)
   A. 钱某的年薪
   B. 钱某的董事责任保险费
   C. 赵某的差旅费
   D. 赵某的社会保险费

# 第十章

# 公 司 债 券

公司通过发行债券筹集其生产经营所需资金,应该说是现代公司法在公司通过募集股份进行直接融资外为公司的生存和发展所开辟的另一条重要的直接融资手段。[1] 可以说,公司法所规定的公司债券制度不仅充分体现了现代商法有关"企业维持强化"的基本原则[2],而且从其功能看,属于公司筹集长期且巨额的生产经营资金的重要融资手段,也为投资风险偏好较为保守的广大投资者提供了可供其自由选择的投资金融商品。所以,包括我国在内的现代各国公司法几乎都对公司债券制度作出了规定。以我国公司法为例,不仅对公司债券的含义给出了明确的法律界定,而且对公司债券的发行、种类、转让、担保以及公司债券持有人的保护等作出了明确规定,为建立健全现代公司债券制度提供了基本的法律规范。

## 第一节 公司债券的概念、特征以及种类

### 一、公司债券的概念

对于公司债券的概念含义,我国《公司法》第153条第1款明确规定,"本法所称公司债券,是指公司依照法定程序发行、约定在一定期限还本付息的有价证券。"从我国《公司法》的这条规定看,公司债券在本质上就是发行公司以债券形式筹集资金对债券持有人所形成的一种债务,即被证券化了的债务,对于债券持有人而言,是通过持有该债券对发行公司所形成的一种债权,即被证券化了债权。从法律系关系看,公司债券反映的是基于公司债券的发行在发行公司与债券持有人之间所形成的以还本付息为内容的债权债务关系,其中,该债券发行公司为债务人,债券持有人为债权人,是有价证券的又一特定法律形式。另外,由于在这种债权债务关系中,不管是公司债券的认购还是还本付息的义务履行,原则上都以金钱方式进行。所以,这种债权债务关系实质上是一种金钱债权债务关系,所以,甚至有的国家

---

[1] 一般而言,可将公司的融资手段分为间接融资和直接融资两大类。公司向银行等金融机构的借贷,即银行贷款属于公司的间接融资手段,而公司通过发行股票以及发行公司债券所进行的融资被称为公司的直接融资手段。参见〔日〕前田庸:《公司法入门》,王作全,第487页;刘俊海:《现代公司法》,第619页。

[2] 有关"企业维持强化"的商法基本原则,参见王保树:《中国商法》,第26页;王作全:《商法学》,第10页。

的公司法将其中的债权明确规定为金钱债权。①

**二、公司债券的特征**

从公司债券的上述概念含义中可以看出,公司债券作为一种反映债券发行公司与债券持有人之间金钱债权债务关系的有价证券,具有如下法律特征。

(一) 公司债券顾名思义是由公司所发行的债券

公司债券的这一特征不仅表明公司债券不同于政府等公共部门作为发行主体所发行的公共债券,也不同于非公司的其他企业组织等作为发行主体所发行的债券,公司债券是由公司这种特定的商事主体所发行的债券。但是,众所周知,公司的组织形态在各个国家的公司法上是有所不同的,而且对于何种公司可以发行公司债券其所采取的态度也是有差异的。②就我国公司法的规定看,在2005年修改前,对于公司债券的发行主体也是明确有限定的。比如,2005年修改前我国《公司法》第159条规定,"股份有限公司、国有独资公司和两个以上的国有企业或者其他两个以上的国有投资主体投资设立的有限责任公司,为筹集生产经营资金,可以依照本法发行公司债券。"可见,当时只允许股份有限公司和国有有限责任公司可发行公司债券,其他有限责任公司不享有这种权利能力。但2005年对公司法进行大幅度修改时不仅删除了这条规定,而且在现行公司法的相关规定中对可发行公司债券的公司未作任何限定,加之我国《公司法》只规定了股份有限公司和有限责任公司两种组织形态。所以,在我国,目前股份有限公司和有限责任公司均可发行公司债券,实现了公司债券发行主体权利能力的平等性。③

(二) 公司债券是一种较为典型的有价证券

有价证券顾名思义,指的就是具有一定价值并通过以一定票面金额的方式表示一定财产权的书面凭证。由于有价证券是具有一定经济价值,并通过该价值彰显一定财产权利的证券,所以在市场经济条件下自然会成为商品交换行为的对象物,具有较高的交易流通性和一定的收益性也就成了有价证券的固有特征。④ 从有价证券的这些特征来看,公司债券不仅表明了明确的票面金额,通过该票面金额反映了持有人所享有的财产权,即债务人还本付息的债权,而且具有明确的交易流通性,正如我国《公司法》所规定的那样,"公司债券可以转让,转让价格由转让人与受让人约定"(159条1款)。所以,公司债券是较为典型的有价证

---

① 比如,日本公司法在有关公司债券概念的条款中就明确使用了"金钱债权"这一术语。见《日本公司法》第2条第23项的规定。参见朱炎生:《公司法》,第67页。

② 一般认为,允许股份有限公司发行公司债券,即承认股份有限公司有发行债券的权利能力是大多国家的共同做法,而对于其他公司组织形态,比如,有限责任公司等是否具有这种权利能力的问题,各国的做法存在很大的差异。详见王保树、崔勤之:《中国公司法原理》,2006年版,第245页;赵旭东:《商法学》,第333—334页。

③ 对于公司债券发行主体的规定,日本公司法也同样经历了从仅限于股份有限公司到逐步扩大到所有公司的历史沿革过程。直至2005年制定独立的公司法典为止,日本商法有关公司债券的规定是被安排在第二编"公司"第四章"股份有限公司"的第四节当中。另外,当时的《有限公司法》是明确禁止该类公司发行公司债券。由此,所有的解释都认为唯有股份有限公司可以发行公司债券。2005年日本通过商法的大修改制定了独立的公司法典。新的公司法所规定的公司种类有股份有限公司、无限公司、两合公司以及合同公司。并且以废止《有限公司法》的方式在新公司法典中实现了有限责任公司形态被股份有限公司吸收的做法。另外,在新公司法中,不仅在有关公司债券的法律定义中对可发行公司债券的主体未作任何限制,而且将公司债券置于对所有公司通用的第四编中。所以,从法解释学看,在当下的日本,其公司法所规定的所有公司都可发行公司债券。详见〔日〕北沢正啓:《会社法》,第620页;〔日〕前田庸:《公司法入门》,王作全译,第487页。

④ 赵旭东:《商法学》,第328页。

券,几乎所有的证券法教科书在列举有价证券时在股票之后都会列举公司债券。

(三) 公司债券更是典型的要式证券

所谓的要式证券指的是法律法规对其的格式、制作方式和记载事项等作出了强制性规定,这类证券的发行必须按照法定的方式制作并记载法定事项的证券。我国《公司法》第155条规定,"公司以实物券方式发行公司债券的,必须在债券上载明公司名称、债券票面金额、利率、偿还期限等事项,并由法定代表人签名,公司盖章"。可见,公司债券同样是典型的要式证券。

(四) 公司债券是在财产权中属于表彰债权的证券

在各种有价证券中,有的证券是表彰物权的证券,比如,运输关系中的提单和仓储关系中的仓单等。有的证券表示的是组织的成员权或叫社员权,股票以及有限责任公司的出资证明书就是这类证券的典型形式。相比较而言,公司债券表明的则是持有人对发行人享有请求其按约还本付息的请求权。所以,公司债券是表彰债权的证券。

(五) 公司债券是一种其持有人具有不特定性和不确定性的证券

与发行股份募集资金相比,公司债券的发行原则上不存在类似于"私募股份"等的方式,通常要向社会公开发行,本质上是一种向不特定的社会公众借贷资金的融资手段。所以,按照我国《公司法》的规定,公司债券的发行公司其申请经国务院授权的部门核准后还须向社会公众公告记载了法定事项的公司债券募集办法(154条)。另外,如上所述,公司债券作为典型的有价证券具有交易流通性,既可以自由转让,也可成为担保(质押)和继承的标的物。① 由此可见,证券持有人具有不特定性和不确定性是公司债券的一大特征。

(六) 公司债券是一种有别于股票的融资手段

发行公司债券和发行公司股份都是公司法所安排的两种重要融资手段,所以,二者都是公司法所安排的重要法律制度;都是有价证券的典型法律形式;都受公司法和证券法等基本法律规范的调整等,这些应当都是二者的共同特征。但是,作为两种不同的制度安排,二者存在明显的不同,可以说,公司债券是完全不同于公司股份或股票的一种融资手段。

1. 经济功能方面的不同

从公司筹集资金的角度看,一是根据税收法的规定,公司发行股份时的盈利分配属于公司利益处分,与公司经营成本无关,而发行公司债券时所要支付的利息则可计入公司的经营成本。所以,发行公司债券对于公司而言是更加经济的融资手段。② 二是公司债券发行与公司自己资本率成反比关系,因而通过公司债券发行的公司债的增加将会导致公司自己资本率的下降,会对公司的评级等的信誉形成不利。而股份的发行与公司自己资本率成正比关系,股份发行就是增加公司自己资本的手段,有利于自己资本率的提高,增强公司的信誉。③

2. 法律制度安排方面的不同

从法律制度安排来看,由于股东是公司的内部成员,而公司债券持有人只不过是公司的

---

① 对于公司债券的可转让性,如上所述,我国《公司法》已作出明确规定(159条1款)。对于公司债券的担保权能和继承权能,详见我国《物权法》第223条第2项、《担保法》第75条第1项、《继承法》第3条第7项等的规定。
② 日本有学者认为,当股份的盈利分配额所占股份时价的比率相当低时,公司债券的这种成本优势也就不明显,二者间存在的这种差异几乎不存在。详见〔日〕前田庸:《公司法入门》,王作全译,第488页。
③ 公司自己资本率指的是公司净资产额对公司负债额和净资产额总和的比率。在一般情况下,公司的净资产额指的是公司资本金、公积金以及盈利额的合计额。

债权人而已。所以,二者在法律层面上存在如下不同:一是股东作为公司的成员享有参与公司经营管理的权利,按照我国《公司法》的规定,公司股东至少"依法享有资产收益、参与重大决策和选择管理者等权利"(4条),公司债券持有人不享有参与公司经营管理的权利。二是股东的收益情况完全取决于公司的经营业绩和盈利情况且不确定,而公司债券持有人的收益与公司经营业绩以及盈利状况无关,按照约定获得确定的利息收入。三是从资本维持等原则出发,原则上股东不得抽回其投资,即公司不得向股东返还股金。① 而在公司债券的情况下,按照购买债券时的期限约定,公司债券发行人须返还购买债券的本金。四是在公司清算时,股东只有在公司清算了包括公司债券之债在内的所有债务后有剩余时,才能按其出资或股份比例请求剩余财产的分配,如果清算债务后无剩余财产,股东的投资将得不到任何回报。所以,这种情形下的股东相对于公司债券持有人等公司债权人处于劣势地位。②

尽管从法律制度安排看,公司债券与股份明显存在上述的差异,但日本公司法学者结合日本公司法治实践认为,在日本公司运行的现实中,大多股东很少在股东大会上行使表决权等的经营管理权,加之大多实行平均化的稳定的红利分配。同时,日本公司法又规定了无表决权股份、非参加性的积累优先股以及附取得请求权股份等多种类股份,人们甚至将这些股份形象地称为"公司债券式的优先股份"。所以,在现实当中,公司债券与股份的经济功能已十分接近。③

## 比较法知识10-1

### 韩国学者对股份与公司债券异同及关系的分析

对于公司债券,韩国学者的概念定义是,公司债券是指股份有限公司为了从不特定多数人处筹集资金,团体性、定型化地承担,其票面价格实行了单位化的债务。所以,公司债券具有是股份有限公司承担的债务、以不特定多数人为对象、票面价额实现了单位化等特征。

对于同样是作为公司融资手段的公司债券与股份的异同,韩国学者的分析是,二者最大的共同点或曰类似点在于都是由公司从社会大众那里筹集长期资金的手段。具体而言,一是二者的法律关系都带有继续性、团体性以及公众性特点;二是其发行权归董事会,都要通过法定要式的书面文件认购等,对准确和高效发行有明确追求;三是都以要求发行股票、债券等方式实现了有价证券化,保证了证券的较高流通性;四是都以要求(强制性)成立股东大会以及公司债券持有人会议的方式认可了持有人的团体行动以及形成共同意志的必要性。

但二者也存在明显的不同,其最大区别表现在二者的法律性质完全不同。正因为法律性质不同,所以有关二者的众多具体制度设计存在着明显的不同。具体而言,一是公司债券是持有人对公司的一种金钱债权,持有人是公司的债权人,而公司则是持有人的债务人,但

---

① 当然,对公司股东(大)会重要决议持反对意见的投资者或股东可请求公司回购自己的投资份额或股份。另外,在股份有限公司的情况下,公司也可有条件地取得自己股份。详见我国《公司法》第74、142条的规定。这些情形下的公司从投资人或股东购买其投资份额或股份的行为,从投资人或股东的角度看属于收回投资的情形。
② 如上所述,加之股东的投资回报,即分红与公司的经营业绩以及盈利状况密切相关,公司无盈利股东的投资就得不到任何利益回报。所以,正如有学者所说,"债券投资的风险比股票投资要小"。见赵旭东:《商法学》,第330页。
③ 详见[日]前田庸:《公司法入门》,王作全译,第489页。

股份则表示的是股东作为公司这种社团的组成人员的地位,即股东权,更多反映的是所有权关系;二是公司债券持有人是公司外部的第三人,无权参与公司的经营管理,而股份的持有人股东则是公司的成员,享有经营、控制以及监督公司经营的权利;三是公司债券持有人的收益与公司经营业绩无关,按照约定的比率可请求固定的利息,而股份的收益完全取决于公司的经营业绩,公司唯有存在可分配利润时才有可能获利,否则得不到任何收益;四是其投资的收回机制不同,公司债券的投资可按约定的期限收回,而股份的投资是不能撤回的。另外,在公司解散清算时,公司债券的投资作为债权优先于股份而得到清偿,而股份只有在公司清偿完所有债务后还有剩余时才能得到一定的剩余财产分配。

需要注意的是,在现代公司制度和资本市场运行机制框架内,二者又存在日趋相互接近甚至相互交叉的情况。一是随着股份有限公司规模的扩大,不仅股份分散化程度加剧,导致公司所有权与经营权更加分离,大量股东对公司经营管理毫无兴趣,只按固定股息率获得收益(固定比率的公积金分派等),出现了所谓的股份日趋公司债券化现象;二是从股份种类的设计和发行看,其中的无表决权股、偿还股以及累积型优先股等,基本上变成了公司债券,在收益、收回投资以及不参与公司经营等方面,与公司债券无本质区别;三是在公司债券的种类设计和发行中,同样出现了可转换公司债券、附新股认购权公司债券以及附参与利润分配型公司债券等,出现了公司债券被股份化的现象。①

### 三、公司债券的种类

(一) 公司债券种类的含义以及分类的多样化

公司债券种类亦称为公司债券的分类,是指以法律以及公司运营实践所给出的标准对公司债券所进行的分类。其意义在于对公司债券因其种类不同,对其发行所规定的条件以及程序、流转时的生效要件、管理类别、不能按照约定还本付息时的法律后果以及所享有的权利不同等的制度安排,能有更加明确的认识和理解。

一般而言,划分公司债券种类的标准源自于各国法律,尤其是公司法的规定。当然,也有来自于公司运营实践的标准。正因为如此,仅就我国公司法学界的分类而言,尽管部分种类高度一致,但仍然存在公司债券分类的多样化问题。比如,有的学者将公司债券按照不同标准划分为如下六大类,即(1) 有担保的公司债券和无担保的公司债券,(2) 记名债券和无记名债券,(3) 可转债与不可转债,(4) 参加公司债和非参加公司债,(5) 附认股权公司债与非附认股权公司债,(6) 优先顺位公司债与劣后顺位公司债。② 而有的学者的分类是:(1) 短期公司债券、中期公司债券与长期公司债券,(2) 记名公司债券与不记名公司债券,(3) 信用公司债券与担保公司债券,(4) 可提前赎回公司债券与不可提前赎回公司债券,(5) 固定利率公司债券、浮动利率公司债券与累进利率公司债券,(6) 附有选择权的公司债

---

① 详见〔韩〕李哲松:《韩国公司法》,第656—659页。
② 在术语方面,该分类存在"公司债券""公司债""债券"以及只用"债"的不统一性问题。详见刘俊海:《现代公司法》,第622—624页。

## 第十章 公司债券

券与不附有选择权的公司债券,(7) 公募公司债券与私募公司债券。① 还有的学者将公司债券做了如下分类,即(1) 无担保公司债和担保公司债,(2) 记名公司债和无记名公司债,(3) 可上市的公司债和非上市的公司债,(4) 国内公司债和境外公司债,(5) 实物债券、凭证式债券、记账式债券,(6) 可转换公司债和不可转换公司债。②

(二) 按照我国法律规定的分类

根据我国《公司法》以及相关法规的规定,我国的公司债券大致可分为以下三类。

1. 记名公司债券与无记名公司债券

这是根据在公司债券的券面上是否记载了债券持有人的姓名或者名称所进行的分类。凡是按照法律规定在公司债券的券面上记载了债券持有人姓名或者名称的,就是记名公司债券。反之,按照法律规定不需要在债券券面上记载债券持有人姓名或者名称的,就是无记名公司债券。对此,我国《公司法》第156条明确规定,"公司债券,可以为记名债券,也可以为无记名债券"。法律对公司债券做这种分类的意义,就在于要明确各自流转时的生效要件以及管理要求有所不同。对此,我国《公司法》第160条第1款首先规定,"记名公司债券,由债券持有人以背书方式或者法律、行政法规规定的其他方式转让;转让后由公司将受让人的姓名或者名称及住所记载于公司债券存根簿"。其第2款规定,"无记名公司债券的转让,由债券持有人将该债券交付给受让人后即发生转让的效力"。此外,我国《公司法》第158条还规定,"记名公司债券的登记结算机构应当建立债券登记、存管、付息、兑付等相关制度",而对无记名公司债券并未作出类似的规定。

2. 担保公司债券与无担保公司债券

这是根据公司债券发行公司是否为偿还本息提供担保对公司债券进行的分类。凡是按照法律规定公司债券发行公司以特定财产(含权利)为偿还本息设定物上担保或者以第三人保证(人保)的方式为偿还本息设定担保的,就属于担保公司债券。③ 反之,公司债券发行公司为偿还本息并未设定这类担保,仅以公司自己的信用所发行的,就属于无担保公司债券。在我国,公司可发行这类公司债券的法律依据首先来自于我国《公司法》的相关规定。因为,我国《公司法》所规定的公司债券募集办法的法定记载事项就包括了"债券担保情况"(154条2款6项)。此外,《债券试点办法》对发行担保公司债券需要符合的条件作出了明确规定,即为公司债券提供担保的,应当符合"(一) 担保范围包括债券的本金及利息、违约金、损害赔偿金和实现债权的费用;(二) 以保证方式提供担保的,应当为连带责任保证,且保证人资产质量良好;(三) 设定担保的,担保财产权属应当清晰,尚未被设定担保或者采取保全措施,且担保财产的价值经有资格的资产评估机构评估不低于担保金额;(四) 符合《物权法》《担保法》和其他有关法律、法规的规定(详见该办法11条的规定)。"

法律对公司债券做这种分类的意义,就在于公司债券的本息得不到偿还时确定不同的

---

① 应该说,这种分类综合了各国公司法有关公司债券种类的规定以及来自于理论和实践中的各种标准。详见范健、王建文:《公司法》,第425—427页。

② 该分类也应该是综合了各种标准所进行的分类,也存在"公司债""债券"等术语并非完全统一的问题。详见赵旭东:《商法学》,第331—333页。

③ 有学者根据其担保属于物上担保和由第三人保证的人保的综合担保还是仅设定物上担保,又将担保公司债券作了广义和狭义之分。认为前者,即设定了综合担保的公司债券属于广义的担保公司债券,而仅设定物上担保的,就属于狭义的担保公司债券。详见赵旭东:《商法学》,第331页;刘俊海:《现代公司法》,第622页。

处理方式,或者说将会产生不同的法律后果。具体而言,当担保公司债券到期得不到还本付息时,债券持有人可行使担保权,即可以依法处分担保物的方式实现其债权,或者请求保证人偿还。而在无担保公司债券的情况下,债券持有人仅属于普通债权人,只能以普通债权人的身份提出权利要求。正因为如此,为了保护无担保公司债券持有人的权利,各国公司法等都对发行这类公司债券的公司作出了一些特殊要求。比如,有的对公司分红的财源作出限制规定;有的对不得发行无担保公司债券的消极条件作出规定;还有的规定在无担保公司债券发行合同中对发行公司的借款、分红以及回购股份等作出限制性约定等。①

3. 可转换公司债券与不可转换公司债券

这是根据公司债券能否转换为发行公司的股票所做的划分。凡是按照法律规定或者约定公司债券持有人在一定条件下将其持有的公司债券转换为发行公司股票的,就是可转换公司债券,反之,不能进行这种转换的,就是不可转换公司债券。法律对公司债券做这种分类的意义,就在于要明确不同公司债券持有人所享有的权利是不同的。换言之,可转换公司债券的持有人享有是否将自己持有的债券转换为发行公司股票的选择权②,而不可转换公司债券的持有人则不享有这种选择权。从投资收益的角度看,可转换公司债券的最大价值就在于本身所具有的这种可转换性,即赋予持有人的是否转换的选择权。当发现公司的经营效益不理想时,持有人以不行使选择权的方式可获取固定的利息收入,而当公司经营效益看好,股东分红相当可观时,通过选择权的行使可将自己身份转变为公司股东,得到可观的分红收益。③

(三) 上市公司与可转换公司债券

需要注意的是,按照我国《公司法》的规定,只有上市公司能够发行可转换公司债券,并对发行时的决策机构、须经核准的公权力机构以及该类公司债券持有人的选择权等基本事项作出了规定。具体而言,对于可发行该类公司债券的主体、核准机构以及注意事项,我国《公司法》第161条第1款规定,"上市公司经股东大会决议可以发行可转换为股票的公司债券,并在公司债券募集办法中规定具体的转换办法。上市公司发行可转换为股票的公司债券,应当报国务院证券监督管理机构核准。"其第2款规定,"发行可转换为股票的公司债券,应当在债券上标明可转换公司债券字样,并在公司债券存根簿上载明可转换公司债券的数额"。对于发行公司换发股票的义务以及该类公司债券持有人的选择权,我国《公司法》第162条规定,"发行可转换为股票的公司债券的,公司应当按照其转换办法向债券持有人换发股票,但债券持有人对转换股票或者不转换股票有选择权。"

不仅如此,根据《公司法》等所制定发布的《证券管理办法》,对上市公司发行可转换公

---

① 详见王保树、崔勤之:《中国公司法原理》,第248—249页。实际上,发行无担保公司债券的公司往往都是社会信誉度极高的公司,正如有学者所描述的那样,"无担保公司债的发行公司之所以不向持有人提供担保手段,往往源于其卓越的债信资格。经营规模大、竞争实力强、偿债信誉卓著的公司即使不提供担保,投资者也会争先恐后"。刘俊海:《现代公司法》,第622页。

② 按照民法规则,选择权是形成权的一种,即凭持有人单方意思表示可行使的权利,而发行公司则负有根据持有人的转换请求须向其换发股票的义务。参见我国《公司法》第162条的规定。

③ 有学者甚至指出,"可转换债的融资魅力在于,适应了社会公众投资者在投资之初虽然并不看好公司的经营前景,但又希望在公司能够给股东带来满意的投资回报之时将自己的债权投资置换为股权投资"。刘俊海:《现代公司法》,第623页。还有学者根据可转换公司债券的这种特性,认为"债权性""股权性"以及"可转换性"是可转换公司债券的三大特征。见范健、王建文:《公司法》,第426页。

司债券的方方面面作出了详细规定。除发行条件和程序等外(将在下面叙述),应掌握如下主要内容。

1. 可转换公司债券的概念和期限

对于可转换公司债券的概念和期限,该《证券管理办法》规定,可转换公司债券,是指发行公司依法发行、在一定期间内依据约定的条件可以转换成股份的公司债券(14条2款)。可转换公司债券的期限最短为一年,最长为六年(15条)。

2. 对发行公司的评级以及债券持有人会议

对于发行公司的信用评级义务和可转换公司债券持有人会议召集事由等,该《证券管理办法》规定,公开发行可转换公司债券,应当委托具有资格的资信评级机构进行信用评级和跟踪评级。资信评级机构每年至少公告一次跟踪评级报告(17条)。公开发行可转换公司债券,应当约定保护债券持有人权利的办法,以及债券持有人会议的权利、程序和决议生效条件。存在下列事项之一的,应当召开债券持有人会议:① 拟变更募集说明书的约定;② 发行人不能按期支付本息;③ 发行人减资、合并、分立、解散或者申请破产;④ 保证人或者担保物发生重大变化;⑤ 其他影响债券持有人重大权益的事项(19条)。[①]

3. 发行公司的担保义务等

对于发行公司的担保义务等,该《证券管理办法》规定,公开发行可转换公司债券,应当提供担保,但最近一期未经审计的净资产不低于人民币十五亿元的公司除外。提供担保的,应当为全额担保,担保范围包括债券的本金及利息、违约金、损害赔偿金和实现债权的费用。以保证方式提供担保的,应当为连带责任担保,且保证人最近一期经审计的净资产额应不低于其累计对外担保的金额。证券公司或上市公司不得作为发行可转债的担保人,但上市商业银行除外。设定抵押或质押的,抵押或质押财产的估值应不低于担保金额。估值应经有资格的资产评估机构评估(20条)。[②]

4. 可转换公司债券的转股价格等

对于转股价格的概念、确定标准以及调整事由等,该《证券管理办法》规定,转股价格是指募集说明书事先约定的可转换公司债券转换为每股股份所支付的价格。转股价格应不低于募集说明书公告日前二十个交易日该公司股票交易均价和前一交易日的均价(22条)。募集说明书应当约定转股价格调整的原则及方式。发行可转换公司债券后,因配股、增发、送股、派息、分立及其他原因引起上市公司股份变动的,应当同时调整转股价格(25条)。

5. 发行公司的债券赎回权和持有人的债券回售权

对于发行公司的债券赎回权和债券持有人的债券回售权,该《证券管理办法》规定,募集说明书可以约定赎回条款,规定上市公司可按事先约定的条件和价格赎回尚未转股的可转换公司债券(23条)。募集说明书可以约定回售条款,规定债券持有人可按事先约定的条件和价格将所持债券回售给上市公司。募集说明书应当约定,上市公司改变公告的募集资金用途的,赋予债券持有人一次回售的权利(24条)。[③]

---

① 这些有关发行公司信用评级以及为保护债券持有人权益的债券持有人会议的规定,同样适用于下述的"分离交易型可转换公司债券"。见该《证券管理办法》第29条第2款的规定。
② 这些有关提供担保的规定,也适用于下述的"分离交易型可转换公司债券"。见该《证券管理办法》第30条的规定。
③ 对于下述的"分离交易型可转换公司债券",该《证券管理办法》第35条规定,"分离交易型可转换公司债券募集说明书应当约定,上市公司改变公告的募集资金用途的,赋予债券持有人一次回售的权利"。

### 6. 分离交易型可转换公司债券

该《证券管理办法》还规定了特殊类型的可转换公司债券,即分离交易型可转让公司债券。对此,该《证券管理办法》第 27 条 1 款明确规定,"上市公司可以公开发行认股权和债券分离交易的可转换公司债券(简称'分离交易的可转换公司债券')"。并规定,"分离交易的可转换公司债券应当申请在上市公司股票上市的证券交易所上市交易"(28 条 1 款)。分离交易的可转换公司债券中的公司债券和认股权分别符合证券交易所上市条件的,应当分别上市交易(28 条 2 款)。分离交易的可转换公司债券的期限最短为一年(29 条 1 款)。①

## 比较法知识10-2

### 英国法上独特的公司债券——"债券股"

在英美法系的国家,可能因公司能够举债的方式灵活多样,所以学者们认为简直没有办法给公司债券给出确切的定义。有学者借用法官在判例中的如下描述:"现在,我不知道'债券'的准确含义。在任何地方,我都没有发现对于它的精确定义。我们知道有许多不同种类的文件被称作债券"。

所以,在英国,对于公司债券就有广义和狭义的含义描述。所谓广义的公司债券,是指包括了一切创设或承认公司债务的文件,或者说是指作出了支付承诺的所有文件。很显然,这种意义上的公司债券当然包括比如公司向银行的贷款合同,因为该贷款合同创设了公司债务,公司从中作出了偿还本金和支付利息的承诺。所谓狭义的公司债券,一般认为指的就是债务证券,具体是由 2006 年公司法所规定的公司债券,包括可转换公司债券、可赎回公司债券以及"债券股"等。从大陆法系的传统看,其中的"债券股"独具特色。

从学者们给出的定义看,"债券股"首先不是普通意义上的债务证券,而是一种将公司的集合债务实现了均等分割的凭证。其创设的基本规则是公司把债务集中起来,委托给与其签订了信托契约的金融机构发行表现这种债券股的凭证。由投资人购买这种债券股,通过该金融机构行使相关权利。其结果,与普通公司债券只有两个当事方,即债券持有人(债权人)和债券发行公司(债务人)不同,该类公司债券出现三个当事方,即作为债权人的投资人、作为债务人的公司以及作为受托发行债券股的信托受托人。

其实,以下几点才是这类公司债券与普通公司债券的本质区别:一是普通公司债券的数额经常是固定的,只能进行整体或全部转让,不具有分割性,而债券股如上述是公司债务实现了均等化分割(类似于股份)的凭证,具有明显的可分割性,当然可进行分割转让;二是普通债券往往被描述为债务证券,是对凭证的描述,而债券股则反映的是其凭证所承载的债务,即公司债务的集合性或整体性,是对债务的描述;三是普通债券基于发行公司与投资人之间的契约所创设,而债券股则是依据信托契约所创设,作为债务人的公司不仅按照信托契约的约定向信托受托人支付本金以及利息,而且一般需要向信托受托人提供担保。②

---

① 此外,该《证券管理办法》还对"分离交易型可转换公司债券"的发行条件、认股权证的内容、认股权证价格的确定标准、认股权证的存在期限以及认股权证的行权期限等,作出了明确规定。详见该《证券管理办法》第 14、31—34 条的规定。

② 详见葛伟军:《英国公司法要义》,第 353—354 页。

## 第二节 公司债券发行

公司债券发行,应该说是通过公司债券这种典型的有价证券形式创设债券发行人与债券持有人之间债权债务关系的重要法律行为。这一重要法律行为不仅涉及可发行公司债券的主体资格问题以及发行所必须具备的法定条件,而且与通过公司债券举债涉及众多投资者的利益以及证券市场的秩序和安全相关联,在作为证券资本市场基本法的《公司法》《证券法》等的指引下,加之其他法规,应该说,对公司债券的发行主体、发行条件以及发行程序等作出了明确规定,建立了相对较完整的公司债券发行制度。

### 一、公司债券的发行主体

如上所述,我国《公司法》在 2005 年修改前,只允许三类公司,即股份有限公司、国有独资公司以及两个以上的国有企业或者其他两个以上的国有投资主体设立的有限责任公司发行公司债券(见 2005 年修改前《公司法》159 条)。也就是说,在 2005 年前,我国《公司法》只允许上述三类公司发行公司债券,其他公司不得发行公司债券。这一规定不仅造成了公司主体资格间的不平等,更为严重的是纯粹将民营的有限责任公司排除在外,对这类公司的存续和发展造成了极为不利的局面。[①]

2005 年对《公司法》进行大规模修改时,删除了这种仅从公司类型上加以区别对待的不平等性规定,并从明确发行条件和发行程序入手,只要符合法定的发行条件和程序,《公司法》上规定的所有公司都可通过发行公司债券从市场筹集所需资金(参见《公司法》第 153 条)。也就是说,按我国现行《公司法》的规定,只要符合《公司法》以及《证券法》等所规定的发行条件和发行程序等,任何公司都可自由发行公司债券。我国《公司法》对公司债券发行主体的这一重大调整,不仅实现了在发行公司债券上公司主体资格的平等性,而且"极大地缓解了民营企业的融资'瓶颈',同时为债券市场的繁荣奠定了基础"。[②]

### 二、公司债券的发行条件

(一)严格发行条件的立法宗旨

如上所述,我国《公司法》等通过 2005 年的大修改,对公司债券的发行,从区别对待不同公司主体转向了严格发行条件以及发行程序等的立法态度。应该说,这是一种科学合理的转变。因为,这种转变不仅实现了公司主体资格在发行公司债券上的平等性,而且严格公司债券的发行条件等更有利于对公司债券投资者利益的保护,也有利于维护证券市场的秩序,保障证券交易安全。发行公司债券,尤其在我国原则上不允许公司债券私募的情况下,实际上就是发行公司与不特定的社会公众投资者订立巨额借款合同的过程。由于这些不特定的公司债券投资者,不仅人数众多而且十分零散,一般很难形成组织体行为,所以他们无法对

---

① 对此,有学者更加明确地指出,"1993 年《公司法》在发债权利能力和行为能力的制度设计上存在歧视性规定。""这一规定连同《刑法》中的非法吸收公众存款罪迫使许多民营企业陷入既无法获得银行融资又无法从市场发债融资的尴尬境地"。刘俊海:《现代公司法》,第 626 页。

② 刘俊海:《现代公司法》,第 626 页。

发行公司的偿债能力,即财产状况和信用情况等亲自进行具有实质意义的调查掌握。正因为如此,立法者对发行公司债券的条件等进行了严格规定,实现了公司债券发行条件的严格法定化,以此确保公司债券持有人按照约定获得本息,实现其投资利益。

(二) 我国法规所设定的公司债券的发行条件

1. 《公司法》《证券法》规定的发行条件

对于发行公司债券必须具备的条件,我国《公司法》第 153 条第 2 款规定,"公司发行公司债券应当符合《中华人民共和国证券法》规定的发行条件"。对此,我国《证券法》规定以公开向社会募集公司债券,即公募为基本发行方式,其第 16 条第 1 款明确规定,"公开发行公司债券,应当符合下列条件:(一) 股份有限公司的净资产不低于人民币三千万元,有限责任公司的净资产不低于人民币六千万元;(二) 累计债券余额不超过公司净资产的百分之四十;(三) 最近三年平均可分配利润足以支付公司债券一年的利息;(四) 筹集的资金投向符合国家产业政策;(五) 债券的利率不超过国务院限定的利率水平;(六) 国务院规定的其他条件"。其第 2 款规定,"公开发行公司债券筹集的资金,必须用于核准的用途,不得用于弥补亏损和非生产性支出。"①

2. 证监会规章所规定的发行条件

在《证券法》所规定的条件的基础上,上述的《债券试点办法》又对公司债券发行条件作了进一步细化规定。对此,该《债券试点办法》第 7 条规定,"发行公司债券,应当符合下列规定:(一) 公司的生产经营符合法律、行政法规和公司章程的规定,符合国家产业政策;(二) 公司内部控制制度健全,内部控制制度的完整性、合理性、有效性不存在重大缺陷;(三) 经资信评级机构评级,债券信用级别良好;(四) 公司最近一期末经审计的净资产额应符合法律、行政法规和中国证监会的有关规定;(五) 最近三个会计年度实现的年均可分配利润不少于公司债券一年的利息;(六) 本次发行后累计公司债券余额不超过最近一期末净资产额的百分之四十;金融类公司的累计公司债券余额按金融企业的有关规定计算"。

应该说,上述的公司债券发行条件是有关公开发行普通公司债券必须具备的条件。公司如果拟发行可转换公司债券,如上所述,由于这类公司债券同时具备债券的特点和潜在公司股票的特点,所以我国《证券法》第 16 条第 3 款明确规定,"上市公司发行可转换为股票的公司债券,除应当符合第一款规定的条件外,还应当符合本法关于公开发行股票的条件,并报国务院证券监督管理机构核准"。

3. 证监会规章对上市公司的特别规定

对于上市公司发行可转换公司债券,在上述《公司法》《证券法》的基础上,《证券管理办法》对其发行条件等作出了更加严格明确的规定。该《证券管理办法》不仅从公司的组织机构健全(6 条);盈利能力的可持续性(7 条);财务运行状况良好(8 条);财务会计文件无虚假记载且无重大违法行为(9 条)以及募集资金的数额和使用(10 条)等方面,对上市公司公开发行包括可转换公司债券在内的证券时必须具备的条件作出了规定,而且该《证券管理办

---

① 对于所募集资金"必须用于核准的用途"中的"核准",根据《债券试点办法》第 13 条的规定,应该指的是公司股东大会根据国家产业政策所核准的用途。因为该办法第 13 条规定,"发行公司债券募集的资金,必须符合股东会或股东大会核准的用途,且符合国家产业政策"。所以,就有学者解释说,"公司债券所募集资金可以用于股东大会核准的各种用途,包括偿还银行贷款、改善财务结构等"。刘俊海:《现代公司法》,第 627 页。

法》在上述条件的基础上对上市公司发行可转换公司债券的具体条件作了规定。对此,该《证券管理办法》第 14 条第 1 款明确规定,"公开发行可转换公司债券的公司,除应当符合本章第一节规定外,还应当符合下列规定:(一) 最近三个会计年度加权平均净资产收益率平均不低于百分之六。扣除非经常性损益后的净利润与扣除前的净利润相比,以低者作为加权平均净资产收益率的计算依据;(二) 本次发行后累计公司债券余额不超过最近一期末净资产额的百分之四十;(三) 最近三个会计年度实现的年均可分配利润不少于公司债券一年的利息"。[①]

(三) 对公司再次公开发行公司债券的限制

如上述,发行公司债券是企业筹集生产经营所需资金的重要融资手段。所以,公司为了确保生产经营所需要的资金,往往会多次通过发行公司债券来满足这种需要。但是,如果对于公司再次发行债券缺乏有效的法律管控,就有可能导致公司滥发公司债券的风险,最终会严重损害公司债券持有人的权益。为此,我国的《证券法》及其相关法规,尽管存在一定的重复乃至交叉,但都对公司再次发行公司债券作出了明确的限制性规定,以此有效防范公司滥发公司债券的风险。

1. 《证券法》的限制

我国《证券法》第 18 条明确规定,"有下列情形之一的,不得再次公开发行公司债券:(一) 前一次公开发行的公司债券尚未募足;(二) 对已公开发行的公司债券或者其他债务有违约或者延迟支付本息的事实,仍处于继续状态;(三) 违反本法规定,改变公开发行公司债券所募资金的用途"。

2. 行政规章的限制

《债券试点办法》在上述《证券法》的基础上,作了进一步细化规定。对此,该《债券试点办法》第 8 条规定,"存在下列情形之一的,不得发行公司债券:(一) 最近三十六月内公司财务会计文件存在虚假记载,或公司存在其他重大违法行为;(二) 本次发行申请文件存在虚假记载、误导性陈述或者重大遗漏;(三) 对已发行的公司债券或者其他债务有违约或者迟延支付本息的事实,仍处于继续状态;(四) 严重损害投资者合法权益和社会公共利益的其他情形"。

3. 对上市公司的特别规定

同样在上述《证券法》的基础上,《证券管理办法》从规范上市公司再次发行包括可转换公司债券在内的证券行为的角度,作出了限制性规定。[②] 对此,该《证券管理办法》第 11 条规定,"上市公司存在下列情形之一的,不得公开发行证券:(一) 本次发行申请文件有虚假

---

[①] 需要注意的是,如上述,我国《证券法》并未对公司发行债券的一般条件作出规定,仅规定了公开发行公司债券,即以公募方式发行公司债券的条件作出了规定。加之仅对允许上市公司发行可转换公司债券的规定等,正如有学者所说,"据此可以认为,我国公司法和证券法对于通过私募方式发行债券的条件规定尚付之阙如"。朱慈蕴:《公司法原论》,第 220 页。但也有学者认为,从我国《证券法》第 10 条第 2 款有关"向特定对象发行证券累计超过二百人的"可视为证券的公开发行的规定推断,在我国也"允许发债公司以私募方式向 200 人以下的特定投资者募集公司债"。刘俊海:《现代公司法》,第 630 页。在我国现行法律制度框架下,向 200 人以下特定对象募集公司债到底属于禁止行为,还是属于私募公司债券的范畴,值得深入研究。

[②] 对于该《证券管理办法》的适用范围,该办法第 2 条明确规定,"上市公司申请在境内发行证券,适用本办法。本办法所称证券,指下列证券品种:(一) 股票;(二) 可转换公司债券;(三) 中国证券监督管理委员会(以下简称"中国证监会")认可的其他品种"。

记载、误导性陈述或重大遗漏;(二) 擅自改变前次公开发行证券募集资金的用途而未作纠正;(三) 上市公司最近十二个月内受到过证券交易所的公开谴责;(四) 上市公司及其控股股东或实际控制人最近十二个月内存在未履行向投资者作出的公开承诺的行为;(五) 上市公司或其现任董事、高级管理人员因涉嫌犯罪被司法机关立案侦查或涉嫌违法违规被中国证监会立案调查;(六) 严重损害投资者的合法权益和社会公共利益的其他情形。"

### 三、公司债券的发行程序

**(一) 概述**

公司发行债券,原则上就是向不特定的社会公众进行巨额且长期借款的行为。由于借款对象往往是不特定的且处于分散状态、一般很难采取团体行动的众多社会投资者,所以,与法律严格规定发行公司债券的条件同等重要,处于同样的立法宗旨,即需要以强行法规保护往往人数众多且处于分散状态的公司债券投资者的利益,并依法维护证券市场秩序,保障证券交易安全,法律同样规定了公司发行债券必须严格遵守的程序。在我国,结合证券市场刚刚起步并处在发育阶段的实际所采取的核准主义原则,即发行公司债券需要取得公权力机构的核准,否则不得发行的原则。① 应该说,核准主义原则是一系列公司债券发行法定程序中的核心制度。②

**(二) 公司债券发行程序**

根据我国《公司法》《证券法》以及相关法规的制度安排,公司发行公司债券须履行如下法定程序:

1. 由公司决策机构对发行公司债券作出决议

公司是否通过发行公司债券筹集资金,属于公司自治权范畴的事项,但发行公司债券又属于影响众多主体利益的重大事项。所以,大多国家的公司法都要求公司拟发行公司债券时,须由公司的决策机构对此作出决议。我国《公司法》根据我国公司制度运营的实践,明确规定发行公司债券由公司董事会制订发行方案,提交给股东(大)会审议,由股东(大)会对发行公司债券作出决议(见37条1款8项、46条6项、99条、108条4款等)。可见,在我国,决定是否发行公司债券属于股东(大)会的职权,而非董事会等的职权。但国有独资公司发行公司债券,由国有资产监督管理机构作出决定(66条)。③

---

① 因为我国《证券法》第10条明确规定,"公开发行证券,必须符合法律、行政法规规定的条件,并依法报经国务院证券监督管理机构或者国务院授权的部门核准;未经依法核准,任何单位和个人不得公开发行证券。"

② 对于该核准主义原则,有学者给出的评论是,"核准制既非严苛的批准制,亦非过于宽松的登记制或备案制,适合我国证券市场起步之初的实际情况。当然,核准程序应当公开,依法接受监督"。刘俊海:《现代公司法》,第628页。还有学者介绍说,"关于公司债券发行的管理,现代各国主要采取两种方式,一是核准制,大陆法系国家多采此制;二是登记制,即公司债券发行无须政府主管部门核准,而是仅作注册申报登记即可。但发行公司应当严格遵守有关信息披露的规定,英美法系国家多采此制。朱炎生:《公司法》,第71页注释②。

③ 需要注意的是,在国外许多国家,随着公司治理机制从股东大会中心主义向董事会中心主义的转变,其发行公司债券的决定权也由原来的股东大会变成了董事会,成了董事会的重要职权之一。比如,日本通过1950年的商法修改,发行公司债券从股东大会的职权事项变成了董事(当时无董事会制度)的职权事项,并认为这项职权变动与发行新股的职权变动一道,标志着日本放弃了股东大会中心主义,进而转向了董事会中心主义。见〔日〕北沢正启:《会社法》,第283页。现行《日本公司法》第362条第4款以所列举的事项不得委托给董事的方式,将发行公司债券的重要事项,比如发行公司债券的总额等仍然严格规定为董事会的职权,但具体的债券利率以及缴纳金额等,可由董事会委托给代表董事等决定。所以,有学者认为,"使符合需要的灵活机动的公司债券发行成为可能"。见〔日〕前田庸:《公司法入门》,王作全译,第492页。

对于股东(大)会需要作出决议的事项,我国《公司法》并未作出具体规定,而是在《公司法》等的基础上,上述的《债券试点办法》第12条明确规定,"申请发行公司债券,应当由公司董事会制定方案,由股东会或股东大会对下列事项作出决议:(一)发行债券的数量;(二)向公司股东配售的安排;(三)债券期限;(四)募集资金的用途;(五)决议的有效期;(六)对董事会的授权事项;(七)其他需要明确的事项"。

对于上市公司发行可转换公司债券的决策程序,在《公司法》等的基础上,上述的《证券管理办法》第40条首先规定,"上市公司申请发行证券,董事会就(一)本次证券发行的方案;(二)本次募集资金使用的可行性报告;(三)前次募集资金使用的报告;(四)其他必须明确的事项应当依法作出决议,并提请股东大会批准"。接着该《证券管理办法》第42条规定,"股东大会就发行可转换公司债券作出的决定,至少应当包括下列事项:(一)本办法第四十一条规定的事项;①(二)债券利率;(三)债券期限;(四)担保事项;(五)回售条款;(六)还本付息的期限和方式;(七)转股期;(八)转股价格的确定和修正"。该办法第43条还规定,"股东大会就发行分离交易的可转换公司债券作出的决定,至少应当包括下列事项:(一)本办法第四十一条、第四十二条第(二)项至第(六)项规定的事项;(二)认股权证的行权价格;(三)认股权证的存续期间;(四)认股权证的行权期间或行权日"。②

2. 向核准机构提出发行公司债券的申请

如上述,我国对于发行公司债券采取的是核准制,并将国务院授权的部门或者国务院证券监督管理机构,即中国证监会规定为行使核准权的机构。所以,公司就发行公司债券作出股东(大)会决议后,应当向上述机构报送法定文件的方式提出申请。对此,我国《证券法》第17条第1款明确规定,"申请公开发行公司债券,应当向国务院授权的部门或者国务院证券监督管理机构报送下列文件:(一)公司营业执照;(二)公司章程;(三)公司债券募集办法;(四)资产评估报告和验资报告;(五)国务院授权的部门或者国务院证券监督管理机构规定的其他文件。"其第2款同时规定,"依照本法规定聘请保荐人的,还应当报送保荐人出具的发行保荐书。"③不仅如此,《证券法》还对发行公司保证报送文件的真实性等义务作出了规定。对此,《证券法》第20条第1款规定,"发行人向国务院证券监督管理机构或者国务院授权的部门报送的证券发行申请文件,必须真实、准确、完整。"其第2款规定,"为证券发行出具有关文件的证券服务机构和人员,必须严格履行法定职责,保证其所出具文件的真实

---

① 该办法第41条规定,"股东大会就发行股票作出的决定,至少应当包括下列事项:(一)本次发行证券的种类和数量;(二)发行方式、发行对象及向原股东配售的安排;(三)定价方式或价格区间;(四)募集资金用途;(五)决议的有效期;(六)对董事会办理本次发行具体事宜的授权;(七)其他必须明确的事项"。

② 对于认股权证的存续期间,该办法第33条规定,"认股权证的存续期间不超过公司债券的期限,自发行结束之日起不少于六个月。募集说明书公告的权证存续期限不得调整"。对于认股权证的行权价格,该办法第32条规定,"认股权证的行权价格应不低于公告募集说明书日前二十个交易日公司股票均价和前一个交易日的均价"。对于认股权证的行权期间等,该办法第34条规定,"认股权证自发行结束至少已满六个月起方可行权,行权期间为存续期限届满前的一段期间,或者是存续期限内的特定交易日"。

③ 实际上,在《证券法》的基础上,上述的《债券试点办法》对公司聘请保荐人的义务以及相关责任等作出了明确规定。该办法不仅规定,"发行公司债券,应当由保荐人保荐,并向中国证监会申报"。"保荐人应当按照中国证监会的有关规定编制和报送募集说明书和发行申请文件"(14条)。"公司全体董事、监事、高级管理人员应当在债券募集说明书上签字,保证不存在虚假记载、误导性陈述或者重大遗漏,并声明承担个别和连带的法律责任"(15条)。而且还规定,"保荐人应当对债券募集说明书的内容进行尽职调查,并由相关责任人签字,确认不存在虚假记载、误导性陈述或者重大遗漏,并声明承担相应的法律责任"(16条)。

性、准确性和完整性"。①

3. 核准机构依法核准

对于核准机构对公司债券发行申请的核准，我国《证券法》第24条明确规定，"国务院证券监督管理机构或者国务院授权的部门应当自受理证券发行申请文件之日起三个月内，依照法定条件和法定程序作出予以核准或者不予核准的决定，发行人根据要求补充、修改发行申请文件的时间不计算在内；不予核准的，应当说明理由。"②

对于核准机构的程序公开义务以及参与审核人员的义务，《证券法》第23条第1款规定，国务院证券监督管理机构依照法定条件负责核准股票发行申请。核准程序应当公开，依法接受监督。其第2款规定，参与审核和核准股票发行申请的人员，不得与发行申请人有利害关系，不得直接或者间接接受发行申请人的馈赠，不得持有所核准的发行申请的股票，不得私下与发行申请人进行接触。

此外，我国《证券法》还对公司债券发行的纠错机制和责任机制作出了规定。依据《证券法》的规定，国务院证券监督管理机构或者国务院授权的部门对已作出的核准公司债券发行的决定，发现不符合法定条件或者法定程序，尚未发行证券的，应当予以撤销，停止发行。已经发行尚未上市的，撤销发行核准决定，发行人应当按照发行价并加算银行同期存款利息返还证券持有人；保荐人应当与发行人承担连带责任，但是能够证明自己没有过错的除外；发行人的控股股东、实际控制人有过错的，应当与发行人承担连带责任（见《证券法》26条）。

4. 公告公示公司债券募集办法等相关文件

应该说，在发行公司债券的相关文件中，通过核准机构审核的公司债券募集办法，是公司债券投资者充分了解有关公司债券发行相关信息的最重要文件之一。所以，我国《公司法》首先对依法公告公司债券募集办法以及该募集办法的记载事项作出了明确规定。《公司法》第154条第1款规定，发行公司债券的申请经国务院授权的部门核准后，应当公告公司债券募集办法。其第2款规定，"公司债券募集办法中应当载明下列主要事项：（一）公司名称；（二）债券募集资金的用途；（三）债券总额和债券的票面金额；（四）债券利率的确定方式；（五）还本付息的期限和方式；（六）债券担保情况；（七）债券的发行价格、发行的起止日期；（八）公司净资产额；（九）已发行的尚未到期的公司债券总额；（十）公司债券的承销机构。"

如果公司发行的是可转换公司债券，还须在公司债券募集办法中载明具体的转换办法，并且在债券的券面上标明可转换公司债券的字样（《公司法》161条）。

不仅如此，我国《证券法》还对公司债券发行公司将公司债券募集办法等相关文件同时

---

① 在《证券法》的基础上，上述的《债权试点办法》对证券服务机构、人员以及其责任等，作出了细化规定。首先，该办法第17条规定，"为债券发行出具专项文件的注册会计师、资产评估人员、资信评级人员、律师及其所在机构，应当按照依法制定的业务规则、行业公认的业务标准和道德规范出具文件，并声明对所出具文件的真实性、准确性和完整性承担责任"。其次，该办法第18条规定，"债券募集说明书所引用的审计报告、资产评估报告、资信评级报告，应当由有资格的证券服务机构出具，并由至少二名有从业资格的人员签署。""债券募集说明书所引用的法律意见书，应当由律师事务所出具，并由至少二名经办律师签署。"

② 上述的《债券试点办法》对核准机构的审核程序作出了更具体规定，并对发行公司债券申请的审核也引入了《证券法》就发行股票所设计的"发行审核委员会"制度（见《证券法》22条）。对此，该《债券试点办法》第20条规定，中国证监会依照下列程序审核发行公司债券的申请：① 收到申请文件后，五个工作日内决定是否受理；② 中国证监会受理后，对申请文件进行初审；③ 发行审核委员会按照《中国证券监督管理委员会发行审核委员会办法》规定的特别程序审核申请文件；④ 中国证监会作出核准或者不予核准的决定。

置备于指定场所供公众查阅等义务作出规定。《证券法》第 25 条第 1 款规定,证券发行申请经核准,发行人应当依照法律、行政法规的规定,在证券公开发行前,公告公开发行募集文件,并将该文件置备于指定场所供公众查阅。其第 2 款规定,发行证券的信息依法公开前,任何知情人不得公开或者泄露该信息。其第 3 款规定,发行人不得在公告公开发行募集文件前发行证券。此外,还对公告财务会计报告的义务作出了规定(见《证券法》64 条)。在《公司法》和《证券法》的基础上,上述的《债券试点办法》对公司债券发行公司公示相关信息作出了更具体规定。该《债券试点办法》第 22 条规定,"公司应当在发行公司债券前的二至五个工作日内,将经中国证监会核准的债券募集说明书摘要刊登在至少一种中国证监会指定的报刊,同时将其全文刊登在中国证监会指定的互联网网站。"

5. 公司债券的发行

公司债券发行公司在履行完上述程序后,就可进入公司债券的发行阶段,也称为募集公司债券阶段。公司债券的发行也就是发行公司将公司债券向投资者进行销售的行为,也是公司债券发行公司的最终目的所在。

(1) 公司债券的承销制度。根据我国相关法律的规定,公司债券的发行不应当由发行公司直接向投资者销售,而应当采取由证券公司承销的方式。我国《证券法》规定,发行人应当同证券公司签订承销协议。证券承销业务采取代销或者包销方式。证券的代销、包销期限最长不得超过 90 日。证券公司在代销、包销期内,对所代销、包销的证券应当保证先行出售给认购人,证券公司不得为本公司预留所代销的证券和预先购入并留存所包销的证券(见《证券法》28 条 1 款、32、33 条)。对于公司债券承销协议的绝对记载事项,《证券法》第 30 条规定,"证券公司承销证券,应当同发行人签订代销或者包销协议,载明下列事项:(一) 当事人的名称、住所及法定代表人姓名;(二) 代销、包销证券的种类、数量、金额及发行价格;(三) 代销、包销的期限及起止日期;(四) 代销、包销的付款方式及日期;(五) 代销、包销的费用和结算办法;(六) 违约责任;(七) 国务院证券监督管理机构规定的其他事项"。

所谓证券代销,是指证券公司代发行人发售证券,在承销期结束时,将未售出的证券全部退还给发行人的承销方式。所谓证券包销,是指证券公司将发行人的证券按照协议全部购入或者在承销期结束时将售后剩余证券全部自行购入的承销方式。[①]

此外,《证券法》第 32 条还规定,向不特定对象发行的证券票面总值超过人民币五千万元的,应当由承销团承销。承销团应当由主承销和参与承销的证券公司组成。对于发行公司的承销公司自主选择权、证券公司的禁止不正当竞争以及虚假发行的纠错义务等,我国《证券法》第 29 条规定,公开发行证券的发行人有权依法自主选择承销的证券公司。证券公司不得以不正当竞争手段招揽证券承销业务。其第 31 条规定,证券公司承销证券,应当对公开发行募集文件的真实性、准确性、完整性进行核查;发现有虚假记载、误导性陈述或者重大遗漏的,不得进行销售活动;已经销售的,必须立即停止销售活动,并采取纠正措施。

(2) 公司债券的分期发行制度。在《公司法》《证券法》的基础上,上述的《债券试点办法》还对公司债券的分期发行制度作出安排。[②] 根据该《债券试点办法》的规定,发行公司债

---

[①] 详见《证券法》第 28 条第 2、3 款的规定。
[②] 对于该项制度,有学者给出的评论是,"这种服务型的监管理念有利于发债公司斟酌本公司的资金需求状况、金融市场的供给状况以及宏观调控的具体情况选择最佳的筹资时机"。刘俊海:《现代公司法》,第 629 页。

券,可以申请一次核准,分期发行。自中国证监会核准发行之日起,公司应在 6 个月内首期发行,剩余数量应当在 24 个月内发行完毕。首期发行数量应当不少于总发行数量的 50%,剩余各期发行的数量由公司自行确定,每期发行完毕后 5 个工作日内报中国证监会备案。但是,超过核准文件限定的时效未发行的,须重新经中国证监会核准后方可发行(见该办法第 21 条)。

6. 公司债券存根簿的置备

公司债券存根簿是公司债券发行公司履行依法制作、置备并供以公司债券投资者等按法定程序查阅的法定义务而制作的规范性文件。① 为了便利公司清偿发行公司债券所形成的债务,也有利于公司债券持有人行使其债权,我国《公司法》不仅规定了公司债券发行公司置备公司债券存根簿的义务,并实现了该存根簿记载事项的法定化。首先,《公司法》第 157 条第 1 款规定,"公司发行公司债券应当置备公司债券存根簿"。其次,其第 2 款规定,发行记名公司债券的,应当在公司债券存根簿上载明下列事项:① 债券持有人的姓名或者名称及住所;② 债券持有人取得债券的日期及债券的编号;③ 债券总额,债券的票面金额、利率、还本付息的期限和方式;④ 债券的发行日期。其第 3 款规定,发行无记名公司债券的,应当在公司债券存根簿上载明债券总额、利率、偿还期限和方式、发行日期及债券的编号。

此外,我国《公司法》第 158 条还规定,记名公司债券的登记结算机构应当建立债券登记、存管、付息、兑付等相关制度。

**比较法知识10-3**

### 法国法上的公司债券发行条件及决策权规范

按照法国法的规定,公司债券通常由能够发行股票的公司发行,也就是说,只有股份有限公司才能发行公司债券。但不能由此就得出只要是股份有限公司就能发行公司债券的结论。因为,对于股份有限公司发行公司债券,法国法同样规定了尽管并不十分严厉但却十分明确的条件,唯有具备这些条件的股份有限公司才能通过发行公司债券向社会公众筹集资金。

法国法对股份有限公司发行公司债券所规定的条件可分为基本条件和一些其他补充条件。其基本条件主要有两项:一是公司必须是已经存在了两年以上的公司,并制定了符合规定且获得了股东批准的资产负债表。这里所说的符合规定的公司资产负债表,应该主要指的是已经按规定取得了会计监察人证明的资产负债表。因为拟投资于公司债券者,只有通过查看这样的公司资产负债表才能正确评价公司的财务状况,也才能从根本上防止"虚拟公司"发行公司债券的风险。二是公司必须是全部注册资本如数实现了缴纳的公司。因为发行公司债券意味着向他人借款,这时的公司就连自己的股东还未足额缴纳所承诺的股金,似乎于理不通,且会潜伏资产虚设的风险。

---

① 对于公司债券存根簿的最主要效力或者功能,日本学者认为,与股东名册上的记载相同,公司债券存根簿上的记载也是对发行公司以及第三人的对抗要件。换言之,如果公司债券的取得者不在公司债券存根簿上记载自己的姓名或者名称、住所等,公司债券的转让等就不得对抗发行公司以及第三人。参见〔日〕前田庸:《公司法入门》,王作全译,第 495 页。

法律规定的其他补充条件有：一是如果公开发行公司债券，须在规定的媒体上发布一项"通知书"；二是还须制定公司的"情况说明书"，并取得证券交易所业务委员会的签证；三是筹集资金超过10亿法郎时，为了协调发行日期，还须向经济部报告。需注意，这与行政许可毫无关系。正如法国学者所言，"发行债券并不需要任何行政上的批准，不论发行数额如何"。

对于发行公司债券的决策权限问题，法国法的规定同样十分明确。如果发行的是普通公司债券，由于这类债券的发行不会引起公司资本的变动，也就不需要修改公司章程，所以就由普通股东大会作出发行决定。如果要发行诸如"可转换股票公司债券"或"可兑换股票公司债券"等的特殊公司债券，由于这类债券的发行会引起公司资本的增加，这也就意味着将会引发修改公司章程的必要，所以需要由特别股东大会作出发行决定。

需要注意的是，按照法国法的规定，为了提高发行公司债券的效率，即需要迅速决定时，股东大会(含普通股东大会和特别股东大会)可将此项决策权委托给董事会或者公司管理委员会，但这种委托授权的期限不得超过5年。①

## 第三节 公司债券的转让、质押、偿还及管理

公司债券的转让与质押，是公司债券具有流通性的重要体现，也是公司债券本质上是一种实现了定型化的财产权的重要标志。正因为如此，如下述，我国《公司法》《物权法》等明确确认了公司债券的可转让和质押的性质。至于公司债券的偿还与付息，不仅是由公司债券这种有价证券所形成的债权债务关系的一大特征，也是公司债券有别于股票的重要特征。

### 一、公司债券的转让

(一) 公司债券转让的法律意义

简单说，公司债券转让就是公司债券持有人与他人之间所进行的公司债券的买卖行为，即公司债券从公司债券持有人移转至他人的流转行为，其重要法律意义就在于以此表明公司债券形式的财产权具有正常的市场流通性。另外，从公司债券所反映的法律关系来看，这种意义上的公司债券转让，对于该债券的持有人来说，属于多目的性的一种退出机制，而对于买受人而言，也属于一种多目的性的证券投资市场的进入机制。对于发行公司而言，则是观察公司的社会信誉以及受社会关注程度的重要窗口。②

(二) 公司债券的转让

我国《公司法》不仅确认了公司债券的可转让性，而且规定了转让价格形成的意思自治原则。因为，《公司法》第159条第1款规定，"公司债券可以转让，转让价格由转让人与受让人约定。"对于公司债券的转让场所，我国《证券法》只对依法"公开发行的公司债券"应当在依法设立的证券交易所上市交易或者在国务院批准的其他证券交易场所转让作出了规定，

---

① [法]伊夫·居荣：《法国商法》，罗结珍、赵海峰译，第816—819页。
② 参见赵旭东：《商法学》，第336页。

而对非公开发行的公司债券的转让场所未作限定(《证券法》39条)。①

对于公司债券的转让方式,我国《公司法》就公司债券的记名式和非记名式作出了不同规定。《公司法》第160条第1款规定,记名公司债券,由债券持有人以背书方式或者法律、行政法规规定的其他方式转让;转让后由公司将受让人的姓名或者名称及住所记载于公司债券存根簿。其第2款规定,无记名公司债券的转让,由债券持有人将该债券交付给受让人后即发生转让的效力。

(三) 公司债券的上市交易

1. 公司债券上市交易的基本含义

所谓公司债券上市交易,是指公司债券发行公司根据公司法和证券法的相关规定,将其所发行的公司债券在证券交易所挂牌交易的行为。对此,我国《公司法》第159条第2款规定,公司债券在证券交易所上市交易的,按照证券交易所的交易规则转让。按照我国《证券法》的规定,申请公司债券上市交易,首先应当向证券交易所提出申请,由证券交易所依法审核同意,并由双方签订上市协议后方可上市交易(《证券法》48条1款)。此外,公司债券在证券交易所上市交易,应当采用公开集中竞价挂牌交易的方式(《证券法》第40条)。

2. 公司债券上市交易的条件以及须向证券交易所报送的文件

我国《证券法》还对公司债券上市交易的条件以及须向证券交易所报送的文件等作出了明确规定,以此严格公司债券上市交易的条件等,保证其公正、公平和公开。对于公司债券上市交易的条件,《证券法》第57条规定,公司申请公司债券上市交易,应当符合下列条件:① 公司债券的期限为一年以上;② 公司债券实际发行额不少于人民币五千万元;③ 公司申请债券上市时仍符合法定的公司债券发行条件。

对于须向证券交易所报送的文件,《证券法》第58条规定,申请公司债券上市交易,应当向证券交易所报送下列文件:① 上市报告书;② 申请公司债券上市的董事会决议;③ 公司章程;④ 公司营业执照;⑤ 公司债券募集办法;⑥ 公司债券的实际发行数额;⑦ 证券交易所上市规则规定的其他文件。申请可转换公司债券上市交易的,还应当报送保荐人出具的上市保荐书(并参见《证券法》49条)。②

3. 公司债券上市交易的暂停和终止

公司在激烈竞争的市场经济大潮中,有时也会出现违法乱纪以及不履行义务,或者发生情势变更,失去已具备的债券上市交易的条件等情况,这时如果让其继续交易,将会产生破坏公正、公平原则,损害投资者利益等的严重后果。为此,我国《证券法》同时对公司债券上市交易的暂停和终止制度作出了明确规定。按照《证券法》的制度设计,当公司债券上市交易后,公司有下列情形之一的,由证券交易所决定暂停其公司债券上市交易:① 公司有重大违法行为;② 公司情况发生重大变化不符合公司债券上市条件;③ 发行公司债券所募集的资金不按照核准的用途使用;④ 未按照公司债券募集办法履行义务;⑤ 公司最近二年连续

---

① 需要注意的是,非公开发行的公司债券也就是上面所涉及的以私募方式所发行的公司债券。从我国目前的法律规定看,公司债券的发行仅限于公开发行方式,缺乏对私募方式发行公司债券的制度构建。再从公司债券的本来含义看,是指向不特定公众筹集巨额且长期资金的融资手段。所以,法律只关注公开发行也是理所当然之事。

② 据学者介绍,我国目前上市交易的公司债券主要是可转换公司债券,这种公司债券当然也要采取集中竞价的方式挂牌交易。王保树、崔勤之:《中国公司法原理》,第256页。另外,如上述,《证券管理办法》还对"分离交易的可转换公司债券"的交易等作了规定,参见本书第???页。

亏损(《证券法》60条)。

当公司债券上市交易后,公司出现重大违法行为,或者出现未按公司债券募集方法履行义务的情形且经相关部门查实后果严重的,或者出现公司的现状已不符合其债券上市交易的法定条件,或发行公司债券所募集资金的使用改变了核准的用途,或公司最近二年连续亏损且在所给定的期限内未能消除时,由证券交易所决定终止其公司债券上市交易。另外,公司解散或者被宣告破产的,由证券交易所终止其公司债券上市交易(《证券法》61条)。

当然,我国《证券法》还对公司债券上市交易公司的申请复核权以及防范证券所错误决定机制作了相应规定。《证券法》第62条规定,对证券交易所作出的不予上市、暂停上市、终止上市决定不服的,可以向证券交易所设立的复核机构申请复核。

4. 公司债券上市交易信息公开及其相关责任

不管是公司债券还是公司股票,以公开发行方式向社会募集资金时,保证投资者的知情权,即保证投资者能够及时了解真实且准确的相关信息,并以此作出投资与否的判断,是规范证券发行与交易的法律(主要是公司法和证券法)的首要任务,也是这些法律能否保护好投资者权益的关键因素。正是基于这样的必要,我国《公司法》,尤其是《证券法》对公司债券上市交易时的信息公开以及出现虚假信息时的责任等,作出了较为严格的规定。

对此,如上述,我国《公司法》首先对公司债券发行公司的发行申请经核准机构核准后的公司债券募集办法的公告义务作出了规定(《公司法》154条1款)。在此基础上,我国《证券法》规定,公司债券上市交易申请经证券交易所审核同意后,签订上市协议的公司应当在规定的期限内公告公司债券上市文件及有关文件,并将其申请文件置备于指定场所供公众查阅(59条)。依法必须披露的信息,应当在国务院证券监督管理机构指定的媒体发布,同时将其置备于公司住所、证券交易所,供社会公众查阅(70条)。公司债券上市交易的公司,必须依法公告招股说明书、公司债券募集办法以及财务会计报告(64条)。①

不仅如此,我国《证券法》还对公司债券上市交易公司必须向证券交易所报送并予以公告的中期报告以及年度报告义务作出明确规定,并明确规定了这些报告的内容以及报送、公告的时间等(《证券法》65、66条)。②

更为重要的是,《证券法》对保证所披露信息的真实性和准确性义务以及责任作出了严格规定。根据《证券法》的规定,公司债券上市交易公司依法披露的信息,必须真实、准确、完整,不得有虚假记载、误导性陈述或者重大遗漏(63条)。并且公司债券上市交易公司的董事、高级管理人员应当对公司定期报告签署书面确认意见。其作为监督机构的监事会应当对董事会编制的公司定期报告进行审核并提出书面审核意见。并明确规定,董事、监事、高级管理人员应当保证上市公司所披露的信息真实、准确、完整(68条);国务院证券监督管理机构对公司债券上市交易公司的年度报告、中期报告、临时报告以及公告的情况进行监督,

---

① 《证券法》还对证券交易所公告并向国务院证券监督管理机构备案决定暂停或终止证券上市交易的义务作出了规定。见《证券法》第72条。

② 中期报告须在每一会计年度的上半年结束之日起2个月内报送并公告,内容包括:① 公司财务会计报告和经营情况;② 涉及公司的重大诉讼事项;③ 已发行的股票、公司债券变动情况;④ 提交股东大会审议的重要事项;⑤ 国务院证券监督管理机构规定的其他事项。而年度报告须在每一会计年度结束之日起4个月内报送并公告,内容包括:① 公司概况;② 公司财务会计报告和经营情况;③ 董事、监事、高级管理人员简介及其持股情况;④ 已发行的股票、公司债券情况,包括持有公司股份最多的前十名股东的名单和持股数额;⑤ 公司的实际控制人;⑥ 国务院证券监督管理机构规定的其他事项。详见《证券法》第65、66条的规定。

对该公司分派或者配售新股的情况以及控股股东和信息披露义务人的行为进行监督(71条)。

对于信息披露的责任,《证券法》更是明确规定,其债券上市交易的公司按照上述要求所公告的公司债券募集办法、财务会计报告、上市报告文件、年度报告、中期报告、临时报告以及其他信息披露资料,有虚假记载、误导性陈述或者重大遗漏,致使投资者在证券交易中遭受损失的,该公司应当承担赔偿责任;该公司的董事、监事、高级管理人员和其他直接责任人员以及保荐人、承销的证券公司,应当与该公司承担连带赔偿责任,但是能够证明自己没有过错的除外;该公司的控股股东、实际控制人有过错的,应当与该公司承担连带赔偿责任(69条)。

**二、公司债券的质押**

(一)公司债券质押及其性质

按照民法的规定以及民法理论,公司债券质押属于权利质押。根据我国《物权法》等的规定,所谓权利质押,是指为了担保债务的履行,债务人或者第三人将其所享有的财产权利出质给债权人,债务人不履行到期债务或者发生当事人约定的实现质权的情形,债权人有权就该财产权利优先受偿的担保物权(参见《物权法》223、229 及 208 条)。其中,前述的债务人或者第三人为出质人,接受出质的债权人为质权人。

有民法学者认为,由于根据我国《物权法》的相关规定,权利质权除了适用《物权法》有关权利质权的特殊规定外,还要准用《物权法》有关动产质权的规定①,所以,权利质权是一种准质权。而且,由于权利质权的标的,比如,公司债券属于财产权利。在财产权利中,只有具备必须是财产权,即可用金钱价格评估的权利,并可以让与的财产权以及不违背质权性质的财产权这三大特点的财产权利才能成为权利质权的标的。②

(二)公司债券质押的法律规定

在我国,《公司法》并未对公债券的质押权作出规定,其法律依据主要来自于我国《物权法》以及《担保法》的相关规定。

1. 可质押的权利财产

根据《物权法》等的规定,债务人或者第三人有权处分的权利可以出质,这些权利包括汇票、支票、本票;债券、存款单;仓单、提单;可以转让的基金份额、股权;可以转让的注册商标专用权、专利权、著作权等知识产权中的财产权;应收账款等(见《物权法》223 条,《担保法》75 条)。

2. 权利财产质押生效要件

债务人或者第三人以上述可处分权利,包括公司债券出质的,当事人应当订立书面合同。质权自公司债券交付给质权人之时成立。可处分权利没有凭证时,质权自有关部门办理出质登记之时成立(《物权法》224 条,参见《担保法》76 条)。

需要注意的是,《物权法》等的这些规定,并未顾及公司债券的记名与无记名之区别。所

---

① 因为《物权法》就明确规定,权利质权除适用有关权利质权的规定外,还适用有关动产物权的规定。见《物权法》第 229 条的规定。
② 详见魏振瀛:《民法》,第 320 页。

以,可根据权利流转生效要件的法理,参照我国公司法有关记名股票与无记名股票转让生效要件的规定①,可作如下解释,即公司债券为无记名债券的,质权自该债券交付于质权人之时成立。公司债券为记名债券的,质权应以背书方式或者以法规所规定的其他方式成立,并从质权人对抗发行公司以及其他第三人的角度而言,还需将该质权人的姓名或者名称及住所记载于公司债券存根簿,否则,该质权人不得以该质权对抗发行公司以及第三人。②

3. 质押权的实现

如果出质人提前清偿所担保的债权的,质权人应当返还作为质押标的物的该公司债券。当出现出质人不履行到期债务等情形时,质权人可与出质人协议以质押财产折价、或以拍卖、变卖质押财产所得的价款优先受偿。当该价款超过债权数额的部分归出质人所有,不足部分由出质人(债务人)清偿(参见《物权法》219、221 条,《担保法》71 条)。

作为质押标的物的公司债券的期限届满日期先于主债权到期的,质权人可以接受该公司债券的兑现,并与出质人协议以该兑现价款提前清偿债务或将其提存(见《物权法》225 条,《担保法》77 条)。

(三) 立法建议

其实,不管是股票还是公司债券,从投资者的利益而言,使其具有较为充分的流通性,既能相对自由地转让、赠与以及被继承,又能在必要时作为权利财产出质,达到融通资金的目的。但从立法论而言,作为公司组织体运营最基本法律的我国《公司法》,既没有对股票的质押权作出规定③,也没有对公司债券的质押权作出规定。应该说,属于公司法律制度构建方面的一大缺憾。从法律效力的层级以及股东、公司债券持有人的权益保障而言,借鉴发达国家公司法律制度构建的一般做法,我国《公司法》应该对股票以及公司债券的质押权直接作出制度安排为宜。④

---

## 比较法知识10-4

### 日本法上的公司债券转让、抵押生效要件及效果

《日本公司法》首先充分肯定了公司债券的可转让性和可抵押性(见该法 687、692 条等的规定),但在日本具体的实务操作过程中,几乎发行的都是无记名公司债券。对于这类无记名公司债券的转让以及抵押,《日本公司法》所规定的生效要件就是按约定交付公司债券(见该法 687、692 条的规定)。换言之,无记名公司债券的转让以及抵押,以该债券的交付为

---

① 《公司法》第 139 条第 1 款规定,记名股票,由股东以背书方式或者法律、行政法规规定的其他方式转让;转让后由公司将受让人的姓名或者名称及住所记载于股东名册。其第 140 条规定,无记名股票的转让,由股东将该股票交付给受让人后即发生转让效力。

② 参见刘俊海:《现代公司法》,第 633 页;王保树:《中国商法》,第 254 页。

③ 我国《公司法》仅对公司不得接受以本公司股票作为质押标的物的质押作了禁止性规定而已。见该法第 142 条第 4 款的规定。

④ 比如,《日本公司法》就十分明确地规定了股票以及公司债券的出质权。该法第 146 条第 1 款规定,股东可对其所持有股份设定质权。第 692 条规定,决定发行公司债券(相对于转账式发行而无实物债券的情形—引者注)公司的该债券的出质,不交付该公司债券的,不发生效力。不仅如此,《日本公司法》还规定了股票以及公司债券的简易出质与注册出质两种方式。详见该第 146 条第 2 款、第 148 条、第 694 条第 1 款等。

生效要件。这里的关键是,按照《日本公司法》第 689 条第 1 款的规定,公司债券的占有人,被推定为有关该公司债券对公司债权的合法所有人。所以,不管是接受了该公司债券交付的受让人还是公司债券的抵押权人,只要不存在恶意或者重大过失,就会取得有关该公司债券对公司的债权(见该法 689 条 2 款),这就是有关公司债券转让以及抵押的所谓善意取得制度,其最大功能就在于对公司债券取得者的有效保护。但需要注意的是,在公司债券抵押的情况下,法律要求抵押权人须持续占有该公司债券,否则,就该抵押权不得对抗公司债券发行人以及其他第三人。换言之,公司债券抵押权人持续占有作为标的物的公司债券,是该权利人对公司债券发行人以及其他第三人的对抗要件。

日本为了实现股票以及公司债券等的无纸化管理,专门制定颁布了《公司债券、股份等转账法》。根据该法的规定,公司决定发行转账公司债券时,不得再发行传统意义上的公司债券(即纸制债券)。这类公司债券的转让以及抵押将根据转账账户加入人的申请在相应转账账户簿上所进行的记载而发生效力。也就是说,在转账公司债券时,根据转账账户加入人的申请在转账账户簿上所进行的相应记载,是这类公司债券转让或者抵押生效的要件。[①]

### 三、公司债券的偿还

(一)公司债券偿还的概念

如上述,公司债券就是公司按照法定程序发行的、约定在一定期限还本付息的有价证券。所以,公司债券在本质上是持有人对发行公司所享有的金钱债权,发行公司负有按照约定向公司债券持有人还本付息的义务。换言之,公司债券偿还,就是指发行公司按照公司债券募集办法以及公司债券上所记载的偿还期限和还本付息的方式还本付息的行为。从公司债券投资者的利益看,公司债券的偿还就是该类投资者的目的所在,从法律关系而言,公司债券的偿还就是由公司债券所产生的债权债务关系消灭的主要事由。当然,这类债权债务关系也会因提存、抵消、免除以及混同等事由而消灭。[②]

(二)公司债券偿还的方法

公司债券的偿还方法,按照法律规定应由公司债券募集办法等作出约定。据介绍,在我国实践中,一般有以下两种做法:一是到约定的期限届满由发行公司按照约定的利率,一次性向公司债券持有人支付利息,并归还全部本金。二是发行公司先按照约定的时间和利率向公司债券持有人支付利息,偿还本金的期限届满时再向该持有人归还全部本金。另外,根据我国《证券法》以及根据《证券法》所制定的《证券登记结算管理办法》的规定,上市交易的公司债券,应由证券登记结算管理机构统一托管。由于法律所规定的该管理机构的职能就包括了"受发行人的委托派发证券权益"等[③],所以,在这类公司债券的情况下,通常每年支付一次利息,由该证券登记结算管理机构代为支付。其本金偿还期限届满时,再向公司债券

---

[①] 详见〔日〕伊藤靖史等:《会社法》,第 351—352 页;〔日〕前田庸:《公司法入门》,王作全译,第 497—498 页。
[②] 参见赵旭东:《商法学》,第 338 页。
[③] 参见《证券法》第 155 条、第 157 条、第 158 条第 1 款、《证券登记结算管理办法》第 2 条第 1 款、第 4 条第 1、2 款、第 8 条等的规定。

持有人归还全部本金。①

**四、公司债券管理制度及其借鉴**

在我国,按照《证券登记结算管理办法》的规定,非上市交易的公司债券也应由证券登记结算管理机构统一托管(见该办法 2 条 2 款)。据介绍,在我国,非上市的公司债券由中央国债登记结算公司集中托管,其偿还办法与普通证券登记公司所托管的上市交易公司债券相同。② 相比较而言,日本公司法为公司债券,特别是无担保公司债券所设计的"公司债券管理人"制度更有特色,值得借鉴。

(一) 日本法建立该项制度的必要性

日本公司法基于如下必要性,对公司债券发行公司设置公司债券管理人作了强制性规定(见《日本公司法》702 条本文)。这些必要性有:① 公司债券属于向不特定众人募集巨额且长期资金的融资手段,一旦出现迟延偿还等情形时,众多且零散的债券持有人处理必有困难,由专门的机构集中处理更有利于债权人;② 在法律规定了债券发行公司丧失期限利益的情况下,也应由专门机构对是否让其丧失期限利益作出判断更为合理;③ 对发行公司的业务以及财产状况有必要进行调查时,同样委托该专门机构进行显然比分散的债券持有人进行更合理;④ 2005 年《日本公司法》之所以取消了对发行公司债券额度的限制,是以强制设置公司债券管理人为前提条件的。③

(二) 公司债券管理人制度的基本内容

日本公司法对公司债券管理人的职权、义务以及责任作出明确规定,对于公司债券管理人的职权,《日本公司法》规定,公司债券管理人享有公司债券偿还受领与公司债券之债权的保全职权;基于公司债券持有人会议决议的行动权;对发行公司业务以及财产状况的调查权以及对公司债券持有人保护程序的异议权等(见 705、706、740 条等)。对于公司债券管理人的义务,《日本公司法》规定,公司债券管理人负有公平且诚实进行公司债券管理的义务以及善良管理者的注意管理公司债券的义务(见 704 条)。对于公司债券管理人的责任,《日本公司法》规定了违反法规以及公司债券持有人会议决议所要承担的损害赔偿责任和实施了利益冲突行为所要承担的损害赔偿责任(见 710 条)。此外,《日本公司法》还对公司债券管理人的报酬、费用的支付以及优先受偿权等作出了规定(741 条)。④

---

① 有关公司债券的偿还方法,参见王保树:《中国商法》,第 253 页。
② 王保树:《中国商法》,第 253 页。
③ 参见〔日〕前田庸:《公司法入门》,王作全译,第 499 页。
④ 另外,日本公司法所规定的公司债券发行公司期限利益丧失的制度也值得借鉴。该法第 139 条规定,公司债券发行公司若懈怠公司债券的利息支付或者懈怠部分公司债券的定期偿还时,公司债券持有人会议决议的执行者可以书面通知该公司须在一定期限内(不得低于 2 个月)履行其清偿以及在该期限内不履行时,该公司将会对公司债券总额丧失期限利益。该公司若在上述期限内不履行清偿时,该公司就公司债券总额丧失期限利益。这一制度的意义就在于可促使公司债券发行公司严格履约。

## 第四节　公司债券持有人保护制度

### 一、基于保护必要性的各国基本做法

（一）对公司债券持有人特别保护的必要性

不管是《公司法》还是《证券法》及其相关法规，其表明立法宗旨的第1条都将保护公司债权人（自然包括公司债券持有人）的权益规定为主要目的之一。[①] 这说明对公司债券持有人等的公司债权人进行特别保护是十分必要的。依据反映立法宗旨的这些条款所基于的法理基础，仅就公司债券持有人，对其进行特别保护的必要性可做如下分析：

一是尽管公司股东和公司债券持有人都是通过购买公司所发行的有价证券为公司提供其所需要的资金而成为证券投资者，但二者在法律上的地位完全不同，即股东是公司的成员，有权参与公司的经营管理，而后者是公司的债权人，没有参与公司经营管理的权利。所以，在充分了解公司的经营状况以及财产状况方面，公司债券持有人的地位处于明显劣势，需要特别保护措施。

二是与股东相比，人数众多且分散可谓是公司债券持有人的特性，这在原则上只允许公开发行公司债券的我国尤为突出。[②] 公司债券持有人的这一特性，不仅决定了自我保护能力十分有限，而且很难采取集体行动，投资者个人实施保护以及监督行为就会造成成本过高，所以很难对发行公司履行合同形成有效监督。不仅如此，公司债券持有人众多且分散的特性，对于发行公司履行相关义务，比如，就公司债券发行合同内容的调整征求其债券持有人是否同意的意见，造成成本高、效率低、效果极差的局面。[③]

三是发行公司在存续期间基于经营管理的需要会发生重大事项的变更，比如，组织形式变更、合并与分立、减资等，这些重大事项的变更在某种程度上都会影响到公司的偿债能力，需要采取保护包括公司债券持有人在内的公司债权人利益的措施。[④]

（二）各国对保护公司债券持有人利益的基本做法

简单说，各国的基本做法表现在两个方面，一是为了有效保护公司债券持有人的利益，各国公司法等都对公司债券的发行条件、发行程序、提供担保以及包括发生重大事项变更时的通知及公告在内的信息公开义务等作出了严格规定。[⑤] 二是基于相同公司债券（如相同种类或者同一批次发行的公司债券）的持有人具有相同的利害关系且易形成共同利益的实际，各国法律都认可了公司债券持有人的团体性以及团体行动的必要性，并建立了相应的法

---

[①] 比如，我国《公司法》第1款就将"保护公司、股东和债权人的合法权益"作为主要立法目的之一进行了规定。我国《证券法》第1条同样将"保护投资者的合法权益"规定为主要立法目的进行了规定。另外，参见《债券试点办法》以及《证券管理办法》等行政规章第1条的规定。

[②] 如上述，按照我国的法律制度安排，发行公司债券的条件由《证券法》规定，而《证券法》仅对"公开发行债券的条件"进行了规定。见《公司法》第153条第2款，《证券法》第16条等。

[③] 参见朱炎生：《公司法》，第73页；赵旭东：《商法学》，第340页。

[④] 比如，我国《公司法》第9、173、175、177条等，都对公司重大事项变更时如何保护公司债权人利益作出了相应规定，但还需要加强这方面的措施。

[⑤] 比如，就提供担保而言，日本历史上的公司债券大多为附担保公司债券，并且为此专门制定了《附担保公司债券信托法》，在附担保公司债券的情况下，除了公司法外，主要由该法调整。参见〔日〕前田庸：《公司法入门》，王作全译，第489页。

律制度。只是这种与公司债券持有人团体行动相应的制度构建在各国之间,尤其在大陆法系与英美法系的国家间存在一定的差异。

据介绍,大陆法系的国家,以公司债券持有人的自治管理为前提,通过构建公司债券持有人会议制度的方式,认可公司债券持有人的团体性以及团体行动的必要性。这实际上是一种直接认可的方式,即直接认可公司债券持有人团体的主体性,将这种公司债券持有人会议确定为这类债券持有人团体的意思决定机关。其中,法国公司法以及瑞士债务法的制度安排最具代表性。而在英美法系的国家,大多基于信托之法理采取了受托人制度。可以说,这是一种间接认可的方式,即不直接认可公司债券持有人团体的主体性,而是以采取受托人制度的方式认可这种团体及其团体行动。①

尽管日本也属于大陆法系的国家,但在认可公司债券持有人的团体性,以此加强公司债券持有人利益保护方面,建立了较为独特的制度。②

一是如上述(参见本书第205页),对于无担保公司债券建立了公司债券管理人制度③,不仅规定发行公司必须设置这类管理人(强制性规范)④,而且对公司债券管理人的资格、职权、义务、责任、行为方式以及解任、其他管理人的选任等作出了详细规定。⑤

二是对于附担保公司债券建立了受托公司制度,除受公司法的规制外,主要由《日本附担保公司债券信托法》规制。按照这些法律的规定,公司拟发行附担保公司债券时,须通过该担保财产的所有人与信托公司间的信托合同而发行(见《日本附担保公司债券信托法》2条1款前段);受托公司为公司债券持有人而管理公司债券(同上2条2款);受托公司为了全体公司债券持有人负有保存信托合同上的担保权并执行的义务(同上36条);以与委托人(发行公司)以及公司债券持有人之间的合意为前提,享有变更担保权以及担保权顺序,但变更后的担保额等足以偿还未到期公司债券的本利金时,可仅通过与委托人间的合意而变更担保等职权(同上40—42条)。此外,该受托公司的其他职权、义务以及责任等,与无担保公司债券管理人相同。⑥

三是基于公司债券因类别或发行批次而具有共同利害关系的特点建立了公司债券持有人会议制度。日本公司法对公司债券持有人会议的组成、费用的承担、职权、召集以及议事规则、决议的效力以及代表人的选任等作出了具体规定。根据《日本公司法》的规定,公司债

---

① 详见柯芳枝:《公司法论》,第377页。
② 尽管有学者认为日本采取了公司债券持有人会议和受托人制兼而有之的做法。见柯芳枝:《公司法论》,第377页。其实并非完全如此,如下述,按照日本公司法的制度安排,在公司债券持有人会议和受托人制度外,还设立了公司债券管理人制度。不管怎样,日本的商事立法在很多方面走出了吸收大陆法系和英美法系各自长处的折中主义立法之路。参见王作全:《商法学》,第27页。
③ 需注意的是,日本商法在1993年修改前,使用的是"接受公司债券募集委托的公司"概念,且是否设置这类公司属于发行公司的自治权范畴。但1993年商法修改不仅改为使用"公司债券管理公司"的概念,而且将此规定为必设机构。2005年制定的现行日本公司法基本上继承了1993年修改的内容,只是为了扩大这类机构的范围,改为使用"公司债券管理人"概念而已。详见〔日〕前田庸:《公司法入门》,王作全译,第498—499页。
④ 当然,日本公司法也规定了例外情形,即各公司债券的金额在1亿日元以上,或者公司债券持有人数在50人以下时,发行公司可以不设置此类管理人。见《日本公司法》702条但书以及《公司法施行规则》第169条的规定。
⑤ 详见《日本公司法》第702—713条的规定。
⑥ 参见〔日〕前田庸:《公司法入门》,王作全译,第507—508页。

券持有人按各类债券组成公司债券持有人会议(715条)①,公司债券持有人会议所需费用由发行公司承担(742条1款);公司债券持有人会议可决议的事项有(职权):① 有关公司债券管理人或受托公司支付缓期以及责任免除等(第706条1款);② 有关本利支付迟延情形下采取期限利益丧失措施的事项(739条1款);③ 对公司债券管理人、受托公司辞任的同意与解任请求(711条1款、713条);④ 对减资或公司合并的异议(740条1款);⑤ 特别代理人以及会议代表人、决议执行人的选任(707条、736条1款、737条1款);⑥ 公司债券管理人、受托公司事务继任公司的选任(714条1款);⑦ 公司债券持有人会议的延期或者续会(730条);⑧ 不公正行为撤销请求诉讼的提起(865条3款)等。

对于公司债券持有人会议的召集权人等,《日本公司法》规定,该会议由发行公司、公司债券管理人或者由持有公司债券达到一定比例者召集(717条2款、718条);公司债券持有人在其会议上,根据其所持有的相关种类公司债券金额的合计额享有表决权(723条1款)。并且规定,与股东大会上股东权利行使相同,公司债券持有人也可进行其表决权的代理行使、书面行使、电子方式行使以及不统一行使等。②

对于公司债券持有人会议的决议,日本公司法规定了普通决议和特别决议。前者是指由出席会议的具有表决权者的表决权过半数同意而成立的决议(724条1款),而特别决议是指具有表决权者的表决权总额的五分之一以上,且由出席会议的具有表决权者的表决权2/3以上同意所形成的决议,并且列明了需要特别决议的事项(724条2款)。对于公司债券持有人会议决议的效力,日本公司法规定,公司债券持有人会议的决议经法院认可后产生效力③,产生效力的决议对持有该类公司债券的所有持有人具有约束力(734条)。对于决议的执行,日本公司法规定,产生效力的决议如果设有公司债券管理人由该管理人执行,未设有该管理人的由公司债券持有人代表执行,并对从何种公司债券持有人中选任该代表人作出了规定(737条本文、736条1款等)。

### 比较法知识10-5

#### 韩国法上清晰明了的公司债券持有人会议机制

相比较而言,韩国法有关公司债券持有人会议运行机制等的规定是比较明确的。对于该会议的组成和功能定位,依据韩国法的规定,公司债券持有人会议由全体持有人组成,该会议属于就有关公司债券持有人利益的重大事项决定同一类公司债券持有人共同意志的临时性会议体机构。其召集权人主要有两类,一是该会议由公司债券发行公司或受托管理该类债券的受托公司召集;二是或者由持有公司债券总额10%以上公司债券的持有人,按照法

---

① 对于这里所说的各类公司债券,有学者给出的解释是,附担保公司债券与无担保公司债券、或普通公司债券与附新股预约权公司债券等,自然就是不同的公司债券。即便是无担保公司债券,也会因发行批次不同其利率以及偿还期限不同也会成为不同的公司债券。就是附担保公司债券,只有所附担保不同也是不同的公司债券。详见〔日〕前田庸:《公司法入门》,王作全译,第508页。

② 有关公司债券持有人表决权行使的这些特别规定,见《日本公司法》第725—728条的规定。

③ 对于将法院认可规定为决议生效要件的理由,学者们认为,由于公司债券面向社会公众发行,因而比起让分散的公司债券持有人纠正已生效决议的瑕疵,这样安排更有利于保护公司债券持有人的利益。参见〔日〕前田庸:《公司法入门》,王作全译,第511页。

规形式以及在履行了前置程序后也可亲自召集该会议。公司债券持有人就每一最低公司债券享有一个表决权,只是持有无记名公司债券者须在会议一周前提存债券后才能行使表决权。

公司债券持有人会议根据上述的功能,享有如下职权:① 对公司减少资本的异议权;② 对公司合并的异议权;③ 公司债券持有人会议的代表人以及决议执行人的选任与解任权;④ 公司债券发行公司的期限利益丧失决定权;⑤ 公司债券发行公司不公正行为撤销诉讼权;⑥ 受托公司辞任同意权等。此外,经法院许还可享有对有关公司债券持有人重大利害关系事项作出决议的权利。公司债券持有人会议的决议,除几项不十分重要的法定事项外,须由持有表决权的过半数持有人出席并以其 2/3 以上多数赞成而成立,对于法定的几项不太重要的事项,可以简单的表决权过半数赞成形成决议。

但公司债券持有人会议的决议,鉴于公司债券持有人往往人数众多且分散的实际,以取得法院认可为要件(决议之日起一周内须向法院请求认可)才能发生效力。同样鉴于公司债券持有人分散且人数众多的实际,公司债券持有人会议也可从持有公司债券总额五百分之一以上公司债券持有人中选定一名或数名代表人,委任其决定需要该会议决议的事项。

至于公司债券持有人会议决议的执行,原则上由受托公司执行,若无受托公司,由公司债券持有人会议选任的代表人执行,也可由公司债券持有人会议另选专门的执行人,由其执行会议决议。

此外,韩国法就公司债券持有人会议的运行机制,还准用了众多法律有关公司股东大会的相关规定。①

### 二、我国有关保护公司债券持有人的基本制度

(一) 绪言

如上所述,根据我国《证券法》以及相关法规的制度安排,在我国发行的公司债券均为面向不特定公众公开发行的债券,即均为公募公司债券(参见本书第 187 页)。② 所以,有关保护公司债券持有人利益的制度安排,基本上是针对公募公司债券所设计的。从广义上讲,这些保护制度,除了以下将要重点介绍的的信用评级制度、信托制度以及公司债券持有人会议制度外,自然包括上述的公司债券担保制度(参见本书第 187 页)、信息披露制度(参见本书第 201 页)以及公司重大事项变更时的保护机制(参见本书第 247、258 页)等。③

(二) 有关保护公司债券持有人的信用评级制度

这里所说的信用评级,指的是由法律授权的公权力机关所认定的专业机构对公司债券

---

① 以上内容详见〔韩〕李哲松:《韩国公司法》,吴日焕译,第 669—671 页。
② 因为我国《公司法》并未直接对公司发行债券的条件作出规定,而只是要求其发行条件要符合《证券法》的规定。而我国《证券法》只对公开发行公司债券等的条件作出了规定。依据《证券法》制定的《债券试点办法》也要求发行公司债券首要先符合《证券法》规定的条件(见第 3 条)。另外,依据《证券法》所制定的《证券管理办法》更是顾名思义,只管辖上市交易的公司债券等。
③ 对于公司重大事项变更与保护公司债券持有人的关系,还可参见赵旭东:《商法学》,第 340 页。

的信用状况所作的评价,一般以确定公司债券信用级别的方式进行表示。① 这种意义上的公司债券的信用评级,不仅是公司债券投资者进行投资判断的重要信息,而且也是发行公司了解自身状况的重要渠道。此外,对于发行公司的其他债权人以及交易相对人而言也有重要意义。

根据我国相关法规的规定,一是"经资信评级机构评级,债券信用级别良好",是发行公司债券的条件之一(见《债券试点办法》7条3项);二是公司债券的信用评级,应当委托经中国证监会认定、具有从事证券服务业务资格的资信评级机构进行,并且公司与资信评级机构应当约定,在债券有效存续期间,资信评级机构每年至少公告一次跟踪评级报告(见《债券试点办法》10条)。三是依据《证券法》中国证监会于2007年8月发布了《证券市场资信评级业务管理暂行办法》,该办法对资信评级机构必须具备的法定资质(见该办法2条1款、7条等);从评级程序相关信息以及评级结果的公开、回避制度、内控制度、评级委员会制度、复评制度以及跟踪评级制度等方面,对该机构的从业规则(见该办法11—24条)以及监督管理和法律责任(见该办法第4章监督管理、第5章法律责任)等,都作出了明确规定,成了我国公司债券等进行信用评级的重要法规依据。②

(三) 有关保护公司债券持有人的受托管理人制度

在保护公司债券持有人利益方面,依据《公司法》以及《证券法》所制定的上述《债券试点办法》,大胆地引入了信托机制,建立了公司债券受托管理人制度。所谓信托,就是指委托人基于对受托人的信任,将其财产权委托给受托人,由受托人按委托人的意思以自己的名义,为受益人的利益或者特定目的,进行管理或者处分的行为。并且规定,设立信托的财产必须是委托人合法所有的财产,包括财产权利。所谓信托机制,是指公司债券发行公司作为委托人,以信用为基础聘请作为受托人的债券受托管理人,为维护作为受益人的公司债券持有人的权益而管理公司债券的制度安排,符合信托法所规定的信托要求。③

1. 债券受托管理人设置义务、设置方式以及资质

对此,《债券试点办法》规定,发行公司应当以订立债券受托管理协议的方式聘请债券受托管理人,并在债券募集说明书中约定,投资者认购本期债券视作同意债券受托管理协议(23条)。债券受托管理人由发行债券时的保荐人或者其他经中国证监会认可的机构担任,但为发行债券提供担保的机构不得担任(24条)。

2. 债券受托管理人的职责

对于债权受托管理人的职责,《债券试点办法》第25条规定,债券受托管理人应当履行下列职责:① 持续关注公司和保证人的资信状况,出现可能影响债券持有人重大权益的事项时,召集债券持有人会议;② 公司为债券设定担保的,债券受托管理协议应当约定担保财产为信托财产,债券受托管理人应在债券发行前取得担保的权利证明或其他有关文件,并在担保期间妥善保管;③ 在债券持续期内勤勉处理债券持有人与公司之间的谈判或者诉讼事

---

① 比如,日本于20世纪80年代开始,在以往完全由金融机构推进的基础上,设立了专门的各种债券信用级别评价机构,由这些机构综合公司债券中债权的履行情况以及发行组织的资信程度等因素后,以简单的符号,如AAA、AA、A;BBB、BB、B;CCC、CC、C等,对债券的信用级别作出评价。起初这种级别评价对债券的普及化发挥了重要作用,现在这种信用评级成了决定债券流通过程中盈利大小的重要因素,仍然作为重要的投资信息在利用。见〔日〕伊藤靖史等:《会社法》,第346页。

② 有关作为公司债券持有人重要保护制度的信用评级制度的更详尽内容,参见刘俊海:《现代公司法》,第636—639页。

③ 有关信托含义的法律界定,见《信托法》第2条、7条等的规定。

务；④ 预计公司不能偿还债务时,要求公司追加担保,或者依法申请法定机关采取财产保全措施；⑤ 公司不能偿还债务时,受托参与整顿、和解、重组或者破产的法律程序；⑥ 债券受托管理协议约定的其他重要义务。可见,债券受托管理人的职责,除了上述①至⑤项的法定职责外,根据第⑥项的规定,还可通过债券受托管理协议约定其他职责。

3. 债券受托管理人的义务及其责任

对于债权受托管理人的义务,《债券试点办法》主要规定了维护债券持有人利益的义务以及为债券持有人最大利益行事,不得与债券持有人存在利益冲突的义务(见23条1款后段、24条2款等)。对于债券受托管理人的责任,该《债券试点办法》主要从行政责任的角度进行了规定。该办法第31条规定,债券受托管理人违反本办法规定,未能履行债券受托管理协议约定的职责,损害债券持有人权益的,中国证监会可以责令整改;对其直接负责的主管人员和其他直接责任人员,可以采取监管谈话、认定为不适当人选等行政监管措施,记入诚信档案并公布。

(四) 作为共同意思决策机构的公司债券持有人会议

如上述(参见本书第206页),各国公司法都从保护公司债券持有人的利益以及为发行公司管理公司债券提供便利的角度,认可了同类或者同批次发行公司债券持有人的团体性以及团体行为的必要性。其中,最主要的表现之一就是公司债券持有人会议制度的创设,属于保护公司债券持有人权益的重要措施。①

所谓公司债券持有人会议,是指由同类或同批次发行的公司债券持有人组成的,就有关公司债券持有人共同利益的事项依法作出决议的非常设性合意机构。② 还需注意的是,尽管债券发行公司需要做公司债券持有人会议的管理工作,但该会议体组织并不是公司的组织机构,因为它不是公司法所规定的公司机构体制的组成部分。

对于公司债券持有人会议制度,我国《公司法》以及《证券法》并未作出安排,而是由根据这两部法律所制定的上述《债券试点办法》对该项重要制度作出了适当安排。根据该办法的规定,首先发行公司与债券受托管理人必须制定公司债券持有人会议的规则,通过该规则约定公司债券人可通过公司债券持有人会议行使权利的范围、程序以及其他重要事项。而且要求必须在债券募集说明书中明确约定,凡购买公司所发行公司债券者视作同意该公司债券持有人会议规则(26条)。由此可见,设立公司债券持有人会议,并与债券受托管理人共同制定该会议的规则,是债券发行公司的义务。该会议体组织的召集程序、职权范围以及其他事项等,由发行公司与债券受托管理人所共同制度的相关规则作出安排。此外,以默示同意的方式,确保公司债券持有人参与规则制定的必要参与权以及知情权。

不仅如此,该《债券试点办法》还对公司债券持有人会议召集事由作出了明确规定。该办法第27条规定,存在下列情况的,应当召开债券持有人会议:① 拟变更债券募集说明书的

---

① 对于建立公司债券持有人会议制度的必要性,有学者认为,为避免投资者一盘散沙、群龙无首的无序状态,协调广大债券持有人的利益诉求,适度放大公司债券持有人的声音,有必要借助公司债券持有人会议制度扩大债券持有人对自治事项的参与权与决定权。刘俊海:《现代公司法》,第640页。

② 日本学者根据其本国公司法的规定,所给出的定义是,公司债券持有人会议是按公司债券种类组成的公司债券持有人(债权人)的临时性合意组织(《日本公司法》715条),该会议可就公司法所规定的事项以及有关公司债券持有人利害的事项作出决议(同上716条)。并认为,当发行公司需要变更公司债券的债权内容等时有必要取得公司债券持有人的同意,公司法就是作为取得这种同意的方式安排了公司债券持有人会议制度。〔日〕伊藤靖史等:《会社法》,第354、356页。

约定;② 拟变更债券受托管理人;③ 公司不能按期支付本息;④ 公司减资、合并、分立、解散或者申请破产;⑤ 保证人或者担保物发生重大变化;⑥ 发生对债券持有人权益有重大影响的事项。需要注意的是,这些是属于召集该会议的法定事由,上述的公司债券持有人会议规则自然还可以约定其他召集事由。

据介绍,在《债券试点办法》的基础上,深圳证券交易所制定发布的《深圳证券交易所公司证券上市暂行规定》设专章对债券持有人会议制度作出了安排,对包括召集人、召集通知、临时议案的提出、决议的表决以及决议的公告等在内的会议运行程序作出了详细规定。①

(五) 立法建议

由上述分析可知,不管是有关公司债券发行以及交易的条件、程序以及相关信息的披露制度,还是信用评级、受托管理人以及公司债券持有人会议制度,都是保护公司债券持有人权益的重要制度。但是,在我国目前的法律制度安排框架中,除了公司债券发行与交易条件、程序的部分要求以及相关信息披露制度,由作为规范公司债券发行与交易基本法的《公司法》和《证券法》作了相应规定外,其他保护公司债券持有人权益的制度,比如,信用评级、受托管理人以及公司债券持有人会议制度等,都是由部门的规章乃至某些机构的规则作出了安排且内容过于简单,相互的协调关系比较薄弱。② 这些部门规章以及相关机构的规则,不仅效力层级有限,其效力范围受到明显的制约,而且由于很难理清相互间的效力关系,必然会造成相互适用方面的混乱,最终会影响证券市场健康、有序且公正、安全的发展。

建立有效的公司债券持有人保护制度,是证券市场健康、有序且公正、安全发展的重要前提,也是实现《公司法》《证券法》有关保护公司债权人权益立法目的的重要手段。从法律效力的层级以及范围、法律与司法解释、行政法规以及部门规章间的适用关系等因素考虑,借鉴国外法律制度构建的成功做法,结合我国的法治实践,有关保护公司债券持有人的上述重要制度,大多应当由作为公司运营基本法的《公司法》以及规范证券发行与交易市场的《证券法》作出系统安排,再从法解释学的角度作出法律适用的司法解释,并通过行政法规进一步细化执行法律制度的规则(原则上禁止该层面的法律制度再造),形成统一协调的公司债券持有人保护制度。

【司法考试真题】

**10-1** 某公司两年前申请发行5000万元债券,因承销人原因剩余500万元尚未发行完。该公司现将已发行债券的本息付清,且公司净资产已增加1倍,欲申请再发行5000万元债券。该公司的申请可否批准?(  )(2005年)

A. 可以批准

B. 若本次5000万元中包括上次余额500万元即可批准

C. 不应批准

D. 若该公司变更债券承销人,可以批准

---

① 参见刘俊海:《现代公司法》,第641—642页。
② 比如,有关为公司债券提供担保的保护制度,大都由中国证监会发布的《上市公司发行证券管理办法》作了规定,有关信用评级、债券受托管理人以及公司债券持有人会议制度等,多由仍属于中国证监会发布的《公司债券发行试点办法》作了规定。其中,有关公司债券持有人会议的运行程序等,只有深圳证券交易所的《公司债券上市暂行规定》作了较为详尽的规定。

# 第十一章

# 公司财务会计

## 第一节 公司财务会计制度概述

### 一、公司财务会计制度的概念

公司财务会计制度是公司财务制度和会计制度的统称。而财务与会计是两个既有联系又相互独立的社会经济管理活动。① 公司财务制度是组织资金运营、处理公司与各方面的财务关系的一系列经济管理工作的规程,一般包括财务业务(公司因筹资、投资、日常经营及分配而引起的财务活动)、财务关系(公司与股东、债权人、债务人、职工、税务机关及公司内部各单位间等的财务关系)、财务管理(筹资管理、成本管理、投资管理、经营资金管理以及财务预算、控制、分析等)。而会计制度是指借助法律法规等规范性文件形成的一系列相关财务管理和会计核算的规则总和。简单说,就是法律、行政法规、部门规章以及公司章程中所确立的公司财务会计规则的总称。② 也正因为如此,我国《公司法》第163条明确规定,"公司应当依照法律、行政法规和国务院财政部门的规定建立本公司的财务、会计制度。"

公司财务会计制度设立的主要目的可从两个层面考虑。一是为公司管理者和其他利益相关者提供公司财务经营信息,需要作为一项信息披露的重要内容进行规制。二是为充分调整股东与公司债权人之间的利益关系,需要对公司向股东的股利分配进行必要的规制。③ 由此可见,以公司外部利益相关者为主要服务对象,应该说是公司财务会计制度的一大特点,故又被称为"对外报告会计"。④

由于公司财务会计的实际编制需要由公司内部的专业会计人员进行,因而存在顺应公

---

① 参见范伟红:《法官实用财务会计与司法会计研究》,人民法院出版社2005年9月版,第2页。亦有学者认为,"公司财务会计制度虽然由两种制度构成,但它们在实质上是紧密结合在一起,甚至是融为一体的。"覃有土:《商法学》,第137页。

② 参加朱慈蕴:《公司法原论》,第225页。

③ 日本公司法学者一般认为,公司为定期掌握自己的财务状况和经营业绩,并向利益相关者公开这些信息的活动就叫做"会计,而为计算公司盈利对各种交易等进行逐一记账所形成的账簿就是会计账簿。以这些会计账簿为基础,按照公司法等的规定要求在每一会计年度都要制作财务会计报表、营业报告以及附属明细表,并须取得权力机关的批准。这样一种制作、批准(含事前的审查)的过程就是公司的核算。对公司财务会计进行法规制的目的可从上述两个层面去理解。详见〔日〕伊藤靖史等:《会社法》,第255—256页。

④ 参见赵旭东:《公司法学》,第336页。

司经营者的意愿编制,而损害外部利益相关者的道德风险,所以就有了通过法律对公司财务会计进行规制的必要性。我国规范公司财务会计制度的法律主要为《公司法》,该法设专章(第八章)对公司财务会计进行了专门规定。除《公司法》外,还有《会计法》《企业会计制度》《金融企业会计制度》《小企业会计制度》《企业财务会计报告条例》《企业会计准则——基本准则》(以下简称《企业会计准则》)《审计准则》等。[①] 除上述法规外,公司章程中有关公司财务会计的规则等也是公司财务会计制度的法律渊源之一。

从法规适用关系而言,各国大多因公司对于现代社会的重要性,以及公司与其他企业相比在诸多方面存在的特殊性,而赋予公司法规定优先于其他普通性规范等的适用效力。[②] 因此,《公司法》处于公司财务会计制度法律渊源的核心地位,其他法规如会计法等的普通性规范,以及处于辅助性渊源地位的规章如公司章程等,在此渊源系统中处于其适用劣后于公司法的规定,整个适用也就呈现出核心规范(公司法)、普通规范、辅助性规范的顺位。

**二、公司财务会计制度的法律意义**

如上述,公司财务会计制度从法规制的角度看,主要有为利益相关者提供重要信息和平衡股东与公司债权人利益关系两大功能。其实,公司不仅是利益相关者的利益集合体,而且公司的健康有序运行对整个经济社会的秩序和稳定意义重大。所以,作为准确掌握公司财产状况和经营状况重要窗口的财务会计制度,具有多方面的法律意义。

(一) 有利于提高公司经营管理水平

公司财务会计制度的基本作用就是通过货币价值形式来反映公司的财产以及经营状况,使公司能够以此进行科学分析和研判,并通过财务会计的信息披露功能接受利益相关者的及时监督,从而不断改进公司经营管理,提高经营管理水平。

(二) 有利于保护股东利益

不管公司股东直接充当经营者,还是由于所有权与经营权的分离而身处公司经营管理者的外围,但只有通过健全的公司财务制度才能准确了解公司的财产以及经营业绩状况。而在现代公司制度的运营实践中,股东处在经营管理者外围的情况比较普遍,健全的财务会计制度尤为重要。因为,健全的财务会计制度不仅使股东能够准确了解公司财产以及经营业绩状况,对自己保护利益的行为作出正确判断,而且可借助这些信息在一定程度上对经营管理人员进行评价和监督,达到保护利益的目的。

(三) 有利于保护公司债权人利益

由于公司股东对公司债务只承担有限责任,所以,对于公司债权人而言,能否实现其债权,关键在于由公司的股本及其所积累的财产总和的大小,即所谓的责任财产的规模以及变

---

① 在我国经济体制转型初期,会计制度与会计准则并存,但会计制度占主导地位。财政部于1992年发布《企业会计准则》(基本准则)后,自1997年起又陆续推出了几乎包含会计业务各领域的几十个具体会计准则。2006年2月15日发布新企业会计准则体系,其由《企业会计准则——基本准则》、38项具体会计准则与38项应用指南等三部分构成,内容涉及会计确认、计量到记录、报告的全过程,并具有较强的可操作性,进一步奠定了会计准则在会计标准中的主导地位。详见刘俊海著:《现代公司法》,第652页以下。今后执行新会计准则的企业不再执行原准则、《企业会计制度》《金融企业会计制度》、行业会计制度、各项专业核算办法和问题解答等。小企业继续实施小企业会计制度,不执行企业会计准则。另外,2014年7月23日根据财政部令第76号,对《企业会计准则——基本准则》再次作出了修改,主要涉及第42条第5项的内容。

② 可参见朱慈蕴:《公司法原理》,第225页;覃有土:《商法学》,第136页。

动情况。而只有健全的公司财务会计制度才能保证这些责任财产处于正常状态,其中,最具代表性的就是公司资本充实、维持以及不变的所谓资本三原则得以实现,从而使公司债权人的利益得到应有的保护。不仅如此,公司财务会计制度的信息披露功能,"也有利于债权人在了解相关财务会计信息的基础上进行自我保护和监督"。①

（四）有利于公权力机构实施必要的监督

社会是各种主体的集合体,为维持这种错综复杂且庞大的集合体正常运行,需要公权力机构实施必要的监督和宏观调控,可以说,这也是公权力存在的重要理由之一。按照现代国家的制度架构规则,主要由政府实施这种监督和宏观调控。公司健全的财务会计制度,可为政府提供准确的经济信息,为其开展必要的监督和宏观调控奠定基础。所以,"规范的财务会计制度使国家财税部门得以切实监督和检查公司的财产运营状况,掌握公司盈亏情况,确保国家税收的及时足额征收,防止偷税、漏税、避税等现象的发生。"②

（五）有利于保护劳动者的利益

公司存续与劳动者关系密切,在公司破产或因其他原因而终止时,职工的生存将受到严峻的挑战。③ 不仅如此,就是公司存续期间是否正常处理经营业务、是否按合同安排为职工发放薪金、是否缴纳职工的保险费用等,同样主要是借助财务会计制度进行掌握查明,因此财务会计制度对保护职工利益同样具有重大意义。

（六）有利于保护社会公众利益

法律明确规定,公司应当承担社会责任。④ 按照利益相关者理论,与公司有密切关系的不仅包括股东、债权人、职工等利益群,同样也包括生态、环境、社区、未来人等的利益。⑤ 就本质而言,公司财务会计制度是涉及公司及众多利益相关者的公共产品。⑥ 公司依法制作、披露会计报表,可使众多的利益相关者从有关信息中判断对自身利益的影响,从而对公司行为形成有效监督,实现对社会公益的有利保护。⑦

### 三、确保公司财务会计信息质量的一般原则

从上述公司财务会计制度的重要性可知,确保公司财务会计信息的质量,对发挥该项制度的上述功效意义重大。为此,我国有关公司财务会计的法规,对确保公司财务会计信息质量的原则作出了规定。⑧

（一）真实性原则

对此,我国《会计法》等明确规定,各单位必须依法设置会计帐簿,并保证其真实、完整;

---

① 施天涛:《公司法论》,第 222 页。
② 赵旭东:《商法学》,第 345 页。
③ 比如,我国《企业破产法》对破产企业职工的工资以及其他福利的优先清偿顺序作出了明确规定(见该法 113 条 1 款 1 项),这种企业职工利益的特别保护也唯有健全的财务会计制度才能保障。
④ 《公司法》第 5 条明确规定:"公司从事经营活动,必须遵守法律、行政法规,遵守社会公德、商业道德,诚实守信,接受政府和社会公众的监督,承担社会责任。"
⑤ 〔美〕乔治·斯蒂纳、约翰·斯蒂纳著:《企业、政府与社会》,张志强、王春香译,华夏出版社 2002 年版,第 14 页。
⑥ 刘俊海:《现代公司法》,第 648 页。
⑦ 再从一般社会公众而言,拟投资于公司者或拟与公司交易者,其决定的作出都要依赖于公司的财务会计信息。所以,法律要求公开向社会募资的公司(发行股份或债券)须公告其财务会计报告。参见赵旭东:《商法学》,第 345 页;施天涛:《公司法论》,第 222 页。
⑧ 据介绍,我国《企业会计准则——基本准则》设专章(第 2 章)专门规定了会计信息质量要求。刘俊海:《公司法学》,第 408 页。

单位负责人对本单位的会计工作和会计资料的真实性、完整性负责;任何单位或者个人不得以任何方式授意、指使、强令会计机构、会计人员伪造、变造会计凭证、会计帐簿和其他会计资料,提供虚假财务会计报告;各单位必须根据实际发生的经济业务事项进行会计核算,填制会计凭证,登记会计帐簿,编制财务会计报告;任何单位不得以虚假的经济业务事项或者资料进行会计核算,任何单位和个人不得伪造、变造会计凭证、会计帐簿及其他会计资料,不得提供虚假的财务会计报告(《会计法》3、4条、5条2款、9条、13条3款等)。企业应当以实际发生的交易或者事项为依据进行会计确认、计量和报告,如实反映符合确认和计量要求的各项会计要素及其他相关信息,证会计信息真实可靠、内容完整(《企业会计准则——基本准则》12条,以下简称《企业会计准则》)。①

（二）及时性原则

"迟到的正义是非正义",财务会计信息要成为有价值的信息必然要具有极强的时效性。企业对于已经发生的交易或者事项,应当及时进行会计确认、计量和报告,不得提前或者延后(《企业会计准则》19条)。其基本要求:一是要及时收集会计信息;二是要及时处理会计信息(包括编制财务会计报告);三是要及时传递会计信息,即及时地将编制的财务会计信息传递给利益相关者。

（三）统一性原则

应该说,统一性或者说统一化是公司财务会计制度的重要特征②,对此,我国相关法律明确规定,国家实行统一的会计制度。会计凭证、会计帐簿、财务会计报告和其他会计资料,必须符合国家统一的会计制度的规定。使用电子计算机进行会计核算的,其软件及其生成的会计凭证、会计帐簿、财务会计报告和其他会计资料,也必须符合国家统一的会计制度的规定。会计机构、会计人员必须按照国家统一的会计制度的规定对原始凭证进行审核、更正、补充。各单位发生的各项经济业务事项应当在依法设置的会计帐簿上统一登记、核算(详见《会计法》8条、13条1、2款、14条、16条等)。不仅如此,企业提供的会计信息应当具有可比性(参见《企业会计准则》15条)。只有统一性才能使各公司间的信息具有可比性,才能让投资者评判和选择,也才能让公司间的竞争公平化。③ 也正是从这个角度,我国《公司法》明确规定,对公司资产,不得以任何个人名义开立账户存储(171条2款)。同时还规定了行政处罚责任,即《公司法》第201条规定,公司若违反规定在法定会计帐簿以外另立会计帐簿的,由县级以上人民政府财政部门责令改正,处以5万元以上50万元以下的罚款。

（四）相关性原则

财务会计信息的相关性,主要是从该财务会计信息使用者的角度所做的判断,也即必须是与使用者的需求相关的财务会计信息。因为,只有能够满足使用者对相关信息的需求,才能有助于信息使用者决策或者提高决策水平。从财务会计信息的内容而言,必须是能够反映公司财产以及经营业绩状况、现金流量等方面的信息。正因为如此,我国《企业会计准则》

---

① 有学者认为真实性是一个广义的概念,在外延上还包括完整性的要求。"实话只说一半等于撒谎"。参见刘俊海著:《现代公司法》,第659页。

② 有学者甚至强调指出,我国不仅要求公司财务会计处理准则必须统一,而且要求有关公司财务会计准则的规定还要与国际接轨,这是我国财务会计制度走向国际统一的重要一步。朱慈蕴:《公司法原理》,第226页。

③ 也有学者认为可比性并非统一性,只是要求商主体的会计处理方法大致一致而非完全一致。可参见叶林、黎建飞主编:《商法学原理与案例教程》,第163页。

第 13 条规定:"企业提供的会计信息应当与财务会计报告使用者的经济决策需要相关,有助于财务会计报告使用者对企业过去、现在或者未来的情况作出评价或者预测。"可见,财务会计信息的相关性原则,其"实质是督促公司及其编制主体树立用户本位主义、用户中心主义的会计信息观,杜绝公司自我中心主义的会计信息观"。①

(五) 易解性原则

信息的易解是信息有用及信息被有效利用的前提,这也要求信息应当清晰明了,便于信息用户的识别和理解。对此,我国《企业会计准则》第 14 条规定:"企业提供的会计信息应当清晰明了,便于财务会计报告使用者理解和使用。"唯有如此,才能提高会计信息的有用性,实现财务会计报告的目标,满足为投资者等财务会计报告使用者提供决策有用信息的要求。当然,财务会计信息是一种专业性较强的信息产品,会计信息的易解性是立足于信息使用者具有一定会计知识的假定之上,包括使用者借助专业人员的力量进行利用,而并非从一般主体的标准认定易解性。

(六) 实质性原则

对公司财务会计信息的实质性原则,以前的《企业会计制度》就做了明确规定,该《企业会计制度》第 11 条规定,"企业应当按照交易或事项的经济实质进行核算,而不应当仅仅按照它们的法律形式作为会计核算的依据"。现行的《企业会计准则》在基本上继受了该原则的基础上,作了更加具体、周到的规定。按照《企业会计准则》的规定,企业应当按照交易或者事项的经济实质进行会计确认、计量和报告,不应仅以交易或者事项的法律形式为依据(该准则 16 条)。②

(七) 重要性原则

对此项原则,我国《企业会计准则》明确规定,企业提供的财务会计信息应当反映与企业财务状况、经营成果和现金流量等有关的所有重要交易或者事项(17 条)。由此可见,这里所说的重要性,是指财务会计报表必须反映与公司财务状况、经营成果以及现金流量密切相关的所有重要交易等,如果这些交易事项被省略或被错报就会影响使用者据此所作出的经济决策。根据其他相关法规的规定,公司财务会计信息的这种重要性应当根据企业所处环境,从项目的性质和金额大小两方面予以判断(《会计准则第 30 号——财务报表列报》6 条)。

(八) 谨慎性原则

此项原则当属公司财务会计信息应当严格遵守的一些重要原则。对此,我国《企业会计准则》同样明确规定,企业对交易或者事项进行会计确认、计量和报告应当保持应有的谨慎,不应高估资产或者收益、低估负债或者费用(18 条)。可见,该原则的本质要求是公司财务会计信息的编制以及提供,必须要克服好大喜功、隐瞒消极因素的恶习,必须始终保持谨慎态度,实事求是地编制和提供财务会计信息。③

---

① 刘俊海:《公司法学》,第 408 页。
② 如企业按照销售合同销售商品但又签订了售后回购协议,虽然从法律形式上看实现了收入,但如果企业没有将商品所有权上的主要风险和报酬转移给购货方,没有满足收入确认的各项条件,即使签订了商品销售合同或者已将商品交付给购货方,也不应当确认销售收入。
③ 对此,有学者更加形象地指出,"会计确认、计量和报告的活动应当具备理性主义色彩,不应具有信马由缰的浪漫主义和理想主义色彩"。刘俊海:《公司法学》,第 411 页。

### (九) 权责发生制原则

该项原则在现行《企业会计准则》中,被列入总则中进行规定,其原因是权责发生制贯穿于整个企业会计准则体系的总过程,属于财务会计的基本问题,具有较强的统驭作用。现行《企业会计准则》规定,"企业应当以权责发生制为基础进行会计确认、计量和报告"(9 条)。权责发生制是指以实质收到现金的权利或支付现金的责任权责的发生为标志来确认本期收入和费用及债权和债务。凡是本期已经实现的收入和已经发生或应当负担的费用,不论其款项是否已经收付,都应作为当期的收入和费用处理;凡是不属于当期的收入和费用,即使款项已经在当期收付,都不应作为当期的收入和费用。①

### 比较法知识11-1

#### 德国公司法学者对公司财务会计制度功能的描述

公司就其本质而言是资本集中的最有效组织形式,而资本集中的最大冲动就在于营利。一句话,公司是纯粹的经济性组织。因而健全且功能设计十分明确的公司财务会计制度,对保证公司在公正合理的制度框架范围内展现其资本集中以及营利性本质特征尤为重要。

德国公司法学者对公司财务会计制度功能的多角度描述,对于我们深化对该问题的认识很有启发意义。

公司为了保证其正常运转的财产基础,同时也为了能够较好地保障与公司多有交易关系的公司债权人的权利实现,必须要坚守好公司的资本维持原则。另外,还需要有效防范在公司正常决算盈余之外因向股东进行其他支出而损害公司债权人利益的情况。在德国公司法学者看来,严格的公司财务会计管理,尤其是严格的盈余计算规范,就是为了服务于上述目的而建立的法律制度。具体而言,商法强制要求公司须建立由资产负债表、损益表以及附注所构成的"年度财务会计报告"制度,就是服务于上述目的的基本制度。此外,还有对"公司年度形势报告"的规定,公司年度财务会计报告须经独立的审计人员审计以及公开公司年度财务会计报告等的强制性规定,都是为了达到严守资本维持原则,并能有效禁止公司决算盈余之外对股东的不当利益输送的公司监管目的所创立的重要公司财务会计制度。

对于公司财务会计制度的功能还可以从多角度分析,从而能够看到这一制度的多功能性。一是确认公司破产事由和资不抵债时的财务会计决算,除了能够正确反映公司的财务和财产状况外,还能对当事公司能否继续发展进行基本可信的预测;二是公司的税负会计决算要更能准确地反映公司的盈利能力,实现根据公司的贡献能力进行征税的原则;三是投资者以及公司债权人等则更多关注公司的经济状况和盈利能力,这就需要对公司较长期的财务会计决算进行评估,只借助一个会计期间的盈利是无法作出判断的。四是对于借助于参与企业以及关联企业而开展经营活动的股份有限公司等,则必须通过特别的财务会计报告,即通常所说的"康采恩财务会计报告"制度去发挥服务上述目的的制度功能;五是公司成为上市公司时,须履行资本市场交易法上的"公开义务",其中,财务会计信息属于重要的公开

---

① 除上述原则外,有学者还总结有配比原则、历史成本原则、划分收益性支出与资本性支出的原则等。可参见王保树:《中国商法》,第 256—257 页;叶林、黎建飞:《商法学原理与案例教程》,第 163—164 页。

内容,目的同样在于对公司发挥有效监管功能。并且"无论如何,对于定位于资本市场的企业来说,会计报告审计是全世界通用的基石。关于会计审计的对象和范围以及审计人员的独立性和责任的讨论是国际性的题目。会计审计和会计报告公开具有多种监控作用,因而是公司外部治理的组成部分"。①

### 四、作为公司财务会计制度基础的财务管理

实际上,在整个公司的财务会计制度中,以资本金与负债管理、固定资产管理、无形资产以及成本、费用管理等为主要内容的公司财务管理是基础,全面了解公司的财务管理制度,有助于深化对公司财务会计制度的理解。

(一) 资本金管理

资本金即公司登记的注册资本。按照我国《公司法》的规定,有限责任公司的注册资本为在公司登记机关登记的全体股东认缴的出资额(26 条)。股份有限公司采取发起设立方式设立的,注册资本为在公司登记机关登记的全体发起人认购的股本总额。股份有限公司采取募集方式设立的,注册资本为在公司登记机关登记的实收股本总额(80 条 1、2 款)。在公司与其投资人人格分离,股东承担有限责任的情形下,资本金不仅是公司取得法人资格、进行经营活动的基本物质条件,更为重要的是,资本金成为股东承担责任的界限,是公司的责任财产,从而也是公司对外交往的信用基础和他人判断其信用的依据。② 加强资本金管理对于公司利益相关者利益保护具有重要意义。正因如此,许多学者认为资本金制度是现代公司制度的基石,也是公司财务制度的重要内容。

我国《公司法》等,不仅对公司资本的构成、认购人按照约定的缴纳义务和责任作出了明确规定(见《公司法》27、28、83 条等),而且对公司资本的造册登记管理提出了明确要求(见《公司法》32、96、130 条等)。不仅如此,《公司法》还对公司资本的充实、维持以及不变原则作出了严格规定(见 43 条 2 款、103 条 2 款、142 条等)。公司须按这些规定做好公司的资本金管理,确保公司利益相关者利益的物质基础。

(二) 负债管理

对于公司负债,我国《企业会计准则》明确规定,负债是指企业过去的交易或者事项形成的、预期会导致经济利益流出企业的现时义务。所谓现时义务是指企业在现行条件下已承担的义务。未来发生的交易或者事项形成的义务,不属于现时义务,不应当确认为负债(23 条)。这种意义上的负债,在同时满足以下条件(确认条件)时,才能被确认为负债:① 与该义务有关的经济利益很可能流出企业;② 未来流出的经济利益的金额能够可靠地计量(24 条)。从公司会计做账而言,符合负债定义和负债确认条件的项目,应当列入资产负债表;符合负债定义,但不符合负债确认条件的项目,不应当列入资产负债表(25 条)。公司期望在一年内或者超过一年的一个营业周期内偿还的债务为流动负债,偿还期限在一年以上或者超过一年的一个营业周期以上的债务为长期负债。

---

① 以上内容详见〔德〕格茨·怀可等:《德国公司法》,殷盛译,第 582—584 页;参见〔德〕托马斯·莱塞尔等:《德国资合公司法》,高旭军等译,第 295—296 页。
② 参见雷兴虎主编:《公司法新论》,中国法制出版社 2001 年版,第 90 页。

严格地讲,公司负债是公司融通资金,增加财产的重要方式。所以,做好负债管理工作不仅能保护债权人利益、维护交易安全,而且通过负债管理,促使公司合理负债,既能通过负债使公司受到债权人的监督,从而利于公司治理结构的完善,又能防止公司负债过重或负债结构失衡,而影响公司发展。公司负债管理还包括负债利息的管理,公司流动负债的应计利息支出,计入财务费用;对于长期负债,如在筹建期间的利息计入开办费,生产经营期间的利息支出计入财务费用,清算期间的利息支出计入清算损益。

(三) 固定资产管理

固定资产是公司重要的生产力要素之一,是公司赖以生存的物质基础与效益源泉。其结构、状况、管理水平等直接影响着公司运营与发展。公司科学管理和正确核算固定资产,有利于促进公司正确评估固定资产的整体情况,提高资产使用效率,降低生产成本,保护固定资产的安全完整,实现资产的保值增值,增强公司的综合竞争实力。

对于公司固定资产管理,我国有专门的《企业会计准则第 4 号——固定资产》予以规范。该准则对固定资产的确认、初始计量、后续计量、处置、披露等问题进行了规范,旨在保证与固定资产相关的会计信息质量,为信息使用者作出经济决策提供有用信息。依据该准则之规定,固定资产指为生产商品、提供劳务、出租或经营管理而持有且使用寿命超过一个会计年度的有形资产。[1] 这种意义上的固定资产,须同时满足下列条件(确认条件)的,才能被确认为固定资产:① 与该固定资产有关的经济利益很可能流入企业;② 该固定资产的成本能够可靠地计量。[2]

固定资产应按其成本入账,分别按照《企业会计准则第 17 号——借款费用》《企业会计准则第 7 号——非货币性资产交换》《企业会计准则第 12 号——债务重组》《企业会计准则第 20 号——企业合并》和《企业会计准则第 21 号——租赁》等进行确定和处理。公司还应当对所有固定资产计提折旧。折旧方法的选择应根据与固定资产有关的经济利益的预期实现方式。可选用的折旧方法包括年限平均法、工作量法、双倍余额递减法和年数总和法等。

(四) 无形资产管理

无形资产,是指公司拥有或者控制的没有实物形态的可辨认非货币性资产。满足下列条件之一的,符合无形资产的可辨认性标准:① 能够从公司中分离或者划分出来,并能单独或者与相关合同、资产或负债一起,用于出售、转移、授予许可、租赁或者交换;② 源自合同性权利或其他法定权利,无论这些权利是否可以从公司或其他权利和义务中转移或者分离。无形资产同时满足下列条件(确认条件)的,才能予以确认:① 与该无形资产有关的经济利益很可能流入公司;② 该无形资产的成本能够可靠地计量。公司无形资产项目的支出,除特殊情形外,均应于发生时计入当期损益。公司内部研究开发项目的支出,应当区分研究阶段支出与开发阶段支出。研究阶段的支出,应当于发生时计入当期损益。开发阶段的支出,

---

[1] 使用寿命,是指企业使用固定资产的预计期间,或者该固定资产所能生产产品或提供劳务的数量。企业确定固定资产使用寿命,应当考虑下列因素:① 预计生产能力或实物产量;② 预计有形损耗和无形损耗;③ 法律或者类似规定对资产使用的限制。见《企业会计准则第 4 号——固定资产》之相关规定。

[2] 详见《企业会计准则第 4 号——固定资产》的规定。与旧准则相比,在新准则中体现出如下特点:① 删除对固定资产认定方面单位价值较高的判断;② 在固定资产初始计量中引入了现值计量属性;③ 引入了固定资产弃置费用会计处理;④ 增加了预计净残值的定义;⑤ 改变了固定资产盘盈的会计处理;⑥ 修改了租入固定资产改良的会计处理。

满足规定条件的,才能确认为无形资产。① 企业自创商誉以及内部产生的品牌、报刊名等,不应确认为无形资产。以上内容,详见《企业会计准则第 6 号——无形资产》第 3—11 条的规定。

公司的无形资产多为以知识产权为内容的资产,加强无形资产管理,不仅可以促进公司的技术研发能力的提供,而且可提升公司资产的知识、技术含量和整体资产的质量。

(五) 成本、费用管理

成本是为生产产品、提供劳务而发生的各种耗费。费用是指企业在日常活动中发生的、会导致所有者权益减少的、与向所有者分配利润无关的经济利益的总流出。费用的确认除了应当符合定义外,也应当满足严格的条件,即费用只有在经济利益很可能流出从而导致企业资产减少或者负债增加、经济利益的流出额能够可靠计量时才能予以确认。费用的确认至少应当符合以下条件:① 与费用相关的经济利益应当很可能流出企业;② 经济利益流出企业的结果会导致资产的减少或者负债的增加;③ 经济利益的流出额能够可靠计量。

企业为生产产品、提供劳务等发生的可归属于产品成本、劳务成本等的费用,应当在确认产品销售收入、劳务收入等时,将已销售产品、已提供劳务的成本等计入当期损益。企业发生的支出不产生经济利益的,或者即使能够产生经济利益但不符合或者不再符合资产确认条件的,应当在发生时确认为费用,计入当期损益。企业发生的交易或者事项导致其承担了一项负债而又不能确认为一项资产的,应当在发生时确认为费用,计入当期损益。符合费用定义和费用确认条件的项目,应当列入利润表。上述内容详见《企业会计准则》第 33—36 条的规定。

公司经营管理中的成本、费用,意味着公司资产的流出与消耗。所以,加强公司成本、费用管理,不仅有利于公司提高经营管理的效益与效率,而且有利于国家有关资源与环境管理总目标的实现。

## 第二节　公司财务会计报告制度

### 一、公司财务会计报告的编制

(一) 公司财务会计报告及其意义

所谓公司财务会计报告,是指公司对外提供的反映企业某一特定日期的财务状况和某一会计期间的经营成果、现金流量等会计信息的文件(《企业会计准则》44 条 1 款)。公司负有编制财务会计报告的义务,对此,我国《公司法》第 164 条明确规定,公司应当在每一会计年度终了时编制财务会计报告,并依法经会计师事务所审计。财务会计报告应当依照法律、行政法规和国务院财政部门的规定制作。我国《会计法》第 20 条第 1 款也明确规定,财务会计报告应当根据经过审核的会计账簿记录和有关资料编制,并符合本法和国家统一的会计

---

① 《企业会计准则第 6 号——无形资产》第 9 条规定:"企业内部研究开发项目开发阶段的支出,同时满足下列条件的,才能确认为无形资产:① 完成该无形资产以使其能够使用或出售在技术上具有可行性;② 具有完成该无形资产并使用或出售的意图;③ 无形资产产生经济利益的方式,包括能够证明运用该无形资产生产的产品存在市场或无形资产自身存在市场,无形资产将在内部使用的,应当证明其有用性;④ 有足够的技术、财务资源和其他资源支持,以完成该无形资产的开发,并有能力使用或出售该无形资产;⑤ 归属于该无形资产开发阶段的支出能够可靠地计量。"

制度关于财务会计报告的编制要求、提供对象和提供期限的规定。

对于编制财务会计报告的目的,我国《企业会计准则》明确规定,财务会计报告的目标是向财务会计报告使用者提供与公司财务状况、经营成果和现金流量等有关的会计信息,反映公司管理层受托责任履行情况,有助于财务会计报告使用者作出经济决策(4条)。

(二) 公司财务会计报告的编制主体、时间以及要求

1. 编制主体

公司财务会计报告作为反映公司财产以及经营状况的法律文件,其使用者包括投资者、债权人、政府及其有关部门和社会公众等①,因而其编制主体应当是公司。而制作财务会计报告应属业务执行范围的事项,因而董事会应当是财务会计报告的编制义务主体,即应由董事会负责编制并对其真实、准确、时效性负责。② 需注意的是,一是不能将会计人员视为制作人,他们只是完成财务会计报告编制具体工作的公司职员。③ 二是还应当区分会计主体与法律主体。一般来说,法律主体必然是一个会计主体,但会计主体不一定是法律主体。典型者如企业集团,虽不是独立的法律主体,但为全面反映企业集团的财务状况、经营成果和现金流量,有必要将企业集团作为一个会计主体,编制集团财务会计报表。

2. 编制时间

如上述,《公司法》规定公司应当在每一会计年度终了时编制财务会计报告,同时还规定,有限责任公司应当依照公司章程规定的期限将财务会计报告送交各股东,股份有限公司的财务会计报告应当在召开股东大会年会的20日前置备于本公司,供股东查阅(165条)。在《公司法》上述规定的基础上,其他相关法规更加明确地规定,公司月度中期财务会计报告应当于月度终了后6天内对外提供;季度中期财务会计报告应当于季度终了后15天内对外提供;半年度中期财务会计报告应当于年度中期结束后60天内(相当于两个连续的月份)对外提供;年度财务会计报告应当于年度终了后4个月内对外提供(《企业会计制度》157条、《股份有限公司会计制度》8条)。

3. 编制的基本要求

如上述,《公司法》规定,财务会计报告应当依照法律、行政法规和国务院财政部门的规定制作(164条2款)。对于公司财务会计报告的编制要求除会计信息提供时必须遵守的真实性、完整性、及时性、可比性、谨慎性、相关性、重要性等一般原则性要求之外,各类财务会计报告均有其具体的形式及内容要求,公司财务会计报告之编制主体须按规定进行编制。比如,《企业会计准则》就对企业财务会计报告的种类以及各类应包括的内容等作出了严格规定。④

---

① 《会计准则》第4条第2款明确规定,财务会计报告使用者包括投资者、债权人、政府及其有关部门和社会公众等。

② 我国《公司法》所规定的董事会职权就包括了制订公司预算方案和决算方案以及利润分配方案和亏损弥补方案等,公司财务会计报告自然包含于其中。见《公司法》第46、108条的规定。当然,公司经理作为公司董事会所聘任的最主要高级管理人员,自然在董事会授权下可指挥财务会计人员编制财务会计报告,但不能成为编制的义务主体,因为我国《公司法》对经理没有规定这方面的职权。参见《公司法》第49条第1款、第113条第2款。另参见王保树、崔勤之:《中国公司法原理》,第267页。

③ 王保树:《中国商法》,第262页。

④ 详见《企业会计准则》第44—48条。此外,我国《会计法》第4条还规定,单位负责人对本单位的会计工作和会计资料的真实性、完整性负责。

## 二、公司财务会计报告的内容

如上所述,公司建立健全财务会计制度的目的主要有二,一是公司能够准确把握自身的财产以及经营者状况,二是为利害关系人提供有关反映公司财产状况和经营业绩状况的真实、准确且完整的经济信息。至于为实现上述目的需要编制何种公司财务会计报告,各国法律根据本国的实际作出了相应的安排。依据我国相关法规的要求,公司财务会计报告应当包括财务会计报表及其附注和其他应当在财务会计报告中披露的相关信息和资料。财务会计报表至少应当包括资产负债表、利润表、现金流量表、所有者权益变动表、附注等报表。小企业编制的会计报表可以不包括现金流量表(《企业会计准则》44条2、3款,另参见《企业会计准则第30号——财务报表列报》2条)。①

（一）资产负债表

资产负债表是指反映企业在某一特定日期的财务状况的会计报表(《企业会计准则》45条)。它提供资产、负债和所有者权益情况的全貌。资产负债表的作用可分为两方面,一是对内的,表现为对公司决策者提供决策依据、经营者分析经营模式的成败、公司自身认识问题的前提、职工考虑自身安危的参考。另一方面是对外的,是股东或投资人分析公司盈利能力的依据,债权人考虑其债权是否安全、能否顺利得到实现的参考,也是国家各职能部门依各自职能观察公司表现的前提,税务部门将此作为征税参考,工商管理部门以此衡量其监管的有效性,主管机关对公司的宏观调控也可建立在此表之上,分析对该公司是进行扶持还是予以限制。

依据《企业会计准则》之规定,资产和负债应当分为流动资产和非流动资产、流动负债和非流动负债列示。资产满足下列条件之一的,应当归类为流动资产:① 预计在一个正常营业周期中变现、出售或耗用;② 主要为交易目的而持有;③ 预计在资产负债表日起一年内(含一年)变现;④ 自资产负债表日起1年内,交换其他资产或清偿负债的能力不受限制的现金或现金等价物。负债满足下列条件之一的,应当归类为流动负债:① 预计在1个正常营业周期中清偿;② 主要为交易目的而持有;③ 自资产负债表日起1年内到期应予以清偿;④ 企业无权自主地将清偿推迟至资产负债表日后1年以上。资产负债表应当列示资产总计项目,负债和所有者权益总计项目(详见《企业会计准则第30号——财务报表列报》16—29条)。

（二）损益表

也叫利润表,是反映公司一定期间经营成果的会计报表,它是一张动态的报表,反映一定时期的流量。损益表的编制根据如下会计公式:利润 = 收入 − 相关成本 − 相关费用。分析损益表可了解公司经营成果,考核制定目标的完成情况;为分配经营成果提供依据;预测

---

① 我国《会计法》还规定,财务会计报告由会计报表、会计报表附注和财务情况说明书组成(20条2款)。另外,根据《日本公司法》以及《日本公司会计规则》等的规定,股份有限公司须在各营业年度编制会计报表、营业报告以及相关附属明细表。其中,作为会计报表需要编制资产负债表、损益表、股东资本等变动表以及各类注记表。负债表是为了准确反映公司的财务状况就公司在一定时间点的资产、负债以及净资产进行记载的会计报表。损益表,也称为利润表,是为了准确反映公司的经营成绩就公司在一定期间(一个营业年度)的收益与费用进行记载的会计报表。股东资本等变动表是反映各营业年度净资产变动情况的会计报表。各类注记表是为了通过上述诸表正确判断公司的财产以及损益状况,对必要的注记事项进行综合表示的会计资料。详见《日本公司法》第435条第2款,《日本公司会计规则》第59条第1款、第96条,《日本企业会计原则》第2之1、第3之1等的规定。

未来的收益及发展趋势;评价管理人员的业绩;了解公司利润分配政策及留存收益额的大小,为投资决策提供信息。

利润表至少应当单独列示反映下列信息的项目:① 营业收入;② 营业成本;③ 营业税金;④ 管理费用;⑤ 销售费用;⑥ 财务费用;⑦ 投资收益;⑧ 公允价值变动损益;⑨ 资产减值损失;⑩ 非流动资产处置损益;⑪ 所得税费用;⑫ 净利润;⑬ 其他综合收益各项目分别扣除所得税影响后的净额;⑭ 综合收益总额。金融企业可以根据其特殊性列示利润表项目(《企业会计准则第 30 号——财务报表列报》30—34 条)。

（三）现金流量表

现金流量表是指反映企业在一定会计期间现金和现金等价物流入和流出的报表。现金流量表的作用是能够说明公司一定期间内现金流入和流出的原因(这些信息是资产负债表和损益表所不能提供的);能够说明企业的偿债能力和支付股利的能力;能分析公司未来获取现金的能力。

依照规定,现金流量表应当分为经营活动、投资活动和筹资活动列报现金流量。经营活动,是指企业投资活动和筹资活动以外的所有交易和事项;投资活动,是指企业长期资产的购建和不包括在现金等价物范围的投资及其处置活动;筹资活动,指的是导致企业资本及债务规模和构成发生变化的活动(《企业会计准则第 31 号——现金流量表》2、4、8、12、14 条等)。

（四）所有者权益变动表

所有者权益变动表所反映的是构成所有者权益的各组成部分当期的增减变动情况。其不仅关系到现有股东的切身利益,同时也是潜在投资者对公司投资价值预期的重要参照。

依照规定,在所有者权益变动表中,当期损益、直接计入所有者权益的利得和损失、以及与股东的资本交易导致的所有者权益的变动,应当分别列示。所有者权益变动表至少应当单独列示反映下列信息的项目:① 综合收益总额;② 会计政策变更和前期差错更正的累积影响金额;③ 所有者投入资本和向所有者分配利润等;④ 按照规定提取的盈余公积;⑤ 所有者权益各组成部分的期初和期末余额及其调节情况(《企业会计准则第 30 号——财务报表列报》35、36 条)。

（五）附注

附注是对在资产负债表、利润表、现金流量表和所有者权益变动表等报表中列示项目的文字描述或明细资料,以及对未能在这些报表中列示项目的说明等(《企业会计准则——财务报表列报》37 条)。

依《企业财务会计报告条例》第 14 条之规定,附注是解释会计报表有关项目的文书,目的主要是帮助理解报表的有关内容。其主要包括:所采用的主要会计处理方法;会计处理方法的变更情况、变更原因以及对财务状况和经营成果的影响;非经常性项目的说明;会计报表中有关重要项目的明细资料;其他有助于理解和分析报表需要说明的事项等。根据《企业会计准则第 30 号——财务报表列报》第 38 条、第 39 条之规定,附注应当披露财务报表的编制基础,相关信息应当与资产负债表、利润表、现金流量表和所有者权益变动表等报表中列示的项目相互参照。附注一般应当按照下列顺序披露:① 企业的基本情况。② 财务报表的编制基础。③ 遵循企业会计准则的声明。④ 重要会计政策和会计估计。⑤ 会计政策和会计估计变更以及差错更正的说明。⑥ 报表重要项目的说明。⑦ 或有和承诺事项、资产负债表日后非调整事项、关联方关系及其交易等需要说明的事项。⑧ 有助于财务报表使用者评价企业管理资本的目标、政策及程序的信息。

 **比较法知识11-2**

### 英国法上的公司"年度账目"制度

按照英国2006年公司法的制度安排,公司须在每个财务年度由董事负责编制年度财务账目。① 年度财务账目分为公司个别账目和公司集团账目两大类。

首先,对于公司的个别账目,又可根据所选择的适用法不同,分为"公司法个别账目"和"国际会计准则个别账目"。只要不存在法定的情势变更事由,公司董事在"公司法个别账目"和"国际会计准则个别账目"中对首个账目类别的选择,将决定后续所有财务年度公司账目的类别。所谓"公司法个别账目",是指根据2006年公司法的规定所编制的公司财务年度个别账目,而"国际会计准则个别账目",就是指按照国际会计准则所编制的公司财务年度个别账目。但慈善公司个别账目的编制不能做这种选择,只能是"公司法个别账目"。不管是哪种类别的公司个别账目,都必须包括财务年度最后一日的公司资产负债表和损益表。前者必须对该财务年度结束时的公司财务状况给出真实和公平的观点,后者对财务年度内的公司损益给出真实和公平的观点。但这些账目的格式和内容以及通过附注方式所反映的附加信息,必须符合国务大臣通过规章所作出的规定。

其次,对于公司的集团账目,主要是针对集团关系中的母公司所提出的要求。如果母公司属于法律所规定的小母公司,公司董事在必须编制公司个别账目的基础上,对是否编制集团账目可作出选择,即可编制也可不编制。如果母公司属于法定的大型母公司,在编制个别账簿的基础上,编制集团账目是法定义务,没有选择权。当然,法律也规定了几种此类大型母公司可免去该项义务的情形。公司如果要编制集团账目,与个别账目类似,根据公司对所适用法律的选择,也可分为"公司法集团账目"和"国际会计准则集团账目。前者指根据2006年英国公司法相关规定编制的集团账目,后者指根据国际会计准则所编制的集团账目。当然,除了《国际会计准则》第4条规定的必须编制国际会计准则集团账目的母公司外,到底编制何种集团账目,公司可从中作出选择,但是,系慈善组织的母公司的集团账目只能是"公司法集团账目"。

最后,如上述,按照英国公司法的规定,公司董事在编制财务账目时,可从"公司法个别账目"和"国际会计准则个别账目"中作出选择(慈善组织的公司除外),在个别账目的基础上需要编制集团账目时,从"公司法集团账目"和"国际会计准则集团账目"中作出选择(慈善组织的母公司除外)。但只要选择了"国际会计准则个别账目",同时需要编制集团账目时又选择了"国际会计准则集团账目"的公司,其后续账目的类别也就由此而决定。当该类公司出现如下的法定情势变更事由时,可改变为"公司法个别账目",需要编制集团账目的公

---

① 英国法上的"财务年度",又称会计年度,是以年度为单位进行会计核算的时间区间。该以年度为单位的时间区间又被成为"会计参照期间"。公司的首个财务年度开始于首个会计参照期间的第1日,原则上结束于该期间的最后一日。公司的后续财务年度开始于公司前个财务年度结束之次日,原则上结束于下个会计参照期间的最后一日。见葛伟军:《英国公司法要义》,第397页。

司可改变为"公司法集团账目"。这些法定情势变更事由有：① 公司变成了不编制国际会计准则个别账目，或者不编制国际会计准则集团账目之事业的子事业；或者② 公司变得不再是子事业；或者③ 公司变成了其证券不在一个欧洲经济区国家规制市场交易的公司；或者④ 母公司的事业不再是其证券被允许在一个欧洲经济区国家规制市场交易的事业。

不管是哪种年度财务账目，按照英国公司法的规定，必须经董事会批准，并且经一个公司董事代表董事会签字方能有效，董事无权批准公司的年度财务账目。①

### 三、公司财务会计报告的监督、批准以及公示制度

(一) 监督制度

实际上，下述的公司财务会计报告的公示也是监督制度的重要组成部分，但除此之外，我国《公司法》等还规定了对公司财务会计报告的如下主要监督制度：

1. 建立外部审计制度

对此，因 2005 年修改前《公司法》只是笼统规定"依法经审查验证"，并未规定审查或审计的主体②，因而有学者认为监事会、董事长、股东大会、总会计师、会计机构负责人等都负有审查验证的职责③；也有学者认为审查权归监事会④；还有学者认为股份有限公司财务会计报表须经注册会计师审核并附有关证明。⑤ 修改后的《公司法》规定财务会计报告应依法经会计师事务所审计(164 条 1 款)。从而确立了注册会计师专任审计的制度。

注册会计师专任审计即在对外提供财务会计报告时，须经注册会计师的审计。我国《公司法》在外部审计制度方面规定了三方面的内容：一是公司聘用、解聘承办公司审计业务的会计师事务所，依照公司章程的规定，由股东(大)会或者董事会决定。公司股东(大)会或者董事会就解聘会计师事务所进行表决时，应当允许会计师事务所陈述意见(169 条)。二是规定监事会在必要时，可以聘请注册会计师事务所等协助调查公司经营情况，费用由公司承担(54 条 2 款、118 条)。三是如上述规定公司应当在每一会计年度终了时编制财务会计报告，并依法经会计师事务所审计(164 条 1 款)；一人有限责任公司应当在每一会计年度终了时编制财务会计报告，并依法经会计师事务所审计(62 条)；公司应当向聘用的会计师事务所提供真实、完整的会计凭证、会计账簿、财务会计报告及其他会计资料，不得拒绝、隐匿、谎报(170 条)。⑥

2. 建立股东查账请求权制度

《公司法》规定，股东享有查阅财务会计报告的权利，股东该项权利的行使无疑会强化对公司财务会计制度的监督作用。具体而言，公司股东要求查阅公司会计账簿的，应当向公司

---

① 上述内容详见葛伟军：《英国公司法要义》，第 397—401 页。
② 见 2005 年修改前《公司法》第 175 条第 1 款的规定。
③ 顾功耘：《公司法》，第 119 页。
④ 石少侠：《公司法概论》，第 233 页；江平：《新编公司法教程》，第 105 页。
⑤ 覃有土主编：《商法学》，中国政法大学出版社 1999 年版，第 98 页；赵万一主编：《商法学》，中国法制出版社 1999 年版，第 106 页。
⑥ 对于公司财务会计涉假问题之认定，可参见刘贵祥主编：《中国民商事审判新问题》，人民法院出版社 2006 年版，第 362 页以下。

提出书面请求,说明目的。公司有合理根据认为股东查阅会计账簿有不正当目的,可能损害公司合法利益的,可以拒绝提供查阅,并应当自股东提出书面请求之日起十五日内书面答复股东并说明理由。公司拒绝提供查阅的,股东可以请求人民法院要求公司提供查阅(《公司法》33、97条)。

3. 监事会或执行监事的监督职权

依照《公司法》的规定,监事会、不设监事会的公司的监事具有检查公司财务的职权(53条1项、118条1款),并且监事会、不设监事会的公司的监事发现包括公司财务会计在内的公司经营情况异常时可以进行调查;必要时,可以聘请会计师事务所等协助其工作,费用由公司承担(54条2款、118条2款)。公司财务会计报告的审议批准程序而言,监事会或者执行监事行使上述检查权,对财务会计报告进行审核,并形成书面审核报告,这是董事会将财务会计报告提供给股东(大)会的必经程序。所以,正如有学者而言,"不论董事会对监事会的审核意见是否持有异议,都应将会计表册连同监事会审核报告一并提交股东会"。①

(二) 批准制度

按照各国公司法的通常规定,公司财务会计报告唯有取得股东(大)会的审议批准方可产生应有效力,也才能作为公司的有效文件向外提供。② 尽管我国《公司法》并未将审议批准公司财务会计报告直接规定为股东(大)会的职权,但却明确规定了"审议批准董事会的报告"的职权,并规定了"审议批准公司的年度财务预算方案、决算方案"等职权(37条1款3、5项、99条)。据此,权威观点认为,董事会的报告应以"业务执行"为主要内容,其中自然包括公司的财务会计报告。"所以,批准董事会报告理应包括承认财务会计报告。或者说,财务会计报告的承认制度寓于董事会报告的审议批准制度之中"。③

另外,根据我国《公司法》的规定,包括公司财务会计报告在内的董事会报告的审议批准,应以股东(大)会普通决议的方式作出,即应以"经出席会议的股东所持表决权过半数通过"的普通决议是否同意批准董事会报告作出决议。当然,有限公司在不违反公司法相关规定的情况下,可通过公司章程所规定的方式进行决议(详见《公司法》43条1款、103条2款)。包括公司财务会计报告在内的董事会报告一旦获得股东(大)会的批准,只要就公司财务会计报告的编制、审查以及提交等不存在违法行为,董事会、监事会以及执行董事、执行监事等有关公司财务会计报告就可免除其责任。

(三) 公示制度

财务会计报告公示,是指依法将公司财务会计报告提交给公司利益相关者,并置备于法律规定的场所供利益相关者查阅,甚至通过公告方式向社会公开的行为活动。严格来讲,这

---

① 赵旭东:《商法学》,第339页。按照《日本公司法》等的制度安排,监事会或者监事等依法审核公司的财务会计报告,同样是该类报告提交给股东大会前的必须程序。由于《日本公司法》设计了多种类型的公司机关制度,所以,该法明确规定,在会计监查人设置公司以外的监事设置公司时,会计表册、营业报告以及相关附属明细表必要时要接受监事的监查,并形成监查报告,而在会计监查人设置公司时,其中的营业报告及其附属明细表须接受监事的监查,并形成监查报告,而会计报表及其附属明细表须接受会计监查人的监查,并形成会计监查报告(详见436条1款、2款1、2项)。之后,由公司董事在向股东发送股东大会召集通知时,将经过董事会同意的会计报表、营业报告、监查报告以及会计监查报告等提交给股东(见437条)。

② 比如,《日本公司法》就明确规定,董事须将接受了监事等依法检查并经过董事会同意的会计报表、营业报告提交给定期股东大会,其中的会计报表须取得股东大会的审议批准,营业报告的内容须向股东大会进行汇报(438条)。

③ 王保树、崔勤之:《中国公司法原理》,第270页;朱慈蕴:《公司法原论》,第232页。

也是监督公司财务会计的重要制度,但制度的主要宗旨在于保护公司利益相关者,乃至公众投资者的利益。按照我国《公司法》等的规定,这种意义上的公司财务会计报告公示制度,主要由如下内容构成:一是依照法律规定或章程规定的时间送交股东。比如,《公司法》第165条规定,有限责任公司应当依照公司章程规定的期限将财务会计报告送交各股东。二是在规定时间将公司财务会计报告置备于公司或有关机构以供股东查询。比如,《公司法》就明确规定,股份有限公司须将公司财务会计报告等置备于本公司,而且股份有限公司的财务会计报告应当在召开股东大会年会的20日前置备于本公司,供股东查阅(96、165条2款)。三是接受财政、审计、税务、人民银行、证券监管等部门的监督检查,自然包括为此向相关部门报送公司财务会计报告的义务(参见《会计法》33条1款、《商业银行法》61条等)。四是公开发行股份的股份有限公司必须公告其财务会计报告(《公司法》165条2款)。但需注意的是,公司并非可以自由选择一种方式,而是严格按照《公司法》等的规定,依法公示其财务会计报告。

 **比较法知识11-3**

### 法国法上具有严格监督权的"会计监察人"制度

按照法国法的规定,会计监察人是股份有限公司必设的监督机构之一(还有监事会等),从监督职责看,会计监察人是"负责监督公司会计账目、为账目出具'监督证明'的专业人员,总的来说,会计监察人要审查公司的(财务会计)运作是否符合正规条件"。需注意这种意义上的会计监察人既不同于"在公司里负责逐日做账的薪金财会人员,也有别于负责审核账目的会计师",区别就在于这些人员通过雇佣合同与公司发生联系,而会计监察人是法定的公司监督机关。会计监察人与主要对公司经营行为是否符合规定且是否合理进行监督的监事会也有明显的区别。

会计监察人隶属于作为行业组织的会计监察人公会,从该公会中由公司股东大会选定。股东大会选定会计监察人的实质要件有二,一是只能从会计监察人公会的"职业名册"中进行了注册登记的会计监察人中选定,保证其具备要求的职业资格;二是与公司之间不存在损害其独立地位的利害关系。其形式条件就是保证由股东组成的股东大会选定(普通股东大会),"因为股东是会计监察人所进行的监督的主要受益人"。当然,在特殊情况下,也可由公司章程指定(与股东大会选定在本质上一致),或由法院的裁定来指定。由于按照法国法的制度安排,会计监察人是股有限公司极其重要的监督机构,所以,如果会计监察人的指定不符合规定,或者公司怠于选定会计监察人,股东大会有关审议财务会计等的决议或决定将会无效。

从为了保证会计监察人按照法律的构想能够发挥对公司财务会计运行的有效监督,法国法除了规定会计监察人有获得报酬的权利等外,赋予了该监督机构两项极其重要的职权。一是以有权参加股东大会、经营层的某些重要审议会议以及有权得到公司提供给股东的账目和相关文件等为主要内容的知情权;二是广泛的调查权。会计监察人当然对所服务的公司可随时开展必要的调查,也可对与公司有联系的任何自然人或法人(包括集团公司关系中的企业)进行调查。而且这种调查权具有公司秩序性质,公司章程也不得限制,同时具有总体性质,凡是会计监察人认为适于审查的所有材料,都可以对其进行调查。另外,法国法为了保证具有如此重要监督职权的会计监察人的稳定性,规定了6年的任期,届满原则上可连选连任。

会计监察人的义务,除了最主要的保密义务外,为了全体股东的利益对公司认真实行监督的义务、亲自执行监督任务的义务以及制作相关审查报告文件的义务等,也都是会计监察人必须履行的义务。

至于会计监察人的具体检察任务,因为从法律定位看,"会计监察人成了公司所提供的'信息'质量的保证人",所以,其主要任务就是监督公司各期的经营账目是否"符合规定",是否"真实"。为此,不仅要对公司经营负责人在每一个经营期终结时制定的主要会计文件实行经常性监督,特别是对公司的资产负债表、损益表及其附件实行监督,而且应当审查公司经营者在股东大会上提交的报告中向股东提供的信息是否真实,或者审查他们在经营期内向股东通报的文件中提供的信息是否真实。此外,为"在审查本期经营账目而召开的股东大会上提交一份报告"。

会计监察人违反义务,至少要承担必要的民事责任。[①]

## 第三节　公司税后利润的分配

### 一、对公司税后利润分配进行法规制的意义

如上述,营利性是公司法人组织的重要特征,公司的营利性说的是公司通过自身的经营活动取得收益并将该收益依法分配给投资者的一系列活动。所以,公司有了收益或者取得了利润将其分配给投资者即股东,既是公司营利性特征的体现,更是股东投资的目的所在,是维持乃至提高投资者向公司投资入股积极性的重要制度措施。但是,公司对股东的利润分配存在与公司债权人利益明显对立的一面。[②] 因为,公司对股东所分配的税后利润,是公司积极财产的重要组成部分,公司利润分配也就意味着公司积极财产的减少。而在股东有限责任原则下,唯有公司财产尤其是积极财产(相对负债而言)才是所有公司债权人的债权能够实现的责任财产。如果将公司对股东的利润分配完全设定为公司自治权范畴的事情,势必就会存在损害众多公司债权人利益的风险。

也正因为如此,如上述,各国公司法均对包括公司股东利润分配在内的公司财务会计制度作出了严格的规制,就公司税后利润的分配而言,从可分配利润额的严格限制到分配程序以及违法分配的法律后果等方面作出了严格的法律规定,在某种程度上实现了公司税后利润分配的强制性法定化。其意义就在于以法律的权威性调整好公司股东与公司债权人之间的利益关系,既保障股东投资入股目的的实现,又能保护好广大公司债权人的利益,最终实

---

① 以上内容详见〔法〕伊夫·居荣:《法国商法》,罗结珍、赵海峰译,第393—395、397—404、406—419页等。
② 需注意,这里所说的公司债权人属于广义概念,不仅包括与公司进行交易所形成的各种债权人,比如,公司债券持有人,金融贷款债权人、其他商事交易债权人等等,当然也包括国家(税费征收主体)、公司职工乃至公司侵权相对人等,其共同点在于都对公司享有某种给付请求权。所以,将股东分红说成与公司利益、债权人利益之间存在利益冲突,或者说成"关系到公司、股东、债权人、公司职工和国家等各不同利益主体的切身利益"的提法,也许不能说不正确,但至少是不严谨的。参见刘俊海:《公司法学》,第424页;赵旭东:《商法学》,第339页。

现商法有关维持乃至强化企业的基本原则,有利于整个社会经济的发展。①

## 二、公司税后利润以及分配顺序

### (一) 公司税后利润

按照我国《企业会计准则》的规定,公司利润是指公司在一定期间的经营成果。利润包括收入减去费用后的净额、直接计入当期利润的利得和损失等(见37条)。按照会计计算原则,公司利润包括营业利润、投资净收益和营业外收支净额。营业利润是指公司的营业收入减去营业支出的余额;投资净收益是公司的对外投资收入减去投资支出后的余额;营业外收支净额是指与公司的生产经营没有直接关系的各种营业外收入减去营业外支出的余额。以上余额的总数就应该是公司的利润总额,从该利润总额中扣除税费后的余额就应该是公司的净利润,也就是我们这里所说的公司税后利润。② 公司只有出现了这种税后利润,即净利润才能考虑对股东的利润分配,否则,不得进行这种分配,这就是公司利润分配必须坚持的所谓的"无盈利不分配"原则。③

### (二) 公司税后利润的分配顺序

其实,正是立足于上述有关公司利润分配法规制的宗旨,以《公司法》为主相关法规对公司税后利润分配的顺序同样作出了严格规定,形成了公司税后利润分配的强制性规范,达到合理调整股东与广大公司债权人利益关系的目的。根据《公司法》以及《企业财务通则》等的相关规定,公司税后利润分配必须遵循如下顺序(《公司法》166条1—3款,《企业财务通则》50条1款):

弥补以前年度亏损 → 提取法定公积金 → 提取任意公积金 → 向股东分配利润

## 三、具有重要法律意义的公司公积金制度

从上述法律规定的公司税后利润分配顺序可知,除了弥补亏损外,提取公积金尤其是法定公积金都排在了股东分配利润之前。这不仅体现了上述对公司利润分配进行法规制的宗旨,也是具体平衡好股东与广大公司债权人利益关系的重要制度。④

---

① 对于这种法规制的意义,日本公司法学者的认识非常一致。他们普遍认为,股东的利润分配明显存在与公司债权人的利害冲突。如果公司财产以利润方式可自由分配给股东,就会存在损害公司债权人利益的危险。所以,日本公司法不仅对股东利润分配的限额和程序作出了严格的法规制,而且对违反法律以及章程的利润分配的法律责任作出了明确规定,其中,甚至包括了刑事处罚责任。参见〔日〕伊藤靖史等:《会社法》,第274—275页;〔日〕神田秀树:《会社法》,第272、274页等。

② 需注意的是,从公司利润总额中需要交纳的税收主要指的是企业所得税,而其他有关交易增值等的流转税以及财产税等,应包括在上述的各种收入成本之中。按照日本相关法律规定的公司损益表分析,总营业额减去总营业成本后的余额叫做营业总利润,再从中减去销售费用以及一般管理费后的余额叫做营业利润。该营业利润加上以所领受的利息以及投资分红等为主要内容的所谓的营业外收益,再减去支付利息等的营业外费用后的余额被称作经常利润。该经常利润加上所谓的特别收益(有价证券买卖差额收益、相关公司股份买卖差额收益、固定资产出售收益等)再减去特别损失(所持相关公司股份评价损失等)后的余额被称为税前净利润,从中扣除法人税等税收后的余额才被称为公司净利润。参见〔日〕伊藤靖史等:《会社法》,第264页图表5—3损益表。

③ 施天涛:《公司法论》,第225页。另外,《企业财务通则》就明确规定了该原则,其第51条规定,企业弥补以前年度亏损和提取盈余公积后,当年没有可供分配的利润时,不得向投资者分配利润。

④ 对此,有学者明确指出,"公司公积金制度的作用在于,巩固公司的资本基础,提高公司对债权人的偿债能力,构筑保护债权人利益的又一道防护堤"。刘俊海:《公司法学》,第425—426页。

(一) 公司公积金的法律意义及其种类

1. 公司公积金及其法律意义

所谓公司公积金又称为公司储备金,是指公司为维持资本,依照法律、公司章程或股东(大)会决议主要从公司税后利润中提取的用于弥补亏损、扩大经营范围以及增加资本等方面的积累储备资金。从其功效看,因公司公积金是为强化公司信用而提取的资金,与资本性质相同,故有学者认为其性质属于附加资本。[①] 须注意的是,公司公积金在资产负债表中列示于负债项下,仅是会计计算上的一种金额,并非指某项特定财产,也不是提取后需要专门加以保管的资金。但它会导致股东的利润分配额减少而公司总资产,特别是公司资本性资产增加,从而防止因股东追求利益最大化而对债权人乃至对股东自身长远利益造成不良影响。

由此可见,公司公积金制度的主要功能就在于与公司资本制度(资本充实、维持以及不变原则)一道,明确维持对公司债权人具有重要意义的公司责任财产。[②] 所以,公司公积金制度的直接法律意义就是对公司债权人利益的保护,从而达到调整股东与公司债权人利益关系的目的,其间接意义在于夯实公司的信用基础,提升公司信用水准,维持公司稳健发展,最终有利于股东的长远利益。

2. 公司公积金的种类

公司公积金的种类,主要是根据《公司法》等的规定对其所进行的分类。

(1) 法定公积金和任意公积金。其提取是否依据法律的强制性规定而划分为法定公积金和任意公积金。法定公积金是依强制性规定而提取的储备金。其提取比例(或数额)和用途都由法律直接规定,公司不得加以变通,故也被称为强制性公积金。对此,我国《公司法》明确规定,公司在分配当年税后利润时应提取 10% 的法定公积金,提取累计额达注册资本 50% 以上的可不再提取(166 条 1 款)。任意公积金是依公司章程或股东(大)会的决议在法定公积金之外自由设置或提取的储备金。其任意性表现在,法律对提取意愿、比例、用途等都不强行规范。对此,《公司法》规定,公司从税后利润中提取法定公积金后,经股东会或者股东大会决议,还可以从税后利润中提取任意公积金(166 条 3 款)。需注意的是,二者都从税后利润中提取。

(2) 盈余公积金和资本公积金。依据其提取的来源不同可划分为盈余公积金和资本公积金。盈余公积金是从公司税后利润中提取的储备金,上述的法定公积金和任意公积金都属于这种意义上的盈余公积金。而资本公积金是从公司利润外的其他财源提取而不能构成实收资本的储备资金。根据《公司法》等的规定,其主要来源有:资本溢价或股本溢价、资产评估增值、处分公司资产所得的溢价收入、接受捐赠资产、外币资本折算差额、因公司合并而接受被吸收公司的财产减去公司因合并而增加的债务和对被吸收公司股东的给付后的资产

---

[①] 江平:《新编公司法教程》,第 106 页。
[②] 正如日本公司法学者所言,公司法上的资本金以及公积金制度是为保护公司债权人利益所设计的制度。所以,公司必须始终维持相当于公司资本金以及公积金的财产存在(资本维持原则),而且不经严格的法定程序公司不得减少该财产额(资本不变原则),在进行新股发行融资等时必须落实认购股金的确切到账(资本充分原则)。为此,日本公司法第 458 条明确规定,从总资产中减去负债的余额低于 300 万日元的,公司不得进行股东利润分配。参见〔日〕伊藤靖史等:《会社法》,第 276 页。

余额等。①

（二）公司公积金的用途

公司公积金的用途，指的是依据法律规定公司积累的公积金可在哪些方面使用的问题。对此建立明确的法律制度，对于实现上述的有关公司公积金法规制的宗旨意义重大。

对于公司公积金的用途，我国《公司法》第 168 条第 1 款明确规定，公司的公积金用于弥补公司的亏损、扩大公司生产经营或者转为增加公司资本。但是，资本公积金不得用于弥补公司的亏损。其第 2 款同时明确规定，法定公积金转为资本时，所留存的该项公积金不得少于转增前公司注册资本的 25%。

由此可见，公司公积金只能用于：① 弥补公司的亏损；② 扩大公司生产经营；以及 ③ 转为增加公司资本这三个方面。而且其中的资本公积金不得用于弥补亏损，说明只能用于扩大生产经营或转增为资本。也就是说，在公司公积金中能够用于上述三个方面的只有法定盈余公积金和任意公积金。另外，对法定公积金（法定盈余公积金和资本公积金）转增为资本后的余额规定了明确要求，即转增后的法定公积金余额不得少于转增前公司注册资本的 25%，很明显，对法定公积金在维持公司资本方面的作用给了足够的重视，这与上述的对公司税后利润分配进行法规制的宗旨密切相关。②

此外，公司公积金转增为资本等，会引起公司资本金等的变动，而资本金额属于法定登记事项。所以，我国《企业财务通则》第 19 条还规定，企业增加实收资本或者以资本公积、盈余公积转增实收资本，由投资者履行财务决策程序后，办理相关财务事项和工商变更登记。

---

 **比较法知识11-4**

### 台湾地区"公司法"上的法定盈余公积金及主要用途

我国台湾地区的公司法学者依据其"公司法"的规定，认为公司的公积金实际上指的是公司的净资产超过公司实收资本额的那部分财产数额，与"资本额"相同，属于会计账簿上所计算的数额，并不表现为现实中的具体财产。"公司法"所规定的公司公积金制度，不仅在维持公司资本充实，巩固公司财产基础方面发挥着主要作用，而且对于增强公司的偿债信用，保护公司债权人利益，维护公司交易完全方面同样意义重大。

---

① 对此，我国《公司法》第 167 条明确规定，股份有限公司以超过股票票面金额的发行价格发行股份所得的溢价款以及国务院财政部门规定列入资本公积金的其他收入，应当列为公司资本公积金。《企业会计准则第 12 号——债务重组》第 6 条规定，将债务转为资本的，债务人应当将债权人放弃债权而享有股份的面值总额确认为股本（或者实收资本），股份的公允价值总额与股本（或者实收资本）之间的差额确认为资本公积。《企业财务通则》第 17 条也规定，对投资者实际缴付的出资超出注册资本的差额（包括股票溢价），企业应当作为资本公积管理。此外，2005 年修改前的我国公司法还规定了公司在法定公积金外还需提取 5% 至 10% 的"法定公益金"（修改前 177 条 1 款），据介绍主要用于职工集体福利，而随着社会统筹保障体系的建立，2005 年修改公司法废除了该条规定。参见赵旭东：《商法学》，第 350—351 页。

② 对于公司法禁止资本公积金用于弥补亏损以及法定公积金转增为资本后的余额规制的宗旨，结合有关学者的解释，可做如下分析：简要说，一是防止变相地进行股东利润分配的风险；二是充分发挥法定公积金的资本维持功能。因为，如上述，如果公司出现亏损，有可分配利润时首先用该利润进行弥补，无该项利润时应当用法定盈余公积金进行弥补。如果允许资本公积金也可用于弥补亏损，就会存在公司利用该项制度照常进行利润分配的风险。如果不对转增资本后的法定公积金余额作出规定，就会出现资本减少时缺乏最有效的维持资本的资金来源。参见顾功耘：《最新公司法解读》，第 146—147 页。

按照台湾地区"公司法"的规定,公司的公积金也由法定盈余公积金、任意公积金以及资本公积金等组成,其中,法定盈余公积金是公司公积金制度中最重要的部分。对于法定盈余公积金的提取,台湾地区"公司法"规定,公司在完成缴纳一切税捐任务后,在向股东分配盈余之前,须按盈余余额的10%提取法定盈余公积金。但所提起的法定盈余公积金达到公司资本总额时,不再提取该公积金。同时还规定,公司不在弥补经营亏损以及依法提取法定盈余公积金之后,不得向股东分配盈余金。可见,一是提取法定盈余公积金的时间节点在于缴纳税收之后分配盈余金之前;二是能够提取的范围只能以弥补亏损并缴纳税收后的盈余金余额为准。如果公司负责人违反规定不提取法定盈余公积金,首先要受到新台币6万元罚款的行政处罚。

对于公司法定盈余公积金制度的功能,台湾地区学者认为,该项制度除了填补公司亏损以及维持股东分红的权利之外,主要功能在于通过强制性提取并保留一定数额的盈余金的方式,限制公司无节制的股东分红,通过逐年以法定盈余公积金方式(实为财产积累)充实抽象之公司资本,从而有效保障公司债权人的权益。

对于公司法定盈余公积金的用途,台湾地区"公司法"首先明确规定,"法定盈余公积金以及资本公积金,除填补公司亏损外,不得使用之"(见第239条1项本文)。可见,法定公积金的主要用途在于弥补公司亏损。① 对于弥补亏损的使用顺序,台湾地区"公司法"第239条第2项规定,"公司非于盈余公积金填补资本亏损,仍有不足时,不得以资本公积金补充之"。这说明,公司若动用其公积金弥补公司亏损时,须先使用盈余公积金,若仍有不足时才能动用资本公积金。按照台湾地区公司法学者的观点,法定盈余公积金是从公司营业活动所取得的利润中提存的部分,在本质上属于"保留盈余",而资本公积金是从公司营业活动外的资本交易所取得收益中提存部分,在本质上属于"投入资本",构成公司的股本,不宜任意变动。所以,对资本公积金的使用只能置于盈余公积金之后。②

### 四、可分配利润额的分配及其违法分配的法律后果

如上述,公司向股东分配公司利润,既是公司营利性特征的集中体现,更是股东投资目的所在,对于公司这种商事主体的存续和发展极为重要。同时,公司依法进行正确的利润分配,对于公司债权人利益保护也同样具有重要意义。所以,《公司法》等对公司可分配利润额的确定、分配决策程序、禁止事项以及违法分配的法律后果等,同样作出了严格规定。

(一)可分配利润额的分配

公司只有存在可分配利润额才能向股东进行利润分配是公司利润分配必须坚持的重要原则。从以上分析可知,所谓可分配利润额,指的就是从公司税后利润中,若有亏损进行该亏损弥补后再依照法律以及公司章程规定提取公司公积金后仍然存在的利润余额。公司只

---

① 对于公司亏损,按照台湾地区"商业会计法"等的相关规定,公司于同一会计年度内所发生之全部收益,减除同期之全部成本、费用及损失后之差额,若为负数,就是该期税前纯损,再减除营业事业所得税后就是该期税后纯损,这种税后纯损也称为公司的本期纯损。若累计多期亏损未经弥补,就形成了所谓的累计亏损。详见台湾地区"商业会计法"第58条,"商业会计处理准则"第26、39条等的规定。

② 以上内容详见王文宇:《公司法论》,第334—334页;柯芳枝:《公司法论》,第328—331页。

有存在这种意义上的可分配利润额,才能进入利润分配程序,对股东进行利润分配。所以,《公司法》规定,公司弥补亏损和提取公积金所余税后利润可依法进行分配(参见 166 条 4 款)。①

按照《公司法》的规定,可分配利润额分配的决策机构是公司的股东(大)会,因为在《公司法》所规定的股东(大)会的职权中包括了"审议批准公司的利润分配方案和弥补亏损方案"(37 条 1 款 6 项、99 条)。股东(大)会可以普通决议对利润分配方案作出决议(43 条 2 款、103 条 2 款)。② 但可分配利润分配方案的制订和向股东(大)会的提交,属于公司的业务执行范畴,应由董事会负责完成(《公司法》46 条 5 项、108 条 4 款)。也就是说,税后利润分配方案和亏损弥补方案的制定权属于董事会,而不属于股东、股东(大)会。如果股东(大)会召开之时,董事会应提出而未提出上述方案,应视为未履行职责。同时,董事会也应对其所提出的上述方案的合法性与合理性承担责任。③

对于可分配利润的分配,《公司法》第 166 条第 4 款规定,公司弥补亏损和提取公积金后所余税后利润,有限责任公司依照本法第 34 条的规定分配;股份有限公司按照股东持有的股份比例分配,但股份有限公司章程规定不按持股比例分配的除外。而《公司法》第 34 条规定,股东按照实缴的出资比例分取红利;公司新增资本时,股东有权优先按照实缴的出资比例认缴出资。但是,全体股东约定不按照出资比例分取红利或者不按出资比例优先认缴出资的除外。由此可见,股东(大)会通过公司利润分配方案后,公司就可按该方案向股东进行利润分配。不管是有限责任公司还是股份有限公司,按照股东(出资人)的持股比例(出资比例)进行利润分配是原则,但为了体现公司自治原则,有限责任公司可按出资人不按出资比例分配的约定进行利润分配,股份有限公司可根据公司章程的规定不按持股比例进行分配。④

如上述,股东的利润分配请求权是股东最具代表性的自益权,也是股东固有权的一种。但是,在股东(大)会作出利润分配决议前,这种请求权只是一种期待权,而不是现实且具体的债权。这时的股东只能在证明公司确实存在可分配利润额的前提下,可请求公司进行利润分配,也可通过诉讼进行这种请求(《公司法》152 条)。当公司股东(大)会作出了利润分配的决议时,股东的这种利润分配请求权就会从期待权变成具体的请求权,即具有实际意义的债权。不但公司不进行具体的利润分配时可向法院提起给付诉讼,而且公司的这种不作为给股东造成损失时,还可依据《公司法》第 152 条的规定,提起损害赔偿诉讼。

此外,对于公司利润分配,《公司法》还明确规定,公司持有的本公司股份不得分配利润(166 条 6 款),即禁止自己股份取得利润收入。这个问题实际上与自己股份的法律地位密切相关。这是因为公司取得自己股份存在因资产减少损害债权人利益;导致股东间的不公平、不平等;被经营者用来维护其地位以及操作股票市场价格、进行内部人交易等弊端,多国

---

① 比如,日本公司法也明确规定,股东利润分配必须在利润可分配额范围内进行。见该法第 461 条第 1 款第 8 项。
② 需注意,股东(大)会的普通决议,股份有限公司时必须经出席会议的股东所持表决权过半数通过,而有限责任公司可由公司章程作出规定。见《公司法》第 43 条第 2 款、第 103 条第 2 款前段的规定。
③ 王保树、崔勤之:《中国公司法原理》,第 277 页。
④ 对于这种存在微妙差异的立法规定,有学者给出的解释是:"这是由于,股份公司人数众多的股东之间很难甚至不可能就分红比例与出资比例的脱钩问题达成一致决议,因此立法者只要求股份公司章程就分红比例与出资比例之间的脱钩问题作出规定即可"。刘俊海:《公司法学》,第 427 页。

公司法采取了原则上禁止、例外允许的立法态度，我国《公司法》也一样（见 142 条）。① 正因为如此，对于公司所取得的自己股份的地位，面向公司法律剥夺了这种股份的财产性。这不仅表现在这种股份不得享有表决权、利润分配请求权以及剩余财产分配请求权以及募集新股时的配股权②，而且在公司的资产负债表上，作为对净资产中股东资本的扣除项目进行记账，在核算公司可分配利润额时自己股份的账面价额将从利润额中扣除。③ 对于剥夺自己股份财产性的做法，有分析认为，如果允许自己股份取得利润分配，这种利润收入只能再计入公司利润中，不仅显然存在利润的双重计算问题，而且被再次计入的利润被再次分配给公司后再计入公司利润等的循环往复，显然不合理。④

对于公司以何种方式向股东进行利润分配，我国《公司法》并未作出具体规定。但学者们大多认为，公司可以现金、财产、股份、负债等方式进行利润分配。⑤ 也有学者认为，通观公司法的全部条文可以看出，盈余分配有"现金或票据支付"和"股份分派"两种方式。⑥

由于《公司法》对此未作规定，大多分析可能综合了国际上的各种做法和我国实务中的各种做法。应该说，公司利润分配以现金分配为主，以现金外财产分配为辅。现金外财产应该既包括实物财产，也应该包括权利财产。上述学者们所说的票据分配、股份分配以及以公司债券为主的负债分配等，都应该属于以权利财产进行利润分配的具体方式。

（二）违法利润分配的法律后果

这里所说的违法利润分配的法律后果，主要指的是发生这种违法利润分配时相关当事人所要承担的法律责任。《公司法》有关这种法律责任的规定，与上述的有关可分配利润额的确定、分配顺序以及分配程序等的法规制前后呼应、相得益彰，充分体现有关公司利润分配法规制的宗旨，达到有效调整股东与公司债权人利益关系的立法目的。

对于违法利润分配的法律后果，我国《公司法》第 166 条第 5 款规定，股东会、股东大会或者董事会违反前款规定，在公司弥补亏损和提取法定公积金之前向股东分配利润的，股东必须将违反规定分配的利润退还公司。从该规定可知，这里所说的违法利润分配，一是指违反公司法所规定的税后利润分配顺序的分配行为，即在进行亏损弥补以及提取公积金前分配利润的行为；二是违反"无盈利无分配"原则的分配行为，即弥补亏损以及提取公积金后公司本无利润可分配，因未进行弥补亏损也未提取公积金而将利润进行分配的行为。不管是何种情况的违法利润分配，股东的所得属于不当得利，应该返还。所以，《公司法》规定了股东返还所得利润的责任，即"股东必须将违反规定分配的利润退还公司"。

---

① 对于公司取得自己股份的弊端，日本学者认为，如果以公司资本金为财源取得就会造成抽逃出资从而损害公司债权人利益。如果以公司利润为财源取得因取得方法与价格之不同会导致股东间的不平等、不公平。此外，还存在被公司经营者在维持自己的控制地位、操作股票市场价格以及进行内部人交易等方面被利用的风险。公司持有自己股份期间，如果自己股份价值下降就会使公司遭受双重损害。〔日〕青竹正一：《新会社法》，第 149 页。

② 参见《日本公司法》第 308 条第 2 款、453、504 条第 3 款、第 202 条第 2 款等。《德国股份法》的规定更严厉。该法第 71b 规定，"公司持有自己股份不得享有任何权利"。

③ 参见《日本会计规则》第 76 条第 2 款、《日本公司法》第 461 条第 2 款 3 项。

④ 〔韩〕李哲松：《韩国公司法》，吴日焕译，第 286 页。而我国学者认为，自己股份取得利润分配不符合公司的营利性本质特征。因为公司取得这种意义上的利润分配属于自己给自己分配利润，有违营利本质。参见王保树、崔勤之：《中国公司法原理》，第 278 页。

⑤ 详见施天涛：《公司法论》第 227—229 页；朱慈蕴：《公司法原论》，第 233—234 页；赵旭东：《商法学》，第 351 页等。

⑥ 详见王保树、崔勤之：《中国公司法原理》，第 279 页。

其实,尽管我国《公司法》未作直接规定,但通观整个公司法的规定,借鉴国外公司法的一般制度,违法利润分配的法律责任机制,还应该包括以下几点:

一是违法利润分配的情形除了上述《公司法》规定的外,还应该包括违反公司利润分配决策程序的分配,比如,未经股东(大)会决议所进行的利润分配等。二是股东返还违法分配所得利润的责任落实机制,应该进一步规定以公司决议无效确认制度认定股东(大)会以及董事会决议无效,经法院无效判决成立,股东的分配所得自然就成了不当得利,承担返还责任。三是按照公司利润分配的决策程序,先由董事会制定分配方案,实际上也是董事会的一种决议。所以,董事应当对该方案的形成,即对该董事会决议承担责任。因为,我国《公司法》规定,董事应当对董事会的决议承担责任。董事会的决议违反法律、行政法规或者公司章程、股东大会决议,致使公司遭受严重损失的,参与决议的董事对公司负赔偿责任。但经证明在表决时曾表明异议并记载于会议记录的,该董事可以免除责任(112条3款)。所以,还应该据此进一步明确董事等公司经营者乃至监督者在违法利润分配中的责任。①

当然,为了突出公司提取法定公积金的重要性,我国《公司法》还规定了违反法律规定不提取公积金的行政责任。该法第203条规定,公司不依照本法规定提取法定公积金的,由县级以上人民政府财政部门责令如数补足应当提取的金额,可以对公司处以二十万元以下的罚款。②

**【司法考试真题】**

**11-1** 某公司注册资本为500万元,该公司年终召开董事会研究公司财务问题。在该董事会的决议内容中,下列哪一项是不合法的?(　　)(2008年)

A. 鉴于公司历年的法定公积金已达300万元,决定本年度不再提取法定公积金

B. 鉴于公司连年赢利,决定本年度税后利润依公司章程全部由股东按持股比例分配

C. 为扩大生产,将该公司历年的法定公积金全部用于转增股本

D. 公司合法转增部分的股本由各股东按原持股比例无偿取得

**11-2** 关于公司的财务行为,下列哪些选项是正确的?(　　)(2014年)

A. 在会计年度终了时,公司须编制财务会计报告,并自行审计

B. 公司的法定公积金不足以弥补以前年度亏损时,则在提取本年度法定公积金之前,应先用当年利润弥补亏损

C. 公司可用其资本公积金来弥补公司的亏损

D. 公司可将法定公积金转为公司资本,但所留存的该项公积金不得少于转增前公司注册资本的百分之二十五

---

① 比如,《日本公司法》对这种情况下的股东等的责任作了比较明确的规定。该法第462条第1款本文部分就规定,超过法定的可分配利润额进行利润分配而获得现金等利益者以及执行了与该分配相关业务的业务执行者、向股东大会提交该分配议案的董事以及向董事会提交了该分配议案的董事,对公司承担与该现金利益的账簿价额相当的现金支付连带责任。另参见施天涛:《公司法论》,第229—230页。

② 相比较而言,日本公司法甚至对违法利润分配规定了更加严格的刑事责任,依该法的规定,公司的董事、监事、会计参与、执行官等,如果违反法律或者公司章程的规定进行了公司利润分配时,处以5年以下有期徒刑或者500万日元以下的罚款,或者进行合并处罚。见该法第963条第5款2项,第960条第1款3—7项。

**11-3** 申和股份公司是一家上市公司,现该公司董事会秘书依法律规定,准备向证监会与证券交易所报送公司年度报告。关于年度报告所应记载的内容,下列哪一选项是错误的?(　　)(2015年)

A. 公司财务会计报告和经营情况
B. 董事、监事、高级管理人员简介及其持股情况
C. 已发行股票情况,含持有股份最多的前二十名股东的名单和持股数额
D. 公司的实际控制人

# 第十二章

# 公司基本事项变更

公司基本事项,是指那些有关公司组织和行为的重大事项,属于关乎公司这一组织体存废和发展的基础性事项。这些事项的变动直接会影响公司的运营,所以,公司法对这些事项的变更规定了严格的程序,不仅将其严格限定在股东(大)会的职权范围内,而且原则上将这些事项的变更规定为股东(大)会的特别决议事项。根据我国《公司法》的规定,这些基本事项主要有公司章程变更、公司注册资本的增减、公司的合并与分立以及公司组织形式的变更等(43条2款、103条2款)。掌握这些基本事项的内涵、变更的原因、程序以及变更的效力等,有助于深化对公司制度的理解。

## 第一节 公司章程变更

### 一、公司章程变更的意义

(一) 公司章程及其性质、特征

1. 公司章程概念

公司章程是公司最重要的法律文件,也是公司内部最重要的组织和行为准则。从其功能而言,可以说调整着公司的整个生活。① 具体而言,公司章程是指在不违反公司法的强制性规范和公序良俗的前提下,由公司设立发起人(股东)制定并可按法律程序修改变动,对公司、股东以及公司经营管理人员具有约束力,调整公司内部权力义务关系,规范公司内部组织关系和经营行为的基本规则。

2. 公司章程的性质及其特征

对公司章程的法律性质,尽管存在"契约说"和"自治法说"两种不同的观点,但多数观点认为,至少在大陆法系法理框架内公司章程属于自治法范畴的公司内部基本规则。② 另

---

① 所谓"公司文件",主要是指公司章程。可参见〔法〕伊夫·居荣:《法国商法》,罗结珍、赵海峰译,第147页。
② 对于公司章程的法律性质,有学者介绍说,"契约说"流行于英美法系国家,而在以德国、日本为代表大陆法系国家大多坚持"自治法说",我国理论界和实务界也同样。详见赵旭东:《商法学》,第213—214页。另外,还有学者从公司章程和契约的效力范围不同;二者所体现的意思表示不同(公司章程为共同意愿表示,而契约为交错意思表示)以及公司法有关公司章程的诸多特别规定不适用于契约等方面,论证了公司章程的自治法性质。详见朱慈蕴:《公司法原论》,

外,一般认为,公司章程具有法定性、真实性、公开性以及自治性等重要法律特征。公司章程的法定性主要表现在制定义务的法定(《公司法》11条)、记载事项(内容)的法定(《公司法》25、81条)、效力的法定(《公司法》11条)以及修改程序的法定(《公司法》43条2款、103条2款)等方面。公司章程的真实性指的是其记载事项必须要与事实相符,否则登记部门有权拒绝登记(参见《公司登记条例》10条等的规定),而且按照外观信赖原则,虚假记载还需承担损害赔偿责任。我国《公司法》还规定了包括公司章程在内的虚假材料的行政处罚责任(198条)。公司章程的公开性主要表现在:一是须经登记的程序体现出公开性(《公司登记条例》20、21条);二是为实现股东等的查阅权须置备于公司所体现的公开性(《公司法》33、96、97条);三是公司公开发行股份或者公司债券须披露公司章程等所体现的公开性(《证券法》12、21条)等。至于公司章程的自治性,仅就《公司法》中多处可见的"可以""公司章程另有规定的除外"以及"由公司章程规定"等,足见公司章程的这种自治性特征。

(二) 公司章程的作用及其变更的意义

从上述有关公司章程的分析中可见,公司章程对于公司的存在和发展极为重要。简单说,公司章程是公司组织和活动的基本准则,是公司自治的宪章,"国家有宪法,公司有章程,章程对于公司的作用有如宪法对于国家的作用"。② 从法律给予公司章程的地位看,不仅是公司设立的法定条件之一,是公司组织和活动的基本自治准则,更是对公司、股东以及公司经营者具有法律约束力的文件,还是公权力机构以及交易相对人了解公司基本情况的最主要窗口。③

但作为公司章程规制对象的公司本身必然会在激烈竞争市场中发生变化,即出现所谓的"情势变迁"④,与处于相对稳定状态的公司章程(因为是法律文件)必然会出现不一致。为使公司章程能够发挥上述的功能作用,始终保持应有的法定性、真实性、公开性等法律特征,就必然具有变更内容或说修改内容的必要性。正因为如此,各国公司法都将根据情势变迁及时修改公司章程规定为公司的义务,并根据公司章程的重要法律地位,禁止公司章程的任意修改,如下述,为公司章程的修改规定了严格的法定程序。所以,公司根据自身的情势变迁,依法及时修改公司章程,是保障公司章程应有法律地位,发挥应有功能和作用的重要制度。

## 二、公司章程变更的原因与程序

(一) 公司章程的变更及其原因

由公司章程的重要法律地位所决定,公司章程的主要内容实现了法定化(也是章程法定性特征的表现)。对此,《公司法》第25条第1款规定,"有限责任公司章程应当载明下列事

---

117—118页。对于公司章程的表现形式,有学者介绍说,在英美法系国家,形式意义上的公司章程分为章程(或者组织大纲)和章程细则(或组织细则)两部分,并且在功能上前者具有对外效力,而后者即章程细则主要对内发生效力。而在大陆法系国家,形式意义上的公司章程一般不做这种区分,只有"公司章程"一种表现形式,我国也同样,只有中国证监会所颁布的《上市公司章程指引》规定,董事会可依照章程规定章程细则而已。详见李建伟:《公司法学》,第100—101页。

② 朱慈蕴:《公司法原论》,第114页。

③ 参见李建伟:《公司法学》,第105页。还有学者认为公司章程至少具有如下功能:一是具有确定公司人格的功能,二是市场识别功能,三是建构治理结构的功能,四是利益分配功能,五是提供纠纷解决依据的功能。可参见董慧凝著:《公司章程自由及其法律限制》,法律出版社2007年版,第24—35页。

④ 参见王保树、崔勤之:《中国公司法原理》,第283页。

项:(一) 公司名称和住所;(二) 公司经营范围;(三) 公司注册资本;(四) 股东的姓名或者名称;(五) 股东的出资方式、出资额和出资时间;(六) 公司的机构及其产生办法、职权、议事规则;(七) 公司法定代表人;(八) 股东会会议认为需要规定的其他事项"。

《公司法》第81条规定,"股份有限公司章程应当载明下列事项:(一) 公司名称和住所;(二) 公司经营范围;(三) 公司设立方式;(四) 公司股份总数、每股金额和注册资本;(五) 发起人的姓名或者名称、认购的股份数、出资方式和出资时间;(六) 董事会的组成、职权和议事规则;(七) 公司法定代表人;(八) 监事会的组成、职权和议事规则;(九) 公司利润分配办法;(十) 公司的解散事由与清算办法;(十一) 公司的通知和公告办法;(十二) 股东大会会议认为需要规定的其他事项"。在这些事项中,除了股东(大)会认为需要规定的其他事项外,都属于公司章程必须要记载的事项,所以,被学界称为公司章程的绝对必要记载事项,而这些事项以外的其他事项就被称为相对必要记载事项以及任意记载事项。① 公司章程变更就与这些事项的变化密切相关。

由此可见,所谓公司章程变更,亦称为公司章程修改,是指公司章程生效后根据公司情势变迁依法相应变更上述法定事项,并增减其他记载事项的行为。从理论上讲,公司章程变更的原因就在于该章程生效后公司情势发生了变化,特别是必须要记载的法定事项发生了变化,为这些事项的变更登记需要(强制性规定)必须要及时变更公司章程。在以上理论思考和实践的基础上,我国相关法规明确规定了公司章程变更事由,尽管是有关上市公司的法规,但对所有公司章程变更均有指导意义,应该说实现了公司章程变更事由的法定化。具体而言,《上市公司章程指引》(2014年版)第188条明确规定,"有下列情形之一的,公司应当修改章程:(一)《公司法》或有关法律、行政法规修改后,章程规定的事项与修改后的法律、行政法规的规定相抵触;(二) 公司的情况发生变化,与章程记载的事项不一致;(三) 股东大会决定修改章程"。

(二) 公司章程变更的程序

根据《公司法》等的规定,公司章程出现上述法定事由需要变更时,必须严格履行如下法定程序:

1. 公司章程变更议案的提出

公司章程变更的议案应由具有提案权的主体提出。我国《公司法》对此虽未明确规定,但依照《公司法》之规定,享有召开股东(大)会年会或临时会议提议权的主体也可享有公司章程变更的提案权。具体为:(1)有限责任公司的董事会、不设董事会的执行董事、监事会或者不设监事会公司的监事、代表1/10以上表决权的股东、1/3以上的董事(《公司法》39条2款、40条)。(2)股份有限公司的董事会、监事会、连续90日以上单独或者合计持有公司10%以上股份的股东(《公司法》101条),实践中大多由董事会承担公司章程变更提案主体

---

① 根据学界的解释,所谓绝对必要记载事项,是指法律规定必须要记载于公司章程的事项,缺少任何一项的记载就会影响公司章程整体效力的事项。而相对必要记载事项,是指即便不记载也不影响公司章程整体效力,只不过该事项因欠缺记载其本身不发生效力的事项。所谓任意记载事项,单指可记载于公司章程的的事项,不存在不进行记载会影响公司章程的效力,或者该事项不发生效力等情况的记载事项。参见〔日〕北沢正启:《会社法》,第75、79、82页。现行《日本公司法》第27条规定,公司章程必须记载或记录下列事项,一般认为这些就属于绝对必要记载事项,而其第28条规定,设立股份公司时,下列事项若不记载或记录于设立时制定的公司章程,相关事项就不发生效力,一般认为这些事项就是所谓的相对必要记载事项。

## 第十二章 公司基本事项变更

职责。

2. 将公司章程变更议案通知股东

如上述,公司章程变更属于公司重大事项变动,为保护股东的知情权,并有利于股东在股东(大)会上正确行使自己的表决权,各国公司法都要求将公司章程修改议案按程序提前通知股东,我国也不例外。依照《公司法》的规定,有限责任公司修改公司章程时,除非公司章程另有规定或全体股东另有约定之外,必先于会议召开十五日以前通知全体股东(41条1款),股份有限公司修改公司章程时,应当将股东大会会议召开的时间、地点和审议的事项于会议召开20日前通知各股东;临时股东大会应当于会议召开15日前通知各股东;发行无记名股票的,应当于会议召开30日前公告会议召开的时间、地点和审议事项(102条1款)。

3. 由股东(大)会作出公司章程变更决议

基于公司章程变更的重要性,尽管各国公司法的规定存在一定的差异,但原则上都将该公司章程变更作为股东(大)会的专属职权进行了制度设计,而且原则上要求以股东(大)会特别决议的方式作出决定。[①] 根据我国《公司法》的规定,变更公司章程是股东(大)会的一项重要法定职权(37条1款10项、99条)。并且根据公司章程变更的重要性,将该变更规定为股东(大)会的特别决议事项,即有限责任公司变更章程须经过代表2/3以上表决权的股东通过(43条2款),但有限责任公司股东依法转让股权后的公司章程修改不再需要股东会表决(73条)。因为按《公司法》的规定,有限责任公司股东向股东以外的他人转让股权须征得其他股东过半数同意,而且其他股东享有优先购买权(71条2款、72条)。一句话,这种情况下的事项变动股东是知晓的。股份有限公司须经出席股东大会的股东所持表决权的2/3以上通过(103条2款)。章程涉及类别股东权益变化,还应征得类别股东的同意(《到境外上市公司章程必备条款》79、80条)。

4. 制作公司章程变更会议记录并进行登记或备案

按照《公司法》的规定,有限责任公司的股东会应对修改公司章程的决定制作会议记录,出席会议的股东应在会议记录上签名(41条2款),股份有限公司的股东大会应当对修改公司章程的决定作成会议记录,主持人、出席会议的董事应当在会议记录上签名,并且会议记录应当与出席股东的签名册及代理出席的委托书一并保存(107条)。另外,公司章程的诸多记载事项,尤其是法定记载事项,同时是极其重要的登记事项,所以公司章程变更后应向原公司登记机关申请变更登记,并提交法定代表人签署的变更登记申请表、变更决议及法定代表人签署的修改后的章程或其修正案等登记机关要求提交的法律文件(《公司登记条例》26、27条)。

公司章程修改未涉及登记事项的,公司应当将修改后的公司章程或者公司章程修正案

---

① 比如,《日本公司法》就明确规定,修改公司章程原则上需要股东大会作出特别决议(466条、309条2款11项)。但同时该法又规定了如下的例外情形:一是进行股份分割并通过分割增加股数总数以及单元股份制度中减少一单元股份数或废除该数之类事项引起的公司章程变更可以董事会决议进行(184条2款、191条、195条1款);二是为限制股份转让需要公司章程变更时则需要股东大会作出特殊决议,即由半数以上可行使表决权的股东出席(人头数),由表决权3分之2以上同意所形成的决议(309条3款);三是未将股份设置为附全部取得条件股份以及为从特定股东那里取得自己股份而需要排除其他股东的卖主追加请求权需要变更公司章程时,须取得全体股东的同意(107条1款3项107条1款3项、164条2款)。此外,据学者介绍,公司章程的修改权问题,还有除准许股东修改外,允许董事会做微调以及准许法院以裁判方式进行必要修改的做法。参见朱羿锟著:《商法学——原理·图解·实例》(第二版),北京大学出版社2007年版,第282页。

送原公司登记机关备案(《公司登记条例》36条)。不仅如此,该《公司登记条例》还规定了违反上述规定不进行变更登记或者备案的行政责任,即该《条例》第69条规定,未按规定办理有关变更登记的,由公司登记机关责令限期登记;逾期不登记的,处以1万元以上10万元以下的罚款。其中,变更经营范围涉及法律、行政法规或者国务院决定规定须经批准的项目而未取得批准,擅自从事相关经营活动,情节严重的,吊销营业执照。公司未依规定办理有关备案的,由公司登记机关责令限期办理;逾期未办理的,处以3万元以下的罚款。

5. 公示

按照《公司登记条例》的规定,公司登记机关应当将公司登记、备案信息通过企业信用信息公示系统向社会公示(56条)。公司的大部分法定登记事项基本上与公司章程的记载密切相关,所以,公司章程的变更事项也将会按该项义务得以公示,便于社会公众查阅,从而发挥社会监督作用。

### 三、公司章程变更的效力

公司章程依法变更后按新记载事项发生效力,此为基本原则。这种意义上的公司章程变更的效力,不仅主要指对公司、股东、董事、监事、高级管理人员的约束力,而且也包括以登记公示为要件的对其他第三人的对抗效力。至于公司章程变更的这种效力,是从股东(大)会决议后还是从变更登记后发生的问题,目前尚存争议。① 但通观我国法律的规定,对于公司章程变更的效力问题,应坚持如下几点:一是原则上公司变更章程自股东(大)会作出决议之日生效;二是法律规定公司章程变更应经过批准的,自经批准之日生效;三是公司章程的变更只有依法经过登记并公示的,才可对抗第三人,且第三人确有正当理由无法知晓的,不在此限;四是按照一般法理公司章程变更不具有溯及力,即投资人不得主张公司章程变更前的权利,公司也不得以变更后的事项对抗既存的法律关系。②

一些国家对未参加章程修改决议的股东赋予退出权,我国仅对一些具体而重大事项变更的,赋予相应的退出权,而并未在抽象意义上赋予未参加章程修改的股东退出权。比如,我国《公司法》仅对公司重大事项变动持反对意见的股东规定了股权回购请求权(74条、142条1款4项)。另外,对于公司章程变更中的实体内容变动,我国法律并未明确规定,这实际上对保护少数股东的利益等极为不利。所以,有学者建议法律应当对公司章程修改的内容作如下限制性规定:一是公司章程的变更不得删除绝对必要记载事项;二是非经股东同意,不得变更该股东的既得权益;三是非经股东同意,不得为股东设定新义务;四是非经股东一致同意,不得为部分股东设定新权利。③

---

① 有学者即认为变更章程原则上只须经股东会之决议即发生效力,书面更正只是变更章程生效后的程序而已。参见柯芳枝:《公司法论》,第409页。据《意大利民法典》第2437条之规定,其章程变更以登记为生效要件。

② 对于公司章程变更的效力问题,我国权威学者指出,包括内容合法和程序合法的公司章程变更的合法性是章程变更发生效力的前提。公司章程变更效力的发生应区分实质意义上的章程和形式意义上的章程之不同。前者应自股东(大)会作出修改章程决议之日起生效,而后者,即形式意义上的章程,也即书面形式章程对于第三人而言十分重要,所以应自变更登记之日起生效。详见王保树、崔勤之:《中国公司法原理》,第285页。

③ 该学者还明确指出,我国公司实务中遇到的一个突出问题,就是多数股东借公司章程修改之机利用表决权优势进行有利于自己、损害少数股东的内容修改。详见李建伟:《公司法学》,第107页。另参见范健、王建文:《公司法》,第214—215页。

# 第十二章 公司基本事项变更

### ▲ 比较法知识12-1
### 日本法上的公司章程变更与灵活多样的决定机制

如上述,公司章程是股东共同意志的体现,是公司最根本的组织与行为规范准则,原则上应保持相对的稳定性。但考虑到公司在激烈竞争市场中的多变性,法律允许公司在严格条件和程序下可修改其章程。鉴于公司章程的重要性,各国公司法不仅将修改公司章程明确规定为股东大会的职权之一,而且多将公司章程修改规定为只能通过股东大会特别决议方能有效行使的职权,对此,《日本公司法》的规定也基本相同。因为《日本公司法》不仅允许公司成立后可根据需要修改公司章程(见该法 466 条),而且规定原则上公司章程修改需要股东大会作出特别决议,即需要作出由在股东大会上可行使表决权股东的过半数表决权股东出席,并以出席会议的股东三分之二以上多数表决权赞成的决议(见该法 309 条 2 款 11 项)。

但是,需要关注的是,《日本公司法》在此原则之下,根据公司章程修改事项的重要程度,尤其是所修改事项对股东权益的影响程度,作出了灵活多样的决定机制。

首先,公司章程修改事项或者直接关系到股东能否自由收回其投资,即直接限制甚至剥夺股东自由收回其投资权利的事项,或者对股东的最重要自益权,比如利润分配以及剩余财产分配请求权等进行差别处理的事项,《日本公司法》规定,为此类事项而修改公司章程时需要比特别决议其要件更加严格的股东大会的所谓"特殊决议"。根据《日本公司法》的规定,这种股东大会的"特殊决议"又根据具体情况分为两种:一是比如公司对所发行的全部股份通过变更章程设定转让限制(即需要取得公司同意才能转让等),或者在实施公司合并、股份交换以及股份移转过程中需要对公开公司的股东交付转让受限股份时,须作出可行使表决权股东的半数以上(不是表决权是对人头数的要求),且由该类股东表决权三分之二以上多数赞成的决议,而且法律不禁止公司通过章程对这些要件的加重处理(见该法 309 条 3 款)。二是在非公开公司的情况下,如果通过公司章程修改对股东的利润分配以及剩余财产分配乃至表决权作出因人而异的规定时,须作出全体股东的半数以上(与是否可行使表决权无关),且股东表决权四分之三以上多数赞成的决议(见该法 309 条 4 款),同样法律不禁止公司以章程对这些要件进行加重处理。

其次,对于公司章程修改事项属于直接限制甚至剥夺股东地位的事项时,只有取得全体股东同意才能为此类事项而修改公司章程。比如,公司通过修改章程为取得股份设定取得条件等的做法就属于此类情形。按照《日本公司法》第 110 条的规定,这种意义上的公司章程修改须取得全体股东同意。

最后,对于那些并不直接影响股东权益以及地位的公司章程事项变更,甚至不需要股东大会的决议,可由公司董事会或者董事作出决定即可。比如将 1 股分为 3 股等的股份分割并不影响股东的实际利益,再比如采用单元股份制的公司减少单元股份的数量,或者废除有关单元股的规定等所进行的章程事项变更,也对股东实际权益不会产生负面影响。所以,为此类事项所进行的章程变更,在董事会设置公司时由董事会作出决定,非董事会设置公司时可由董事作出决定(详见《日本公司法》184条2款、195条等的规定)。①

## 第二节 公司合并与分立

公司合并与分立,从大的方面说,属于促使资源合理流动和优化配置以及调整产业结构等的重要手段,从公司本身而言,属于公司组织体重组,实现提高市场竞争力等多重目的之公司最基本事项变更的重要内容。② 明确有关公司合并与分立的法律制度,是深化对公司法律制度认识的重要方面。

### 一、公司合并

(一) 公司合并概述

1. 公司合并的概念与特征

(1) 概念。对于公司合并,我国《公司法》与国外有些国家的公司法相同,并未对抽象意义上的公司合并给出含义界定,只对公司合并的分类及其具体含义作出了明确界定。③ 而在我国对抽象意义上的公司合并给出具体含义界定的是部门规章,即《合并与分立规定》。根据该规章的规定等,所谓公司合并,是指两个以上公司根据法律的有关规定,主要通过合并协议合为一个公司的法律行为。④

(2) 特征。其法律特征表现为:① 公司合并是法人间的合并。就我国法定的公司形式而言,公司合并可以是有限责任公司间、股份有限公司间以及有限责任公司与股份有限公司间的合并,即在我国《公司法》对不同类型组织形式的公司合并未加禁止的情况下,公司合并既可在同类公司间展开,也可以在不同类公司间进行,同时,我国法律对于合并后公司之类型也未作限定,即有限责任公司与股份有限公司也可合并为有限责任公司,只要符合合并后公司的法律规定即可。⑤ 实践中也允许公司与其他企业法人间进行合并,但此类形式不受《公司法》调整。② 公司合并是公司间在自愿基础上的协议行为,而非股东之间的行为。⑥ 并且这一协议行为与合伙合同、公司设立协议相似,呈现权利义务的一致性而非交互性。③ 债权债务由合并后的公司继受,因而无须经过解散、清算程序,仅依合并程序就可消灭和

---

① 以上内容详见〔日〕伊藤靖史等:《会社法》,第79—80、161、357—358页;〔日〕青竹正一:《新会社法》,第548—549页。
② 正因为这样,发达国家的公司法将公司合并、分立以及股份交换和股份移转都作为公司组织体重组的重要手段进行了规定,并且将通过组织体重组使流动状态的权利义务等得以继受的方式叫做"继受型组织体重组",而将通过重组设立新的公司,由其继受权利义务的方式叫做"新设型组织体重组"。详见〔日〕伊藤靖史等:《会社法》,第387页。
③ 比如,《日本公司法》直接规定了吸收合并和新设合并这两种公司合并的基本形式,并分别规定,所谓吸收合并,指的是公司与其他公司进行的合并,合并后存续的公司继受因合并而消灭公司的全部权利义务(2条27项)。所谓新设合并,指的是两个以上公司的合并,因合并设立的公司继受因合并而消灭公司的全部权利义务(2条28项)。
④ 详见《合并与分立规定》第3条第1款的规定。
⑤ 关于公司合并的种类限制问题,各国公司法规定不一。有的国家采"种类不受限制主义",即公司合并时不问拟合并的公司是否为同一责任形式;有的国家采"种类限制主义",即只允许同种类的公司合并,或者虽允许性质相似的公司合并,并对合并后公司类型作出限制。具体可详见毛亚敏:《公司法比较研究》,第314—315页。
⑥ 这一契约行为一方面排除政府随意"拉郎配"的市场干预行为,但另一方面不排除政府依据反垄断的授权,为了维护公平竞争秩序而对公司合并予以行政审查,也不排除政府依据法律或行政法规的授权,为保护自然资源与生态环境而对小规模的采矿企业作出强制合并的行政决定。可参见刘俊海:《现代公司法》,第516—517页。

变更主体。同时,合并前公司的股东资格并不消灭,而是在存续或新设公司中取得相应的股东资格,除非对公司合并持有异议的股东行使了退出权。

2. 公司合并种类以及意义

(1) 公司合并分类。公司合并种类也叫做公司合并分类或公司合并形式,按照我国《公司法》的规定,公司合并可分为吸收合并和新设合并两类(172条1款)。

吸收合并又称为存续合并或兼并,是指一个公司吸收其他公司并经变更登记后继续存在,其他公司则归于消灭的法律行为(172条2款)。比如,A公司以吸收合并方式兼并B公司,前者继续存在,后者随之消灭,而且后者的全部财产以及债务归前者(174条)。

新设合并又称为创设合并或联合,是指两个以上公司以消灭其各自法人资格为前提而合并组成一个公司,并经重新设立登记后取得新法人资格的法律行为(172条2款)。比如,A公司与B公司合并为C公司后,A、B公司都消灭的合并就是新设合并。由于新设合并存在一个新公司的诞生问题,所以,从法律适用而言,除公司法有关合并的规定外,还须适用公司法有关公司设立的规定。

需注意的是,公司合并与公司重组实践中以及在一些行政法规中出现的"公司并购"与"公司收购"概念的区别与联系。公司并购,简单说应该是"公司兼并"(吸收合并)与"公司收购"两个用语的合称或者简称。公司并购中的"并",指的是就是公司间的吸收合并,也称为兼并。而并购中的"购",说的就是通过股权收购或者包括股权在内的公司整体资产收购的方式购买其他公司,其目的在于控制乃至兼并该被收购公司的买卖行为,也就是通常所说的"公司收购"行为。[①] 可见,公司并购中的兼并,说的就是公司合并中的吸收合并,公司并购与公司合并既有联系又有区别。而公司收购说的是公司间的买卖、控制以及合并行为,所以,与公司合并也属于既有联系又有区别的关系。

但我国《公司法》对公司并购以及公司收购未作规定,《证券法》只对"上市公司的收购"作出了规定(《证券法》第四章)。从《证券法》的规定看,上市公司的收购指的是投资者公开收购已经依法上市交易的股份有限公司的股份,以获得或者巩固对该股份有限公司控制权为目的的行为。因为,《证券法》明确规定,"收购行为完成后,收购人与被收购公司合并,并将该公司解散的,被解散公司的原有股票由收购人依法更换"(99条)。

这里需要注意的是,当收购人获得目标公司100%股权后,被收购的目标公司的存续就会成为问题,收购人可从以下方案中作出选择:一是根据《公司法》上"一人公司"的法律地位,该目标公司可成为收购人为唯一股东的一人公司继续存在,二是收购人也可解散该目标公司,通过吸收合并方式将其吸收,成为收购人的一个部分。[②]

---

[①] 需注意的是,这里所说的包括股权在内的公司整体资产收购,也就是商法学上所说的"营业转让",或者叫企业转让。但有的学者将公司收购中的资产收购和股权收购并列而论,显然不科学。因为,公司股权本身就是重要的权利财产,由于其构成公司的资本等,而且是公司最重要的资产部分。参见李建伟:《公司法学》,第117页。

[②] 就上市公司收购方式而言,主要有以下几种:一是要约收购。又称公开要约收购或公开收购,是指投资者向目标公司的所有股东发出要约,表明愿意以要约中的条件购买目标公司的股票,以期达到对目标公司控制权的获得和巩固。二是协议收购。是指投资者在证券交易所外与目标公司的股东(主要是持股比例较高的大股东)就股票的价格、数量等方面进行私下协商,达成协议,并按协议约定的收购条件、收购价格、收购期限以及其他规定事项,收购目标公司的行为。三是公开市场收购。是指收购人在场内证券交易市场上,直接购买目标公司的股票,从而达到控制该目标公司的一种收购行为。参见《实用版中华人民共和国证券法》,中国法制出版社2010年版,第48页。

(2) 公司合并的意义。对于公司合并的意义,可从宏观层面和微观层面加以理解。一是从宏观层面而言,公司合并不仅可促进资源合理流动和资源优化配置,以此调整、优化以及提升产业结构和市场主体结构;而且公司合并还可活跃和增强市场主体的竞争能力,扩大经营规模,提升整个国家的国内外市场竞争水平。二是从公司自身这个微观层面而言,公司合并既可用来减少竞争对手,以此提高自己的竞争能力;也可用来迅速扩大自己的经营范围,增强经营实力,发展规模经济;还可用来公司间实现相互协作、取长补短、交流经营管理经验,以此提高公司的经营管理水平。此外,公司合并还是走出公司经营困境,避免破产以及股东找到合理退出机制的有效手段。

当然,公司合并也同样存在消极因素,主要就是有可能形成垄断从而妨碍或者破坏市场自由竞争秩序。所以,公司合并还需接受《反垄断法》乃至《反不正当竞争法》的审查,不得形成垄断行为以及不正当竞争行为。①

(二) 公司合并的程序

如上述,公司合并不只是公司的重要基本事项变更,而且还是公司组织体重组的重要内容。公司合并不仅涉及股东(含少数股东)的利益,还必然涉及公司债权人(含公司职工)的利益。所以,各国公司法都对公司合并规定了严格的程序,并对保护少数股东、公司债权人以及职工利益作出明确规定。根据我国《公司法》的规定,结合其他相关法规的规定,应该说,公司合并在我国须遵守如下程序以及包括利益相关者的制度规范。

1. 由合并各方签订合并协议

应该说,合并协议的签订是合并各方在各自提出的合并方案的基础上,经过充分协商就合并达成意思一致的合同行为。所以,《公司法》规定,公司合并,应当由合并各方签订合并协议(173条)。同时,按照《公司法》的规定,合并各方的合并方案应由各自公司的董事会提出(46条7项、66条1款、108条4款)。对于合并协议应包括的内容,《公司法》未作规定,根据相关法规的要求,协议至少包括合并协议各方以及合并公司的名称、住所、法定代表人;合并后的公司注册资本;合并形式;合并各方债权债务继受方案以及职工安置办法等条款。②

2. 合并方各自对合并协议作出决议

根据《公司法》规定,是否按照上述的合并协议进行合并,由合并方各自的股东(大)会作出决议(参见173条),并且决议方案仍由公司董事会制订并提交给股东大会(37条1款9项、99条、46条7项、108条4款)。③ 如上述,公司合并属于基本事项变更,所以股东(大)会须以特别决议的方式作出决议(43条2款、103条2款)。④ 但根据《公司法》的特别规定,需

---

① 比如,《反垄断法》所规定的垄断行为就包括了"具有或者可能具有排除、限制竞争效果的经营者集中"。详见该法第3条的规定。

② 参见《合并与分立规定》第21条的规定。

③ 有观点认为,因公司法对合并协议的签订和股东(大)会进行决议的顺序未作明确规定,因而在如何安排二者的顺序的问题上存在一定的争论。尽管如此,这不是一个大的问题。如果股东大会决议在前,决议通过后签署合并协议顺理成章,如果股东大会决议在后,也完全可以通过约定合并协议附条件生效的技术处理,理顺其中的法律关系。详见朱慈蕴:《公司法原论》,第347页。在这个问题上,《日本公司法》的规定十分清楚,先进行合并协议的签署,后按照规定向利益相关者(主要是股东和公司债权人)履行通知、公告以及公示义务,然后再由股东大会对合并协议作出是否赞同的决议。参见〔日〕伊藤靖史等:《会社法》,第397页。

④ 在国外存在的简易合并、小规模合并等形式中,省略了股东会、股东大会决议或股东决定的程序,简易合并主要适用于一些特定的公司如母子公司等。可参见〔韩〕李哲松:《韩国公司法》,吴日焕译,第698—701页;毛亚敏:《公司法比较研究》,第315—316页。

注意以下几点:一是若有限责任公司股东以书面形式一致表示同意公司合并的,可以不召开股东会,直接作出决定,并由全体股东在决定文件上签名、盖章(37条2款);二是国有独资公司的合并须由国有资产管理监督机构决定,其中,重要的国有独资公司的合并,应当由国有资产监督管理机构审核后,报本级人民政府批准(66条1款);三是合并当事人公司为一人公司时,自然由股东以书面形式作出决定,并由股东签字后置备于公司(61条)。①

另外,在有关股东(大)会决策合并事宜的过程中,如何保护少数股东利益,即对合并协议投了反对票的股东利益,是各国公司法高度关注的问题,也是资本多数决定原则能够贯彻执行必须要解决好的问题,否则,会影响相当数量股东的投资积极性和投资利益。对此,我国《公司法》规定了所谓的"异议股东股权回购请求权",明确规定,对公司合并协议投反对票的股东可以请求公司按照合理的价格收购其股权(74条1款2项、142条1款4项)。

3. 编制资产负债表及财产清单

可以说,按照《公司法》的规定,在推进公司合并时,为使合并各方以及各自的股东、公司债权人等准确把握各自的资产负债情况以及现有财产状况,肯定需要编制相关的资产簿册。依《公司法》规定,合并公司各方须编制资产负债表以及财产清单(173条)。从其用途而言,不仅签订合并协议的各方以此来把握对方的资产负债以及财产状况,而且股东(大)会决议时也是股东作出判断的重要依据。此外,这些资产簿册同样是公司债权人决定其去留的重要依据。所以,这些资产簿册在合并各方协商签订合并协议时就应该完成编制任务,并在后续的程序中继续使用,包括以备利益相关者查阅。从资产簿册的内容看,资产负债表应载明公司资产的借贷情况,而财产清单应当分别注明公司所有的动产、不动产、债权、债务及其他资产。

4. 通知、公告债权人

如上述,公司合并属于公司基本事项变更,更是公司组织体重组的重要内容之一。所以,充分保障股东以及公司债权人等利益相关者的知情权极为重要。对股东而言,其知情权将会在股东(大)会的召集程序以及股东等的公司文件查阅权程序中得到保障。故《公司法》在有关公司合并的程序中主要规定了公司对公司债权人的通知、公告义务以及债权人的异议权。《公司法》规定,公司应自合并决议之日起10日内通知债权人,并于30日内在报纸上公告。债权人自接到通知之日起30日内,未接到通知的自公告之日起45日内,可以要求公司清偿债务或提供担保(173条)。需注意的是,这一规定不仅以严格规定公司的通知、告知义务的方式保障了债权人的知情权,而且以债权人有权提出清偿债务或者提供担保的方式明确了债权人的异议权。加之《公司法》规定了债务法定移转制度(174条)②,并规定了公司违反通知、公告义务的行政责任,即处以1万元以上10万元以下的罚款(204条1款),所以,《公司法》建立了公司合并程序中比较完善的公司债权人保护制度。

此外,公司基本事项变更也会涉及公司职工的利益,严格讲,保护公司职工利益不受侵

---

① 我国《公司法》未规定种类股份,所以也不存在有关种类股东大会进行决议的制度安排。按照发达国家公司法的规定,合并当事人属于种类股份发行公司时,还需要由种类股东组成的种类股东大会的决议。正如有学者所说,"种类股份有权作为单独的表决权集团对合并协议进行表决;未经其同意,不得合并"。李建伟:《公司法学》,第118页。

② 也正因为实现了债务的法定移转,所以公司合并等无需公司债权人的同意,以通知或公告而发生效力。相对于公司合并等程序中的这种债权债务的法定概括性移转,将通过合同所进行的债权债务的概括性移转叫做意定移转,显然这种意定移转必须取得债权人同意方能生效。参见朱慈蕴:《公司法原论》,第348页。

犯,属于劳动法域的基本制度。比如,就公司合并等而言,我国《劳动合同法》第34条规定,"用人单位发生合并或者分立等情况,原劳动合同继续有效,劳动合同由承继其权利和义务的用人单位继续履行"。其实,我国《公司法》也从确保职工的建议权等角度,对保护职工利益作出了规定,公司合并自然包括在职工建议权的范围内。该法第18条第3款规定,"公司研究决定改制以及经营方面的重大问题、制定重要的规章制度时,应当听取公司工会的意见,并通过职工代表大会或者其他形式听取职工的意见和建议"。

5. 办理变更登记

对此,《公司法》第179条明确规定,"公司合并或者分立,登记事项发生变更的,应当依法向公司登记机关办理变更登记;公司解散的,应当依法办理公司注销登记;设立新公司的,应当依法办理公司设立登记"。对于申请登记的时间以及需要提供的文件等,《公司登记条例》规定,公司应当自合并公告之日起45日后申请登记,提交合并协议和合并决议或者决定以及公司在报纸上登载公司合并公告的有关证明和债务清偿或者债务担保情况的说明。法律、行政法规或者国务院决定规定公司合并、分立必须报经批准的,还应当提交有关批准文件(38条2款)。

依法完成上述登记后,公司合并程序即告结束。

(三) 公司合并的法律效果以及救济措施

1. 公司合并的法律效果

简单说,公司合并主要发生公司法人格以及财产的变动、股东身份的变动以及债权债务变动这几个方面的法律效果。

(1) 公司法人格的设立、消灭以及公司财产等的变更。一是在新设合并的情况下,各合并方均须办理注销登记,消灭原公司法人资格,还需新设立的公司办理设立登记,产生新的公司法人。进行吸收合并时,被吸收的公司要进行注销登记,其法人格消灭。二是在吸收合并的情况下,存续公司须办理财产变更等的变更登记(《公司法》179条1款,《公司登记条例》38条1款),存续公司的财产等将会发生重大变动。①

(2) 股东身份的变动。公司合并引起股东身份变动主要表现在两个方面,一是股东反对合并失败后行使股份回购请求权而退出公司(《公司法》74条1款2项、142条1款4项),导致丧失股东身份;二是取得另一公司的股东身份,包括吸收合并时消灭公司股东移转至存续公司以及新设合并时所有消灭公司股东移转至新设公司,并通过换发股份方式获得该公司的股份。需注意,在吸收合并时存续公司的股东若不行使股份回购请求权,依然是该公司的股东,不属于股东身份变动的范畴。

(3) 债权债务的法定概括性移转。公司合并只要公司债权人不行使债务清偿请求权,有关合并公司的债权债务将会发生法定的概括性移转。对此,《公司法》明确规定,"公司合并时,合并各方的债权、债务,应当由合并后存续的公司或者新设公司承继"(174条)。

---

① 由此可见,我国对于公司合并的性质是采取"人格合一说"。对于公司合并的性质,主要有"人格合一说""实物出资说""契约说"三种。"人格合一说"认为公司合并使两个以上的公司人格合一,从而产生了权利义务概括承继和股东收容的法律效果;"实物出资说"认为公司合并实质是以解散公司的全部财产、营业作为实物出资转让给存续公司或新设公司的情形;"契约说"认为公司合并是合并方订立的契约行为。此三种学说中以"人格合一说"为通说。参见覃有土:《商法学》,第201—202页。另参见〔韩〕李哲松:《韩国公司法》,吴日焕译,第88页以下。

2. 公司合并救济措施

主要指公司合并协议、股东（大）会的决议以及其他合并程序违反法律、公司章程的规定时，其效力如何以及如何认定这种效力并予以纠正的问题。

从一般公司法的法理而言，公司合并等与公司设立相同，都是有关公司组织体的基本行为，对于这些基本行为，公司法都会规定这些行为成立的条件以及须严格履行的程序。一旦这些行为没有达到所规定的条件或者没有遵守法定程序，自然就会成为存在瑕疵的行为。并且这些瑕疵根据其程度就会成为行为被请求停止（限于正在进行中）、撤销乃至行为无效的原因。另外，如上述，公司合并属于公司基本事项变更，涉及诸多利益相关者，并会形成较为复杂的法律关系。鉴于此，国外大多国家的法律不仅规定了公司合并可撤销、无效的事由，而且为了保障法律关系的相对稳定性，就公司合并而言，还明确规定了无效诉讼制度。①

（1）合并无效事由。对于公司合并无效的事由或说原因，国外公司法学者的通说认为，只要公司合并的程序存在较严重的瑕疵，就会成为公司合并无效的事由。并且综合公司法有关公司设立、新股发行以及资本减少无效事由的规定，认为公司合并协议或计划中必要记载事项的欠缺、相关意思表示欠缺、应作出决议的股东（大）会本身的不存在或者无效或被撤销、债权人通知、公告程序的不履行以及公示事项欠缺或者存在重大虚假记载等，都应是公司合并无效的事由。②

（2）合并无效之诉。对于公司合并无效诉讼制度，基于上述的基本法理，国外的大多公司法都对该诉讼的诉讼权人、提起诉讼的期限、无效判决的对世效力以及溯及力的否定、专属管辖、担保提供命令、诉讼合并以及原告败诉后的损害赔偿责任等作出了明确规定。比如，对于诉讼权人，《日本公司法》规定，公司合并生效时相关公司的股东、董事、监事、执行官或者清算人，以及反对合并的公司债权人、破产管理人。诉讼提起期限为公司合并生效之日起6个月以内（见该法828条2款7—12项），被告为合并后存在的公司（见该法834条7—12项）。其他诉讼专属管辖、担保提供命令、诉讼合并以及原告败诉后的损害赔偿责任等，与公司设立等有关公司组织体的诉讼相同（见该法835—837条）。

公司合并无效判决一旦确定，将会产生如下法律效果：

**一是对世效力。** 法院已确定判决的对世效力，指的是该判决除了对诉讼当事人发生效力外，对第三人同样发生效力，任何人不得就此再提起诉讼。对法院这类已确定判决赋予对世效力，主要是基于对诉讼标的所涉及众多人的法律关系进行统一处理的需要。公司合并自然属于涉及众多人的法律法律关系的组织体重组行为，所以，有关公司合并的已确定无效判决，也就需要具有这种对世效力。③

**二是判决不具有溯及效力。** 法院判决的溯及效力指的是其判决的法律效果可以溯及至判决生效以前的法律关系。由于如此认可判决的效力不仅对既存法律关系的稳定性不利，

---

① 公司合并无效诉讼制度最根本的一点就是这种无效只能以提起诉讼的方式主张，而不得以其他方式主张。原因在于公司合并会形成错综复杂的法律关系，如果允许事后的无限制无效主张，将会影响已有法律关系的稳定。再说如果根据不同当事者或者允许主张无效或者不允许主张无效，都会使法律关日益复杂化。参见〔日〕伊藤靖史等：《会社法》，第427页；〔日〕北沢正啓：《会社法》，第764页等。

② 参见〔日〕龍田節：《会社法大要》，第471—472页。

③ 比如，《日本公司法》第838条就明确规定，认可有关公司组织的诉讼请求的生效判决，对第三人同样产生效力。

而且对行为主体将造成不必要的恐惧心理。所以,法律原则上会否定法院判决和新制定法律的这种溯及效力,使其不具有溯及效力。正因为如此,判决不具有溯及效力也被称为判决溯及效力的否定,指的是有关公司合并等的无效判决,仅对判决生效之日起的未来发生效力,没有溯及判决生效前法律关系的效力。①

**三是基于判决不具有溯及效力的法律效果。**公司合并无效判决一旦确定,首先,因吸收合并或者新设合并而消灭的公司得以复活,并从存续公司或者新设公司中分立,复活公司需办理复活登记,存续公司需办理变更登记,而新设公司则要履行解散程序并办理注销登记。其次,因合并所发生的权利义务移转,仅限于现状(因溯及效力的否定)回归于合并前这些权利义务承担者的公司。② 最后,从合并后至判决生效为止合并后的公司(存续公司或新设公司)所负担的债务将成为合并当事公司的连带债务,所取得的财产将成为当事公司的共有财产,对于各自的债务以及财产份额应当由当事公司通过协议确定,协议不成的只能诉求法院解决。③

需要注意的是,尽管公司合并属于有关公司组织的重要变更事项,但我国《公司法》就像对公司设立未作规定一样,对公司合并的无效事由以及无效诉讼制度同样未作出规定,尽管《公司法》第22条对股东(大)会、董事会决议的无效以及可撤销情形等作出了规定,但该项规定远远不能涵盖公司设立、公司合并等有关公司组织的行为,属立法上存在的一大缺憾。当然,有学者认为,在立法解释上公司合并无效之诉成立,司法实务也有此类裁决。④

### 比较法知识12-2

### 法国商学者法侧重于对"吸收合并"的分析

尽管法国商法等所规范的公司合并也分为吸收合并和新设合并两种基本方式,但法国商法学者侧重于对吸收合并的叙述,也许源自于法律规范的侧重点有所不同。

在法国商法学者看来,吸收合并在多数情况下表现为"由一家公司吸收另一家公司",当然也不排除同时有多家公司被吸收的情形,但不管从实务操作层面还是从需要履行的法律程序等要素看,后一种情形的吸收合并过于复杂,因而并不多见。吸收合并的最大优势就在

---

① 比如,对于公司合并等的无效判决溯及效力的否定,《日本公司法》第839条同样明确规定,认可有关公司组织的诉讼请求的判决一旦确定,就该判决被判为无效或者撤销的行为,将面对将来失去效力。

② 对于已处分的权利以及已履行的义务,有观点认为应将其价额折算为现存价值进行清算。详见李建伟:《公司法学》,第120页。

③ 对于因判决溯及效力的否定所形成的连带责任以及财产共有等,《日本公司法》明确规定,认可公司合并无效请求的判决一旦确定,实施了合并行为的公司对于从合并生效后存续公司或者新设公司所负担的债务负连带责任,这些公司所取得的财产属于共有财产。对于各自的债务以及财产份额,应通过当事公司间的协议予以确定。协议不成立的,由法院根据各自的申请,在综合考量合并生效时各当事公司的财产额以及其他相关因素作出判断。详见该法第843条的规定。

④ 李建伟:《公司法学》,第121页。还有学者认为,《公司法》第22条有关股东(大)会、董事会决议无效的规定,就公司合并无效诉讼而言,其主要不足在于对提起该诉讼的主体类别或者定义未作出具体规定,加上公司债权人可否成为该类诉讼的主体,在司法实践中无法律规定可以遵循,这将事实上对债权人保护不利。详见朱慈蕴:《公司法原论》,第352页。

于"保留了吸收公司的法人资格,它并不会引起因企业转让而必定带来的顾客流失"。此外,尤其是一家公司吸收另一家公司意义上的吸收合并,在国家税收层面比如在吸收合并中被吸收公司因此所发生的资产增值部分可享受税收优惠,其中的吸收公司还可享受由此所带来的财产折旧制度方面的好处。所以,"对于一个处于状态不振的公司来说,由另一家公司吸收,要比单纯的解散有利得多"。

从可进行吸收合并的公司组织形式而言,法国法的规范还是比较宽泛的,即对可进行吸收合并的公司的组织形式不做过多限制,除了相同形式的公司间自然能够进行吸收合并外(在实践中这是主流),也同样允许不同组织形式的公司间的吸收合并。当然,公司与非营利性的法人,比如协会以及联合会等之间不得进行吸收合并,"处于相同原因,不同国籍的公司之间也不能合并,即使它们同属于欧盟"。另外,尽管商法或者公司法的态度是宽泛的,但出于税收方面的考虑,合并基本上被限制在适用相同的直接税制度的公司之间,因为只要合并双方所适用的税收制度不同,合并将会成为其代价极其昂贵的行为。

再从吸收合并的程序看,依据法国法的规定,吸收的结果必然出现交换证券的必要,即被吸收公司的股东将会收到吸收公司的股票。因此,在合并审计员等的介入下,合并当事公司的负责人尽可能客观地计算需要交换证券的交换比值是件极其重要的工作。再就是由公司经营层负责制定合并协议,该协议须经合并当事公司双方的特别股东大会批准,否则不能发生效力。按照法国法的规定,合并协议,也称合并方案,须写明如下事项:一是须写明进行合并的理由、目的与条件;二是须写明各公司确定的财务账目的截止日期,实际上也就明确了合并发生效力的日期,在习惯上都会与公司的财务账目年度制度结合起来,将一个经营期终结之日作为账目截止日期;三是须写明被吸收公司的资产与负债情况;四是须写明各公司股票交换的比例关系,并写明所采用的评估方法以及选用该方法的理由;五是尽管与法律规定重复但还需写明本协议以各自的特别股东大会批准为生效条件等意思。①

## 二、公司分立

(一) 公司分立的概念、种类与特征

1. 公司分立的概念

与公司合并相比,《公司法》对公司分立的规定更加简单,就连公司分立的分类以及各自的含义都未给出界定。同样作为政府规章的上述《合并与分立规定》倒是对公司分立以及分类、各自的含义作出了必要界定。综合这些规章等的规定,应该说,所谓公司分立,是指一个公司根据法律的有关规定,通过签订协议或公司决议等,不经过清算程序分为两个或两个以上公司的法律行为。② 比如,《合并与分立规定》第 4 条第 1 款规定,"本规定所称分立,是指一个公司依照公司法有关规定,通过公司最高权力机构决议分成两个以上的公司"。

---

① 以上内容详见〔法〕伊夫·居荣:《法国商法》,罗结珍、赵海峰译,第 681—688 页。
② 对于公司分立的性质,国外学者认为不应从公司合并的本质是人格合一论中推论出公司分立为人格之分立,其性质应为公司营业之分离。详见〔韩〕李哲松:《韩国公司法》,吴日焕译,第 713 页。

## 2. 公司分立的种类

公司分立可分为存续分立和新设分立两类。① 存续分立也称为派生分立,是指一个公司分离成两个以上公司,本公司继续存在并设立一个以上新的公司的法律行为(《合并与分立规定》4条3款)。新设分立也称为解散分立,是指一个公司分解为两个以上公司,本公司解散并设立两个以上新的公司的法律行为(《合并与分立规定》4条4款)。

## 3. 公司分立的特征

公司分立的法律特征表现为:一是公司分立是一种无需经过解散清算程序就可将一个公司分解为若干个公司的公司变更行为;二是公司分立是一种公司将部分经营业务实现精细化以及专业化经营,以此强化竞争力的有效法律形式;三是公司分立因同样涉及股东以及公司债权人等利益,故依然是一种须遵循严格法定条件和程序的法律行为。

### (二) 公司分立的意义

公司分立的意义同样可从两个层面理解,一是从宏观层面看,由于公司分立无需经过解散清算程序,不仅能使市场主体增加,而且严格讲原公司也不必以停业方式进行分立。所以,公司分立有利于经济秩序稳定,以增加市场主体的方式推动市场发展。二是从微观层面看,公司分立是企业适应专业化分工协作的需要,实现经营业务的专业化、精细化经营,有利于提高企业的竞争力,实现长远发展目标。

### (三) 公司分立的程序

公司分立程序大致与公司合并相同,但除了原公司将部分有关营业的权利义务分离出来让其他既存公司承继的所谓的吸收分立外(我国未规定这种形式的公司分立)②,其他形式的公司分立几乎不涉及其他公司,所以,其程序相对比较简单。根据我国《公司法》等的规定,公司分立须履行如下程序:

## 1. 拟进行分立的公司须对分立作出内部决议

为作出决议的方案制定、提交给股东(大)会决议、以及国有独资公司的决定权等,与上述的公司合并相同(另见《公司法》37条1款9项、99条、46条7项、108条4款以及66条1款等的规定)。另外,如果公司分立涉及其他公司,比如,进行所谓的合并分立等时,也需要分立相关方之间签署分立协议,根据《合并与分立规定》的规定,这类公司分立协议须包括如下事项:"(一) 分立协议各方拟定的名称、住所、法定代表人;(二) 分立后公司的投资总额和注册资本;(三) 分立形式;(四) 分立协议各方对拟分立公司财产的分割方案;(五) 分立协议各方对拟分立公司债权、债务的承继方案;(六) 职工安置办法;(七) 违约责任;(八) 解决争议的方式;(九) 签约日期、地点;(十) 分立协议各方认为需要规定的其他事项

---

① 其实,这里讲的存续分立,按照《日本公司法》的规定,既包括原公司将有关经营的部分权利义务分离出来让既存的某公司吸收这些权利义务的分立形式,故也称为"合并分立",也包括以所分离的部分权利义务设立一个以上公司的分立形式,其共同特点是原公司继续存在,所以《日本公司法》将这种意义上的公司分立叫做吸收分立(见2条29项)。但我国相关法规只规定了第二种形式的公司分立,即一个公司派生出一个以上新公司的公司分立(见《合并与分立规定》4条),故在我国将存续分立基本上称作派生分立。详见李建伟:《公司法学》,第121页;赵旭东:《公司法学》,第354页;朱慈蕴:《公司法原论》,第353页。

② 在2005年公司法修改时的专家建议方案中,将这种所谓的"合并分立"作为公司分立的第三种形式提出了建议,但最终通过的新公司法未采纳此建议。王保树主编:《中国公司法修改草案建议稿》,社会科学文献出版社2004年版,第52页上的第235条。

(见该规定 24 条)。"①

2. 编制资产负债表和财产清单

对此,《公司法》明确规定,公司分立,其财产作相应的分割,并应当编制资产负债表及财产清单(175 条 1、2 款)。公司分立编制资产负债表及财产清单的宗旨等与公司合并相同(见本书第 247 页)。

3. 通知、公告债权人

公司分立同样属于公司基本事项变更,也是公司组织体重组的重要内容,对于公司股东以及债权人利益具有重要影响。对于股东利益的保护,与公司合并相同,股东不仅可通过股东(大)会决议制度关注自己的利益,还可通过召集股东大会的程序制度以及异议股东的股份回购请求权制度去落实。所以,作为公司分立的程序,《公司法》只规定了公司对公司债权人的通知、公告义务,以此确保公司债权人的知情权。对此,《公司法》规定,公司应当自作出分立决议之日起十日内通知债权人,并于三十日内在报纸上公告(175 条)。但是,相比较而言,《公司法》只规定了通知、公告义务,并未规定公司债权人的异议权,即若不同意可请求公司清偿债务或提供担保的权利(参见《公司法》173 条)。因为,《公司法》同时规定,公司分立前的债务由分立后的公司承担连带责任。但是,公司在分立前与债权人就债务清偿达成的书面协议另有约定的除外(176 条)。②《公司法》的这一规定,应该说既通过规定公司分立相关公司之间的连带责任的方式,加强了对公司债权人利益的保护,又通过规定公司分立前公司与债权人协议制度的方式,确认了当事者自主处理债权债务的权利,有利于公司债权人利益的保护。③

4. 履行登记程序

对于公司分立需要履行的登记程序,如上述,《公司法》将其与公司合并作出了相同规定(179 条)。根据《公司法》的规定,存续分立中原公司的登记事项,以及进行了所谓的合并分立的既存公司的登记事项,比如,注册资本等发生变化的,需办理变更登记;分立出来新产生的公司需办理公司设立登记。在新设分立中原公司需办理注销登记;分立出来新产生的公司需办理公司设立登记等。对于公司分立履行登记程序的时间以及应提交的文件等,《公司登记条例》在同一条款中,与公司合并作出了完全相同的规定(38 条 2 款)。

(四) 公司分立的法律效果以及救济措施

1. 公司分立的法律效果

对于公司分立的法律效果,可从以下诸方面进行观察:

(1) 公司分立将产生公司设立、变更以及消灭的法律效果。不管是哪种分立,原则上都会产生新公司,须履行公司设立登记。在存续分立或者进行所谓的合并分立时,存续公司以

---

① 根据《公司法》的规定,公司还可以与公司债权人在公司分立前就债务清偿达成协议,并产生对《公司法》相关规定的优先效力。因为,该法第 176 条规定,公司分立前的债务由分立后的公司承担连带责任。但是,公司在分立前与债权人就债务清偿达成的书面协议另有约定的除外。

② 其实,我国《合同法》对合同当事人分立后的债务处理也做了基本相同的规定,该法第 90 条规定,"当事人订立合同后分立的,除债权人和债务人另有约定的以外,由分立的法人或者其他组织对合同的权利和义务享有连带债权,承担连带债务"。

③ 这种债权债务处理协议制度的用意在于,一是如果公司在分立前与债权人就债务处理达成了协议,就可实现债权债务的自主处理,完全符合市场经济主体意思自治的原则。二是如果双方达不成协议,那么就由公司分立相关公司对债务承担连带责任,发挥公司法就公司分立保护公司债权人利益兜底制度的作用。参见李建伟:《公司法学》,第 123 页。

及合并分立情况下的既存公司原则上都会发生需要变更登记的事项,比如注册资本额、法定代表人等的变化,需办理变更登记而发生对抗效力。此外,新设分立情况下,原公司需要解散,通过办理注销登记而产生公司主体消灭的法律效果。

(2) 公司分立将产生原公司债权、债务由分立后的公司继受的法律效果。如上述,公司分立是将一个公司分为若干个公司的法律行为,区别仅仅在于分立后原公司是否继续存在,如果继续存在就是存续分立,如果不存在就是新设分立。不管是哪种形式的分立,分立前原公司的债权、债务,按照分立决议或者分立协议由分立后的公司继受。① 当然,《公司法》考虑到公司分立决议等可能会出现对原公司债权债务的不明确安排而影响公司债权人利益的风险,对原公司债务处理做了特别规定,即公司分立前可与债权人就债务处理订立协议,以此协议可对债务进行自主处理。如果没有订立这种协议,公司分立前的债务将由分立相关公司承担连带责任(《公司法》176 条,《合同法》90 条)。②

(3) 公司分立将产生股东以及股权相应变动的法律效果。其实,公司分立对股东以及股权引起的变动也是一个较为复杂的问题,需要由公司分立决议或者协议等作出具体安排。但一般而言,原公司的股东因公司分立将会变成分立后公司的股东,尽管股东身份不变,但持股比例等会发生一定的变化。另外,对公司分立持反对意见的股东,可通过行使异议股东股份回购请求权而退出公司,消灭其股东身份。③

2. 公司分立的救济措施

公司分立的救济措施,同样指的是当公司分立出现违反法律法规以及公司章程规定的情形时,其效力如何认定以及如何予以纠正的问题。一般而言,主要就是如何明确公司分立无效或者可撤销的事由(原因)以及确立公司分立无效诉讼制度的问题。其基本法理以及制度安排与上述公司合并的情形基本相同(请参照本书第 249 页以下),不再赘述。

## 第三节 公司资本变更

### 一、公司资本变更的概念以及意义

(一) 公司资本变更的概念

作为公司基本事项变更的公司资本变更,主要指的是公司注册资本的增加以及减少。注册资本增加,也叫增加资本,简称增资,是指公司成立后依据法定条件和程序增加公司注册资本的法律行为。可以说,这是公司注册资本额绝对增加的增资行为,与在授权资本制度下董事会在注册资本范围内通过发行股份所进行的增资行为是不同的,区别就在于后者不

---

① 按照《日本公司法》的规定,公司进行吸收分立(主要指所谓的合并分立)时,由分立相关方须订立分立契约,并须取得各自股东大会的批准。公司进行新设分立时,原公司须制定分立计划,并取得股东大会的批准。前者在公司分立契约所规定的生效日发生公司分立的效力,后者在新设分立设立登记日发生公司分立效力,分立后的公司将按照公司分立契约或者新设分立计划继受原公司的债权债务。详见《日本公司法》第 757 条、第 758 条、第 759 条第 1 款、第 764 条第 1 款等的规定。

② 《合同法》第 90 条后段规定,当事人订立合同后分立的,除债权人和债务人有约定的以外,由分立的法人或者其他组织对合同的权利和义务享有连带债权,承担连带债务。

③ 对于公司分立后股东以及股权变动,有学者举例说,假定一个注册资本为 2000 万元的股份公司,10 个股东均额持股,如该公司分为两个注册资本各 1000 万元的股份公司,10 个股东 5 人一组"分家",则每个股东对新设公司的持股额将达到 20%。李建伟:《公司法学》,第 122 页。

会引起注册资本额的增加。

注册资本减少,也叫做减少资本,简称减资,是指公司成立后依据法定条件和程序减少公司注册资本的法律行为。相比较而言,增加资本对公司债权人有利,而主要影响公司股东利益,需重点关注股东间利益的协调和平衡。减少资本尽管也影响股东的利益,但因其减少的是公司的核心资产而直接影响公司债权人利益,所以需重点关注公司债权人利益的保护问题。

(二) 公司资本变更的意义

公司资本变更的意义主要说的是公司增加资本或者减少资本出于何种目的,对公司会产生什么积极意义的问题。公司经常会以通过筹集更多资金扩大经营规模、通过利润转资增强资本实力、通过改变股东结构调整经营队伍以及通过兼并其他商事主体增加竞争力等为目的,增加公司注册资本。显然,这种意义上的增资对公司扩大经营规模、提高公司信用程度、增强发展实力以及更新经营队伍等具有重要意义。与增加资本相比,公司经常会以削减庞大的资本规模增强公司经营的灵活性以及通过减少资本来降低经营亏损等为目的减少注册资本,所以,减少资本对于公司保持适度发展规模、减少资本浪费、提高资本运营效力以及迅速降低经营亏损等具有重要意义。

需注意降低公司经营亏损与减少注册资本的关系。因为在公司的资产负债表中,公司总负债和包括法定公积金以及资本公积金在内的广义的资本总额以及公司利润之总和,对应的是公司的总资产额。在这种对应关系中,公司经营如果处于亏损状态,那么只有减少公司注册资本就会产生增大公司资产总额的效果,当然有利于公司降低经营亏损。[①]

**二、增加资本**

(一) 增加资本的方法与条件

1. 增加资本的方法

有限责任公司增加资本常用的方法有:募集新出资人增加资本、以既有出资人再出资增加资本、既募集新出资人又让既有出资人出资增加资本以及公积金转资增加资本等。股份有限公司则主要采取四种方式:一是在不改变每股金额的情况下增发股份;二是不改变股份总数而增加每股金额;三是既增加股份总数又增加每股金额;四是将公司公积金转增为资本。

2. 增加资本的条件

尽管公司增加资本对公司债权人等有利,各国公司法的限制性规定较少,但增加资本毕竟属于公司基本事项变更,不得随意进行,须符合法律规定的条件和程序。对此,《公司法》第178条规定,有限责任公司增加注册资本时,股东认缴新增资本的出资,依照本法设立有限责任公司缴纳出资的有关规定执行。股份有限公司为增加注册资本发行新股时,股东认购新股,依照本法设立股份有限公司缴纳股款的有关规定执行。[②] 这就说明,公司增加资本时出资人或者股东的出资方式、所占比例以及是否享有优先认购权等,都要符合法律规定的条件和程序。此外,公司将公积金转增为资本时,所留存的该项公积金不得少于转增前公司

---

① 参见〔日〕北沢正启、浜田道代著:《商法入门》(第5版),有斐阁1998年版,第137页列表。
② 参见《公司注册资本登记管理规定》(2014年国家工商行政管理总局发布)第10条的规定。

注册资本的25%(《公司法》168条2款)。

相比较而言,《公司法》等对股份有限公司增加资本规定了较严格的条件。股份有限公司采用最主要的以公开发行新股增加资本的方式时,不仅须履行国务院证券监督管理机构核准的程序(《公司法》134条),而且按照《证券法》之规定,还须具备以下条件:① 具备健全且运行良好的组织机构;② 具有持续盈利能力,财务状况良好;③ 最近三年财务会计文件无虚假记载,无其他重大违法行为;④ 经国务院批准的国务院证券监督管理机构规定的其他条件。就是上市公司以非公开发行方式募集资本,除了符合经国务院批准的国务院证券监督管理机构规定的条件外,还需报国务院证券监督管理机构核准(《证券法》13条)。

(二) 增加资本的程序

按照《公司法》的规定。公司增加资本须履行如下程序:

1. 公司须作出增加资本的决议

以《公司法》的规定,由董事会制订增资方案,并提交股东(大)会审议批准。作出增加资本的决议,不仅是股东(大)会的重要职权,而且需要作出特别决议,即有限责任公司须经代表2/3以上表决权的股东通过,股份有限公司由出席会议的股东所持表决权的2/3以上通过。(详见《公司法》37条1款7项、99条、43条2款、103条2款、46条、68条、108条4款等的规定)。此外,如上述,股份有限公司若通过公开发行股份方式增加资本,还需履行经国务院证券监督管理机构核准的特别程序(《公司法》134条)。

2. 出资人或股东须按规定缴纳出资或股款

按照《公司法》的规定,公司增加资本时,有限责任公司认购新增资本的出资人,须按《公司法》有关设立有限公司缴纳出资的规定足额缴纳出资额,股份有限公司认购新增股份的股东,须按《公司法》有关设立股份有限公司缴纳股款的规定足额缴纳股款(178条)。

3. 须变更公司章程并进行变更登记

如上述,公司注册资本额属于公司章程绝对必要记载事项,公司增加资本必然引起注册资本额的变动,所以,须依法定程序修改公司章程。公司章程变更程序已有论及,不再赘述(参见本书第240页以下)。公司为增加资本完成公司章程变更后还"应当依法向公司登记机关办理变更登记"(《公司法》179条2款)。未按规定办理变更登记的,由公司登记机关责令限期办理,逾期未办理的,处以1万元以上10万元以下的罚款(《公司登记条例》69条)。

(三) 增加资本与股东利益的保护

如上述,公司增资尽管对公司债权人有利,但对股东之间的利益会产生重要影响。具体而言,公司增资不仅存在导致股东持股比例发生变化从而影响股份价值的可能性,而且还存在因持股比例变化影响股东地位甚至会导致公司控制关系发生变化的风险。所以,公司增资须在协调股东间利益关系,保护好股东利益的前提下进行。

一是《公司法》将公司增资规定为股东(大)会的职权,并将其规定为股东(大)会特别决议事项,不仅充分保障了股东的知情权,也以特别审慎之立法态度关注股东利益(参见37条1款7项、99条、43条2款、103条2款等的规定)。

二是《公司法》明确规定了有限责任公司股东在公司章程无其他特别规定条件下的公司增资时的优先认购权(34条),为股份有限公司通过公司章程规定股东的这种权利提供了参考。

三是尽管《公司法》所规定的对股东(大)会决议事项投反对票的股东可行使股份回购

请求权事项中不包括增资以及减资事项(74条1款),但在司法实践中,完全可通过扩大解释原则保障增资决议反对股东的股份回购请求权,以此保护少数股东利益。

四是从平衡股东间利益、股东与公司债权人利益关系以及确保公司资本充实原则得以落实等角度,《公司法》的司法解释不仅明确规定了延期缴纳股款的认股人的损失赔偿责任、未履行或者未全面履行出资义务的股东须全面履行出资义务的责任、出现未履行或者未全面履行出资义务股东时未尽义务的董事以及高级管理人员的相应责任,而且还规定,对于未履行或者未全面履行出资义务或者抽逃出资的股东,公司可通过章程或者股东(大)会决议对这类股东的利润分配请求权、新股优先认购权以及剩余财产分配请求权等作出适当而合理的限制,对于催告缴纳出资或者返还出资但仍未履行义务的股东,公司不仅可通过股东(大)会决议解除这类股东的资格,而且这类股东的诉讼时效抗辩权将会受到限制。[①]

### 三、减少资本

(一) 减少资本的方法与条件

1. 减少资本的方法

有限责任公司减资主要采取减少出资额(按比例减少每个股东的出资额或仅减少个别股东出资额)和减少股东人数的方式。按减资是否影响公司资产的性质和结构还可具体分为返还出资的减资、免除出资义务的减资以及销除股权的减资等形式。[②] 股份有限公司既可采取减少股份总数的方式,也可减少股份金额,还可二者并用。

2. 减少资本的条件

因减资事实上减弱公司偿债能力,对保护公司债权人利益和交易安全不利,所以,相对于增资,我国《公司法》等对公司减少资本作出了较为严格的规定。比如,根据《公司法》所制定的《公司注册资本规定》第11条规定,"公司减少注册资本,应当符合《公司法》规定的程序。""法律、行政法规以及国务院决定规定公司注册资本有最低限额的,减少后的注册资本应当不少于最低限额。"此外,如下述,《公司法》主要从保护公司债权人利益的角度,对减少资本须履行的程序作出了明确规定,实际上也是公司减资须确保的条件。

(二) 减少资本的程序

对于减少资本的程序,通观《公司法》的规定,可从两个方面进行把握。

1. 与增加资本相同的程序

减少资本同样是公司基本变更事项,不仅对股东以及公司债权人利益产生影响,而且会导致公司注册资本额等重大事项发生变动。所以,按照《公司法》的规定,同样须履行经董事会制订并提交减资方案由股东(大)会作出特别决议(37条1款7项、99条、43条2款、103条2款、46条、68条、108条4款)、修改公司章程(参见本书第240页)以及变更事项登记(179条2款、《公司登记条例》73条)等程序。这些程序与上述增加资本时的程序相同,不再赘述。

2. 与增加资本不同的程序

由于减少资本直接影响公司债权人的利益,所以,与增加资本的程序不同,《公司法》还

---

[①] 详见《公司法司法解释(三)》第6条后段、第13条第1、2、4款、第16条、第17条、第19条等的规定。

[②] 范健、王建文:《公司法》,第298页。

规定了编制资产负债表及财产清单、通知和公告债权人以及债权人异议等程序,加强了对公司债权人利益的保护。对此,《公司法》第177条明确规定,公司需要减少注册资本时,必须编制资产负债表及财产清单。公司应当自作出减少注册资本决议之日起十日内通知债权人,并于三十日内在报纸上公告。债权人自接到通知书之日起三十日内,未接到通知书的自公告之日起四十五日内,有权要求公司清偿债务或者提供相应的担保。

此外,《公司法》等还规定了公司违反这项通知、公告义务的行政责任,即公司不按照规定通知或者公告债权人的,由公司登记机关责令改正,处以1万元以上10万元以下的罚款(见《公司法》204条1款、《公司登记条例》70条1款的规定)。①

### 比较法知识12-3

#### 德国法上尤其重要的"名义减资"

公司的资本从来源说,主要来自于股东投资认购股份,但也有从公司盈余金中转为资本的部分,包括公积金转增资本的部分,因为公司的公积金特别是盈余公积金也是从公司盈余中提取的。从公司资本的管理看,公司资本表现为公司财务会计账簿上的一个明确的资金数额,功能在于对公司有效资产的维持,是公司对外信用的基础。但是,由于资本三原则,即维持、充实、不变原则的作用,公司的资本数额相对比较稳定,甚至因公司扩股增资的冲动以及为博得更大信用的冲动所进行的盈余转增资本等的行为往往会导致资本不断扩大。结果会出现与公司事业规模无关的资本过剩现象,特别在公司出现经营亏损尤其在连续亏损的情况下,庞大的资本规模将会形成对公司的巨大压力。因为这个庞大的数额不能随意变动,某种意义上是一种"成本性"的存在,因而公司将无法进行利润分配,出现有悖于公司营利性本质特征的情况,这时就有减少资本的必要。所以,尽管坚守资本三原则极为重要,但公司法也不能禁止减少资本,允许公司在严格的法定程序下进行减资。

从德国法的制度安排看,公司的减资可分为"真实减资"和"名义减资"两类。前者是指"将公司多余的资本单列出来,使之不受资本维持原则的约束,如果需要,公司可以将该部分资本退回给股东",后者是指"以公司的亏损数额为限,相应地减少公司的基本资本数额,即这种减资中,股东没有分得任何公司资产"。可见,"真实减资"等于对股东进行实质意义上的资产分配,公司资产因此而减少,所以叫做"真实减资",而"名义减资"就是用账簿上的部分资本数额去冲抵公司亏损的过程,不会引起公司资产以及股东的持股比例等的变化,所以叫做"名义减资"。

"在公司实践中,真实减资很少发生。但是,名义减资在对亏损企业的整顿中起着十分重要的作用。因为如果一个企业长期亏损,它经常会连续几年不能分配股息,也不能筹措到新的资本"。德国学者还举例分析,某股份有限公司拥有1000万马克的基本资本,而亏损已达500万马克。这种情况下公司就可通过名义减资来解决问题,即可将公司基本资本减少

---

① 但对于公司违反债权人异议程序,即对债权人的清偿债务或者提供担保的请求公司置之不理时应如何救济债权人,我国《公司法》未作具体规定,造成了债权人异议制度不应有的缺陷。另外,对违反上述条件以及程序的公司减资行为如何处理,我国《公司法》同样未作出规定,存在制度构建方面的明显不足,应该参照公司组织行为的相关救济制度,建立违法减资行为无效或可撤销制度。参见李建伟:《公司法学》,第164—165页。

到 500 万马克(账簿上的数额调整),之后如果公司的盈余超过了该被减少后的基本资本等(还有公积金),公司就可以正常进行利润分配,而且公司确有需要再发行新股时,其发行价也才能反映其股份的实际价值。因为如果不通过名义减资来解决亏损,新股的发行价必须承担公司亏损对实际价值的影响因素,就会出现每股的实际价值明显低于发行价的结果,不会有人愿意购买这种股份。比如,新股增资 100 万马克,每股面值为 100 马克,考虑到有 500 万马克的亏损存在,则每股所代表的实际价值只能是 50.40 马克,有谁愿意花 100 马克去购买实际价值只有 50.40 马克的股份呢?①

## 第四节 公司组织形式变更

### 一、公司组织形式变更的概念及其意义

1. 概念

公司组织形式变更属于公司基本事项变更的重要内容,影响公司组织体的基础,涉及公司股东以及债权人利益,所以,各国公司法都对公司组织形式变更作出了规定。所谓公司组织形式变更,也叫做公司组织形态变更,是指既存公司在不经过解散清算、不消灭公司法人资格的前提下,从现存的法定组织形式变更其他法定组织形式的法律行为。比如,股份有限公司因股份流转,其股份大量集中于少数股东手中,所剩股东彼此相互了解且希望以其之间存在的信赖关系为基础经营公司时,就可将该股份有限公司变更为有限责任公司。再比如,封闭性的有限责任其经营规模不断扩大,发展势头非常看好,为取得更大市场份额,急需募集更多资金支持发展时,就可将该有限责任公司变更为股份有限公司等等。

应该说,不经过解散清算、公司法人格持续存在、在公司法所规定的公司组织形式范围内可自由变更公司组织形式等,是公司组织形式变更的法律特征。

2. 意义

公司组织形式变更的意义就在于,一是有利于公司股东以及经营者根据市场需求从法定公司组织形式中作出必要选择,保障经营商事活动的自主权,增强经营活动的灵活性;二是公司组织形式变更不需经过公司解散清算以及消灭主体资格的程序,有利于降低公司组织体调整的成本,提高资源利用效率,节约社会资源;三是公司组织形式变更能使公司更好地适应市场需要,有利于增强公司的生存能力和可持续发展能力。

### 二、公司组织形式变更的范围、条件与程序

(一) 公司组织变更的范围

公司组织变更的范围也叫公司组织形态可变更的形式。对此,可将各国公司法的立法态度大致可分为两种情形。一是限制主义的立法态度,即对公司组织形式可变更的范围有

---

① 以上内容详见〔德〕托马斯·莱塞尔等:《德国资合公司法》,高旭军等译,第 334—336 页;参见〔德〕格茨·怀可等:《德国公司法》,殷盛译,第 371 页。

明确法律限制,公司组织形式只能在同类型公司之间,比如只允许资合公司间的变更或者人合公司间的相互变更,而不允许资合公司与人合公司间的变更。换言之,在这种立法态度下,不允许无限公司变更为有限责任公司、股份有限公司,反之亦然。二是非限制主义或曰自由主义立法态度,即对公司组织形式变更的范围不做限制,公司可在法定的公司组织形式范围内自由变更,甚至在商事主体间可自由变更组织形式。换言之,在这种立法态度下,无限公司等人合公司可变更为有限责任公司乃至股份有限公司,反之亦然,甚至公司可变更为为合伙组织等。① 据介绍,韩国以及我国台湾地区等采限制主义的立法态度,而德国、法国、葡萄牙、西班牙以及我国澳门地区采非限制主义的立法态度。②

我国《公司法》只规定了有限责任公司和股份有限公司两种公司组织形式,严格讲都属于资合公司,相互间的转换不应该受到限制,我国现行《公司法》也明确允许这两种公司之间可相互依法自由变更组织形式,即有限责任公司可变更为股份有限公司,股份有限公司也可变更为有限责任公司(详见9条的规定)。③

(二) 公司组织形式变更的条件

由于公司法对设立各种组织形式的公司规定了不同的条件,所以,公司组织形式变更的条件,指的就是组织形式变更后的公司,必须符合该类公司设立的法定条件。

按照我国《公司法》的规定,有限责任公司变更为股份有限公司,必须符合法律规定的股份有限公司的条件(9条1款),即作为发起人的股东人数应在二人以上二百人以下,且有半数人以上的股东在中国境内有住所;有符合公司章程规定的全体发起人认购的股本总额或者募集的实收股本总额;股份发行、筹办事项符合法律规定;有符合《公司法》规定记载事项内容的公司章程(81条);有载有股份有限公司字样的公司名称(8条2款),建立符合股份有限公司要求的组织机构;有公司住所等(《公司法》8条2款、76、78条等)。此外,我国《公司法》为了保证这种公司组织形式变更后公司资本的真实性,还明确规定,有限责任公司变更为股份有限公司时,折合的实收股本总额不得高于公司净资产额。有限责任公司变更为股份有限公司,为增加资本公开发行股份时,应当依法办理(95条)。

同样,股份有限公司变更为有限责任公司,应当符合法律规定的有限责任公司的条件(9条1款),即股东人数在五十人以下;有符合公司章程规定的全体股东认缴的出资额;有股东共同制定并符合《公司法》所规定记载事项的公司章程(25条1款);有载有有限责任公司字

---

① 典型者如德国,根据该国《公司改组法》第226条之规定,资合公司可变更为合伙、人合公司、其他资合公司或登记合作社;根据该法第258条规定,登记合作社可变更为资合公司;根据该法第272条之规定,有权利能力的社团可变更为资合公司或登记合作社。可参见杜景林、卢谌译:《德国股份法·德国有限责任公司法·德国公司改组法·德国参与决定法》,中国政法大学出版社2000年版,第295—312页。

② 参见李建伟:《公司法学》,第114页。需注意的是,该学者将日本也列为限制主义立法态度的国家了。其实,从大的方面讲,现行日本公司法只规定了两类公司,即股份公司和份额公司,后者又分为无限公司、两合公司以及合同公司。对于作为资合公司的股份公司与作为人合公司的份额公司间的组织形式变更,日本公司法不做限制,允许其自由变更。详见《日本公司法》第744—747条的规定。同时日本公司法也允许份额公司间的变更,只不过不将其作为公司组织形式变更对待,而是定位为公司章程变更的一种类型而已。参见《日本公司法》第638、639条等的规定。

③ 需要注意的是,我国2005年修改前《公司法》只允许有限责任公司变更为股份有限公司,而不允许相反的组织形式变更。只是随着公司体制运行实践的深入,现实中也存在从股份有限公司变更为有限责任公司的需要,所以,通过2005年《公司法》修改才允许两种公司之间组织形式的相互变更。可详见范健、王建文:《公司法》,第448页。另外,按照我国《公司法》的规定,有限责任公司又可划分为国有独资公司、普通有限责任公司和一人公司,这些有限责任公司之间,只要组织形式变更程序合法,并且变更后的公司符合法律对这类公司的条件要求,也是可以相互变更的。

样的公司名称(8条1款),建立符合有限责任公司要求的组织机构;有公司住所等(23、24条等)。

(三) 公司组织形式变更的程序

因公司组织形式变更属于公司基本事项变更,所以,各国公司都对其规定了严格的程序;①按照我国《公司法》的规定,公司组织形式变更须履行如下程序:

1. 董事会制订并提交方案

具体而言,由公司董事会制订组织形式变更方案,并将其提交给股东(大)会审议批准(46条7项、108条4款)。

2. 股东(大)会作出决议

公司组织形式变更属于股东(大)会职权(37条1款9项、99条),并由股东(大)会以特别决议方式作出是否变更组织形式的决定(43条2款、103条2款)。

3. 变更登记

公司组织形式变更引起的远不止公司组织形式的变化,而是必然引起公司法定登记事项,如名称;住所;法定代表人姓名;注册资本;经营范围;有限责任公司股东或者股份有限公司发起人的姓名或者名称等的变化(参见《公司登记条例》9条)。公司登记事项发生变化,应当向原公司登记机关申请变更登记。未经变更登记,公司不得擅自改变登记事项。公司申请变更登记,应当向公司登记机关提交下列文件:① 公司法定代表人签署的变更登记申请书;② 依照《公司法》作出的变更决议或者决定;③ 国家工商行政管理总局规定要求提交的其他文件。公司变更登记事项涉及修改公司章程的,应当提交由公司法定代表人签署的修改后的公司章程或者公司章程修正案。变更登记事项依照法律、行政法规或者国务院决定规定在登记前须经批准的,还应当向公司登记机关提交有关批准文件(详见《公司登记条例》26、27条)。

**比较法知识12-4**

## 韩国法上的公司组织形式变更制度

公司组织形式变更是在公司法人格保持同一性前提下的组织形式变更,与公司合并、分立乃至解散和清算等情形下的公司组织形态变化不同,后者往往伴随着公司法人格的变动。正因为如此,韩国法同样允许公司可进行组织形式变更,并对可变更的范围、程序以及法律效果等作出了明确规定。对于法律允许公司进行组织形式变更的必要性,韩国公司法学者

---

① 比如,《日本公司法》就明确规定,公司变更组织形式,一是须制定公司组织形式变更计划书(744、746条);二是股份公司变更为份额公司时须将记载了法定事项的该计划书备置于公司本部供股东以及公司债权人查阅(775条);三是股份公司变更其组织形式须取得全体股东同意(776条1款),份额公司(无限公司、两合公司、合同公司)变更组织形式须取得全体出资人同意(781条1款);四是发行了新股预约权的股份公司进行组织形式变更时,在变更生效日该新股预约权消灭(745条5款),故新股预约权人可向公司请求以公正价格回购自己所持有的新股预约权(777条),若与公司就回购价格无法达成协议的,该权利人或公司可请求法院裁定价格(778条2款);五是须向官报公告并原则上须向所知债权人进行催告(779条2款、781条2款),债权人对公司组织形式变更提出异议时,公司须清偿债务或者提供相应担保779条1、5款、781条2款)。

认为,"公司设立后,由于随着事业开展,从前的公司形态可能不适合,为了给随着经营状况的变化可转变为更适合公司形态的机会,商法特设了组织变更制度。"并且与公司合并、分立等引起的公司形态变化等相比,在公司组织形式变更的情况下,由于变更前的公司和变更后的公司属于同一法人,权利、义务不是被继受,而是在同一个公司法人内照旧存续,变更前公司所有的不动产也不存在向变更后的公司进行转移登记,只进行表示名义人的变更登记即可。

对于公司组织形式可变更的范围,韩国基于不同形态的公司其股东责任和内部组织机构方面存在较大的差异性,如果不加限制地允许公司间完全自由的组织形式变更,势必要造成很难维持法人格同一性的消极结果的考量,允许人合公司间可相互变更和资合公司间可相互变更,而不允许人合公司与资合公司间的相互变更,以此对可变更范围作出了明确界定。由于韩国法规定了无限公司、两合公司、有限责任公司和股份有限公司四种公司组织形式,所以,在韩国法的框架内,应该说只存在人合公司间的相互变更和资合公司间的相互变更两大类公司组织形式变更形态。

需注意的是,公司组织形式变更从变更行为应当具备的对抗效力出发,同样需要进行必要的商事登记,即应对组织变更前的公司进行解散登记,对变更后的公司进行设立登记,但这与设立公司意义上的设立登记,与作为公司进入清算程序原因的公司解散登记完全不同,根本区别就在于是否维持了公司法人格的同一性方面。另外,尽管韩国法对公司组织形式变更的无效以及可撤销未作出规定,但学者们的通说认为,毫无疑问,应该准用公司设立无效、可撤销之诉的规定,只是公司组织形式变更的无效等判决一旦确定,与公司设立无效不同,公司不可能就此进入清算程序,而是复归为变更前的公司而已。①

## 三、公司组织形式变更的法律效果

公司依照上述条件和程序变更组织形式后,将会发生如下法律效果。

### (一) 公司变更前的债权债务由变更后的公司承继

对此,《公司法》明确规定,有限责任公司变更为股份有限公司的,或者股份有限公司变更为有限责任公司的,公司变更前的债权、债务由变更后的公司承继(9条2款)。

### (二) 公司法人格连续存在,不发生中断

如上述,公司组织形式变更并非是公司的解散消灭而只是公司组织形态的变化,其最大好处就在于公司法人资格将连续存在,与组织形式变更前后公司的法人资格将保持同一性,其公司业务将连续计算,有利于公司营业的积累和发展。②

### (三) 公司组织形式变更的无效或者可撤销

如上述,公司组织形式变更同样是法律行为,而且是与公司合并、分立等相同,属于公司

---

① 上述内容详见〔韩〕李哲松:《韩国公司法》,吴日焕译,第102—105页。
② 据介绍,我国相关行政规章等规定了公司上市所必须具备的连续经营应达到的年限,公司组织形式变更不发生公司法人格中断的效果有利于公司积累这种法定年限等。比如,《创业企业股票发行上市条例》第4条中就有"在同一管理层下,持续经营二年以上"的上市条件的规定。参见李建伟:《公司法学》,第115页。

基本事项变更,也是与公司组织体相关的重要事项。所以,公司组织形式变更有违反法定条件和程序的情形时,仍然可适用有关公司组织的法律行为无效或者可撤销制度的规定。比如,《日本公司法》就明确规定了公司组织形式变更无效或者可撤销诉讼制度,对无效或者可撤销诉讼的事由、诉讼提起期限、诉讼权人、被告以及判决的无溯及效力等作出了具体规定(详见该法 828 条 1 款 6 项、2 款 6 项、834 条 6 项、839 条等)。我国《公司法》虽未直接规定公司组织形式变更无效或者可撤销制度,但可准用第 22 条有关股东(大)会决议、董事会决议无效或者可撤销诉讼制度的规定,建立相关司法规则,并可通过将来《公司法》修改上升为正式法律制度。①

当然,公司组织形式变更的无效或可撤销,与公司设立等的无效或可撤销不同,并不导致公司解散而清算,而是复归为变更前的公司组织形式而已。②

**【司法考试真题】**

**12-1** 庐阳公司系某集团公司的全资子公司。因业务需要,集团公司决定将庐阳公司分立为两个公司。鉴于庐阳公司已有的债权债务全部发生在集团公司内部,下列哪些选项是正确的?(  )(2007 年)

A. 庐阳公司的分立应当由庐阳公司的董事会作出决议

B. 庐阳公司的分立应当由集团公司作出决议

C. 庐阳公司的分立只需进行财产分割,无需进行清算

D. 因庐阳公司的债权债务均发生于集团公司内部,故其分立无须通知债权人

**12-2** 甲公司因经营难以为继,决定处置资产后歇业。乙公司得知后经与甲公司协商,以承担甲公司的银行债务和安置甲公司职工为条件,取得了甲公司的全部资产。甲公司未经清算即注销,但甲公司的债权人周某尚有 20 万元未获清偿。关于该笔债务的承担,下列哪一选项是正确的?(  )(2008 年)

A. 乙公司合并了甲公司,该债务应由乙公司承担

B. 甲公司未经清算即注销,该债务应由甲公司股东承担

C. 公司登记机关允许甲公司不经清算注销,应对周某承担赔偿责任

D. 该债务应由甲公司股东和乙公司承担连带责任

**12-3** 甲公司分立为乙丙两公司,约定由乙公司承担甲公司全部债务的清偿责任,丙公司继受甲公司全部债权。关于该协议的效力,下列哪一选项是正确的?(  )(2009 年)

A. 该协议仅对乙丙两公司具有约束力,对甲公司的债权人并非当然有效

B. 该协议无效,应当由乙丙两公司对甲公司的债务承担连带清偿责任

C. 该协议有效,甲公司的债权人只能请求乙公司对甲公司的债务承担清偿责任

---

① 需要注意的是,我国《公司法》第 22 条所规定的股东(大)会以及董事会决议无效的事由是这些决议的内容违反法律、行政法规的规定,并且似乎坚持的是绝对无效的理念,未规定无效诉讼制度。而对这些决议所规定的可撤销事由是会议的召集程序、决议方式违反法律、行政法规,或这些决议的内容违反公司章程,并且明确规定了决议可撤销诉讼制度。其实,有关公司组织的行为都会涉及众多法律关系以及诸多利益相关者的利益,按照成熟的公司法基本理论,对这类行为的无效或者可撤销主张只能通过诉讼进行,即应当建立有关公司组织行为的无效、可撤销诉讼制度。

② 可参见〔韩〕李哲松:《韩国公司法》,吴日焕译,第 105 页。

D. 该协议效力待定,应当由甲公司的债权人选择分立后的公司清偿债务

**12-4** 甲公司欠乙公司货款100万元、丙公司货款50万元。2009年9月,甲公司与丁公司达成意向,拟由丁公司兼并甲公司。乙公司原欠丁公司租金80万元。下列哪些表述是正确的?(　　)(2009年)

A. 甲公司与丁公司合并后,两个公司的法人主体资格同时归于消灭
B. 甲公司与丁公司合并后,丁公司可以向乙公司主张债务抵销
C. 甲公司与丁公司合并时,丙公司可以要求甲公司或丁公司提供履行债务的担保
D. 甲公司与丁公司合并时,应当分别由甲公司和丁公司的董事会作出合并决议

**12-5** 白阳有限责任公司分立为阳春有限公司和白雪有限公司时,在对债权人甲的关系上,下列哪一说法是错误的?(　　)(2011年)

A. 白阳公司应在作出分立决议之日起10日内通知甲
B. 甲在接到分立通知后30日内,可要求白阳公司清偿债务或提供相应担保
C. 甲可向分立后的春阳公司与白雪公司主张连带清偿责任
D. 白阳公司在分立前可与甲就债务偿还问题签订书面协议

**12-6** 张平以个人独资企业形式设立"金地"肉制品加工厂。2011年5月,因瘦肉精事件影响,张平为减少风险,打算将加工厂改换成一人有限公司形式。对此,下列哪一表述是错误的?(　　)(2011年)

A. 因原投资人和现股东均为张平一人,故加工厂不必进行清算即可变更登记为一人有限公司
B. 新成立的一人有限公司仍可继续使用原商号"金地"
C. 张平为设立一人有限公司,须一次足额缴纳其全部出资额
D. 如张平未将一人有限公司的财产独立于自己的财产,则应对公司债务承担连带责任

**12-7** 泰昌有限公司共有6个股东,公司成立两年后,决定增加注册资本500万元。下列哪一表述是正确的?(　　)(2013年)

A. 股东会关于新增注册资本的决议,须经三分之二以上股东同意
B. 股东认缴的新增出资额可分期缴纳
C. 股东有权要求按照认缴出资比例来认缴新增注册资本的出资
D. 一股东未履行其新增注册资本出资义务时,公司董事长须承担连带责任

**12-8** 华昌有限公司有8个股东,麻某为董事长。2013年5月,公司经股东会决议,决定变更为股份公司,由公司全体股东作为发起人,发起设立华昌股份公司。下列哪些选项是正确的?(　　)(2013年)

A. 该股东会决议应由全体股东一致同意
B. 发起人所认购的股份,应在股份公司成立后两年内缴足
C. 变更后股份公司的董事长,当然由麻某担任
D. 变更后的股份公司在其企业名称中,可继续使用"华昌"字号

**12-9** 张某、李某为甲公司的股东,分别持股65%与35%,张某为公司董事长。为谋求更大的市场空间,张某提出吸收合并乙公司的发展战略。关于甲公司的合并行为,下列哪些

表述是正确的?(　　)(2015年)

A. 只有取得李某的同意,甲公司内部的合并决议才能有效
B. 在合并决议作出之日起15日内,甲公司须通知其债权人
C. 债权人自接到通知之日起30日内,有权对甲公司的合并行为提出异议
D. 合并乙公司后,甲公司须对原乙公司的债权人负责

# 第十三章

# 公司解散和清算

## 第一节 公司解散和清算概述

### 一、公司解散与清算的制度含义

公司设立是公司法为公司作为商事主体准入市场所制定的法律制度,公司按照公司法有关公司设立制度所进行的设立活动,意味着公司作为商事权利义务主体的诞生或者成立。与公司设立制度相比,而公司解散与清算则是公司法为公司作为商事主体消灭其主体资格,并合法有序退出市场的法律制度。所以,公司按照公司法有关公司解散与清算的制度安排进行解散与清算,就意味着公司作为商事主体的消灭或者终止。

这里还需注意两点:一是公司作为商事权利义务主体消灭其主体资格退出市场,除了公司法所规定的上述公司解散与清算制度外,还有破产法所安排的公司破产制度。换言之,公司按照破产法的安排被宣告破产,并按破产清算程序进行破产清算,也是公司消灭其主体资格,合法有序地退出市场的重要法律制度。比如,按照我国《企业破产法》的规定,公司出现不能清偿到期债务,且资产不足以清偿全部债务或者明显缺乏清偿能力的情形时,公司或者公司债权人可向法院提出宣告公司破产的申请,法院宣告公司破产的,公司进入破产清算程序。破产清算程序完成后,破产管理人提请法院终结破产程序,并向登记机构办理注销登记,公司就此消灭其主体资格,合法有序地退出市场。[①] 只是由于公司破产制度由破产法做专门安排,不属于公司法的制度内容,所以,以下无特殊需要,不再涉及公司破产以及破产清算的内容。

二是不少有关公司法的著述在介绍公司消灭其主体资格退出市场的法律制度时,作为公司解散与清算的上位概念使用了"公司终止"一词[②],但这一概念并不是公司法上的制度概念,我国《公司法》与大多域外公司法相同,作为公司消灭其主体资格退出市场的制度概

---

① 参见《破产法》第2、7、107、120、121条等的规定。
② 详见李建伟:《公司法法学》,第127页以下;赵旭东:《公司法学》,第361页以下;刘俊海:《公司法学》,第474页以下等。

念,多使用公司"解散与清算"或者"解散""清算",基本不使用"公司终止"一词。① 所以,学习公司消灭其主体资格退出市场的法律制度时,重点就是掌握公司法上的公司解散与清算制度以及破产法上的公司破产清算制度即可,不必将"公司终止"作为法律制度去了解。

### 二、公司解散与清算的关系

至于公司解散与清算两大制度的关系,就二者的顺序关系而言,综观各国立法例,大致有两种模式,即"先算后散"和"先散后算"。前者坚持的是公司只有在清算后才能解散,消灭主体资格退出市场,英国是坚持这种模式的典型国家。② 后者坚持的是公司只有解散后才能进入清算程序,只有完成清算程序,才能消灭其主体资格退出市场。包括我国在内的大陆法系国家多采用这种模式。③ 从二者的相互关联性而言,从坚持"先散后算"模式的公司法制度安排来看,公司合并、分立因其后的存续公司原则上将概括性继受相关权利和义务而不需清算程序外,公司解散显然是公司清算的原因,或者说是引起公司进入清算程序,消灭其主体资格退出市场的事由,而公司清算则是公司解散的最主要法律结果或后果。

### 三、公司解散与清算制度的宗旨

从公司法的制度安排来看,公司解散与清算,也就是为公司提供能够使其结束所有的法律关系,消灭其主体资格,合法有序退出市场的有效机制,"在一个完善的市场经济法律体系中,市场主体退出的法律制度是不可或缺的"。④ 但是,这种意义上的公司解散与清算,必然要影响到诸多利益相关者,即股东、债权人以及职工等利益,乃至与整个市场经济的安全有序发展和社会稳定密切相关。所以,对于公司结束其所有法律关系,消灭其主体资格退出市场的行为,法律赋予必要的公权力意志干预,通过公司法等规定了公司必须遵守的法定要件和程序,以此形成了规制公司合法有序退出市场的公司解散与清算制度,其意义就在于公司合法有序的市场退出,不得损害公司利益相关者的利益且有利于市场安全和秩序。

## 第二节 公 司 解 散

### 一、公司解散的概念与特征

1. 概念

对于公司解散概念含义的界定,学界的观点不太一致。有的学者认为,公司解散是指已

---

① 比如,我国《公司法》第十章的标题就是"公司解散和清算",《日本公司法》有关股份公司消灭制度的第二编第八章规定的是"解散",第九章规定的是"清算",其第三编第七章规定的是份额公司的"解散",第八章规定的是该类公司的"清算"等。
② 比如,在英国的一起 N 和 G 两股东(同时兼公司董事)利用持股占多数的优势通过股东会决议将另一董事(也是股东)罢免,被罢免者不服(因董事享有高额报酬)提起诉讼的案件中,法院的判决认为,被罢免者不仅失去了以董事报酬的方式分享公司利润的机会,而且在没有 N 和 G 同意的情况下无法处置自己的份额,所以,正确的做法是通过清算公司来解散。参见葛伟军:《英国公司法要义》,第 30 页。法院的结论彰显了英国"先算后散"的顺序选择。
③ 详见范健、王建文:《公司法》,第 450 页;李建伟:《公司法学》,第 128 页。
④ 赵旭东:《公司法学》,第 361 页。还有学者指出,"公司的市场退出机制与公司的市场准入机制同等重要。公司解散与清算制度作为公司的正常退出机制,使得市场经济通过公司的新陈代谢而保持永恒的活力和秩序"。刘俊海:《公司法学》,第 474 页。

成立的公司,因发生法律或者章程规定的解散事由而停止营业活动,开始处理未了结的事务,并逐渐终止其法人资格的行为。有的学者认为,公司解散是指引起公司人格消灭的法律事实。还有的学者认为,公司解散是指公司企业作为一个组织实体因某种原因而归于消灭的一种事实状态和法律行为与法律程序。也有观点认为,公司解散是指已经成立的公司,基于一定事由的发生,致使公司法人格发生消灭的原因性行为和程序。① 应该说,这些有关公司解散概念的定义,基本上都描述了公司解散这一现象的本质,即是引起公司主体资格消灭的原因,其区别在于有的将其界定为引起公司主体资格消灭的行为,而有的将其界定为法律事实,还有的认为是行为与程序的混合,有的干脆认为就是法律事实、行为和程序的综合体。②

从公司解散的本质出发,结合我国《公司法》有关公司解散事由的规定,所谓公司解散,是指引起公司法人格消灭的原因,根据《公司法》的规定,这些原因有的是一种法律事实,比如公司营业期限的届满或者章程所规定事由的出现等,而有的则是明确的法律行为,比如股东大会作出解散决议或者由公司合并、分立导致解散或者行政命令导致解散或者法院裁判公司解散等。

2. 特征

公司解散具有如下法律特征:

(1) 公司解散在本质上是引起公司主体资格消灭的原因,多数公司法将这种原因作为公司解散事由进行了列举性规定。③

(2) 公司解散作为导致公司主体消灭的原因,有法律事实,也有法律行为,不可只理解为其中的一种。

(3) 除公司合并、分立引起的解散外,公司解散将会产生公司须进入清算程序从而成为权利能力受限的公司法人的法律后果。

## 比较法知识13-1

### 日本法上的"休眠公司拟制解散"制度

日本法依据具有很高公信力的商事登记制度,对处于休眠状态的公司,即休眠公司作出了具有法律权威的界定。根据《日本公司法》的规定,一般股份有限公司的董事只有2年的任期,委员会设置公司等的董事仅有1年任期,就是非公开的股份有限公司尽管可通过章程延长董事任期,但不得超过10年(详见该法332条1—3款的规定)。加之股份有限公司董事姓名等属于重要登记事项,所以《日本公司法》给出的界定就是从该公司进行了最后登记之日起经过12年再未进行过任何商事登记的股份有限公司就属于休眠公司,也就是我们通

---

① 这四种观点分别见①范健、王建文:《公司法》,第450页;②刘俊海:《公司法学》,第474页;③赵旭东主编:《公司法学》,第367页;④施天涛:《公司法论》,第579页。

② 相比较而言,日本的公司法学者根据本国公司法的相关规定,对公司解散概念的认识十分一致,都认为公司解散就是那些作为引起公司法人格消灭原因的法律事实。详见〔日〕江头宪治郎:《株式会社法》,第979页;〔日〕神田秀树:《会社法》,第303页;〔日〕青竹正一:《新会社法》,第619页等。

③ 见我国《公司法》第180条,《日本公司法》第471条,《韩国商法》第609条等的规定。

常所说的"歇业公司"。如果将这类休眠公司置之不理,不仅会招致商事登记事务的低效率化后果,更为重要的是会严重损害商事登记的公信力。针对这种严重的不利后果,《日本公司法》创立了"休眠公司拟制解散"制度。根据其规定,对于从最后一次登记之日起经过12年再未进行过登记的股份有限公司,法务大臣通过官报发布公告,要求其从该公告发布之日起满2个月内对未歇业事实进行备案,尽管发布了该公告或者根据该公告所管辖的登记所也发出了通知,但该公司从该公告发布之日起满2个月内既未进行所要求的备案也未进行相应的登记时即可视为解散(见《日本公司法》472条),被视为解散后,在具备了其他要件时,登记机关将会以其职权进行解散登记。

当然,《日本公司法》在此问题的处理上,仍然明确地坚持了商法有关维持且强化企业的基本原则,同时规定从被视为解散之日起的3年内该公司可通过股东大会决议得以继续(见该法473条)。另外,据介绍,对于这类"休眠公司",法务大臣以1974年10月1日为基准日根据法律规定的要件已进了一次全面清理,并决定今后将定期按照相同制度进行清理,所以,有观点认为,这项制度及其实践会有利于公司的商事登记更加贴近公司的实际状态。①

## 二、公司解散的事由

对于公司解散事由的分析,我国多数公司法著述都将公司解散事由分为任意解散或自愿解散和强制解散,再将其中的强制解散又分为法定解散、行政解散以及司法解散或法院裁判解散等进行分析。② 当然,这种分类也有一定的道理,但对公司合并、分立导致的公司解散属于任意解散还是强制解散,学者间存在明显的分歧。③ 另外,就是所谓的任意解散或者自愿解散中所涉及的解散事由,比如公司营业期限届满、股东大会决议解散等,其实所涉及的情形都由《公司法》作出了明确的列举性规定,应属法定事由。再说将法定解散与所谓的行政解散、司法解散相并列论证,似乎给人以后两者不属于法定解散范畴的感觉。所以,对公司解散事由,不做分类,就按《公司法》的规定进行分析论证可能更为合理。④

对于公司解散事由,我国《公司法》第180条进行了列举性规定,此外,《公司法司法解释(二)》不仅作出了具体且操作性较强的解释,而且在不违背《公司法》精神的前提下,进行了必要的补充规定。根据《公司法》等的规定,公司因以下事由而解散:

(一)"公司章程规定的营业期限届满或者公司章程规定的其他解散事由出现"(180条1项)

从该项规定看,属于由公司章程按照股东共同意志自由规定公司解散事由的情形,一是公司章程规定的营业期限届满,二是公司章程规定的其他解散事由的出现。对于公司的营业期限,大多国家的公司法都放弃了对公司存在时间的限制性规定,是否规定公司的存续期

---

① 以上内容详见〔日〕伊藤靖史等:《会社法》,第361页;〔日〕江头宪治郎:《株式会社法》,第978页。
② 参见朱慈蕴:《公司法原论》,361页以下;施天涛:《公司法论》,第580页以下;赵旭东:《公司法学》,第368页以下;范健、王建文:《公司法》,第451页以下;李建伟:《公司法学》,第128页以下。
③ 比如,有的学者将其作为自愿解散,即任意解散的一种进行分析,但有的学者又将其作为强制解散中的所谓的法定解散的一种进行分析。前者见朱慈蕴:《公司法原论》,第362页;赵旭东:《公司法学》,第369页;范健、王建文:《公司法》,第451页,后者见李建伟:《公司法学》,第129页;施天涛:《公司法论》,第583页。
④ 日本公司法学者几乎不作分类分析,基本上按照本国公司法规定的顺序进行分析介绍。

限,完全由公司自主决定。我国《公司法》也坚持这种立法模式,对于公司的营业期限未作规定。① 所以,公司既可以在公司章程中不规定公司营业期间,使公司成为永续存在的公司,也可以在公司章程中对营业期限作出规定,完全属于公司章程的任意记载事项。如果属于后者,即公司章程规定了公司的营业存续期限,期限届满时又未作出变更决议延长公司存续的,该期限届满将会成为公司解散事由,公司因此解散,进入清算程序。②

公司除了在章程中对公司存续期间作出规定外,还可对其他导致公司解散的事由可自由作出规定。比如,可规定公司经营的主业的完成或者无法完成时公司解散、公司股东少于几人时公司解散以及某些重要股东不复存在时公司解散等等。公司章程的这类规定应该属于相对必要记载事项,公司章程规定的这类解散事由一旦出现,公司即解散,进入清算程序。

需要注意的是,企业维持原则是商法的一大重要原则,为了贯彻该原则,防止正常存续公司的无端灭失造成社会资源的浪费等不利因素,我国《公司法》对这种情形下公司仍可存续发展作出了制度安排,其第181条第1款明确规定,"公司有本法第一百八十条第(一)项情形的,可以通过修改公司章程而存续。"同时,为了防止在这种情形下违背股东已有的共同意志作出相反的决定会给股东带来不必要的投资风险等,《公司法》要求这类情形下的公司章程变更须由股东(大)会特别决议作出决定。所以,其第181条第2款规定,"依照前款规定修改公司章程,有限责任公司须经持有三分之二以上表决权的股东通过,股份有限公司须经出席股东大会会议的股东所持表决权的三分之二以上通过。"

(二)"股东会或者股东大会决议解散"(180条2项)

该项规定充分体现了公司自治的原则,公司既然以股东的意志或共同意志能够自由成立,当然也能依据股东的意志或共同意志自由解散。《公司法》有关公司解散事由的这项规定就是这种精神的体现。这项规定同时表明,公司以股东(大)会决议的方式,可根据各种需要自由解散公司。当然,解散公司毕竟属于重大事项,公司的意思决定机关不会轻易作出解散公司的决议。通常都会在某项既定事业(比如综合购物中心的开发等)已完成或确知无法完成,公司大股东产生抽回投资另作其他投资兴业的想法等情况下作出解散公司的决议。

再从公司法原理来看,公司解散更是关系公司存亡的重大事项,不仅直接关系到企业维持原则的坚守问题,而且涉及所有股东乃至公司债权人的利益。所以,根据我国《公司法》的规则安排,一般公司股东(大)会作出公司解散决议,适用特别决议规则,有限责任公司须经代表2/3以上表决权的股东通过,股份有限公司须经出席股东大会的股东所持表决权的2/3以上通过(43条2款、103条2款);一人公司须由该一人股东作出决议(61条);国有独资公司不设股东会,有关公司解散的决定权也不得委托于董事会,须由国有资产监督管理机构(国资委)作出决定,其中,重要的国有独资公司的解散,应当由国资委审核后,报本级人民政府批准(66条1款)。

---

① 当然,有学者介绍,西方一些国家,比如,法国、意大利、比利时、卢森堡等国的公司法仍然或者明确规定公司存续的最高期限,要求公司章程对其作出规定。范健、王建文:《公司法》,第451页。在我国只有《中外合资经营企业法》对有些合营企业要求约定合营存续期限。比如,该法第13条规定,合营企业的合营期限,按不同行业、不同情况,作不同的约定。有的行业的合营企业,应当约定合营期限;有的行业的合营企业,可以约定合营期限,也可以不约定合营期限。

② 据介绍,在公司的现实运营中,存在公司章程规定的营业期限届满,但公司即不及时解散公司也不履行延长程序的情况,小股东利益保护就成为新问题。并且如何解决此类问题,认识分歧较大。有观点认为该类公司应立即解散进入清算程序,分配剩余财产;也有观点认为应视为公司自动延续存在,小股东可行使股份回购请求权;还有观点认为小股东等应行使召集临时股东会等的权利,由股东会等对公司命运作出决定。参见刘俊海:《公司法学》,第476页。

### (三)"因公司合并或者分立需要解散"(180条3项)

如上所述,公司合并和分立必然会涉及公司解散的问题,所以,《公司法》也将公司合并或者分立规定为引起公司解散的事由之一。但需要注意以下两点:一是公司合并不管是吸收合并还是新设合并都存在公司解散的问题,即吸收合并中被吸收公司需要解散,在新设合并中原合并各方都需解散。但公司分立只有所谓的新设分立,即解散分立中被分立的公司需解散,而在存续分立中不存在公司解散的问题。二是在公司合并和分立中,围绕公司的权利和义务原则上由合并或分立后继续存在的公司概括性继受或对其债务由相关各方承担连带责任,或由相关方对债权债务的处理提前订立协议,按照该协议进行自主处理,所以,这种情形下的公司解散无需履行清算程序。

### (四)"依法被吊销营业执照、责令关闭或者被撤销"(180条4项)导致公司解散

公司因依法被吊销营业执照、责令关闭或者被撤销而解散,就是通常所说的行政强制解散,是指公司违反法律、行政法规的规定而被国家行政机关依法作出吊销营业执照、责令关闭或者撤销登记等的行政处罚决定导致公司解散的情形,属于基于公权力意志非公司自治意志的公司解散事由。行政强制解散的宗旨在于防止公司因违反法律法规而损害社会公共利益和公共秩序的情形,依据我国相关法律法规的规定,凡是违反工商、税收、市场、环境保护等法律法规,危害社会公共利益和公共秩序的,相关行政主管机关就可作出吊销营业执照、责令关闭或者撤销登记等的行政处罚。当事公司不管受到上述行政处罚的任何一种(当然可合并处罚),公司须立即解散,进入清算程序,消灭主体资格。

其实,我国在商法、经济法、行政法等多个法律部门中规定了众多行政强制解散公司的情形,但就《公司法》以及《公司登记条例》等的规定来看,行政强制解散主要适用情形如下:

(1)违反公司法规定,虚报注册资本、提交虚假材料或者采取其他欺诈手段隐瞒重要事实取得公司登记的,除进行相应罚款外,情节严重的,撤销公司登记或者吊销营业执照(《公司法》198条,《公司登记条例》64、65条)。

(2)公司成立后无正当理由超过6个月未开业的,或者开业后自行停业连续6个月以上的,吊销营业执照(《公司法》211条1款,《公司登记条例》68条)。①

(3)利用公司名义从事危害国家安全、社会公共利益的严重违法行为的,吊销营业执照(《公司法》213条,《公司登记条例》79条)。

(4)公司变更经营范围涉及法律、行政法规或者国务院决定规定须经批准的项目而未取得批准,擅自从事相关经营活动,情节严重的,吊销营业执照(《公司登记条例》69条1款)。

(5)伪造、涂改、出租、出借、转让营业执照情节严重的,吊销营业执照(《公司登记条例》72条)。

综观我国法律有关上述意义的公司行政强制解散的制度安排,由于受自古以来行政权

---

① 日本公司法就公司解散事由,还规定了一种所谓的"休眠公司拟制解散"制度。根据《日本公司法》第472条第1款的规定,一个公司自进行了相关登记之日起连续12年再未进行过任何登记时,法务大臣以在官报上公告的方式要求该公司申报自己并未废止其事业,并由公司登记机关将此公告通知给该公司。如果该公司自该公告之日起2个月内,既未申报并未废止事业也未进行某种登记的,在该2个月经过之日将该公司视为解散。但企业维持乃至强化是包括公司法在内的商法的一大原则。所以,《日本公司法》第473条同时又规定,被视为解散的公司可在3年间作出公司存续的决议。也就是说,公司连续15年既不进行某种登记,也未作出继续存在的某种决议的,必须解散并进入清算程序。由此可见,在贯彻企业维持的商法基本原则方面,日本法做的更加彻底。

过于强大的历史传统以及计划经济时代的影响,赋予行政机关过于强势的行政解散权,存在"泛行政解散权"的突出问题。①

一是在绝大多数公司的设立采取"准则设立主义"原则的情况下,存在权力明显不对等的问题,即既然公司设立无需行政机关的许可,行政机关基于市场监管职能可行使罚款等的行政处罚权,但原则上不享有导致公司消灭的公司解散权,体现权力对等原则。②

二是从防止行政强制解散权滥用、贯彻企业维持原则以及行政权与司法权的分权原则,同时体现市场经济主体意思自治原则,应将行政机关对商事主体的行政强制解散权与特定行业商事主体设立行政许可权一致起来,对其他行业仍可加强行政机关以罚款等处罚权为主的市场监管职能,但不再享有对商事主体的行政强制解散权。对于公司违反法规,损害公共利益等较严重,让其继续存在弊大于利的情形,通过创立法院解散命令制度的方式,进一步理清行政权与司法权的关系,借鉴域外法治的成功经验,实现就公司解散行政权向司法权的回归,确保司法权在解决纠纷方面的最高权威性。③

(五)"人民法院依照本法第一百八十二条的规定予以解散"(180条5项)

《公司法》第182条规定,"公司经营管理发生严重困难,继续存续会使股东利益受到重大损失,通过其他途径不能解决的,持有公司全部股东表决权百分之十以上的股东,可以请求人民法院解散公司"。这是通过2005年《公司法》修改后所新增的条款,为我国正式确立了公司法上的"司法解散"或曰"裁判解散"公司的事由,与域外公司法治较发达国家保持了相近水平,增强了我国公司法制度的先进性。

需要注意的是,广义的公司司法解散,包括上述的法院命令解散和我国《公司法》第182条所规定的法院裁判解散,由于我国公司法未规定法院命令解散,所以,在我国,司法解散只指法院裁判解散。法院裁判解散制度的宗旨在于通过解决公司经营管理发生严重困难等公司运行中的突出问题,为股东尤其是少数股东提供一种退出公司的机制和利益保护机制,有利于少数股东利益的保护。对于法院裁判解散,除了《公司法》的上述规定,《公司法司法解释(二)》作出了内容较丰富的具体且补充性规定,形成了我国较完善的法院裁判解散公司诉讼制度,对解决公司僵局等突出问题具有重要意义。

---

① 参见李建伟:《公司法学》,第130页。

② 按照日本法律框架制度,国家行政机关基于管理市场经济的职能,可对违反法律损害社会公共利益的商事主体行使罚款等的行政处罚权,但不享有公司解散权。只有在特定行业中其设立本身需要行政机关许可的公司,如银行、保险、运输以及信托业等,出现违法行为损害公共秩序的情形时,其许可行政机关可依法吊销许可证,导致该类公司解散。比如,《日本银行法》第4条第1款规定,"银行业唯有取得内阁总理大臣许可者方可经营"。该法第27条第1款规定,"当银行违反法令或公司章程,或者违反内阁总理大臣根据法令所作出的处分,或者实施侵害公共利益的行为时,内阁总理大臣对该银行可作出让其停止全部或部分营业或者解任董事或监事的命令,或者可吊销根据本法4条1款所取得的许可证"。该法第40条规定,"当银行被根据本法27条或28条的规定吊销本法第4条第1款所说的内阁总理大臣签发的许可证时,须解散"。同样宗旨的制度安排,还可参见《日本保险业法》第3条第1款、第152条第3款等的规定。

③ 参见李建伟:《公司法学》,第130—131页。另外,《日本公司法》上的司法"解散命令"制度值得借鉴。根据该法的规定,当公司出现如下情形时,法院为确保公共利益认为不得再允许此类公司的存在时,可根据法务大臣或者股东、投资人、债权人以及其他利害关系者的请求,可命令解散该公司。适用情形是:① 该公司基于非法目的而设立;② 公司从成立之日起无正当理由1年以上未开业,或者连续停止营业1年以上者;③ 公司的业务执行董事、执行官或执行业务的股东实施了超越法令或公司章程所规定的公司的职权,或者滥用公司职权的行为,或者触犯刑事法令的行为时,尽管受到来自于法务大臣书面形式的警告但仍然继续或者重复此类行为者。同时,为了防止诉权人尤其是非公共主体的滥诉还规定,当股东、投资人、债权人以及其他利害关系人提出请求时,法院可根据公司的请求可命令其提供相应担保。该公司本身只有在证明上述诉权人的恶意诉讼时才能由自己请求法院命令解散该公司。详见《日本公司法》第824条的规定。

# 第十三章 公司解散和清算

**比较法知识13-2**

## 美国法上的三大类型公司解散事由

美国以其《标准公司法》为代表,对公司解散事由等的规定非常全面且十分具体。从大的方面看,美国法有关公司解散事由的规定可分为三大类型,即规定了自愿解散、行政命令解散以及司法解散。

首先是自愿解散,又可具体分为以下三种:一是公司创办人自愿解散。根据美国法的规定,在公司尚未发行股票或还未开始营业时,其创办人可随时解散公司。从程序看,由该创办人向州务长官提交载明法定事项的解散申请书,经州务卿批准并颁布公司解散证书之时,就是该公司解散消灭之时。二是股东会决议解散。股东会解散公司的决议除公司章程另有规定外,以可行使表决权股东的多数票通过。决议通过后公司应向州务长官提交载明法定记载事项的相关文件。若依法还需要种类股东会议的相应决议时该会议可通过所谓的解散条款。这种情况下的公司解散以股东会决议或解散条款所规定的生效日而发生解散效果。三是董事或董事会决定解散公司。本来董事或董事会只有提出解散公司建议的权利而不能直接决定公司解散。但在公司开办之初董事对于还未开业的公司享有解散公司的权利,其行使权利的程序等与创办人解散公司的情形相同。

其次是行政命令解散,对此,美国《标准公司法》设专章作了规定。根据美国法的规定,只要公司存在下列情形之一,并且公司未能按照州务卿的整改通知进行整改或者公司不能证明作为解散事由的情形不存在的,州务长官签发公司解散证书,当事公司就得解散。这些情形有:① 公司依法应缴的特许税及罚款在到期后60日内不支付的;② 公司在到期后60日内未向州务长官送交年度报告的;③ 在60日内公司未在本州设注册代理人或者注册办事处的;④ 注册代理人更改或辞职,注册办事处更改或停止办事后60日内未通知州务卿的;⑤ 公司组织章程规定的存续期限到期的等。

最后是司法解散,专指通过法院裁判解散公司的法律行为,有如下四种情形:一是检察长以公司用欺诈手法订立公司组织章程或越权或滥用权限为由提起解散公司的诉讼从而被判公司解散;二是股东以公司事务陷入僵局,将要给股东造成不可弥补的损害,或公司的业务不是为了股东利益经营的,或者董事行为非法或存在压制以及欺诈,或者股东不能在两次年会会期内选出任期届满董事的后继者,或者公司的资产正在被滥用或浪费为由提起解散公司的诉讼从而被判公司解散;三是公司债权人以公司不清偿到期债务或公司缺乏支付能力为由提起解散公司的诉讼从而被判公司解散;四是公司自身为了请求在法院监督下进行自愿解散提起解散公司的诉讼。

不管因上述何种诉讼法院所作出的解散公司的判决都会载明解散生效日,公司将在该生效日解散。[①]

---

[①] 以上内容详见毛亚敏:《公司法比较研究》,第338—339页。

### 三、法院裁判解散公司之诉

作为一项诉讼制度,为使其有效发挥所设定的功能,不仅要严格规定该项诉讼的适用要件、符合资格的诉权人以及其他当事人,而且要对法院管辖、是否介入调解程序和保全措施以及该项诉讼判决的效力等作出明确规定。

(一)法院裁判解散公司之诉的适用要件

从我国《公司法》的规定来看,该项诉讼的适用要件如下:

1."公司经营管理发生严重困难"

这里既包括公司经营方面发生的问题,也包括管理方面发生的问题。至于所谓的"严重"程度,应由法官自由裁量。但为了使这一要件的适用更具可操作性,《公司法司法解释(二)》第1条第1款明确列举了可能导致公司经营管理发生严重困难的四种情形:① 公司持续两年以上无法召开股东会或者股东大会,公司经营管理发生严重困难的;② 股东表决时无法达到法定或者公司章程规定的比例,持续两年以上不能作出有效的股东会或者股东大会决议,公司经营管理发生严重困难的;③ 公司董事长期冲突,且无法通过股东会或者股东大会解决,公司经营管理发生严重困难的;④ 经营管理发生其他严重困难,公司继续存续会使股东利益受到重大损失的情形。

由此可见,公司经营管理所发生的严重困难,可能由股东间的严重分歧或冲突所导致(包括无法召开股东会或无法形成股东会决议的情形),也可能由经营层的严重分歧或冲突导致的。这些成因所导致的公司经营管理发生严重困难的局面,就属于下述的所谓的公司僵局问题。当然,公司经营管理发生严重困难,更多可能是由公司决策严重失误所引发的,此类问题不属于公司僵局。

2."继续存续会使股东利益受到重大损失"

这里说的是公司无法解决其经营管理所发生的严重困难状态,如果让这种状态继续,必然是股东利益受到损失的情形。这里所说的股东应该指公司全体股东。"重大损失"包括已经发生的重大损失以及将要发生的重大损失。其"重大"不仅指其数额较大,而且包含有不可弥补的损失的含义。

3."通过其他途径不能解决的"

这里所说的"其他途径"指的是司法诉讼以外的旨在解决问题的所有方式方法,比如,股东试图"转让股份"的方法、冲突方相互力争"和解"的方法以及求助他人"调解"的方法等。更重要的是这一适用要件属于法院受理并审理案件的一个前置性程序,需要原告举证已穷尽"其他途径",别无选择,否则法院会驳回请求。

4."持有公司全部股东表决权百分之十以上的股东,可以请求人民法院解散公司"

这既是对适用要件的规定,也属于对诉讼权人的规定。符合这一条件的股东,可以是"单独或者合计持有公司全部股东表决权百分之十以上的股东"(《公司法司法解释(二)》1条1款)。

只要符合上述适用要件,法院就应当受理并审理此类诉讼案件。

(二)法院裁判解散公司之诉的其他规定

1. 诉讼管辖及其诉讼当事人

(1)管辖。对于诉讼管辖,《公司法司法解释(二)》第24条规定,解散公司诉讼案件由公司住所地人民法院管辖。公司住所地是指公司主要办事机构所在地。公司办事机构所在地不明确的,由其注册地人民法院管辖。基层人民法院管辖县、县级市或者区的公司登记机关核准登记的公司的解散诉讼案件;中级人民法院管辖地区、地级市以上的公司登记机关核准登记的公司的解散诉讼案件。

(2) 诉讼当事人。对于该类诉讼的当事人,《公司法司法解释(二)》第4条第1款规定,股东提起解散公司诉讼应当以公司为被告。其第2款规定,原告以其他股东为被告一并提起诉讼的,人民法院应当告知原告将其他股东变更为第三人;原告坚持不予变更的,人民法院应当驳回原告对其他股东的起诉。其第3款规定,原告提起解散公司诉讼应当告知其他股东,或者由人民法院通知其参加诉讼。其他股东或者有关利害关系人申请以共同原告或者第三人身份参加诉讼的,人民法院应予准许。

(3) 调解与保全程序的介入。首先,对于调解程序的介入,《公司法司法解释(二)》第5条第1款规定,人民法院审理解散公司诉讼案件,应当注重调解。当事人协商同意由公司或者股东收购股份,或者以减资等方式使公司存续,且不违反法律、行政法规强制性规定的,人民法院应予支持。当事人不能协商一致使公司存续的,人民法院应当及时判决。其第2款规定,经人民法院调解公司收购原告股份的,公司应当自调解书生效之日起六个月内将股份转让或者注销。股份转让或者注销之前,原告不得以公司收购其股份为由对抗公司债权人。其次,对于保全程序的介入,《公司法司法解释(二)》第3条规定,股东提起解散公司诉讼时,向人民法院申请财产保全或者证据保全的,在股东提供担保且不影响公司正常经营的情形下,人民法院可予以保全。这是为了防止公司实际控制人减损公司财产,损害股东及债权人利益,或者毁灭证据不利于原告承担举证责任所作的规定。

(4) 该类判决的效力以及与清算程序之间的关系。首先,对于裁判解散公司判决的效力,《公司法司法解释(二)》第6条第1款规定,人民法院关于解散公司诉讼作出的判决,对公司全体股东具有法律约束力。其第2款规定,人民法院判决驳回解散公司诉讼请求后,提起该诉讼的股东或者其他股东又以同一事实和理由提起解散公司诉讼的,人民法院不予受理。这属于充分肯定此类判决的对世效力的规定。其次,对于与清算程序的关系,《公司法司法解释(二)》第2条规定,股东提起解散公司诉讼,同时又申请人民法院对公司进行清算的,人民法院对其提出的清算申请不予受理。人民法院可以告知原告,在人民法院判决解散公司后,依据公司法第183条和本规定第7条的规定,自行组织清算或者另行申请人民法院对公司进行清算。这样规定的理由很清楚,不仅是因为请求法院裁判解散公司和请求法院进行所谓的特别清算是两个完全独立的诉讼程序,存在诉讼主体、管辖、举证责任配置等方面的诸多不同,不可合并受理以及审理;而且在请求法院裁判解散公司阶段,公司是否被解散仍属不定状态,再说即便法院判决解散公司,如下述,按照《公司法》第183条规定,被解散的公司只能进入由公司自己组织的所谓的普通清算程序,只有当普通清算程序受阻时,才能请求法院进入由法院组织的所谓的特别清算程序,所以,法院不能将请求解散公司之诉和请求法院组织清算之诉合并处理。

**四、法院裁判解散公司之诉与公司僵局**

(一) 所谓公司僵局

所谓公司僵局,是指公司在经营存续期间,由于比较严重的内部矛盾与冲突,包括股东间、董事等经营层内部、股东与经营层之间等的矛盾与冲突出现僵持局面,导致公司因无法正常作出意思决策以及经营决策等使公司经营管理发生严重困难,公司继续存在会使股东利益受到重大损失的事实状态。① 从公司僵局的典型形态看,包括无法召集股东会或股东大会,即便能够召开但无法作出理应作出的决议的所谓"股东会僵局";无法召集董事会,即便能够召开但无法形成应有的决议以及董事长拒绝或者懈怠职责又无法正常改选等的所谓的"董事会僵局";以及由大股东兼职的董事长或者总经理实施道德失范行为,如携带公司的关键手续(法人印章、营业执照等)逃之夭夭,导致公司经营管理陷入困境的所谓"经营者职业道德失范僵局"等多种形态。

在公司运行的实践中,因公司股权的流动性差(封闭性公司尤为明显)、包括公司章程在内的规章制度不健全以及传统文化中的"窝里斗"恶习等的影响,封闭性公司容易发生公司僵局,以股东间的相互信任和配合为基础的"资本多数决"原则也存在失去该基础的风险。所以,公司僵局有时也会在股份有限公司乃至公众公司中发生。就其深层次原因,公司股权结构不合理、决策机制(包括议事方式、表决程序等)不健全且不合理以及股东、董事、高级管理层等的道德失范等,都是导致公司僵局发生的重要原因。公司僵局的危害在于,发生公司僵局将会严重影响公司的经营管理,经营管理出现严重困难,公司声誉下降,直接威胁到公司的存亡,最终会严重损害公司股东利益乃至债权人利益。

(二) 法院裁判解散公司之诉的主要功能

由此可见,公司僵局属于公司经营管理陷于最严重困难局面且又无法自救的事实状态,正因为如此,各国公司法所安排的法院裁判解散公司之诉,尽管不是仅限于解决公司僵局的制度安排,但毫无疑问法院裁判解散公司之诉的主要功能在于解决公司僵局问题,是解决公司僵局这一难题的最重要制度(参见《公司法》182条,《公司法司法解释(二)》1 条 1 款)。② 换言之,该诉讼毕竟属于消灭公司主体资格的诉讼制度安排,法院务必坚持"通过其他途径不能解决的"慎用原则,但可以肯定的是,法院裁判解散公司之诉的主要功能在于解决公司僵局问题。③

## 五、公司解散的法律后果

除公司合并、分立引起的解散外,其他事由引起的公司解散都将产生如下法律后果:

(一) 依法进入清算程序

如上述,除公司合并、分立引起的公司解散外,其他解散事由导致的公司解散都依法结

---

① 对公司僵局概念的含义界定,参见刘俊海:《公司法学》,第479页;朱慈蕴:《公司法原论》,第364—365页;李建伟:《公司法学》,第131页等。

② 有学者明确指出,法院裁判解散主要是为了解决公司僵局问题。见朱慈蕴:《公司法原理》,第364页。而且众多公司法著述也都从解决公司僵局的角度详尽介绍我国《公司法》上的法院裁判解散公司之诉制度的。参见刘俊海:《公司法学》,第479页以下;李建伟:《公司法学》,第131页以下等。另外,从《日本公司法》的规定看,法院裁判解散制度的主要目的也在于解决公司僵局问题。比如,该法第833条第1款规定,当股份公司出现① 公司业务执行陷入明显困难状态,将给公司造成无法弥补的损失,或存在造成这种损失的风险;② 股份公司的财产管理或处分明显不当,直接威胁到该公司存亡的情形时,持有全体股东表决权的1/10以上的股东或者持有已发行股份的1/10以上股份的股东可向法院提起解散该公司的诉讼。

③ 作为解决公司僵局的替代措施,有学者介绍了公司股东间可预先订立"公司僵局的处理办法"等协议的所谓"预防措施",以及基于异议股东回购请求权的"法院命令购买股份"措施等,旨在说明法院裁判解散公司之诉为"解决僵局的最后选择,如果能够通过其他途径解决,就不适用裁判解散公司"。详见李建伟:《公司法学》,第132页。

束公司的经营使命进入清算程序。所以,我国《公司法》第183条前段规定,公司因章程规定的营业期限届满或者公司章程规定的其他解散事由出现,或者股东会或者股东大会决议解散,或者依法被吊销营业执照、责令关闭或者被撤销,或者法院裁判解散的,应当在解散事由出现之日起十五日内成立清算组,开始清算。并须依法成立清算组,成为处于清算程序中的公司的业务执行以及代表机构,替代解散前公司的董事长、董事、高管等业务执行以及代表机构。对此,《公司法》第183条后段规定,有限责任公司的清算组由股东组成,股份有限公司的清算组由董事或者股东大会确定的人员组成。这种由公司自行组织的清算,就是所谓的普通清算程序。当公司逾期不成立清算组进行清算的,债权人可以申请人民法院指定有关人员组成清算组进行清算。人民法院应当受理该申请,并及时组织清算组进行清算。这种因当事人申请,由人民法院组织的清算,就是所谓的特别清算程序。需要注意的是,处于清算程序中的公司的股东会或股东大会作为意思决定机构,监事或监事会作为监督机构,仍然对清算业务发挥意思决定功能和监督功能,继续存在,直至清算程序结束,公司主体资格消灭(参见《公司法》188条等)。

(二) 公司丧失经营能力,权利能力受限

公司进入清算程序后,尽管法人资格仍然存在,但其权利能力将受到法定限制,成为权利能力仅限于开展清算业务,不得从事与清算业务无关的其他经营活动的公司法人。对此,《公司法》第186条第2款规定,清算期间,公司存续,但不得开展与清算无关的经营活动。

有不少公司法著述将这种权利能力受到限制但法人资格仍然存在的公司叫做"清算中公司",甚至列专节或专题进行研究。① 从学说观点而言,对于这种处于清算程序中的公司的法律性质,有"清算法人说""拟制法人说"以及与解散、清算前的公司属于"同一法人"等的学说②,应该说,从上述《公司法》第186条的规定看,我国坚持的是"同一法人说",即这种处于清算程序中的公司与解散清算前的公司属于同一法人。由此可看出,公司从解散到清算结束为止依然存在,其法人资格以及由此所产生的法律关系与公司解散清算前基本一致,只是进入清算程序的公司的权利能力将受到必要的限制,不得开展与清算无关的经营活动,否则其行为无效。一句话,进入清算程序的公司,是否称为"清算中公司"纯属学界进行理论界定的需要,但作为权利能力受到限制的公司法人依然存续,直至完成清算程序,注销公司登记,公司法人资格才能最终消灭。

(三) 公司解散将对公司全体股东发生效力

在上述的公司解散事由中,公司因章程规定的营业期限届满或者章程规定的其他解散事由的出现,股东会或股东大会作出解散决议,以及公司合并、分立而解散,都是由公司股东共同意志所引起的结果,自然该结果对全体股东产生效力。此外,行政机关依法强制解散公司的行政处罚决定以及法院解散公司的判决,同样对全体股东发生效力,尤其是后者,即法院解散公司的判决,一旦生效就会产生所谓的对世效力,即对当事人以及其他第三人产生约束力。所以,《公司法司法解释(二)》第6条明确规定,人民法院关于解散公司诉讼作出的判决,对公司全体股东具有法律约束力。

---

① 参见李建伟:《公司法学》,第140页;刘俊海:《公司法学》,第489页;施天涛:《公司法论》,第591页;朱慈蕴:《公司法原论》,第375页等。

② 详见李建伟:《公司法学》,第140页;朱慈蕴:《公司法原论》,第373页等。

## 第三节 公司清算

### 一、公司清算的概念与特征

#### （一）概念

公司清算从广义而言，是指公司因上述解散事由的发生而解散或者被宣告破产后，依法了结公司事务、清理公司债权债务、处分公司财产，最终消灭公司主体资格的必经法律程序。由于公司因破产所进行的清算，叫做"破产清算"，属于破产法所专门规定的程序，而公司合并、分立引起的公司解散又无需履行清算程序。所以，这里所说的公司清算，专指在破产、合并以及分立之外，由其他解散事由引起公司解散后依法了结公司事务、清理债权债务、处分财产并消灭公司主体资格的必经法律程序，一般称为"公司解散清算"。

另外，如上述，我国立法采取了"先散后算"的模式，所以，公司解散与公司清算既相区别又有联系。解散是清算的原因，清算是解散的结果。

#### （二）特征

相比较而言，公司清算具有如下法律特征：

1. 公司清算是公司解散所引起的一种法律后果

如上述，从公司法的制度设计看，公司解散属于引发公司主体资格消灭的原因，但公司解散并不直接导致公司主体资格消灭，除公司合并、分立导致的公司解散外，公司解散所导致的直接法律后果就是被解散的公司必须进入清算程序。

2. 公司清算是最终消灭公司主体资格的必经法律程序

尽管公司清算包括一系列法律行为，如结束未了结事务、清理公司的债权债务、处分财产以及注销登记等等，但从制度设计和清算的目的来看，公司清算属于公司最终消灭主体资格退出市场必须经过的阶段，所以，应将其视为消灭公司主体资格的法律程序符合公司清算的制度性质。①

3. 公司清算是有效保护利益相关者利益的法律程序制度

从公司清算的直接目的看，就是为了给公司投资者提供合法有序退出市场的有效机制，但从法律所规定的公司清算的具体程序看，其最终目的在于依法保护包括职工、国家在内的所有公司债权人以及包括少数股东在内的所有股东的利益。如果没有公司清算这一严肃的法律程序，公司的实际控制人等就有可能利用地位以及职务之便，实施隐匿财产、逃避债务、私分财产等的非法行为，损害债权人以及少数股东等的利益。②

---

① 比如，日本公司法学者的观点十分清楚，公司解散就是那些作为引起公司主体资格消灭原因的法律事实，而公司清算就是最终消灭公司主体资格的必经法律程序。参见〔日〕江头宪治郎：《株式会社法》，第973、981页；〔日〕青竹正一：《新会社法》，第619、622页等。

② 有学者甚至认为，公司清算就是一种具有"双重功能"的法律行为和程序，其中，保护相关利益者的利益是公司清算的实质性功能。因为，公司依法进行清算，不仅能有效保护债权人的利益，同样能有效保护股东尤其是少数股东、雇员、国家等的利益。详见李建伟：《公司法学》，第135页。

### 比较法知识13-3

#### 日本法有关清算公司权利能力的规定

根据《日本公司法》的规定,公司清算作为对已解散公司法律关系的处理,主要是有关了结公司正在进行的业务、收回债权、清偿债务、向股东分配剩余财产的一系列法定程序(见该法481条)。同时,《日本公司法》还规定,进入清算程序的股份有限公司,在其清算业务范围内,视为在清算结束前仍存续的公司(见该法476条)。这种在清算业务范围内仍然存续的股份有限公司就是《日本公司法》上所说的"清算股份有限公司",一般简称为"清算公司",更为重要的是《日本公司法》对这种清算公司的权利能力作出了比较明确的规定。

根据《日本公司法》的规定,清算公司尽管与清算前的公司保持了同一法人资格,但其权利能力将被严格限定在清算业务范围内,不再具有开展营业活动的权利能力(见该法476、645条)。具体表现在:一是清算公司的权利能力受到法定限制,法律有其他规定的情形除外,清算人所实施的清算业务以外的行为,其后果不再归属清算公司。因为日本就有判例明确指出,清算公司仅限于清算业务享有权利能力,不得实施与营业相关的资金借贷等交易行为。二是清算公司不得进行利润分配(见509条1款2项),因为公司一旦进入清算程序,其股东只能以剩余财产分配的方式接受财产分配。三是《日本公司法》还规定,无偿取得、来自于清算公司所持有的其他法人的股份以交付股份方式进行利润分配时的股份取得以及为处理在清算前的股份取得请求所为的股份取得除外,清算公司不得进行具有向股东分配公司财产性质的自己股份取得(见509条1款1项、3款等),也不得向控股股东请求其出售股份(见509条2款)。四是清算公司更不能增加或者减少公司资本金、公积金以及盈余金,也不得实施与公司组织体重组相关的股份交换以及股份移转行为(见509条1款2、3项),因为这些业务很明显属于公司的正常经营活动或者属于公司组织体重组业务,与清算业务无关。

但是,基于现实中存在为了子公司清算的顺利进行需母公司提供必要的资金,以及在清算中需要进行现金调剂等的必要性,所以,《日本公司法》规定,清算公司可以发行目的明确的募集股份以及公司债券等(见该法108条3款、487条2款1项、489条6款5项等)。另外,根据日本法院的判例,由于清算公司的股份仍然处于可以转让的状态中,所以,清算公司对转让受限股份的转让同意请求、股东名册名义变更请求的处理以及对公司有过重大贡献者发放酬谢金的行为,并不与清算业务冲突,应当属于允许的范围。①

### 二、公司清算的分类

公司清算分类是学界根据法律是否干预以及法律对清算的不同规定等所进行的类别化处理,旨在从不同角度深化对公司清算制度的认识。公司清算可根据法律是否干预、由何种法定事由引起以及公司依法自主清算还是由法院组织清算进行不同分类。

---

① 上述内容详见〔日〕青竹正一:《新会社法》,第622—623页;〔日〕江頭憲治郎:《株式会社法》,第981—982页。

### (一) 任意清算和法定清算

任意清算是指按股东的意愿以及公司章程的规定,公司自主进行的清算,这种清算不受法律相关规定的约束,可以不按法律规定的程序进行。通常这种任意清算方式仅适用于无限公司和两合公司等的人合公司,其原因就在于这类公司的股东对公司债务承担无限责任,这类公司不管采取何种清算方式,都不会影响公司债权人的利益。由于我国公司法只规定了有限责任公司和股份有限公司,并未规定无限公司等人合公司,故我国公司法不承认任意清算。①

法定清算是指依法定程序所进行的清算。法定清算适用于各种性质的公司,包括无限公司等人合公司,即只要股东或公司章程未规定处分财产的其他方法,也只能按法定程序进行清算。不过,有限责任公司以及股份有限公司等的资合公司只能适用法定清算,因为这类公司的股东对债权人承担有限责任,公司财产才是债权人债权实现的唯一担保财产,若允许任意清算,就会存在损害债权人利益的极大风险。我国公司法只规定了作为资合公司的有限责任公司和股份有限公司,所以,我国公司法也只规定了法定清算。

### (二) 破产清算和非破产清算

这是根据公司清算是否按照破产法规定的程序进行所作的划分。破产清算是指按照破产法的规定公司因清偿不能而被依法宣告破产时,由法院组成清算组清理财产及债权债务,并依法分配破产财产的清算程序。非破产清算是指在公司资产能够清偿债务时依法所进行的清算程序。非破产清算包括上述的任意清算和法定清算。破产清算与非破产清算的区别除表现在所适用的程序不同外,还表现在组织清算组的机关以及发生清算的原因不同等方面。

### (三) 普通清算和特别清算

这主要是根据清算组的组织方式以及有谁主导清算的不同所作的划分。普通清算是指根据公司章程,或者公司股东、董事会、股东(大)会的决定,由公司自行组织清算组并依法进行的清算。对这种普通清算,如上述,我国《公司法》明确规定,公司因公司合、分立以外的原因导致解散的,应当在解散事由出现之日起15日内成立清算组,开始清算。有限责任公司的清算组由股东组成,股份有限公司的清算组由董事或者股东大会确定的人员组成(183条)。特别清算从域外公司法的规定来看,是指当股份有限公司的普通清算发生明显困难,或者可能存在债务清偿不能,或者公司债权人、清算人、监事或股东请求时,由法院等公权力机构组织清算组并在法院等的监督下依法所进行的清算。②

相比较而言,尽管我国《公司法》所规定的特别清算程序对有限责任公司和股份有限公司都是适用的,但只规定了"普通清算发生明显困难"这样一种启动特别清算程序的事由,即"逾期不成立清算组进行清算的,债权人可以申请人民法院指定有关人员组成清算组进行清

---

① 相比较而言,日本公司法规定了无限公司、两合公司等人合性公司,所以,该法尽管对这类公司也规定法定清算程序,但同时也认可了这类公司对任意清算方式的选择。比如,《日本公司法》第668条就明确规定,无限公司和两合公司因法定事由的出现而解散时,可以公司章程规定或股东同意的方式决定解散公司的财产处分方法。公司法有关该类公司清算程序的规定,对作出这种财产处分方法决定的公司不再适用。

② 比如,《日本公司法》第510条规定,当法院认定清算中的股份公司存在影响清算完成的障碍因素,或者存在怀疑资不抵债的情形时,可根据相关申请命令该公司启动特别清算。其第511条第1款规定,债权人、清算人、监事或者股东可向法院提出启动特别清算的申请。其第2款规定,怀疑清算中的股份公司存在资不抵债的情形时,清算人须提出启动特别清算的申请。

算。人民法院应当受理该申请,并及时组织清算组进行清算"(《公司法》183 条后段)。需要注意的是,尽管如此,在《公司法》上述规定的基础上,《公司法司法解释(二)》不仅对"普通清算发生明显困难"的这一事由给出更加具体的解释,还适当扩大了启动特别清算程序的申请主体。首先,《公司法司法解释(二)》第 7 条第 2 款规定,"有下列情形之一,债权人申请人民法院指定清算组进行清算的,人民法院应予受理:(一) 公司解散逾期不成立清算组进行清算的;(二) 虽然成立清算组但故意拖延清算的;(三) 违法清算可能严重损害债权人或者股东利益的"。其第 3 款规定,"具有本条第二款所列情形,而债权人未提起清算申请,公司股东申请人民法院指定清算组对公司进行清算的,人民法院应予受理"。

简言之,普通清算和特别清算均属法定清算,二者区别在于前者公司自行组织的清算,而后者则是一种由法院介入并在其监督下进行的清算。从性质而言,特别清算又是介于普通清算和破产清算之间的一种"中间型"特别清算程序,从功能而言,是一种破产预防制度。再从制度安排来看,我国《公司法》坚持以普通清算为基本,法院主持的特别清算为补充的原则。

### 三、清算组

(一) 清算组的概念

清算组是我国《公司法》所使用的概念,据考证,我国法律对承担公司等组织体清算业务的组织的称谓不太一致。如在《合伙企业法》《个人独资企业法》以及《信托法》等使用"清算人"概念,而在《民法通则》《民事诉讼法》中将其称为"清算组织",《企业破产法》给出的称谓是"破产管理人"等。并且认为,采用了"清算组织"或者"清算组"概念的法律领域,将导致无法将某一自然人指定为清算人,从而造成与境外立法通例的明显不同,相比较,"清算组"概念不如"清算人"概念合理。[①]

其实,从我国《公司法》的整个制度安排来看,一是并未对清算组的人数作出规定,二是一人公司自然由一人股东组成清算组。所以,我国法上所说的清算组与其组成人数无关,清算组可以是一人,也可以是数人,在实务中清算组往往由若干人组成。我国法上的清算组与域外法律以及我国《合伙企业法》等部分法律所规定的"清算人"属于同性质概念,简单说,就是公司清算业务的执行人,具体而言,是指公司清算业务的执行机关和公司代表机关,对内执行清算业务,对外代表公司清理债权债务,并参与诉讼活动。

(二) 清算组的组成与法律地位

对于清算组的组成,我国《公司法》的规定与域外法制度安排基本保持一致。按照《公司法》的规定,一是公司不管因何种事由解散,除因公司合并、分立导致的解散外,都需进入由公司自行组织清算的普通清算程序。即应当在解散事由出现之日起十五日内成立清算组,开始清算。有限责任公司的清算组由股东组成,股份有限公司的清算组由董事或者股东大会确定的人员组成。二是只有在普通清算程序受阻无法进行时,应公司债权人或股东的

---

① 详见范健、王建文:《公司法》,第 459 页。不过另有学者认为,清算组既可以是自然人,也可以是法人。采用清算组概念的法律并未规定清算组的人数要求,说明清算组可以是一人,也可以是数人。再从我国《公司法》要求有限责任公司的清算组由股东组成(183 条),按此要求"一人公司"的清算组当然只有一人股东组成。从实务看,对那些小型公司要求由 2 人以上组成清算组显然不合理。详见李建伟:《公司法学》,第 137 页。

申请,由法院指定人员组成清算组进行清算(《公司法》183 条,《公司法司法解释(二)》7 条 3 款)。并且,在《公司法》上述规定的基础上,《公司法司法解释(二)》还对法院可指定清算组成员的范围以及可根据相关者的申请或职权更换成员的事由等作出了具体规定。其第 8 条规定,"人民法院受理公司清算案件,应当及时指定有关人员组成清算组。清算组成员可以从下列人员或者机构中产生:(一) 公司股东、董事、监事、高级管理人员;(二) 依法设立的律师事务所、会计师事务所、破产清算事务所等社会中介机构;(三) 依法设立的律师事务所、会计师事务所、破产清算事务所等社会中介机构中具备相关专业知识并取得执业资格的人员"。其第 9 条规定,"人民法院指定的清算组成员有下列情形之一的,人民法院可以根据债权人、股东的申请,或者依职权更换清算组成员:(一) 有违反法律或者行政法规的行为;(二) 丧失执业能力或者民事行为能力;(三) 有严重损害公司或者债权人利益的行为"。

对于清算组的法律地位,学界认识基本一致,即清算组就是公司清算业务的执行人,代替解散前公司的董事会、董事长、经理人等的公司业务执行机关和代表机关,是权利能力受到限制的所谓的清算中公司的清算业务执行机关和公司代表机关。

需要注意的是,清算组只不过是处于清算程序中的公司清算业务的执行机关和代表公司对外清理债权债务,参加以公司为原告或者被告的诉讼活动的代表机关而已,作为清算中公司的清算人,并不是具有独立权利能力的主体。所以,不能直接成为有关公司清算业务诉讼活动的原告或者被告。在这方面因我国最高人民法院和省级地方法院的某些不合理解释,造成了有关公司清算诉讼活动适格主体的混乱。比如,《民法通则意见》第 60 条第 2 款就规定,"对于涉及终止的企业法人债权、债务的民事诉讼,清算组织可以用自己的名义参加诉讼"。① 正因为如此,《公司法司法解释(二)》为了正本清源,纠正这些不合理的解释,其第 10 条明确规定,"公司依法清算结束并办理注销登记前,有关公司的民事诉讼,应当以公司的名义进行。公司成立清算组的,由清算组负责人代表公司参加诉讼;尚未成立清算组的,由原法定代表人代表公司参加诉讼"。

(三) 清算组的职权与成员的权利、义务、责任

1. 清算组的职权

我国《公司法》以列举方式明确规定了清算组的职权,该法第 184 条规定,清算组在清算期间行使下列职权:① 清理公司财产,分别编制资产负债表和财产清单;② 通知、公告债权人;③ 处理与清算有关的公司未了结的业务;④ 清缴所欠税款以及清算过程中产生的税款;⑤ 清理债权、债务;⑥ 处理公司清偿债务后的剩余财产;⑦ 代表公司参与民事诉讼活动。对于其中第 7 项所说的"代表公司参与民事诉讼活动",如上述,《公司法司法解释(二)》作出了更具体的司法解释,其第 10 条第 2 款规定,公司成立清算组的,由清算组负责人代表公司参加诉讼;尚未成立清算组的,由原法定代表人代表公司参加诉讼。这说明与域外公司法

---

① 据介绍,最高人民法院《关于贯彻执行民法通则若干问题的意见(试行)》第 60 条,《关于适用民事诉讼法若干问题的意见》第 51 条,北京市高级人民法院《关于企业下落不明、歇业、撤销、被吊销营业执照、注销后诉讼主体及民事责任承担若干问题的处理意见(试行)》第 6、12、16 条等,都对清算组的独立诉讼主体资格作出了规定,引起了不必要的混乱。该学者还认为,只有清算中的公司才是实体民事关系中的权利义务承受者,也是民事诉讼中的诉讼主体;清算组自身缺乏对外承担民事责任的财产;清算组缺乏取得胜诉利益的正当性和合法性依据;在司法和仲裁实践中,清算组作为当事人参加的诉讼和仲裁活动,无论胜诉还是败诉,实际上都归属于清算中的公司等,从这些方面看,以清算组为诉讼当事人的观点缺乏法理依据。详见刘俊海:《公司法学》,第 491—492 页。

有关清算人有数人时均可代表公司的共同代表制不同,我国实行的是单一代表人制。①

2. 清算组成员的权利、义务与责任

(1) 权利。清算组成员的最主要权利,应该说就是从公司取得其报酬的权利。因为从公司法的理论而言,与公司和董事间关系为委任关系相同,清算组成员与公司间的关系也属委任关系。但是,与民事委任关系不同,商事委任关系中的受任者享有取得报酬的权利。②所以,与董事享有从公司取得报酬的权利相同,③清算组成员也享有从公司取得报酬的权利。从公司财务会计做账而言,支付给成员的报酬应列入清算费用,《公司法》有关公司财产在确认剩余财产前首先须支付公司清算费用的规定(186 条 2 款),也说明了清算组成员的这种报酬取得权。只是清算组由公司自行组织的,其成员的报酬应由股东(大)会确定;由法院指定成立清算组的,则由法院确定清算组成员的报酬。

(2) 义务与责任。对于清算组成员的义务与责任,从公司法理而言,与处于委任关系中受任者地位的董事等相同,清算成员同样负有忠实义务和勤勉义务,并且不得利用职务之便谋取个人利益或为他人谋取非法利益。违反义务给公司或者他人(含股东、公司债权人)造成损失的,须承担损害赔偿责任。④ 也正是基于相同的法理考量,《公司法》第 189 条明确规定,"清算组成员应当忠于职守,依法履行清算义务;清算组成员不得利用职权收受贿赂或者其他非法收入,不得侵占公司财产;清算组成员因故意或者重大过失给公司或者债权人造成损失的,应当承担赔偿责任"。在《公司法》这一基本规定的指导下,《公司法司法解释(二)》对清算组成员违反义务的责任作了更加具体系统的规定。

首先,其第 11 条第 2 款规定,清算组未按规定履行通知和公告义务,导致债权人未及时申报债权而未获清偿,债权人可请求清算组成员对因此造成的损失承担赔偿责任。

其次,其第 15 条第 2 款规定,执行未经确认的清算方案给公司或者债权人造成损失,公司、股东或者债权人可请求清算组成员承担赔偿责任。

最后,其 23 条规定,清算组成员从事清算事务时,违反法律、行政法规或者公司章程给公司或者债权人造成损失,公司或者债权人可请求其承担赔偿责任;有限责任公司的股东、股份有限公司连续一百八十日以上单独或者合计持有公司百分之一以上股份的股东,依据公司法的相关规定(151 条),可通过股东代表诉讼追究清算组成员的赔偿责任;公司已经清算完毕注销,具备要件的股东可参照公司法的相关规定(151 条 3 款),以清算组成员为被告、其他股东为第三人直接提起请求清算组成员承担赔偿责任的诉讼。

此外,我国《公司法》还规定了清算组成员的行政责任。其第 204 条第 2 款规定,公司在进行清算时,隐匿财产,对资产负债表或者财产清单作虚假记载或者在未清偿债务前分配财产的,对直接负责的主管人员和其他直接责任人处以一万元以上十万元以下的罚款。其第

---

① 比如,《日本公司法》第 483 条第 2 款规定,清算人有 2 人以上时,各自代表清算中的股份有限公司。
② 在民事法律关系层面上,如果委托人与受托人之间无特别约定时,委任关系中的受托人不享有向委托人请求报酬的权利,此为民事委任关系的基本原则。比如,《日本民法》第 648 条第 1 款就明确规定,受托人若无特殊约定,不能向委托人请求报酬。但是,在商事委任关系中,委托人与受托人无特别约定,受托人自然享有向委托人请求报酬的权利。换言之,在商事委任关系中,受托人享有报酬请求权是基本原则,通过特别约定可放弃该项权利为例外。比如,《日本商法》第 512 条规定,商人在其营业范围内为他人实施行为时,可请求相应的报酬。
③ 比如,《公司法》所规定的股东(大)会职权中就包括了决定董事、监事报酬的权利,说明处于委任关系中受任者地位上的董事等享有取得报酬的权利。详见该法第 37 条第 1 款第 2 项、第 99 条的规定。
④ 有关董事等的法定义务以及责任,详见《公司法》147—150 条的规定。

206 条第 2 款规定,清算组成员利用职权徇私舞弊、谋取非法收入或者侵占公司财产的,由公司登记机关责令退还公司财产,没收违法所得,并可以处以违法所得一倍以上五倍以下的罚款。

3. 公司清算与债权人救济

与清算成员的义务和责任相关联的,就是在公司解散清算的实务中,经常会出现公司未依法履行清算程序或者未经清算程序而注销公司等从而损害债权人利益的情形,这时就存在一个如何救济债权人的问题。对此,在《公司法》上述基本规定的指导下,《公司法司法解释(二)》明确规定了如下的债权人救济措施:

(1)规定了清算义务人未履行义务或怠于履行义务的责任。对此,《公司法司法解释(二)》第 18 条规定,清算义务人(股东、董事、控股股东以及实际控制人等)未在法定期限内成立清算组开始清算,导致公司财产贬值、流失、毁损或者灭失,债权人可请求上述清算义务人在造成损失范围内对公司债务承担赔偿责任;这些清算义务人因怠于履行义务,导致公司主要财产、帐册、重要文件等灭失,无法进行清算,债权人可请求其对公司债务承担连带清偿责任。上述情形系实际控制人原因造成,债权人可请求该实际控制人对公司债务承担相应民事责任。此外,其第 15 条第 2 款还规定,执行未经确认的清算方案给债权人造成损失,债权人可请求清算组成员承担赔偿责任。

(2)规定了清算义务人恶意处置财产或虚假清算或违法注销登记等的责任。对此,《公司法司法解释(二)》第 19 条规定,清算义务人(同上)在公司解散后,恶意处置公司财产给债权人造成损失,或者未经依法清算,以虚假的清算报告骗取公司登记机关办理法人注销登记,债权人可请求该义务人对公司债务承担相应赔偿责任。其第 20 条规定,公司未经清算即办理注销登记,导致公司无法进行清算,债权人可请求上述清算义务人对公司债务承担清偿责任;公司未经依法清算即办理注销登记,股东或者第三人在公司登记机关办理注销登记时承诺对公司债务承担责任,债权人可请求该承诺人对公司债务承担相应民事责任。

对于上述第 18、19、20 条所规定的相关者责任的内部平衡问题,《公司法司法解释(二)》第 21 条规定,上述清算义务人为 2 人以上的,其中 1 人或者数人依上述规定承担民事责任后,可请求其他人员按照过错大小分担责任。

(3)规定了未缴纳出资股东的相关责任。对此,《公司法司法解释(二)》第 22 条规定,公司解散时,股东尚未缴纳的出资均应作为清算财产。股东尚未缴纳的出资,包括到期应缴未缴的出资,以及分期缴纳尚未届满缴纳期限的出资。公司财产不足以清偿债务时,债权人可请求未缴出资股东,以及公司设立时的其他股东或者发起人在未缴出资范围内对公司债务承担连带清偿责任。

### 比较法知识13-4

#### 《德国有限责任公司法》上的"清算人"

《德国有限责任公司法》本身属于德国立法者的独创,可以说是大陆法系国家中最早的有限责任公司法,并且成了其他国家制定有限责任公司法的蓝本,对各国有限责任公司法律制度的构建产生了极大影响。比如,1938 年日本制定的《有限公司法》(于 2005 年废止)就是以德国的该法为蓝本的法律。

就其中的有限责任公司的"清算人"这项具体的制度而言,应该说《德国有限责任公司法》的规定不仅是清晰的,而且比较全面。

首先,对于"清算人"的确定,一是《德国有限责任公司法》明确规定,原则上公司董事就是有限责任公司的法定清算人,所以,无需特别选任程序,所要履行的程序就是在商务注册处进行登记(见该法 66 条 1 款)。二是根据需要,公司可以以合同或者股东决议的方式排除董事担任清算人,也可委托他人担任公司清算人(见该法 66 条 1 款)。三是若存在特别理由,经持有公司 10% 以上股份的少数股东的申请,或者针对清算人的不公正行为由小股东提出申请,可由注册法院直接指定清算人(见该法 66 条 2 款)。四是《德国民法典》第 29 条还规定了紧急指定清算人的情形。

其次,对"清算人"的解任,与上述清算人的确定程序相关联,一是除注册法院指定的清算人外,股东可以股东大会决议方式随时解任清算人。二是注册法院可以根据需要解任其所指定的清算人。三是清算人以向公司宣布解除其聘任合同等方式当然可以自主辞任清算人(见该法 66 条 3 款等)。

最后,对于"清算人"的职权以及职责等,按照《德国有限责任公司法》的规定,清算人作为清算业务的执行人享有清算业务执行权,与公司代表董事相同,清算人对外享有无限的清算公司的代表权。之所以说它是"无限的",就是因为公司不得对该项代表权设定限制,否则不得对抗善意的第三人(见该法 70、71 条 4 款等)。此外,清算人须在公司的报刊上对公司解散至少要公告三次后才能对公司财产进行清算(见该法 65 条 2 款),还须为此编制清算资产负债表和资产状况报告。终结公司正在进行的经营业务、收回公司的债权、清偿公司债务也是清算人的重要职责。最后一次向公司债权人发布公告并经过 1 年后,若还有剩余财产,清算人须向股东分配剩余财产(见该法 70、71、72 条)。清算人完成上述清算任务后,须按照《德国商法典》的规定(29、31 条),在商务注册处注销公司。至于公司到底在无资产时消灭还是在商务注册处进行注销登记之时消灭,属于争论的问题,但多数德国学者认为,既履行了注销登记程序,又分配了所有剩余财产后,公司才能完全消失。[①]

### 四、公司清算程序

如上述,公司解散主要强调的是作为导致公司主体资格消灭原因的那些事实和行为,相比较而言,公司清算则主要指的是公司解散或破产后作为导致其主体资格最终消灭必经程序或步骤的一系列行为。根据《公司法》以及相关司法解释等,公司解散清算程序大致如下:

(一)成立清算组

公司因公司章程规定的营业期限届满或者公司章程规定的其他解散事由出现、股东会或者股东大会决议解散、依法被吊销营业执照、责令关闭或者被撤销登记、法院裁判解散等原因解散的,应当在解散事由出现之日起 15 日内成立清算组,开始清算(《公司法》183 条,《公司法司法解释(二)》7 条 1 款)。清算组应当自成立之日起 10 日内将清算组成员、清算

---

① 以上内容详见〔德〕托马斯·莱塞尔等:《德国资合公司法》,高旭军等译,第 668—670 页;参见〔德〕格茨·怀可等:《德国公司法》,殷盛译,第 375 页。

组负责人名单向公司登记机关备案(《公司登记条例》41条)。

（二）通知、公告债权人

清算组应当自成立之日起10日内,将公司解散清算事宜书面通知全体已知债权人,并于60日内根据公司规模和营业地域范围在全国或者公司注册登记地省级有影响的报纸上进行公告。清算组未按规定履行通知和公告义务,导致债权人未及时申报债权而未获清偿,债权人可请求清算组成员对因此造成的损失承担赔偿责任(《公司法》185条1款,《公司法司法解释(二)》11条)。

（三）债权申报与登记

债权人应当自接到通知之日起30日内,未接到通知的自公告之日起45日内,向清算组申报其债权,并应说明债权的有关事项,提供证明材料。清算组应对债权进行登记,但在申报债权期间,清算组不得对债权人进行清偿(《公司法》185条1、2、3款)。公司清算时,债权人对清算组核定的债权有异议的,可以要求清算组重新核定。清算组不予重新核定,或者债权人对重新核定的债权仍有异议,债权人可以以公司为被告向人民法院提起诉讼(《公司法司法解释(二)》12条）。债权人在规定的期限内未申报债权,在公司清算程序终结前补充申报的,清算组应予登记(《公司法司法解释(二)》13条)。债权人补充申报的债权,可以在公司尚未分配财产中依法清偿。公司尚未分配财产不能全额清偿,债权人可向法院请求股东以其在剩余财产分配中已经取得的财产予以清偿,但债权人因重大过错未在规定期限内申报债权的除外(《公司法司法解释(二)》14条1款)。

（四）制定清算方案并报股东(大)会或法院确认

清算组为制定清算方案首先需要清理公司财产、编制资产负债表和财产清单。在此基础上制定清算方案,公司自行清算的,清算方案应当报股东(大)会决议确认;人民法院组织清算的,清算方案应当报人民法院确认。未经确认的清算方案,清算组不得执行(《公司法》186条1款,《公司法司法解释(二)》15条1款)。

针对清算组在执行制定清算方案的程序节点上容易发现导致公司破产的因素,所以,《公司法》等还规定了与破产清算程序间的衔接机制。

首先,《公司法》第187条1款规定,清算组在清理公司财产、编制资产负债表和财产清单后,发现公司财产不足清偿债务的,应当依法向人民法院申请宣告破产。其第2款规定,公司经人民法院裁定宣告破产后,清算组应当将清算事务移交给人民法院。不仅如此,鉴于破产程序的复杂性和独立性,《公司法》第190条还规定,公司被依法宣告破产的,依照有关企业破产的法律实施破产清算。

其次,根据《公司法》上述规定的宗旨,《公司法司法解释(二)》又作出了更加具体的司法解释。一是为提高破产申请的严肃性,防止滥用破产申请权,《公司法司法解释(二)》第14条2款规定,债权人或者清算组不得以公司尚未分配财产和股东在剩余财产分配中已经取得的财产,不能全额清偿补充申报的债权为由向人民法院提出破产清算申请。二是为公司解散特别清算与破产清算间建立更加有效的衔接机制,《公司法司法解释(二)》第17条规定,法院指定的清算组在清理公司财产、编制资产负债表和财产清单时,发现公司财产不足清偿债务的,可以与债权人协商制作有关债务清偿方案。债务清偿方案经全体债权人确认且不损害其他利害关系人利益的,法院可依清算组的申请裁定予以认可。债权人对债务清偿方案不予确认或者法院不予认可的,清算组应当依法向法院申请宣告破产。

### （五）依清算方案处分财产

对于处于清算程序中的公司的财产，法律规定了处分的顺序。首先依次分别支付清算费用、职工工资、社会保险费用和法定补偿金，缴纳所欠税款，清偿公司债务。公司财产在未按该法定顺序清偿前，不得分配给股东。否则，分配行为无效，不仅要追回所分配财产，而且还可追究清算组成员的相应责任。[①] 按该法定顺序清偿后还有剩余财产时，须保障股东的剩余财产分配请求权，向股东分配剩余财产。有限责任公司按股东出资比例分配，股份有限公司按股东持有的股份比例分配（《公司法》第186条2、3款）。对于出资存在瑕疵（未履行或者未全面履行出资义务或者抽逃出资等）的股东，《公司法司法解释（三）》第16规定，公司可以章程规定或者股东（大）会决议的方式对这类股东的剩余财产分配请求权作出相应的合理限制。

### （六）清算结束、公司终止

公司清算结束后，清算组应当制作清算报告，报股东（大）会或者法院确认，并从清算结束之日（清算报告确认日）起30日内将该清算报告等报送公司登记机关，申请注销公司登记，公告公司终止（《公司法》188条，《公司登记条例》42条）。清算组申请注销公司登记，公告公司终止时，除提交上述的经确认的清算报告外，还须提交如下文件：① 公司清算组织负责人签署的注销登记申请书；② 法院的破产裁定、解散裁判文书，公司依照《公司法》作出的决议或者决定，行政机关责令关闭或者公司被撤销的文件；③ 股东（大）会、一人有限责任公司的股东、外商投资的公司董事会或者法院以及公司批准机关备案、确认的清算报告；④《企业法人营业执照》；⑤ 法律、行政法规规定应当提交的其他文件；⑥ 国有独资公司时国有资产监督管理机构的决定，其中，国务院确定的重要的国有独资公司时本级人民政府的批准文件；⑦ 有分公司的公司时分公司的注销登记证明（《公司登记条例》43条）。

经公司登记机关注销登记，公司终止（《公司登记条例》44条）。

对于特别清算程序的期限，《公司法司法解释（二）》第16条还规定，"人民法院组织清算的，清算组应当自成立之日起六个月内清算完毕；因特殊情况无法在6个月内完成清算的，清算组应当向人民法院申请延长"。

**【司法考试真题】**

**13-1** 渝城有限责任公司因章程规定营业期限届满而解散，成立了清算组。清算组在清算期间实施的下列行为哪些是错误的？（　　）（2003年）

A. 为抵偿甲公司债务而承揽了甲公司的一项工程

B. 以清算组为原告起诉一债务人

C. 留足偿债资金后将公司财产按比例分配给股东

D. 从公司财产中优先支付清算费用

**13-2** 某有限责任公司股东会决定解散公司，其后股东会、清算组所为的下列哪一行为不违反我国法律定的规定？（　　）（2005年）

A. 股东会选派股东甲、股东乙和股东丙组成清算组，未采纳股东丁提出吸收一名律师参加清算组的建议

---

① 参见李建伟：《公司法学》，第139页。

B. 清算组成立次日,将公司解散一事通知了全体债权人并发出公告,一周内全体债权人均申报了债权,随后清算组在报纸上又发布了一次最后公告

C. 在清理公司财产过程中,清算组发现设备贬值,变现收入只能够清偿75%的债务,遂与债权人达成协议:剩余债务转由股东甲负责偿还,清算继续进行

D. 在编制清算方案时,清算组经职代会同意,决定将公司所有的职工住房优惠出售给职工,并允许以部分应付购房款抵销公司所欠职工工资和劳动保险费用

**13-3** 一枝花有限公司因营业期限届满解散,并依法成立了清算组,该清算组在清算过程中实施的下列哪些行为是合法的?(　　)(2007年)

A. 为使公司股东分配到更多的剩余财产,将公司的库房出租给甲公司收取租金

B. 为减少债务利息,在债权申报期间清偿了可以确定的乙公司债务

C. 通知公司的合作伙伴丙公司解除双方之间的供货合同并对其作出相应赔偿

D. 代表公司参加了一项仲裁活动并与对方当事人达成和解协议

**13-4** 甲、乙、丙三人共同设立云台有限责任公司,出资比例分别为70%、25%、5%,自2005年开始,公司的生产经营状况严重恶化,股东之间互不配合,不能作出任何有效决议,甲提议通过股权转让摆脱困境被其他股东拒绝。下列哪一选项是正确的?(　　)(2008年)

A. 只有控股股东甲可以向法院请求解散公司

B. 只有甲、乙可以向法院请求解散公司

C. 甲、乙、丙中任何一人都可向法院请求解散公司

D. 不应解散公司,而应通过收购股权等方式解决问题

**13-5** 2009年甲、乙、丙、丁共同设立A有限责任公司。丙以下列哪一理由提起解散公司的诉讼法院应予受理?(　　)(2011年)

A. 以公司董事长甲严重侵害其股东知情权,其无法与甲合作为由

B. 以公司管理层严重侵害其利润分配请求权,其股东利益受重大损失为由

C. 以公司被吊销企业法人营业执照而未进行清算为由

D. 以公司经营管理发生严重困难,继续存续会使股东利益受到重大损失为由

**13-6** 2012年5月,东湖有限公司股东申请法院对公司进行司法清算,法院为其指定相关人员组成清算组。关于该清算组成员,下列哪一选项是错误的?(　　)(2012年)

A. 公司债权人唐某　　　　　　B. 公司董事长程某

C. 公司财务总监钱某　　　　　D. 公司聘请的某律师事务所

**13-7** 某经营高档餐饮的有限责任公司,成立于2004年。最近四年来,因受市场影响,公司业绩逐年下滑,各董事间又长期不和,公司经营管理几近瘫痪。股东张某提起解散公司诉讼。对此,下列哪一表述是正确的?(　　)(2014年)

A. 可同时提起清算公司的诉讼

B. 可向法院申请财产保全

C. 可将其他股东列为共同被告

D. 如法院就解散公司诉讼作出判决,仅对公司具有法律拘束力

**13-8** 因公司章程所规定的营业期限届满,蒙玛有限公司进入清算程序。关于该公司的清算,下列哪些选项是错误的?(　　)(2014年)

A. 在公司逾期不成立清算组时,公司股东可直接申请法院指定组成清算组

B. 公司在清算期间,由清算组代表公司参加诉讼
C. 债权人未在规定期限内申报债权的,则不得补充申报
D. 法院组织清算的,清算方案报法院备案后,清算组即可执行

**13-9** 甲县的葛某和乙县的许某分别拥有位于丙县的云峰公司50%的股份。后由于两人经营理念不合,已连续四年未召开股东会,无法形成股东会决议。许某遂向法院请求解散公司,并在法院受理后申请保全公司的主要资产(位于丁县的一块土地使用权)。关于本案当事人的表达,下列说法正确的是?(　　)(2014年)

A. 许某是原告
B. 葛某是被告
C. 云峰公司可以是无独立请求权第三人
D. 云峰公司可以是有独立请求权第三人

**13-10** 李桃是某股份公司发起人之一,持有14%的股份。在公司成立后的两年多时间里,各董事之间矛盾不断,不仅使公司原定上市计划难以实现,更导致公司经营管理出现严重困难。关于李桃可采取的法律措施,下列哪一说法是正确的?(　　)(2015年)

A. 可起诉各董事履行对公司的忠实义务和勤勉义务
B. 可同时提起解散公司的诉讼和对公司进行清算的诉讼
C. 在提起解散公司诉讼时,可直接要求法院采取财产保全措施
D. 在提起解散公司诉讼时,应以公司为被告

# 第十四章

# 外国公司的分支机构

我国《公司法》列专章(第11章)对外国公司的分支机构作出了规定。这不仅表明我国《公司法》同样采用"设立准据法主义",承认外国公司的主体资格(权利能力)[1],而且表明了欢迎外国公司以其我国法律允许的形式在中国从事生产经营活动,并对外国公司在中国从事生产经营活动的形式以及具备该形式的条件和程序、其权利与义务以及推出市场的机制等作出了明确规定。所谓设立准据法主义,指的是根据公司设立时所依据的法律来判断该公司的国籍以及其设立的合法性的一种普遍标准。判断公司国籍以及设立合法性的标准有很多,但设立准据法主义应该是最普遍的标准。[2]

另外,《公司法》并未对外国公司的组织形式作出限定性规定,所以,也可将《公司法》有关外国公司分支机构的规定理解为有限责任公司和股份有限公司的通用规则。

## 第一节 外国公司分支机构的概念与特征

### 一、外国公司分支机构的概念

为了明确规定外国公司在我国从事生产经营活动的组织形式等,我国《公司法》在有关外国公司分支机构的部分,开宗明义地对外国公司的概念作出明确界定,通过该规定表明了基于"设立准据法主义",承认外国公司的主体资格的立法态度。对此,《公司法》第191条规定,"本法所称外国公司是指依照外国法律在中国境外设立的公司"。[3]

我国《公司法》允许上述意义的外国公司在中国境内从事生产经营活动,并明确了从事生产经营活动的基本形式,这就是在中国境内设立外国公司的分支机构。综观《公司法》有关外国公司分支机构的规定,所谓外国公司的分支机构,是指外国公司依我国《公司法》的规

---

[1] 比如,《日本民法》就是根据"设立准据法主义"承认外国法人的主体资格,其第35条规定,外国法人,与在日本国内成立的同种类法人享有相同的权利(私权)。根据日本民法的这一规定,《日本公司法》也明确规定,外国公司是指以外国法令为准据设立的法人,以及其他外国团体中与公司相同或相类似的组织(2条2项)。

[2] 有国际私法的学者认为,外国公司主体资格的确定主要有成员国籍主义、设立地主义、住所地主义、准据法主义、实际控制主义、复合标准说等。见韩德培主编:《国际私法》,高等教育出版社、北京大学出版社2007年版,第65—66页。公司法的权威学者则明确指出,"我国公司法采纳了依公司设立准据法决定公司国籍的主张"。见王保树:《中国商法》,第283页。

[3] 需注意的是,《公司法》有关外国公司概念的规定并未强调"法人格"这一公司的重要法律特征,主要基于外国法上的公司并非都是具有法人格的组织体的考量。但2005年修改前的《公司法》则明确强调了外国公司的法人格,其第203条第1款规定,"外国公司属于外国法人"。

定,在中国境内设立的从事生产经营等业务活动并不具有法人资格的场所或者办事机构。外国公司与其所设立的分支机构的关系,就是民法上所说的法人与其分支机构的关系,公司法上的总公司与分公司的关系。需要注意的是,外国公司设在中国境内的分支机构,既不同于外国公司在中国设立的具有中国法人资格的子公司,也不同于外国公司等在中国设立的不具有法人资格的外商独资企业。①

**二、外国公司分支机构的法律特征**

上述意义的外国公司的分支机构,具有如下法律特征:

(一) 以外国公司的存续为前提,是外国公司的组成部分

这一特征说明该分支机构的存续是以设立它的外国公司的存续为前提,当然,该外国公司的消灭必然也就意味着该分支机构的终止。同时还说明作为外国公司的组成部分,与外国公司具有相同的性质,即营利性,并为此而从事生产经营活动。

(二) 不具有独立的主体资格

由于是外国公司的分支机构,所以《公司法》第 195 条第 1 款规定,"外国公司在中国境内设立的分支机构不具有中国法人资格",而且该类分支机构在现实中大多会表现为《公司法》上的分公司,"分公司不具有法人资格"(《公司法》14 条 2 款)。这一特征所决定,外国公司分支机构只能以外国公司的名义从事生产经营活动,既无自己的名称和公司章程,也无独立财产。其意志须服从外国公司的意志,"外国公司对其分支机构在中国境内进行经营活动承担民事责任"(《公司法》195 条 2 款)。②

(三) 须依中国法律在中国境内设立并受中国法律的保护与规制

《公司法》不仅规定了外国公司分支机构的设立须具备的条件(193 条),须履行的设立程序(192 条),还规定须经相关机构批准(192 条 1 款),其经营活动须遵守中国法律,不得损害中国的社会公共利益,其权益受中国法律保护(196 条)。可见,尽管是外国公司的分支机构,但属于依照中国法律在中国境内成立,并受中国法律保护和规制的外国公司分支机构。

(四) 属于在中国境内直接从事以营利为目的的经营活动的机构(参见《公司法》193 条)

外国公司分支机构的这一特征,与外国公司设立在中国境内的那些以了解市场行情、收集信息并提供咨询等为主要任务,并不从事经营活动的外国公司的常住代表机构相区别。一般而言,外国公司设在中国境内的常驻机构,常见的名称有"代办处""代表处"以及"联络处"等,尽管其设立也须经过中国政府的批准,也属于外国公司的组成部分,但这类常驻机构不具有营业权或商业代理权,不从事直接的以营利为目的的经营活动,与《公司法》所规定的直接从事经营活动的外国公司的分支机构是不同的。

---

① 对于二者的区别,我国《外资企业法》第 2 条就明确规定,该法所说的外资企业是指依照中国有关法律在中国境内设立的全部资本由外国投资者投资的企业,不包括外国的企业和其他经济组织在中国境内的分支机构。

② 需要注意的是,根据我国《民事诉讼法》第 48 条的规定,公民、法人和其他组织可以作为民事诉讼的当事人;法人由其法定代表人进行诉讼。其他组织由其主要负责人进行诉讼。而且最高人民法院《关于适用〈中华人民共和国民事诉讼法〉的解释》第 52 条第 5 项明确规定,法人"依法设立并取得营业执照的分支机构",可以作为诉讼当事人。看来,外国公司的分支机构能够成为诉讼当事人应该是不争的结论,但诉讼胜败的后果要归属外国公司也应该是不争的结论。所以,民事诉讼法等的上述规定只是有利于诉讼活动有效推进的方便之策,以此就得出"我国法律承认该分机构具有民事主体资格与民事诉讼主体资格"的结论,还值得推敲。见李建伟:《公司法学》,第 40 页。另参见王保树:《中国商法》,第 289—290 页。

比较法知识14-1

### 日本法上的"外国公司"及其相关规制

对于外国公司,《日本公司法》首先明确给出了概念界定,该法第2条第2项规定,"外国公司,是指根据外国法令所设立的法人及其他与公司同类或类似的外国团体"。由此可见,对于外国公司,日本公司法同样坚持的是"设立准据法主义"。关键在于对于这种依据准据法所设立的外国公司,日本民法不仅承认其法人资格,而且赋予其与日本籍公司,即依据日本法设立的公司相同的私权。因为《日本民法典》第35条第1款规定,依据法律或条约认可外国法人的成立,其第2款规定,依法成立的外国法人,与在日本本国成立的同种法人享有相同的私权。

对于在日本拟进行连续营业的外国公司,日本公司法作出了如下法规制:

一是外国公司拟在日本连续开展营业时,须设置在日本的代表人且其中1人以上须在日本有固定住所(见该法817条1款)。外国公司的代表人在开展连续营业前须对该公司进行登记,否则不得开展连续营业。违反该规定者须对交易相对人与外国公司承担连带损害赔偿责任(见该法818条1、2款)。此外,2002年修改前的《日本商法》还对外国公司须设置营业所以及登记义务进行了规定,但鉴于电子商务的发展和普及,通过该年修改的商法取消了此类要求,但外国公司自主设立营业所时,须对此进行登记(见《日本公司法》936条)。

二是与日本股份有限公司相同或相类似的外国公司,须公告在履行了股东大会的批准或相同或相类似程序后的相当于资产负债表的财务会计账簿,采用了在官报或者日报上进行公告的外国公司只公告资产负债表的主要内容即可,根据日本金融商品交易法的要求提交了有价证券报告的外国公司可免除公告义务(见《日本公司法》819条1、2、4款),主要对外国公司相关财务账簿的公开作出了法规制。

三是外国公司在日本的全体代表人退任时,须在官报上以不低于1个月的时间对债权人是否存有异议发布公告,并对所掌握的债权人分别发出催告,以此履行债权人异议程序。该债权人异议程序完成后其退任通过退任登记而生效(见该法820条1、3款)。

四是法院根据法务大臣或股东、出资人、债权人以及其他利害关系人的申请,按照与命令日本公司解散完全相同的要件,可对该外国公司发出停止在日本的连续营业或关闭其营业所的命令。外国公司被法院作出上述命令或者自行结束在日本的营业时,法院根据利害关系人的请求或其职权,就外国公司在日本的全部财产可作出清算的命令,其清算程序准用公司法有关股份有限公司清算的规定(见该法822条1、3款、827条等)。

此外,《日本公司法》为了防止外国公司为规避日本法在外国成立公司而在日本从事营业的做法,明确规定在日本设置公司的本部或者以在日本开展事业为主要目的的外国公司,在日本不得开展连续营业。违反者须对交易相对人与外国公司承担连带损害赔偿责任(见该法821条1、2款等),学者们将这项制度称为"拟制外国公司的规制",主要防范对相关法律的规避行为。①

---

① 以上内容详见〔日〕神田秀樹:《会社法》,第386—388页;〔日〕青竹正一:《新会社法》,第663—666页。

## 第二节 外国公司分支机构的设立

外国公司分支机构的设立,我国《公司法》采取核准设立主义,并对设立的条件、程序等作出了明确规定。

### 一、设立条件

根据《公司法》的规定,外国公司在中国境内设立分支机构须具备如下条件:
(1) 外国公司须在中国境内指定负责该分支机构的代表人或者代理人(193 条 1 款)。
(2) 外国公司须向该分支机构拨付与其所从事的经营活动相适应的资金,对该经营资金需要规定最低限额的,由国务院另行规定(193 条 1、2 款)。
(3) 外国公司须在该分支机构的名称中表明外国公司的国籍以及责任形式(194 条 1 款)。
(4) 外国公司的分支机构还须在本机构中置备该外国公司章程(194 条 2 款)。

### 二、设立程序

根据《公司法》的规定,外国公司在中国境内设立其分支机构,须履行如下程序:

1. 提出申请

欲在中国境内设分支机构的外国公司须向中国主管机关提出申请,并提交其公司章程、所属国的公司登记证书等有关文件(192 条 1 款)。

2. 取得中国政府的批准

外国公司提出在中国境内设立其分支机构的申请后,须接受中国政府相关部门的审查和批准,其审批办法由国务院另行规定。只有取得该批准的外国公司才能设立分支机构(192 条 1、2 款)。

3. 办理登记,领取营业执照

经批准设立的外国公司分支机构应在规定期限内办理注册登记手续。其具体程序原则上与本国公司设立分公司履行相同的登记程序(192 条 1 款)。① 核准登记后即获得营业执照,有权从事相应的生产经营活动。需要注意的是,外国公司分支机构所取得的营业执照,只能是单纯的《营业执照》,而非《企业法人营业执照》。

## 第三节 外国公司分支机构的权利、义务与责任

我国《公司法》对外国公司分支机构的权利与义务进行了概括性规定,其第 196 条规定,"经批准设立的外国公司分支机构,在中国境内从事业务活动,必须遵守中国的法律,不得损

---

① 按照《公司登记条例》有关分公司设立登记的规定,分公司的登记事项包括名称、营业场所、负责人、经营范围(46 条 1 款)。分公司的设立登记时间,其设立需要批准的,自批准之日起 30 日内须向登记机关申请设立登记(47 条 1 款)。设立分公司须向登记机关提供的文件有:① 公司法定代表人签署的设立分公司的登记申请书;② 公司章程以及加盖公司印章的《企业法人营业执照》复印件;③ 营业场所使用证明;④ 分公司负责人任职文件和身份证明;⑤ 国家工商行政管理总局规定要求提交的其他文件;⑥ 设立须经批准的,有关批准文件(47 条 2、3 款)。分公司登记机关准予登记的,颁发《营业执照》,设立分公司的公司还须在分公司取得该《营业执照》之日起 30 日内,持分公司的《营业执照》到自己的登记机关备案(47 条 4 款)。

害中国的社会公共利益,其合法权益受中国法律保护"。对于外国公司分支机构违反义务等的责任,《公司法》第 195 条第 2 款规定,"外国公司对其分支机构在中国境内进行经营活动承担民事责任"。

### 一、外国公司分支机构的权利

从上述《公司法》的规定看,外国公司分支机构主要享有以下权利:

1. 依法自由从事经营活动的权利

至少有两层含义:一是只要按照我国法律规定的条件和程序设立,在核准登记的经营范围内外国公司分支机构就经营内容、时间以及规模等享有自由决定的经营权,任何人不得妨碍;二是我国法律明文禁止或限制外国公司分支机构经营的行业外,该分支机构享有通过变更经营范围的方式调整经营类别、确定经营领域等的自由经营权,任何人不得妨碍。

2. 合法权益受中国法律保护的权利

主要指外国公司分支机构依法取得的自由经营权以及通过合法经营取得的利益等,受中国法律的有效保护,任何侵害该分支机构上述权利和利益的行为,都要依据中国法律受到责任追究(参见 196 条)。

### 二、外国公司分支机构的义务

依《公司法》规定,外国公司分支机构承担以下义务:

(一) 遵守中国法律的义务

主要指外国公司分支机构获准成立后所有经营活动都必须在法律允许的范围内进行,否则其经营行为无效,情节严重的,将会受到依法吊销营业执照、责令关闭或者撤销设立登记等的行政处罚而被解散(196 条)。

(二) 不得损害中国的社会公共利益的义务

公序良俗为社会最高准则,任何主体都不得违反该准则,外国公司的分支机构也不例外。否则,轻者行为无效,重者同样会遭受被终止的命运。

### 三、外国公司分支机构的责任

这里所说的责任与一般法律上的责任相同,是指主体违反义务所要承担的法律后果。只是如上述,外国公司的分支机构不是独立的权利义务主体,不具有法人资格。所以,对其的责任,《公司法》第 195 条第 2 款明确规定,"外国公司对其分支机构在中国境内进行经营活动承担民事责任"。

此外,《公司法》还规定了外国公司擅自设立分支机构的行政责任,该法 212 条规定,"外国公司违反本法规定,擅自在中国境内设立分支机构的,由公司登记机关责令改正或者关闭,可以并处五万元以上二十万元以下的罚款。"

### ▲ 比较法知识14-2

#### 台湾地区"公司法"对外国公司的严格监督制度

我国台湾地区的"公司法"对外国公司在台湾地区开展经营活动,从维护市场交易的秩序和安全等角度出发,规定了较为严格的监督管理制度。

首先,对于外国公司的市场准入,台湾地区"公司法"明确规定,外国公司未经认可或者不属于进行了申请备案者,以其外国公司名义的营业或所为其他法律行为,主管机关可以禁止其使用外国公司名称(见该法377、386条等)。

其次,对外国公司的违法行为规定了严格的行政处罚责任。根据台湾地区"公司法"的规定,外国公司将为台湾地区开展营业所提供的资金在得到认可后又转回本国者,外国公司的负责人应负刑事责任。经法院判决确定后,由检察机关通知"中央主管机关"撤销或者废止外国公司的登记。此外,外国公司的认可或其他登记事项有伪造、变造文件的,经法院判决确定后,同样由检察机关通知"中央主管机关"撤销或者废止外国公司的登记。再就是外国公司的经营因违反法令被勒令歇业的处分确定后,由该处分机关通知"中央主管机关"废止该当事公司的登记或废止部分登记事项(见该法377、9、17条等的规定)。不仅如此,外国公司有下列情形之一的,会被主管机关撤销或废止其认可:① 申请认可时所报事项或所提交文件虚假的;② 外国公司本身已被解散的;③ 外国公司已被宣告破产的(见该法379条)。

最后,对外国公司在台湾地区的营业以及财产状况规定了严格的检查、核查制度。一是主管机关会同其他相关机关可随时派人检查外国公司在台湾地区分支机构的营业以及财务状况,并有权要求被检查对象提交证明文件、单据、表册及有关资料。如果外国公司有下列情形之一的,主管机关以其职权或利害关系人的申请,可命令其解散:① 外国公司认可登记后6个月尚未开始营业的;② 开始营业后自行停止营业6个月以上的(见该法377、10、21、22条)。二是外国公司在台湾地区营业所投入资金须符合主管机关对其营业最低资本额的规定(见该法372条)。外国公司得到认可后,主管机关根据需要可查阅其开展营业的相关账簿文件(见该法384条),每会计年度结束时,该外国公司须将在台湾地区的营业报告书、财务报表以及利润分配或亏损弥补方案提请股东同意或股东会批准。对这些文件主管机关可随时派人核查或命令限期申报,并且在核查这些文件时,主管机关有权要求公司提交证明文件、单据、表册及有关资料。当然,包括上述的对营业状况的检查,其主管机关等负有保密义务以及按期返还相关文件的义务(见该法377、20、22条等)。[①]

## 第四节 外国公司分支机构的撤销与清算

对于外国公司分支机构的撤销与清算,《公司法》第197条规定,"外国公司撤销其在中国境内的分支机构时,必须依法清偿债务,依照本法有关公司清算程序的规定进行清算。未

---

① 详见王文宇:《公司法论》,第608—609页;柯芳枝:《公司法论》,第607—609页。

清偿债务之前,不得将其分支机构的财产移至中国境外。"

## 一、外国公司分支机构撤销

从《公司法》的规定看,外国公司分支机构撤销,指的是外国公司基于自身的理由结束其分支机构在中国境内经营活动的行为。属于自主解散的一种情形,由该外国公司自主作出撤销决定后进入清算程序。其撤销的原因可能在于外国公司自身的终止、或所规定的营业期限届满,或外国公司决定撤离等方面。至于外国公司的分支机构因违反中国法律而被吊销营业执照、责令关闭、撤销登记的,该外国公司须(义务)撤销该分支机构,进入清算程序。

## 二、外国公司分支机构清算

从《公司法》的上述规定看,外国公司分支机构清算,指的是该外国公司分支机构被撤销后必须按照《公司法》所规定的清算程序进行清算,了结事务、清理债权债务,办理注销手续,终止该分支机构的一系列法律行为,这些行为主要由该外国公司,或以其名义实施。由此可见,该分支机构的清算须按如下程序进行:成立清算组(含自行成立和法院指定成立)→通知、公告债权人→债权申报与登记→清算方案的制定与确认(含外国公司确认与法院确认)→依清算方案处分财产(含所有债务的清偿、剩余财产向境外转移)→结束清算、终止机构(包括制作清算报告经批准机关确认后由外国公司确认或法院确认以及申请注销登记并公告等一系列行为),详见本书"公司清算"部分(本书第278页以下)。

## 三、外国公司分支机构的撤销与清算须遵守的义务

为保护债权人等的利益,《公司法》明确规定,外国公司分支机构必须依法清偿债务,未清偿债务之前,不得将其分支机构的财产移至中国境外(197条)。该分支机构的财产不足以清偿债务的,自然由设立该分支机构的外国公司负责清偿(参见《公司法》195条2款)。[①]

---

[①] 对此,有学者明确指出,在中国境内的外国公司分支机构的债务,实质上是该外国公司的债务,因此,用于清偿分支机构债务的财产不限于该分支机构的现有财产。如果分支机构的现有财产不足以清偿所欠债务的,债权人有权向该分支机构所属的外国公司请求偿还。范健、王建文:《公司法》,第468页。

# 词条索引

**B**

| | |
|---|---|
| 本国公司 | 17 |
| 避止义务 | 174 |
| 表决权 | 65 |
| 表决权股 | 149 |
| 不可转换公司债券 | 188 |

**C**

| | |
|---|---|
| 财务会计报告公示 | 227 |
| 成本 | 221 |
| 程序法 | 32 |
| 筹资活动 | 224 |
| 船舶共有 | 20 |
| 存续分立 | 252 |

**D**

| | |
|---|---|
| 担保公司债券 | 187 |
| 单独股东权 | 130 |
| 登记设立主义 | 54 |
| 董事会 | 67 |
| 董事会秘书 | 110 |
| 独立董事 | 108 |

**F**

| | |
|---|---|
| 法定公积金 | 231 |
| 法定数 | 99 |
| 法定清算 | 280 |
| 法律的进步性 | 33 |
| 法律的技术性 | 33 |
| 发起人 | 56 |
| 发起人的责任 | 56 |
| 发起人协议 | 88 |
| 发起设立 | 55 |
| 法人 | 8 |
| 法人股东 | 119 |
| 法人格否认之法理 | 9 |
| 法院裁判解散 | 272 |
| 非固有权 | 132 |
| 非破产清算 | 280 |
| 费用 | 221 |
| 分公司 | 16 |
| 封闭公司 | 14 |
| 负债管理 | 219 |
| 附注 | 224 |

**G**

| | |
|---|---|
| 公法 | 30 |
| 公司 | 5 |
| 公司并购 | 245 |
| 公司财务会计报告 | 221 |
| 公司财务会计制度 | 213 |
| 公司财务制度 | 213 |
| 公司成立 | 51 |
| 公司创立大会 | 91 |
| 公司的社团性 | 9 |
| 公司法 | 29 |
| 公司分立 | 252 |
| 公司公积金 | 231 |
| 公司合并 | 244 |
| 公司合并救济措施 | 249 |
| 公司合并种类 | 245 |
| 公司兼并 | 245 |
| 公司僵局 | 275 |
| 公司基本事项 | 238 |
| 公司解散 | 268 |
| 公司解散清算 | 278 |
| 公司净资产额 | 261 |
| 公司会计制度 | 213 |
| 公司利润 | 229 |
| 公司秘密 | 176 |
| 公司名称 | 60 |
| 公司清算 | 278 |

| | | | |
|---|---|---|---|
| 公司清算分类 | 279 | 股东资格相对丧失 | 125 |
| 公司设立 | 51 | 股东资格原始取得 | 121 |
| 公司设立程序 | 56 | 股份 | 147 |
| 公司设立的效力 | 56 | 股份发行 | 151 |
| 公司设立法律责任 | 92 | 股份两合公司 | 14 |
| 公司设立条件 | 55 | 股份有限公司 | 13 |
| 公司设立无效和撤销 | 58 | 股份种类 | 148 |
| 公司收购 | 245 | 股份转让 | 154 |
| 公司税后利润 | 230 | 股票 | 148 |
| 公司自己资本率 | 184 | 股票背书转让 | 158 |
| 公司组织机构 | 62 | 股票上市交易 | 158 |
| 公司组织形式变更 | 259 | 股权 | 139 |
| 公司章程 | 238 | 股权转让 | 139 |
| 公司章程变更 | 240 | 固定资产 | 220 |
| 公司债券 | 182 | 固定资产管理 | 220 |
| 公司债券存根簿 | 198 | 固有权 | 132 |
| 公司债券偿还 | 204 | 国有独资公司 | 77 |
| 公司债券持有人会议 | 211 | | |

**H**

| | | | |
|---|---|---|---|
| 公司债券发行 | 191 | | |
| 公司债券上市交易 | 200 | 核准设立主义 | 54 |
| 公司债券质押 | 202 | 合同公司 | 14 |
| 公司债券种类 | 186 | | |

**J**

| | | | |
|---|---|---|---|
| 公司债券转让 | 199 | | |
| 公司住所 | 60 | 积极任职资格 | 163 |
| 公开公司 | 14 | 记名公司债券 | 187 |
| 公募 | 90 | 记名股 | 149 |
| 共益权 | 129 | 记名股东 | 119 |
| 关联关系 | 111 | 竞业避止义务 | 175 |
| 广义的公司法 | 29 | 及时性原则 | 216 |
| 国际法 | 32 | 继受股东 | 119 |
| 国内法 | 32 | 间接责任 | 12 |
| 国有股东 | 119 | 监事会 | 102 |
| 股东 | 117 | 监事会或监事 | 69 |
| 股东大会 | 96 | 谨慎性原则 | 217 |
| 股东代表诉讼 | 177 | 经理 | 69、101 |
| 股东会 | 63 | 经济法 | 34 |
| 股东平等原则 | 134 | 经营活动 | 224 |
| 股东权 | 127 | 经营判断原则 | 172 |
| 股东义务 | 132 | 绝对记载事项 | 60、86 |
| 股东资格继受取得 | 121 | 决议种类 | 65、97 |
| 股东资格绝对丧失 | 125 | | |
| 股东资格认定 | 121 | | |

**K**

| | | | |
|---|---|---|---|
| 股东资格丧失 | 125 | 康明达组织 | 20 |

| | | | |
|---|---|---|---|
| 可分配利润额 | 233 | 任意记载事项 | 86 |
| 可转换公司债券 | 188 | 任意清算 | 280 |
| **L** | | 任职资格 | 163 |
| 累计投票制 | 96 | **S** | |
| 立法体例 | 36 | 私法 | 30 |
| 两合公司 | 13 | 私募 | 90 |
| 利润表 | 223 | 损益表 | 223 |
| **M** | | 所有者权益变动表 | 224 |
| | | 商法 | 34 |
| 面额股 | 149 | 上市公司 | 104 |
| 民法 | 34 | 上市公司的收购 | 245 |
| 名义股东 | 122 | 商业机会 | 175 |
| 母公司 | 15 | 商业判断规则 | 172 |
| 募集股份 | 90 | 少数股东权 | 130 |
| 募集设立 | 90 | 设立登记 | 61 |
| **N** | | 设立发行 | 151 |
| | | 设立中公司 | 52 |
| 挪用公司资金 | 174 | 设立准据法主义 | 290 |
| **P** | | 实际股东 | 122 |
| | | 实体法 | 32 |
| 判决对世效力 | 249 | 实业股东 | 118 |
| 破产清算 | 278、280 | 实质性原则 | 217 |
| 普通股 | 149 | **T** | |
| 普通股东 | 119 | | |
| 普通决议 | 65、98 | 特别股 | 149 |
| 普通清算程序 | 275 | 特别股东 | 119 |
| **Q** | | 特别决议 | 65、98 |
| | | 特别清算程序 | 277、280 |
| 前置程序 | 179 | 特殊决议 | 99 |
| 勤勉义务 | 171 | 特许设立主义 | 53 |
| 清算程序 | 285 | 统一性原则 | 216 |
| 清算组 | 281 | 投机股东 | 119 |
| 清算中公司 | 277 | 投资股东 | 119 |
| 企业 | 7 | 投资活动 | 224 |
| 企业法 | 35 | 投资净收益 | 230 |
| 权利质押 | 202 | **W** | |
| 权责发生制原则 | 218 | | |
| **R** | | 外国公司 | 16、290 |
| | | 外国公司的分支机构 | 290 |
| 认购书 | 90 | 外国公司分支机构撤销 | 296 |
| 人合公司 | 14 | 外国公司分支机构清算 | 296 |
| 任意公积金 | 231 | 无表决权股 | 149 |

| | | | | |
|---|---|---|---|---|
| 无担保公司债券 | 187 | | 盈余公积金 | 231 |
| 无记名公司债券 | 187 | | 原始股东 | 119 |
| 无记名股 | 149 | | 有价证券 | 148、183 |
| 无记名股东 | 119 | | 有限责任 | 12 |
| 无面额股 | 149 | | 有限责任公司 | 13 |
| 无限公司 | 12 | | 有限责任公司的设立 | 58 |
| 无限责任 | 12 | | 异议股东股权回购请求权 | 143 |
| 无形资产 | 220 | | | |

## X

## Z

| | | | | |
|---|---|---|---|---|
| 狭义的公司法 | 29 | | 资本变更 | 256 |
| 现金流量表 | 224 | | 资本公积金 | 231 |
| 现时义务 | 219 | | 资本金 | 219 |
| 消极任职资格 | 166 | | 资本金管理 | 219 |
| 限制表决权股 | 149 | | 资本三原则 | 215 |
| 相对记载事项 | 86 | | 资产负债表 | 223 |
| 相关性原则 | 216 | | 子公司 | 15 |
| 新股发行 | 152 | | 资合公司 | 15 |
| 新设合并 | 245 | | 自然人股东 | 119 |
| 新设分立 | 252 | | 自己股份取得 | 155 |
| 信托 | 210 | | 自益权 | 129 |
| 信托机制 | 210 | | 组织法 | 31 |
| 信用评级 | 209 | | 自由设立主义 | 53 |
| 刑法 | 36 | | 总公司 | 16 |
| 行为法 | 32 | | 债券回售权 | 189 |
| 行政强制解散 | 271 | | 债券赎回权 | 189 |
| 行政许可设立主义 | 53 | | 招股说明书 | 90 |
| 吸收合并 | 245 | | 证券包销 | 197 |
| | | | 证券代销 | 197 |
| | | | 真实性原则 | 215 |
| | | | 制度 | 5 |

## Y

| | | | | |
|---|---|---|---|---|
| 要式证券 | 184 | | 直接责任 | 12 |
| 一人公司 | 74 | | 忠实义务 | 172 |
| 一人有限责任公司 | 75 | | 重要性原则 | 217 |
| 易解性原则 | 217 | | 注册资本减少 | 255 |
| 营利性 | 7、229 | | 注册资本增加 | 255 |
| 营业利润 | 230 | | 转股价格 | 189 |
| 营业外收支净额 | 230 | | 准则设立主义 | 54 |

# 司法考试真题参考答案

| | | | | |
|---|---|---|---|---|
| 1—1 【A】 | 1—2 【C】 | 1—3 【C】 | 1—4 【C】 | 1—5 【AD】 |
| 2—1 【C】 | 2—2 【C】① | | | |
| 3—1 【 】② | 3—2 【A】 | 3—3 【ABCD】 | 3—4 【ABD】 | 3—5 【A】 |
| 3—6 【C】③ | 3—7 【BCD】 | 3—8 【AB】 | 3—9 【ABD】 | 3—10 【ABD】 |
| 4—1 【B】 | 4—2 【BD】 | 4—3 【C】 | 4—4 【ABCD】 | 4—5 【B】 |
| 4—6 【ACD】 | 4—7 【D】 | 4—8 【C】 | 4—9 【ABD】 | 4—10 【AC】 |
| 5—1 【ABC】 | 5—2 【CD】 | 5—3 【B】 | 5—4 【A】 | 5—5 【AC】 |
| 6—1 【D】 | 6—2 【AD】 | 6—3 【B】 | 6—4 【BD】 | 6—5 【C】 |
| 6—6 【CD】 | 6—7 【AC】 | 6—8 【ABD】 | 6—9 【B】 | |
| 7—1 【B】 | 7—2 【CD】 | 7—3 【A】 | 7—4 【B】 | 7—5 【ABD】 |
| 8—1 【BCD】④ | 8—2 【C】 | | | |
| 9—1 【D】 | 9—2 【D】 | 9—3 【CD】 | 9—4 【BC】 | 9—5 【B】 |
| 9—6 【C】 | 9—7 【CD】⑤ | 9—8 【A】 | 9—9 【AB】 | |
| 10—1 【C】 | | | | |
| 11—1 【C】 | 11—2 【BD】 | 11—3 【C】 | | |
| 12—1 【BC】 | 12—2 【A】 | 12—3 【A】 | 12—4 【BC】 | 12—5 【B】 |
| 12—6 【A】 | 12—7 【B】 | 12—8 【D】 | 12—9 【AD】 | |
| 13—1 【AC】 | 13—2 【A】 | 13—3 【CD】 | 13—4 【B】 | 13—5 【D】 |
| 13—6 【A】 | 13—7 【B】 | 13—8 【ABCD】 | 13—9 【A】 | 13—10 【D】 |

---

① 需注意,按照2005年《公司法》的规定,一人公司注册资本不得少于10万元的选项是正确的,因为2005年《公司法》第59条1款明确规定,一人有限责任公司的注册资本最低限额为人民币十万元。但2013年修改《公司法》在废止公司注册资本最低限额时,也取消了对一人有限责任公司注册资本最低限额的规定。所以,按现行《公司法》,该选项也是错误的。另外,这里涉及到有关我国《个人独资企业法》的知识,该法第19条1款明确规定,个人独资企业投资人可以自行管理企业事务,也可以委托或者聘用其他具有民事行为能力的人负责企业的事务管理。

② 答案:戊以劳务出资,经全体出资人同意作价10万元是非法的。因为公司股东不得以劳务作为出资。《公司法》第27条1款规定,股东可以用货币出资,也可以用实物、知识产权、土地使用权等可以用货币估价并可以依法转让的非货币财产作价出资。由此可见,劳务并不是这种性质的财产,所以,不得以劳务出资。

③ 只要货币出资额不低于二万四千元,本题中的出资即符合法律规定。以此,非货币财产出资额最高可达到五万六千元,故丙的专利出资作价可达到四万元。参见2005年修改《公司法》第27条2款的规定。

④ 需注意,公司董事等在任职期间不得转让所持本公司股份,属于1993年《公司法》的规定(见147条2款),2005年修改《公司法》删除了该规定,修改为公司董事等在任职期间可以转让所持本公司的股份,只是在任职期间每年转让的股份不得超过其所持本公司股份总数的25%,2013年修改《公司法》继承了2005年修改《公司法》的规定。详见2005年《公司法》142条2款,现行《公司法》141条2款的规定。

⑤ 《公司法》第148条1款2项规定,董事、高级管理人员不得将公司资金以其个人名义或者以其他个人名义开立账户存储。其2款规定,董事、高级管理人员违反前款规定所得的收入应当归公司所有。根据《公司法》的这些规定,选项A也应属正确表述。